Classroom in a Book

Adobe® After Effects® CS6

Adobe

PEARSON

Adobe Systems Incorporated, 345 Park Avenue, San Jose, California 95110, USA

Publié par Pearson France
Immeuble Terra Nova II
15, rue Henri Rol Tanguy
93100 MONTREUIL
Tél. : 01 43 62 31 00
www.pearson.fr

Réalisation : Véronique Imbault

ISBN : 978-2-7440-2553-2

Titre original : Adobe® After Effects® CS6 Classroom in a Book
Traduction : Philippe Beaudran

ISBN original : 978-0-321-82243-7

Adobe Press books are published by Peachpit, a division of Pearson Education, USA

CONTENU DU DVD-ROM

Le DVD-ROM *Adobe After Effects CS6 Classroom in a Book* contient tous les fichiers nécessaires pour réaliser les cas pratiques proposés dans les leçons, ainsi que d'autres contenus qui vous permettront d'aller plus loin dans l'exploitation des possibilités d'Adobe After Effects CS6. Pour localiser rapidement les fichiers dont vous avez besoin, reportez-vous à la présentation du contenu du DVD-ROM ci-dessous.

Leçons

Les fichiers de chaque leçon sont regroupés dans le dossier Lessons. Copiez-les sur votre disque dur avant de commencer une leçon.

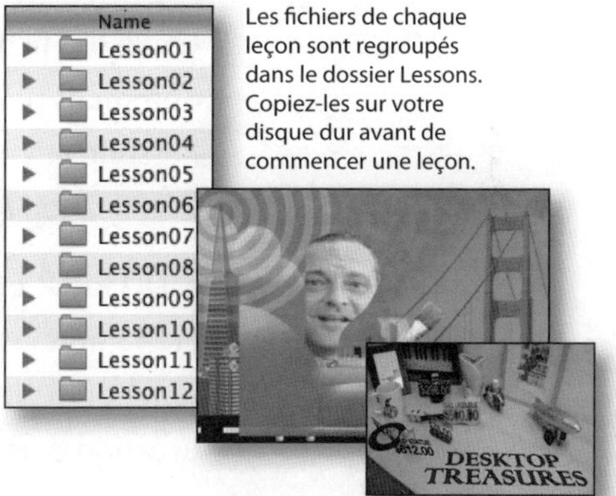

Ressources en ligne

Un seul fichier HTML regroupe les liens vers l'Aide à la communauté Adobe, les pôles d'assistance produits et le service client, Adobe Press, les programmes de certification Adobe, Adobe TV, et d'autres ressources en ligne très utiles. Il suffit de l'ouvrir dans votre navigateur web et de cliquer sur les liens. Cette page contient également un lien particulier à la page produit de ce livre, sur laquelle vous trouverez des mises à jour et du contenu supplémentaire.

SOMMAIRE

INTRODUCTION

Adobe After Effects CS6 réunit une palette d'outils 2D et 3D permettant aux créateurs de pages web, aux professionnels de l'animation, du cinéma et de la vidéo de composer, d'animer et de réaliser tous les effets dont ils ont besoin. After Effects est très fréquemment employé pour la postproduction numérique de films, de vidéos, de DVD et d'animations graphiques, ainsi que pour la réalisation de contenu destiné au Web. Il permet de combiner les calques de multiples façons, d'utiliser et de mélanger des effets sonores et visuels, et enfin d'animer aussi bien les objets que les effets.

À propos de ce manuel

Adobe After Effects CS6 Classroom in a Book fait partie du programme officiel de formation aux logiciels de conception graphique et de publication d'Adobe. Les leçons de ce livre sont conçues pour s'adapter à votre rythme d'apprentissage. Si vous ne connaissez pas encore Adobe After Effects, vous trouverez dans cet ouvrage les notions fondamentales dont vous avez besoin pour maîtriser ce logiciel. Quant aux utilisateurs avertis, ce manuel leur propose nombre d'astuces et de méthodes propres à la toute dernière version de cette application.

Bien que chaque leçon contienne des instructions détaillées sur la création d'un projet en particulier, vous avez la possibilité de tester et d'explorer différentes fonctionnalités par vous-même. Vous pouvez donc suivre la progression du manuel ou choisir de ne vous pencher que sur les leçons que vous jugerez utiles. Chaque leçon s'achève par un ensemble de questions-réponses qui permettent de réviser son contenu.

Contexte d'utilisation

Avant d'aborder *Adobe After Effects CS6 Classroom in a Book*, assurez-vous de la bonne configuration de votre système et de l'installation correcte des logiciels et matériels nécessaires. Vous devez connaître le fonctionnement de votre ordinateur et de son système d'exploitation. Le maniement de la souris, les menus et les commandes standard (par exemple Ouvrir, Enregistrer et Fermer des fichiers) doivent vous être familiers. Pour revoir ces techniques, reportez-vous à la documentation ou à l'aide en ligne du système d'exploitation de votre ordinateur.

Installation d'After Effects

Vous devez acquérir séparément le logiciel Adobe After Effects CS6. Consultez la page **http://www.adobe.com/fr/products/aftereffects/tech-specs.html** pour connaître la configuration matérielle minimale requise et prendre connaissance des instructions détaillées concernant l'installation du logiciel. Notez également qu'After Effects nécessite un système d'exploitation 64 bits compatible OpenGL 2.0. Vous devez, en outre, avoir installé Apple QuickTime 7.6.6 ou une version ultérieure.

Installez After Effects depuis le DVD-ROM *Adobe After Effects CS6* sur le disque dur (vous ne pouvez pas exécuter le programme directement depuis le DVD-ROM) ou à partir des fichiers d'installation téléchargés sur le site Web d'Adobe. Pour l'installation, suivez les instructions à l'écran.

Vérifiez au préalable que vous disposez du numéro de série du DVD-ROM avant de commencer l'installation ; il se trouve sur l'arrière du boîtier ou de l'étui du DVD-ROM ou vous a été communiqué par courriel si vous avez téléchargé les fichiers sur le site Web d'Adobe.

Optimisation des performances

La génération de films consomme beaucoup de ressources de traitement. After Effects CS6 réclame au minimum 4 Go de RAM. Plus vous disposez de mémoire vive, plus After Effects fonctionnera rapidement. Pour en savoir plus sur l'optimisation de la mémoire vive, de la mémoire cache et sur les autres paramètres, reportez-vous à la rubrique intitulée "Amélioration des performances" dans l'Aide d'After Effects.

Gestion des couleurs

After Effects CS6 prend en charge la gestion des couleurs. Nous vous conseillons de tirer parti de cette fonctionnalité, en particulier pour les projets professionnels. Pour découvrir la gestion des couleurs, reportez-vous à l'annexe en fin d'ouvrage.

Rétablissement des préférences par défaut

Le fichier de préférences contrôle l'apparence de l'interface d'After Effects. Les différentes instructions de cet ouvrage se fondent sur l'apparence par défaut des outils, des options, des panneaux et des fenêtres. Nous vous conseillons donc de restaurer la configuration par défaut d'After Effects, surtout si le programme ne vous est pas familier.

Chaque fois que vous quittez After Effects, la position des panneaux et certains autres paramètres sont enregistrés dans le fichier de préférences. Pour restaurer les préférences par défaut, maintenez les touches Ctrl+Alt+Maj (Windows) ou Cmd+Option+Maj (Mac OS) au lancement d'After Effects : en effet, s'il ne trouve pas de fichier de préférences au démarrage, il en crée un nouveau.

La restauration des préférences par défaut est particulièrement utile si la version d'After Effects présente sur votre système a été personnalisée par un autre utilisateur. Si le logiciel est employé pour la première fois, il n'existe pas encore de fichier de préférences, et il est inutile d'effectuer la procédure qui suit.

Important : pour sauvegarder le fichier de préférences qui est en vigueur, vous pouvez le renommer au lieu de le supprimer, ce qui permettra de le restaurer facilement lorsque vous arriverez à la fin de cet ouvrage.

1. Trouvez l'emplacement du dossier des préférences d'After Effects sur votre disque dur :
   - sous Windows : ...\AppData\Roaming\<*Nom de l'utilisateur*>\Adobe\AfterEffects\11.0 ;
   - sous Mac OS : Utilisateurs/<*Nom de l'utilisateur*>/Bibliothèque/Préférences/Adobe/After Effects/11.0.
2. Renommez le fichier de préférences que vous souhaitez sauvegarder puis relancez After Effects.

Copie des fichiers d'exercices de *Classroom in a Book*

Les leçons de cet ouvrage font appel à des fichiers sources spécifiques comprenant des images créées dans Adobe Photoshop et Illustrator, des fichiers audio, ainsi que des séquences vidéo au format QuickTime. Vous devez installer ces dossiers sur votre disque dur depuis le DVD-ROM *Adobe After Effects CS6 Classroom in a Book* qui accompagne le livre pour pouvoir les utiliser.

1. Créez un nouveau dossier sur votre disque dur, à l'emplacement de votre choix, et nommez-le **AECS6_CIB**, en suivant la procédure standard de votre système d'exploitation :
   - **Windows.** Dans l'Explorateur, sélectionnez le dossier ou le disque dur où vous souhaitez créer le nouveau dossier. Activez la commande Fichier > Nouveau > Dossier, puis entrez le nom du dossier.
   - **Mac OS.** Dans le Finder ou sur le Bureau, activez la commande Fichier > Nouveau Dossier. Entrez le nom du dossier, puis déplacez le dossier vers l'emplacement voulu.

Vous pouvez ensuite copier les fichiers sources sur votre disque dur.

2. Copiez la totalité du dossier Lessons (qui contient les sous-dossiers Lesson01, Lesson02, etc.) depuis le DVD-ROM *Adobe After Effects CS6 Classroom in a Book* vers le dossier du disque dur que vous venez de créer (AECS6_CIB).
3. Retirez le DVD-ROM du lecteur.

Au début de chaque leçon, parcourez votre disque dur pour vous placer dans le dossier de la leçon concernée. Celui-ci contient tous les fichiers dont vous avez besoin pour compléter cette leçon.

Si l'espace disponible sur votre disque dur est limité, vous pouvez copier les fichiers de chaque leçon au fur et à mesure et les supprimer une fois la leçon terminée. Même si certaines leçons font suite à celle qui précède, un fichier de départ vous est fourni au début de chaque leçon ou projet. Vous n'êtes donc pas obligé de sauvegarder un projet final si vous ne le souhaitez pas ou si vous voulez économiser de l'espace disque.

● **Note :** Vous utiliserez sans doute le format PAL D1/DV dans vos projets personnels, mais nous avons gardé le format NTSC pour les exercices de ce livre, afin de conserver les mêmes dimensions et la même cadence que les fichiers d'exemple fournis sur le DVD-ROM d'accompagnement.

Copier les séquences et les projets d'exemple

Vous allez créer un ou plusieurs films au format QuickTime dans la plupart des leçons de ce livre. Les fichiers des dossiers **Sample_Movies** sont des exemples vous permettant de visualiser le résultat final à obtenir pour chaque leçon et de le comparer avec votre création. Ces fichiers étant assez volumineux, nous vous conseillons de copier uniquement ceux qui se rapportent à la leçon que vous étudiez (vous ne pouvez pas lire les fichiers depuis le DVD-ROM). Une fois que vous avez vu le film, vous pouvez le supprimer de votre disque dur.

Les dossiers **End_Projects_Files** contiennent des exemples des projets finaux pour chacune des leçons. Utilisez-les comme références lorsque vous souhaitez comparer l'avancement de votre travail aux fichiers employés pour réaliser les films exemples. La taille de ces fichiers varie énormément. Vous pouvez tous les copier sur votre disque dur si vous disposez d'un espace suffisant ou bien ne charger que l'exemple se rapportant à la leçon que vous étudiez, puis le supprimer quand vous avez terminé.

Comment suivre les leçons

Chaque leçon de ce livre fournit des instructions détaillées pour créer tout ou partie d'un projet concret. Certaines partent du fichier projet final d'une autre leçon, mais la plupart sont indépendantes. Cependant, chacune dépend des précédentes quant aux compétences acquises. Nous vous conseillons donc de les parcourir dans l'ordre naturel de la lecture. Notez que certaines techniques ne sont décrites en détail que lors de leur première utilisation.

De nombreuses fonctionnalités peuvent être mises en œuvre de différentes manières, par exemple en utilisant les commandes de menus, les boutons, la technique du glisser-déposer ou les raccourcis clavier. Nous décrirons une ou deux de ces techniques pour chaque procédure, afin que vous puissiez apprendre plusieurs méthodes de travail lorsque vous répétez une opération.

Par ailleurs, les leçons sont fondées sur les méthodes à employer (approche pratique) pour réaliser un ou plusieurs éléments et non sur la description thématique des différentes fonctionnalités d'After Effects (approche de référence). Cela signifie, par exemple, que vous serez amené à travailler sur les calques et les effets 3D dans plusieurs leçons et non dans une seule.

Ressources complémentaires

Adobe After Effects CS6 Classroom in a Book ne remplace pas la documentation qui accompagne le logiciel et ne présente pas chaque fonctionnalité. Seules, les commandes et les options employées dans les leçons sont explicitées, si bien que certaines caractéristiques ne sont pas étudiées dans ce livre.

Pour obtenir des mises à jour et des bonus sur le contenu de cet ouvrage, consultez la page suivante : **www.peachpit.com/aecs6cib**.

Pour de plus amples informations sur les différentes fonctions du programme, reportez-vous aux ressources suivantes :

L'Aide à la communauté réunit les informations en provenance des utilisateurs des produits Adobe, des membres de l'équipe Adobe, des auteurs et des experts afin de fournir le contenu le plus approprié possible sur les produits Adobe.

Pour accéder à l'Aide, appuyez sur la touche F1 ou cliquez sur Aide > Aide d'After Effects.

Le contenu Adobe est actualisé en fonction des commentaires et des contributions. Vous pouvez ajouter des commentaires sur le contenu et dans les forums (y compris en insérant des liens vers du contenu web), publier vos propres didacticiels ou articles sur le site d'aide communautaire. Pour en savoir plus sur la manière de contribuer, rendez-vous à l'adresse suivante : **http://helpx.adobe.com/fr/community.html**.

Visitez la page **community.adobe.com/help/profile/faq.html** qui regroupe les réponses aux questions fréquemment posées sur l'Aide communautaire.

Les Centres d'assistance et de support produits Adobe contiennent l'aide et le support du site Adobe.com : **http://www.adobe.com/fr/support/**.

Les forums Adob: vous permettent d'échanger avec les autres utilisateurs des produits Adobe : **forums.adobe.com**.

Adobe TV propose des didacticiels, présente des techniques innovantes et des astuces d'experts pour tirer pleinement parti des logiciels Adobe. La chaîne "Comment faire" vous explique comment bien débuter : **tv.adobe.com/fr/**.

Le pôle de création Adobe offre des articles sur le design et les questions de conception, une galerie présentant le travail de designers confirmés, des didacticiels et bien plus encore : **www.adobe.com/fr/designcenter/**.

Adobe Developer Connection regroupe les articles techniques, les exemples de code et les vidéos sur les produits et les technologies Adobe pour les développeurs : **www.adobe.com/fr/devnet/**.

Ressources pour les enseignants rassemble de très nombreuses informations pour tous les enseignants qui utilisent les logiciels Adobe, quel que soit le niveau d'enseignement concerné, y compris des méthodes de formation gratuites sur les logiciels Adobe qui peuvent être utilisées pour préparer les examens de certification Adobe : **www.adobe.com/fr/education/**.

Voici également d'autres liens utiles :

www.adobe.com/cfusion/exchange/. Adobe MarketPlace Exchange est le lieu où vous trouverez, entre autres, de nombreux outils, services, extensions, extraits de code pour compléter et étendre les fonctionnalités des logiciels Adobe.

www.adobe.com/fr/products/aftereffects. La page consacrée à After Effects CS6 sur le site web d'Adobe.

http://labs.adobe.com. Adobe Labs propose les premières versions des dernières évolutions. Les forums vous permettent d'interagir avec les équipes de développement Adobe et avec d'autres membres importants de la communauté.

Certification Adobe

Le programme de certification d'Adobe est conçu pour aider les utilisateurs et les instructeurs d'Adobe à améliorer et à promouvoir leurs compétences sur un produit. Il existe trois programmes de certification :

- Associé certifié Adobe (*Adobe Certified Associate*, ACA) ;
- Expert certifié Adobe (*Adobe Certified Expert*, ACE) ;
- Formateur certifié Adobe (*Adobe Certified Instructor*, ACI) ;
- Centre de formation agréé Adobe (*Adobe Authorized Training Center*, AATC).

Le programme ACA est destiné à valider l'acquisition de compétences élémentaires en communication *via* les supports numériques.

Le programme Expert certifié Adobe permet aux utilisateurs chevronnés d'étoffer leurs références. Utilisez la certification Adobe pour obtenir une augmentation, trouver un emploi ou promouvoir vos connaissances.

Si vous avez le statut de formateur avec certification ACE, le programme ACI vous transporte au niveau suivant et vous donne accès à d'importantes ressources Adobe spécifiques.

Les centres agréés AATC dispensent des formations sur les produits Adobe, uniquement avec des formateurs certifiés ACI. Un annuaire de ces centres est disponible à l'adresse : **http://partners.adobe.com/public/partnerfinder/tp/show_find.do**.

Pour plus de détails sur les programmes de certification Adobe, rendez-vous sur le site **www.adobe.fr/support/certification**.

Que vous ayez recours à After Effects pour créer un sommaire de DVD animé ou pour concevoir des effets spéciaux complexes, le principe de travail reste le même. L'interface utilisateur d'After Effects simplifie la vie et s'adapte à chaque phase de la production.

DÉCOUVERTE DU PROCESSUS DE PRODUCTION

1

Au cours de cette leçon, vous apprendrez à :

- créer un projet et importer un métrage ;
- créer des compositions et disposer les calques ;
- naviguer dans l'interface d'After Effects ;
- utiliser les panneaux Projet, Composition et Montage ;
- insérer des images clés et des effets de base ;
- lancer des prévisualisations standard et RAM ;
- personnaliser l'espace de travail ;
- ajuster les préférences de l'interface utilisateur ;
- trouver des ressources complémentaires sur l'utilisation d'After Effects.

Cette leçon vous prendra environ une heure. Si vous ne l'avez pas déjà fait, copiez le dossier Lesson01 depuis le DVD-ROM *Adobe After Effects CS6 Classroom in a Book* sur votre disque dur. Au cours de cette leçon, vous ne modifierez pas les fichiers de départ. Si vous devez néanmoins revenir à la version d'origine du fichier, copiez-le de nouveau depuis le DVD-ROM.

Préparatifs

Le processus de production classique avec After Effects comprend six étapes : importation et organisation des métrages (ressources d'entrée) ; création de compositions et agencement des calques ; ajout d'effets ; animation d'éléments ; prévisualisation de contrôle et, enfin, génération du rendu de la composition finale pour diffusion. Au cours de cette première leçon, vous allez créer une vidéo simple en suivant ce cheminement et vous découvrirez en même temps l'interface d'After Effects.

Vous allez tout d'abord visualiser la vidéo finale que vous créerez au cours de cette leçon.

1. Vérifiez que les fichiers suivants se trouvent sur votre disque dur dans le dossier AECS6_CIB/Lessons/Lesson01 ou bien copiez-les depuis le DVD-ROM *Adobe After Effects CS6 Classroom in a Book* :
   - dans le dossier Assets : dancers.mov, kaleidoscope_waveforms.mov, pulsating_radial_waves.mov, bgwtext.psd, gc_adobe_dance.mp3 ;
   - dans le dossier Sample_Movies : Lesson01.mov.
2. Ouvrez la séquence d'exemple Lesson01.mov et lancez la lecture pour juger du résultat à atteindre en fin de leçon. Quittez ensuite le lecteur QuickTime. Supprimez le fichier d'exemple si la place est comptée sur le disque dur.

Création d'un projet et importation de métrages

Au début de chaque leçon de ce livre, nous vous conseillons de restaurer les préférences par défaut d'After Effects. (Reportez-vous à la section "Rétablissement des préférences par défaut" de l'Introduction.)

▶ **Astuce :** Restaurer les préférences par défaut peut être difficile sous Windows, en particulier si votre ordinateur est rapide. Vous devez presser les touches après avoir double-cliqué sur l'icône de l'application, mais avant qu'After Effects ne commence à lister les fichiers qu'il active.

1. Lancez After Effects et appuyez immédiatement sur Ctrl+Alt+Maj (Windows) ou Cmd+Option+Maj (Mac OS) pour restaurer les préférences par défaut. Cliquez sur OK pour confirmer la suppression du fichier de préférences.
2. Cliquez sur Fermer pour fermer l'écran de bienvenue.

After Effects ouvre un projet vide sans titre.

Un projet After Effects est un fichier unique qui contient des références à tous les fichiers d'entrée (métrages et autres) qu'il utilise. Il contient en outre au moins une *composition*. Chaque composition est un conteneur qui réunit les métrages, les effets et les paramètres pour le rendu en sortie.

L'espace de travail d'After Effects

After Effects offre un espace de travail très souple. La fenêtre principale du programme s'appelle la *fenêtre d'application*. Elle contient une série de panneaux, dont l'agencement se nomme *espace de travail*. L'espace de travail par défaut (Standard) comprend des panneaux groupés et des panneaux isolés (voir figure ci-dessous).

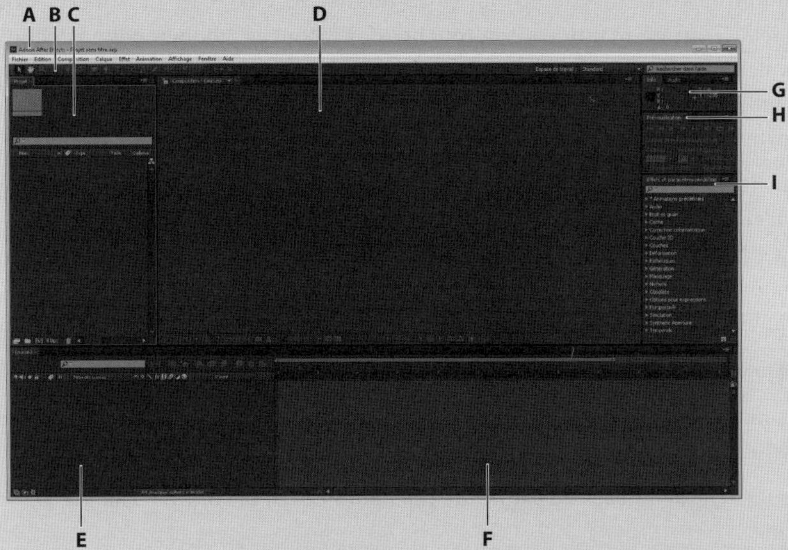

A. Fenêtre d'applicaton. **B.** Panneau Outls. **C.** Panneau Proet. **D.** Panneau Compositon. **E.** Panneau Montge. **F.** Échelle de teps. **G.** Panneaux groupés (Info et Audo). **H.** Panneau Apeçu. **I.** Panneau Effets et paramètres prédéfiis.

Vous pouvez personnaliser votre espace de travail en repositionnant les panneaux selon vos besoins et vos habitudes : déplacez les panneaux, regroupez-les, posez-les côte à côte ou placez-les en surimpression flottante dans la fenêtre d'application. Les panneaux sont redistribués automatiquement en fonction de vos actions de réagencement pour que la fenêtre principale soit toujours occupée de façon optimale.

Lorsque vous faites glisser un panneau par sa barre de titre, la zone de lâcher est suggérée par un effet visuel. Elle détermine comment et où le panneau va se placer dans l'espace de travail si vous le relâchez à ce moment. Deux cas peuvent se présenter : ancrage et groupage.

Si vous relâchez un panneau le long du bord d'un autre panneau, d'un groupe de panneaux ou d'une fenêtre, il sera ancré à côté et provoquera le redimensionnement de tous les groupes qui occupent cet espace de la zone.

Si vous relâchez un panneau dans un autre panneau ou groupe, ou le long de la barre de titre d'un panneau, il est ajouté au groupe et placé en début de la série. Ce regroupement n'a pas d'effet sur les autres groupes.

Pour ouvrir un panneau flottant, sélectionnez-le, puis choisissez Désancrer le panneau ou Désancrer le cadre dans le menu local du panneau (en haut à droite). Vous pouvez aussi faire glisser le panneau ou le groupe en dehors des limites de la fenêtre d'application.

▶ **Astuce :** Pour agrandir rapidement la taille d'un panneau, placez le pointeur sur celui-ci et appuyez sur la touche ")" (parenthèse fermante). Appuyez de nouveau sur cette touche pour restaurer sa taille antérieure.

Lorsque vous créez un nouveau projet, la première action consiste souvent à importer au moins un métrage (une séquence source).

3. Cliquez sur Fichier > Importer > Fichier.

4. Parcourez votre disque dur jusqu'au dossier AECS6_CIB/Lessons/Lesson01/Assets. Tout en maintenant la touche Maj enfoncée, cliquez pour sélectionner les fichiers dancers.mov, gc_adobe_dance.mp3, kaleidoscope_waveforms.mov et pulsating_radial_waves.mov (soit tous les fichiers du dossier à l'exception de bgwtext.psd), puis cliquez sur Ouvrir.

L'élément *métrage* constitue l'unité de base d'un projet After Effects. Vous pouvez importer de nombreux formats de métrages, des séquences vidéo, images fixes, séquences d'images fixes, fichiers audio, fichiers graphiques multicalque d'Adobe Photoshop et Illustrator, d'autres projets After Effects et des projets créés avec Adobe Premiere Pro. Vous pouvez importer un métrage à tout moment pendant la création de votre projet.

After Effects indique l'avancement de l'importation des métrages dans le panneau Info.

Un des métrages importés étant un fichier multicalque Photoshop, vous allez l'importer séparément en tant que composition.

5. Double-cliquez au bas du panneau Projet pour ouvrir la boîte de dialogue Importer fichier.

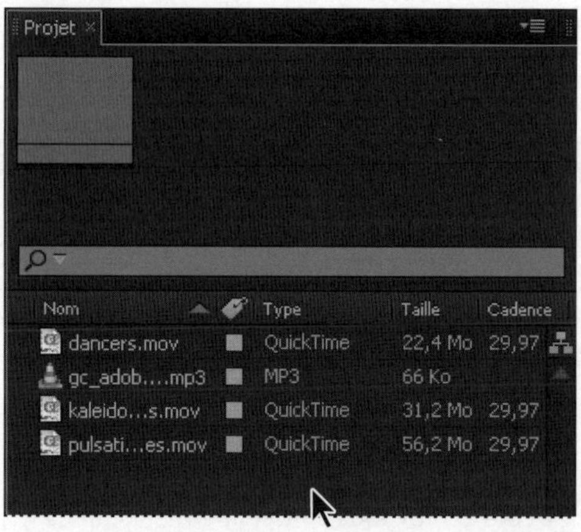

▶ **Astuce :** Vous pouvez également cliquer sur Fichier > Importer > Fichiers multiples afin de sélectionner des fichiers situés dans plusieurs dossiers, ou encore glisser-déposer les fichiers depuis l'Explorateur ou le Finder. Vous pouvez aussi utiliser Adobe Bridge pour chercher, gérer, prévisualiser et importer des métrages.

6. Parcourez de nouveau votre disque dur jusqu'au dossier Lesson01/Assets et sélectionnez le fichier bgwtext.psd. Choisissez Composition dans la liste Importer sous, puis cliquez sur Ouvrir.

After Effects ouvre une nouvelle boîte de dialogue comprenant différentes options d'importation.

7. Dans la boîte de dialogue bgwtext.psd, choisissez Composition dans le menu déroulant Importer sous pour importer les calques Photoshop en tant que composition. Dans la section Options de calques, activez l'option Styles de calques modifiables, puis cliquez sur OK. Les métrages apparaissent dans le panneau Projet.

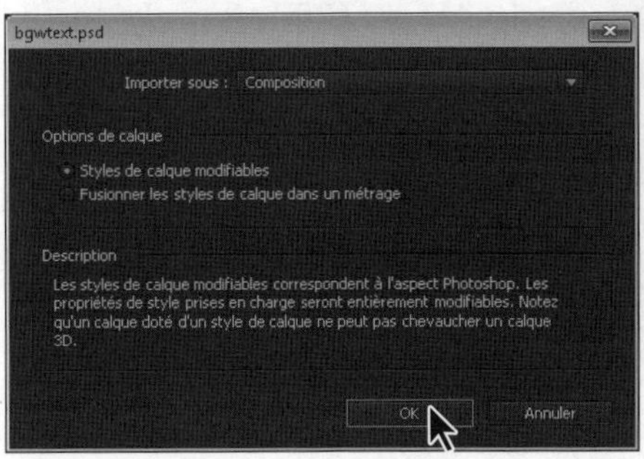

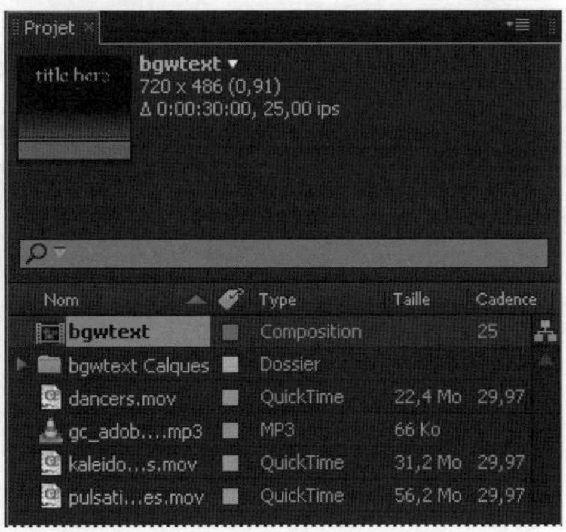

8. Dans le panneau Projet, cliquez sur chacun des métrages tour à tour. Une miniature du contenu du métrage s'affiche en haut du panneau Projet. Le type du fichier, sa taille ainsi que d'autres informations s'affichent également dans les colonnes du panneau Projet.

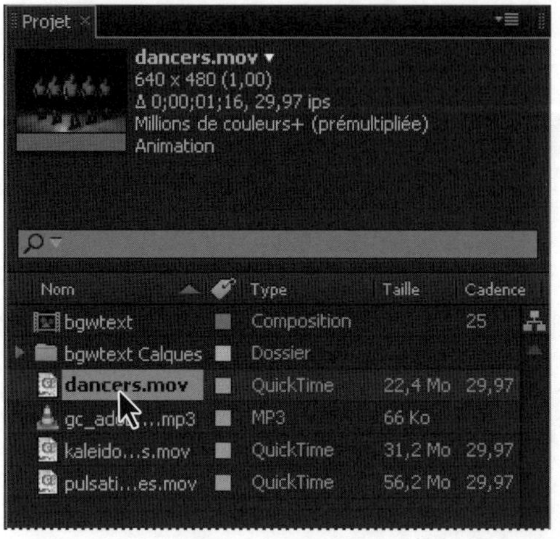

Lorsque vous importez un métrage, After Effects ne copie pas les données audio et vidéo dans le projet. Chaque métrage dans le panneau Projet contient une référence (un lien) au fichier source. Lorsque After Effects doit utiliser les données audio ou vidéo, il les lit depuis le fichier source. Le fichier du projet garde ainsi une taille réduite et vous pouvez modifier les fichiers sources dans une autre application sans devoir modifier le projet.

Pour gagner du temps et limiter la taille et la complexité d'un projet, n'importez chaque métrage qu'une seule fois et utilisez-le plusieurs fois dans une composition. Vous devrez dans certains cas importer plusieurs fois le même métrage, lorsque vous aurez besoin d'utiliser le même métrage à des cadences différentes, par exemple.

Une fois les métrages importés, nous vous conseillons de sauvegarder le projet.

9. Cliquez sur Fichier > Enregistrer. Dans la boîte de dialogue Enregistrer sous qui apparaît, parcourez votre disque dur jusqu'au dossier AECS6_CIB/Lessons/Lesson01/Finished_Project. Nommez le projet **Leçon01_Final.aep** et cliquez sur Enregistrer.

Création d'une composition et disposition des calques

Vous allez maintenant créer une composition, c'est-à-dire un conteneur pour les animations, les calques et les effets. Une composition After Effects possède des dimensions spatiales, ainsi qu'une dimension temporelle, qui est sa *durée*.

Une composition réunit un ou plusieurs calques positionnés dans le panneau Composition et dans le panneau Montage. Tous les métrages que vous ajoutez à une composition, qu'il s'agisse d'une image fixe, d'une séquence vidéo, d'un fichier audio, d'un calque de lumière ou de caméra, voire d'une autre composition, se placent sur un nouveau calque. Les projets simples peuvent ne contenir qu'une composition, mais les projets élaborés peuvent en compter plusieurs afin de gérer plus efficacement un grand nombre de métrages ou des effets complexes.

Pour créer une composition, vous allez faire glisser les éléments de métrage dans le panneau Montage. After Effects créera les calques pour chacun d'eux.

1. Dans le panneau Projet, maintenez la touche Ctrl (Windows) ou Cmd (Mac OS) enfoncée et cliquez sur la composition bgwtext (pas le dossier) ainsi que sur les quatre métrages dancers, gc_adobe_dance, kaleidoscope_waveforms et pulsating_radial_waves pour les sélectionner.

2. Faites glisser les éléments de métrage sélectionnés dans le panneau Montage. La boîte de dialogue Création d'une nouvelle composition à partir de la sélection apparaît.

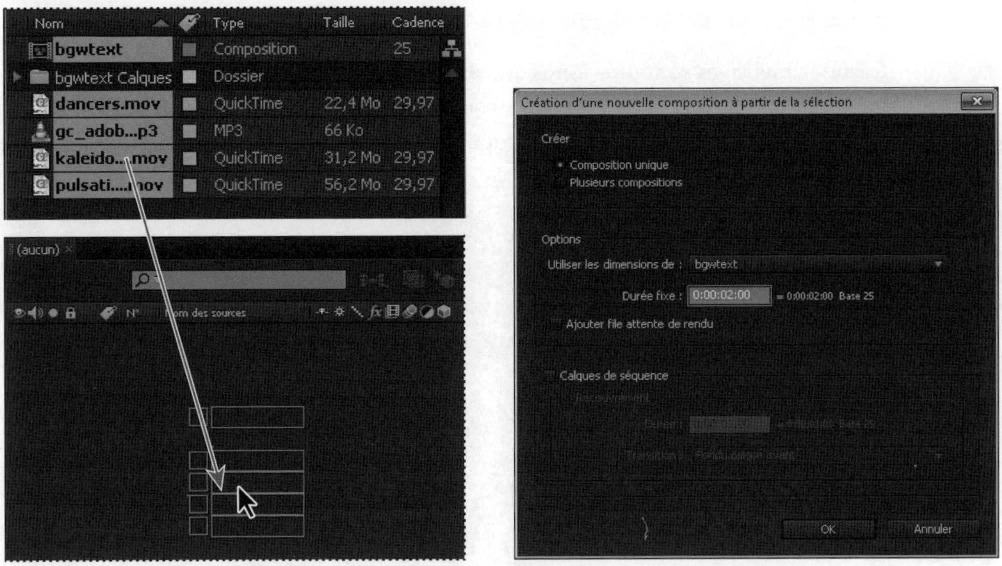

After Effects déduit la taille de la composition de celle des métrages sélectionnés. Dans notre exemple, tous les métrages sont de même taille. Vous pouvez donc accepter les paramètres par défaut.

3. Cliquez sur OK pour créer la nouvelle composition. Pour chaque métrage, un calque est créé dans le panneau Montage. Un aperçu de la composition, appelé bgwtext 2, apparaît dans le panneau Composition.

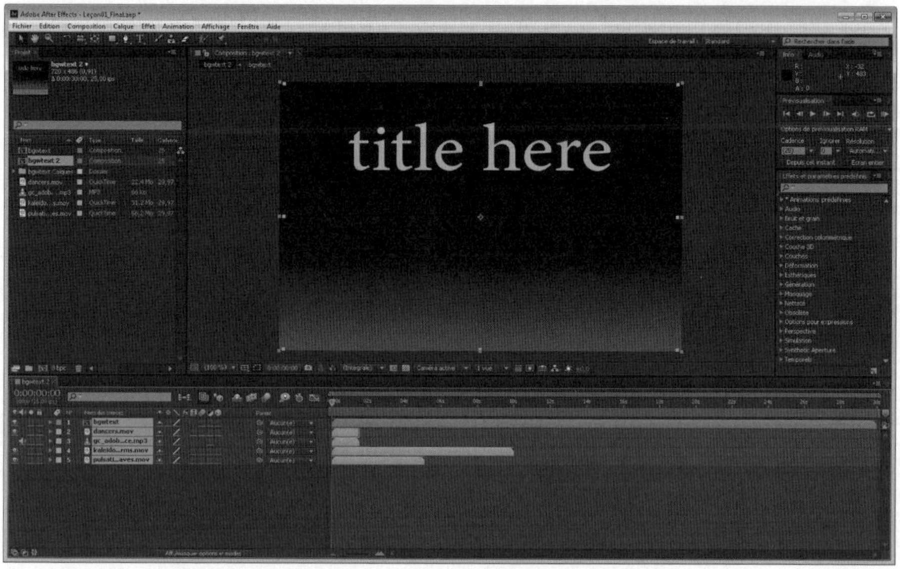

Lorsque vous ajoutez un objet métrage à une composition, le métrage devient la source d'un nouveau calque. Une composition peut posséder un nombre de calques non limité, et vous pouvez intégrer une composition en tant que calque dans une autre composition (*opération d'imbrication*).

Certains métrages sont plus longs que d'autres. Cependant, ils doivent s'afficher uniquement pendant le temps où les danseuses sont visibles à l'écran. Vous allez donc donner à la composition une durée totale de 1:15 pour qu'elle corresponde à la durée du métrage dancers.

● **Note :** La composition doit être au format NTSC pour conserver la cadence des métrages fournis.

4. Cliquez sur Composition > Paramètres de composition.
5. Dans la boîte de dialogue Paramètres de composition, sélectionnez si nécessaire NTSC D1 dans le menu Paramètre prédéfini, puis entrez **1:15** dans le champ Durée. Cliquez ensuite sur OK.

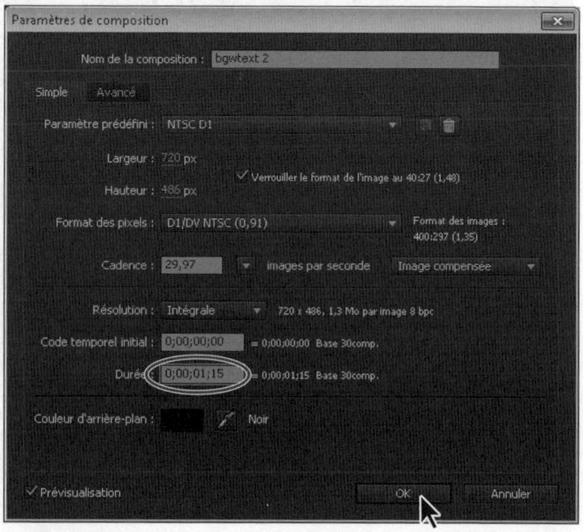

Tous les calques ont maintenant la même durée dans le panneau Montage.

Les calques

Les *calques* sont les éléments fondamentaux de construction d'une composition. Tout élément ajouté à une composition (image fixe, séquence vidéo, fichier audio, calque de lumière, de caméra ou autre composition) occupe un nouveau calque. Sans calque, une composition n'est qu'un cadre vide.

Grâce aux calques, vous pouvez intervenir sur l'un des métrages de la composition sans influer sur les autres. Par exemple, vous pouvez faire tourner, déplacer et ajouter un masque à un calque sans déranger le reste de la composition, ou bien utiliser le même métrage plusieurs fois différemment pour chaque instance. En général, l'ordre des calques dans le panneau Montage correspond à leur profondeur d'affichage dans le panneau Composition.

Cette composition réunit cinq métrages et donc cinq calques dans le panneau Montage. L'ordre d'empilement de vos calques peut être différent selon l'ordre dans lequel vous avez sélectionné les éléments dans le panneau Projet. Cependant, les calques doivent être dans un ordre spécifique pour la suite de cette leçon, lorsque vous ajouterez des effets et des animations. Vous allez donc vérifier leur disposition maintenant.

6. Cliquez dans une zone vierge du panneau Montage pour désélectionner tous les calques, puis faites glisser le calque bgwtext au bas de la pile des calques s'il ne s'y trouve pas déjà. Réarrangez les autres calques dans le même ordre que celui de la figure suivante.

● **Note :** Vous devrez peut-être cliquer sur une partie vierge du panneau Montage ou appuyer sur la touche F2 pour désélectionner les calques avant de pouvoir en sélectionner un seul.

À partir de maintenant, vous devez penser en termes de calques et non de métrages. Pour vous y aider, vous allez modifier le titre de la colonne :

7. Cliquez sur l'en-tête Nom des sources dans le panneau Montage pour le faire basculer en Nom des calques.
8. Cliquez sur Fichier > Enregistrer pour sauvegarder votre projet.

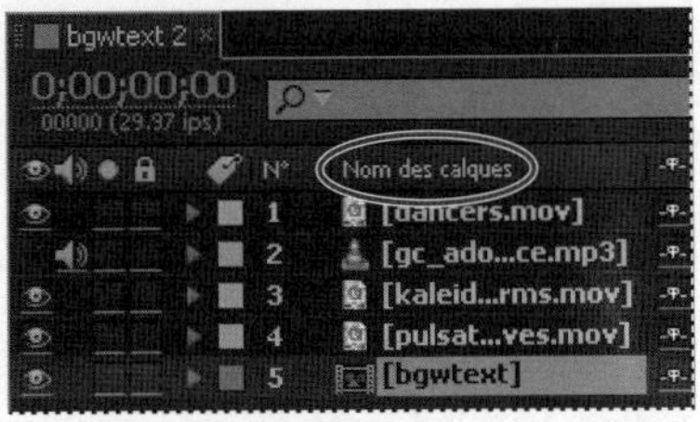

Le panneau Outils

Dès que vous créez une composition, les outils dans le panneau Outils (dans le coin supérieur gauche de la fenêtre d'application d'After Effects) deviennent accessibles. Ils servent à modifier les éléments de la composition. Certains, comme les outils Sélection et Main, se retrouvent dans d'autres produits Adobe comme Photoshop tandis que d'autres outils sont spécifiques. L'image suivante détaille le contenu du panneau Outils.

A. Sélection **B**. Main **C**. Zoom **D**. Rotation **E**. Caméra **F**. Déplacement arrière **G**. Outils de masque et de forme **H**. Plume **I**. Écriture horizontale **J**. Pinceau **K**. Cloner **L**. Gomme **M**. Roto-pinceau **N**. Outils Marionnette

Placez le pointeur sur chaque outil pour afficher l'info-bulle qui indique son nom et le raccourci clavier qui lui correspond. Le minuscule triangle dans le coin inférieur droit d'un outil signale que le bouton réunit plusieurs outils. Cliquez et maintenez pour afficher ainsi les outils cachés. Sélectionnez ensuite celui que vous souhaitez utiliser.

Ajout d'effets et modification des propriétés des calques

Votre composition est maintenant prête et vous pouvez commencer à appliquer des effets, créer des transformations et ajouter des animations. Vous pouvez créer des combinaisons d'effets et changer les propriétés des calques (taille, position, opacité, etc.). Les effets servent à modifier l'aspect visuel ou audio d'un calque, voire à générer de nouveaux éléments visuels à partir de zéro. Pour commencer, vous allez découvrir les centaines d'effets livrés avec After Effects.

● **Note :** Cet exercice n'est que la partie émergée de l'iceberg. Vous en apprendrez plus sur les effets et les animations prédéfinies dans la leçon suivante et dans la suite de l'ouvrage.

Préparer les calques

Vous allez appliquer des effets aux copies de deux des calques de départ (DJ et kaleidoscope_waveforms). Cela vous permettra d'appliquer un effet à un calque puis de l'utiliser en conjonction avec le calque original non modifié.

1. Sélectionnez le premier calque, dancers.mov, dans le panneau Montage et cliquez sur Édition > Dupliquer. Un nouveau calque de même nom apparaît en haut de la liste. Les deux premiers calques se nomment donc pour l'instant dancers.mov.

2. Sélectionnez le deuxième calque, que vous allez renommer pour plus de clarté. Appuyez sur la touche Entrée (Windows) ou Retour (Mac OS) pour passer en mode édition du nom et saisissez **danseuses_avec_effets** (inutile de ressaisir l'extension .mov), puis validez en appuyant sur la touche Entrée ou Retour.

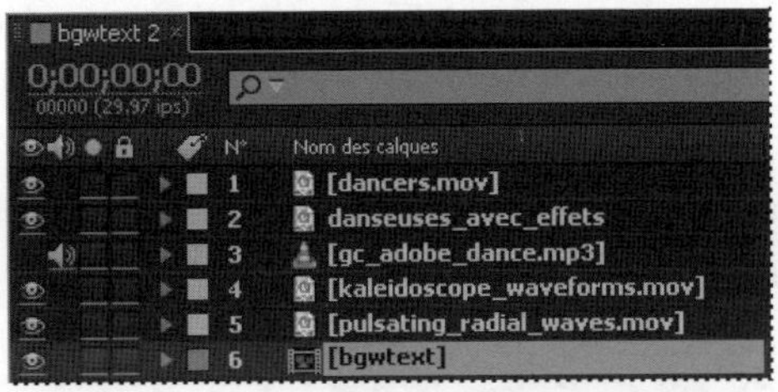

3. Sélectionnez le calque kaleidoscope_waveforms et dupliquez-le deux fois. Renommez ensuite les copies **kaleidoscope_gauche** et **kaleidoscope_droite**.

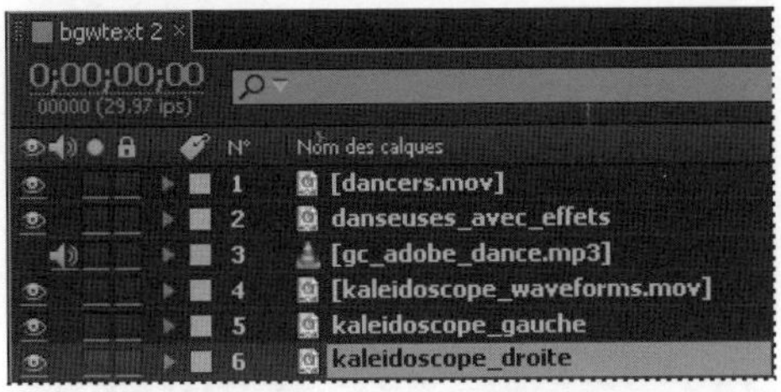

4. Si nécessaire, faites glisser les calques sur la liste du panneau Montage pour qu'ils se présentent dans le même ordre que celui de notre exemple.

▶ **Astuce :** Utilisez le raccourci clavier Ctrl+D (Windows) ou Cmd+D (Mac OS) pour copier rapidement un calque.

Ajouter un effet de flou radial

Vous allez à présent ajouter un effet de flou radial au sur les danseuses. Cet effet ajoute du flou autour d'un point particulier du calque pour simuler le zoom ou la rotation d'une caméra.

1. Sélectionnez le calque danseuses_avec_effets dans le panneau Montage. Des poignées de contrôle s'affichent autour du calque dans le panneau Composition.

● **Note :** Si vous double-cliquez sur un calque dans le panneau Montage, il s'affiche dans le panneau Calque. Pour revenir au panneau Composition, cliquez sur l'onglet Composition.

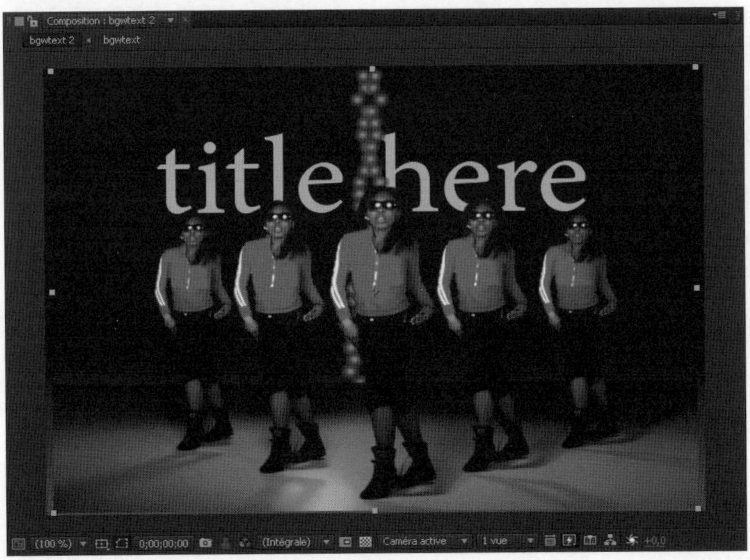

2. Dans le panneau Effets et paramètres prédéfinis, situé à droite de la fenêtre principale, saisissez **flou radial** dans le champ Contenu.

Au fur et à mesure de la saisie, After Effects filtre la liste pour n'afficher que les effets et les animations dont le nom comprend ces lettres. Après la frappe du "r", il ne reste plus que le flou radial de la catégorie Netteté.

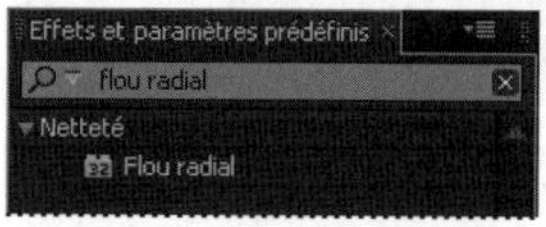

3. Faites glisser l'effet Flou radial sur le calque danseuses_avec_effets dans le panneau Montage. After Effects applique l'effet et ouvre automatiquement le panneau Effets en haut à gauche de l'espace de travail.

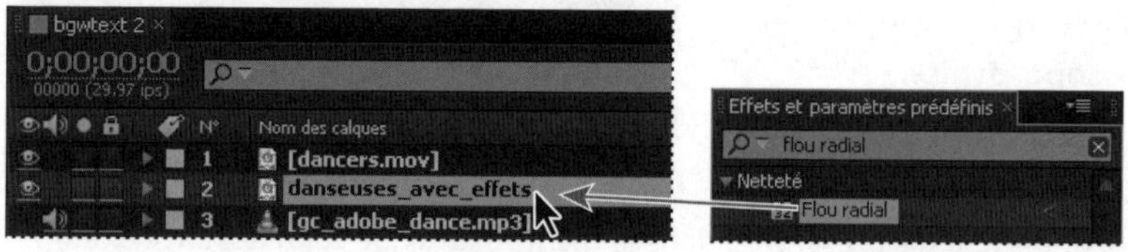

Vous allez maintenant personnaliser les paramètres de l'effet.

4. Dans le panneau Effets, choisissez Zoom dans le menu de la propriété Mode.

▶ **Astuce :** Vous pouvez aussi saisir directement les valeurs x et y dans les champs de coordonnées dans le panneau Effets ou utiliser le réglage par glissement horizontal du pointeur sur la valeur. Déplacez le pointeur vers la droite ou la gauche dès que vous le voyez prendre l'aspect d'une main avec double flèche (⇆) pour réduire ou augmenter la valeur.

5. Dans le panneau Composition, déplacez le point central de l'effet en faisant glisser le réticule de centrage (⊕) vers le bas jusqu'à ce qu'il se situe sur la ligne d'horizon. Au cours du déplacement, les valeurs de la propriété Centre changent dans le panneau Effets. Ces valeurs indiquent l'abscisse x et l'ordonnée y du réticule. Placez le centre flou approximativement à x = **325** et y = **335**.

6. Cliquez sur la valeur de la propriété Valeur, entrez **200** et appuyez sur la touche Entrée ou Retour.

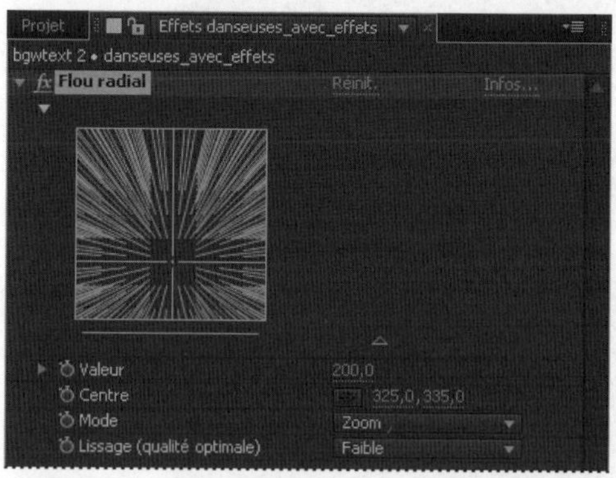

Ajouter un effet d'exposition

Pour améliorer la luminosité du calque, vous allez utiliser l'effet de correction colorimétrique Exposition. Cet effet permet d'ajuster les tons du métrage en simulant la modification du paramètre d'exposition (en valeurs f) sur une caméra lors de la prise de vues.

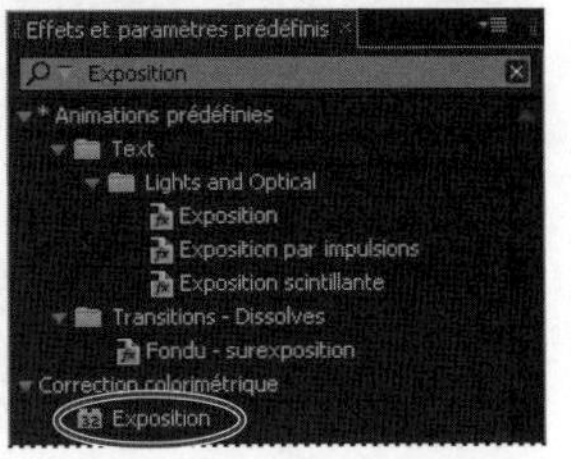

1. Cliquez sur la croix située à droite du champ de recherche dans le panneau Effets et paramètres prédéfinis pour le réinitialiser, puis localisez l'effet Exposition de l'une des façons suivantes :
   - Saisissez **Exposition** dans le champ Contenu.
   - Cliquez sur le triangle du dossier Correction colorimétrique pour afficher la liste des effets de correction de couleur dans l'ordre alphabétique.
2. Faites glisser l'effet Exposition de la catégorie Correction colorimétrique sur le nom de calque danseuses_avec_effets dans le panneau Montage. After Effects ajoute les paramètres de l'effet dans le panneau Effets, sous l'effet Flou radial.

▶ **Astuce :** Assurez-vous de bien sélectionner l'effet Exposition de la catégorie Correction colorimétrique et non ceux de la catégorie Text/Lights and Optical (Texte/Lumière et optique).

3. Dans le panneau Effets, cliquez sur le triangle pointant en bas situé devant le nom de l'effet Flou radial pour masquer ses propriétés et mieux visualiser les paramètres de l'effet Exposition.
4. Donnez à la propriété Exposition de la catégorie Principal la valeur **1,60**. Cela a pour effet d'éclaircir tout le contenu du calque, comme si l'image était surexposée.

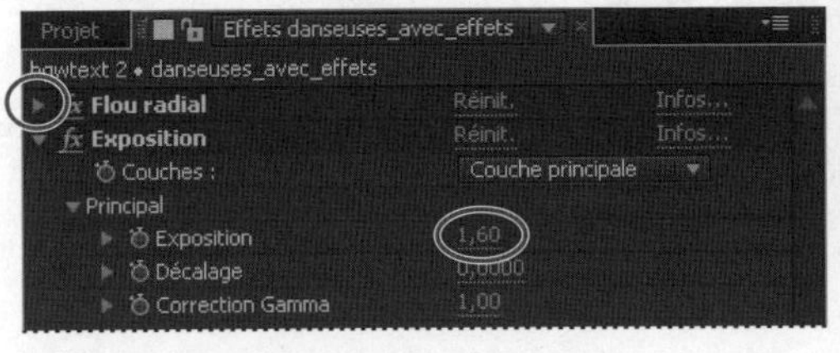

Transformer les propriétés des calques

À présent que l'apparence des danseuses a été améliorée, vous allez vous consacrer aux ondes kaléidoscopiques de l'arrière-plan. Vous allez déplacer les deux copies du calque créées plus tôt afin de créer un effet d'ambiance.

1. Sélectionnez le calque kaleidoscope_gauche (calque 5) dans le panneau Montage.

2. Cliquez sur le triangle pointant à droite, situé à gauche du numéro de calque, puis cliquez sur le second triangle pointant à droite pour afficher les cinq propriétés Transformer du calque : Point d'ancrage, Position, Échelle, Rotation et Opacité.

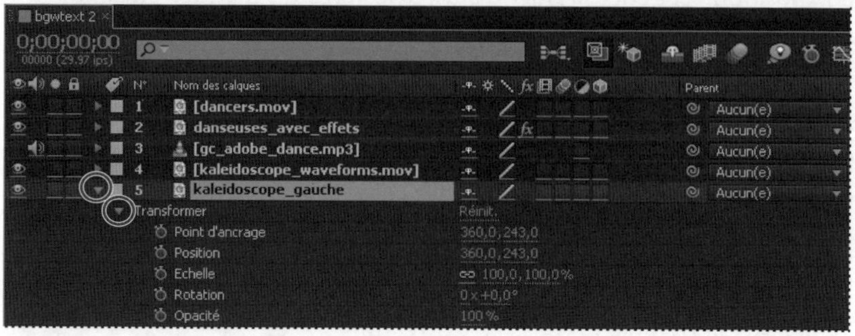

3. Si vous ne voyez pas les propriétés, utilisez la barre de défilement située sur le bord droit du panneau. Mieux encore, sélectionnez le nom de calque kaleidoscope_gauche et appuyez sur la touche **P**. Ce raccourci clavier permet de n'afficher que la propriété Position, qui est la seule que vous ayez besoin de modifier dans cet exercice.

Vous allez déplacer ce calque d'environ 200 pixels vers la gauche.

4. Donnez à la coordonnée x de la propriété Position une valeur de **160**. Laissez la valeur de la coordonnée y à 243.

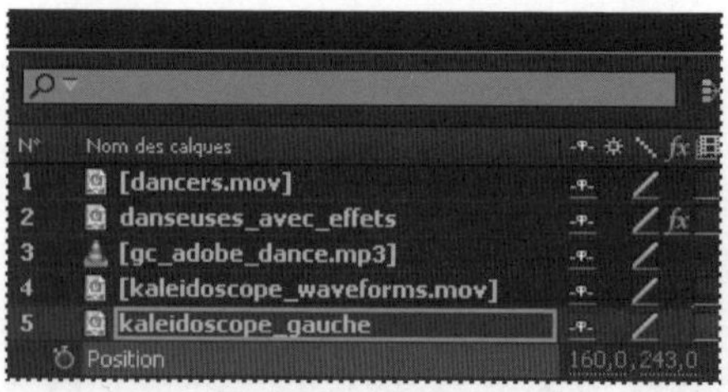

5. Sélectionnez le calque kaleidoscope_droite (calque 6), et appuyez sur la touche **P** pour afficher sa propriété Position. Vous allez déplacer ce calque sur la droite.

6. Donnez à la coordonnée x de la propriété Position du calque kaleidoscope_droite une valeur de **560**. Laissez la valeur de la coordonnée y à 243. Vous voyez maintenant les trois formes d'ondes qui forment des cascades de lumière, à gauche, au centre et à droite dans le panneau Composition.

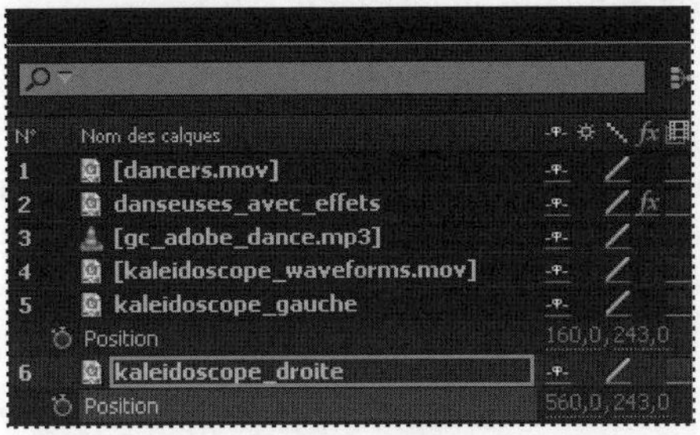

Pour créer un contraste entre les deux colonnes latérales et la colonne centrale, vous allez réduire leur opacité.

7. Sélectionnez le calque Kaleidoscope_gauche dans le panneau Montage, appuyez sur la touche **T** pour afficher sa propriété Opacité et réglez-la à **30 %**.

▶ **Astuce :** Pour modifier l'opacité de plusieurs calques à la fois, sélectionnez-les, appuyez sur la touche **T** et changez la valeur de la propriété Opacité d'un des calques sélectionnés.

8. Sélectionnez le calque Kaleidoscope_droite dans le panneau Montage, appuyez sur **T** pour afficher sa propriété Opacité et réglez-la à **30 %**.

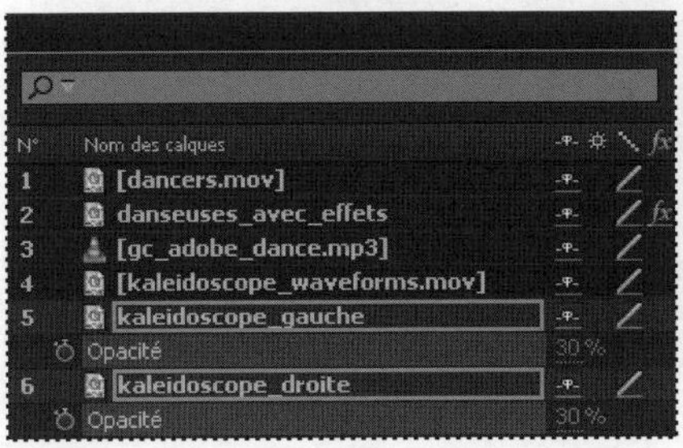

9. Cliquez sur Fichier > Enregistrer pour sauvegarder votre projet.

Animation de la composition

Jusqu'à présent, vous avez démarré un projet, créé une composition, importé des métrages et appliqué quelques effets. Le résultat est bon, mais pourquoi ne pas ajouter un peu de mouvement ? Vous n'avez en effet appliqué que des effets statiques.

Dans After Effects, vous pouvez faire varier les valeurs des propriétés des calques, en utilisant de façon conventionnelle des images clés, mais aussi à l'aide des expressions ou encore des assistants d'images clés. Vous découvrirez ces techniques au cours du livre. Pour cet exercice, vous allez animer la propriété Position d'un calque de texte *via* des images clés, puis vous ajouterez une animation prédéfinie pour faire tomber les lettres en pluie.

Le panneau Montage

Le panneau Montage sert à animer les propriétés des calques et à définir leurs points d'entrée et de sortie (les points qui marquent le début et la fin dans la composition). La plupart des contrôles du panneau Montage sont présentés sous forme de colonnes de fonctions apparentées. Par défaut, le panneau Montage contient les colonnes et les contrôles suivants :

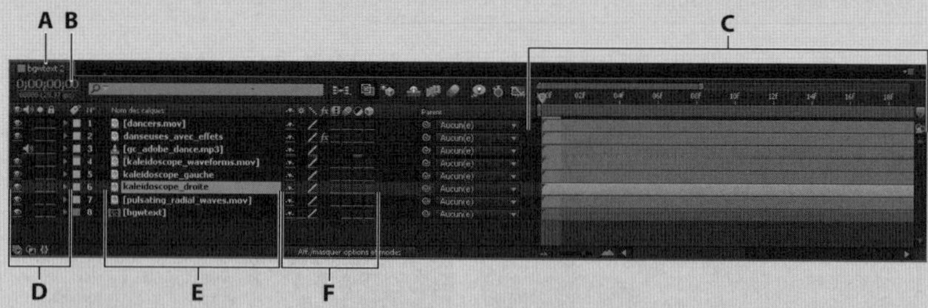

A. Nom de la composition **B.** Instant courant **C.** Graphe temporel/Zone d'édition de l'échelle de temps **D.** Colonne des options Audio/Vidéo **E.** Colonne Nom de source/ Nom de calque **F.** Afficher/masquer les options et les modes

La zone de graphique temporel

La zone de graphique temporel du panneau Montage (partie droite) comprend une échelle de temps, des marqueurs d'instants spécifiques et des barres de durée pour les calques de la composition.

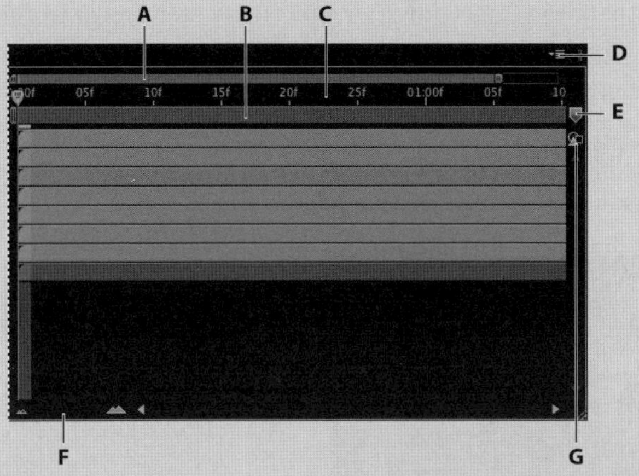

A. Repères des limites gauche et droite de la fenêtre temporelle **B.** Repères de début et de fin de la zone de travail **C.** Échelle de temps **D.** Menu local du panneau Montage **E.** Repères temporels de composition **F.** Réglage de zoom **G.** Bouton Composition

Avant de plonger dans l'animation, il est utile de découvrir les principaux contrôles de ce panneau. La durée d'une composition, d'un calque ou d'un objet métrage est représentée dans l'échelle de temps. Sur cette échelle, l'Indicateur d'instant courant signale l'image vidéo que vous êtes en train de voir ou de modifier. Il s'agit également de l'image qui s'affiche dans le panneau Composition.

Les repères de début et de fin de la zone de travail délimitent la partie de la composition qui sera prévisualisée et générée en sortie lors du rendu. En effet, il est souvent utile de ne travailler que sur une partie de la composition à la fois. Pour cela, il vous suffit de réduire la zone de travail à une partie de la composition.

L'instant courant est indiqué dans le coin supérieur gauche du panneau Montage. Pour atteindre une image, vous pouvez déplacer l'Indicateur d'instant courant dans l'échelle de temps ou cliquer sur l'instant courant des panneaux Montage ou Composition, saisir l'instant de l'image à atteindre et valider en cliquant sur OK.

Pour en savoir plus sur le panneau Montage, consultez l'Aide d'After Effects.

Préparer la composition de texte

Pour cet exercice, vous allez travailler sur une composition distincte – celle formée de l'image Photoshop multicalque que vous avez importée.

● **Note :** Si l'onglet Projet n'est pas visible, cliquez sur Fenêtre > Projet pour afficher ce panneau.

1. Cliquez sur l'onglet du panneau Projet pour l'amener au premier plan, puis double-cliquez sur la composition bgwtext dans le panneau Projet pour l'ouvrir dans son propre panneau Montage.

● **Note :** Là encore, la composition doit être au format NTSC pour conserver la cadence des métrages fournis. Cliquez sur Composition > Paramètres de composition et assurez-vous que NTSC D1 est sélectionné dans le menu Paramètre prédéfini de la boîte de dialogue.

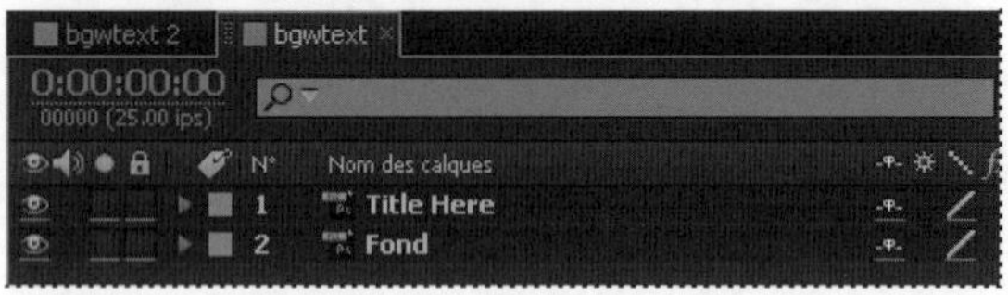

Cette composition est un fichier multicalque importé de Photoshop. Les deux calques Title Here et Fond s'affichent dans le panneau Montage. Le calque Title Here contient un conteneur de texte d'attente créé dans Photoshop.

● **Note :** Vous pouvez rapidement parcourir l'ensemble des compositions d'un projet à l'aide du Mini-organigramme des compositions. Pour l'afficher, appuyez sur la touche Maj lorsqu'un panneau Composition, Montage ou Calque est actif.

Le Navigateur de la composition, situé en haut du panneau Composition, indique la relation entre la composition principale (bgwtext 2) et la composition courante (bgwtext) ; cette dernière est imbriquée dans la composition principale.

Vous pouvez imbriquer plusieurs compositions les unes dans les autres. Le Navigateur de la composition affiche le chemin complet de la composition. Les flèches entre les noms des compositions indiquent la hiérarchie entre les différentes compositions.

Avant de pouvoir remplacer le texte, vous devez rendre le calque modifiable.

2. Sélectionnez le calque Title Here (le calque 1) dans le panneau Montage, puis cliquez sur Calque > Convertir en texte modifiable.

● **Note :** Si un message d'erreur s'affiche pour signaler des polices absentes ou des dépendances de calques manquantes, ignorez-le en cliquant sur OK.

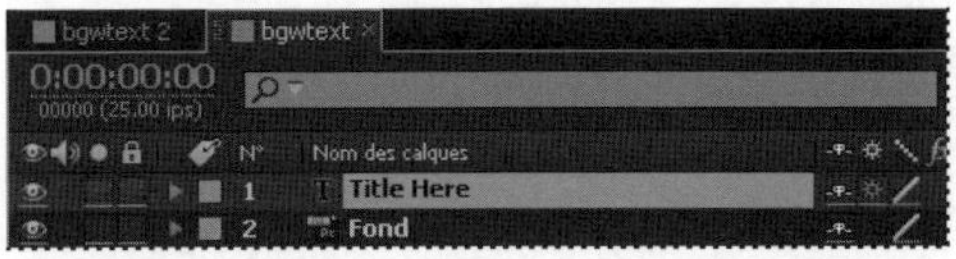

L'icône "T" apparaît à gauche du nom du calque dans le panneau Montage pour indiquer qu'il s'agit à présent d'un calque de texte modifiable. Le calque est également sélectionné dans le panneau Composition, prêt à être édité.

Animer le texte avec des images clés de position

Pour commencer, vous allez remplacer le texte d'attente, puis vous animerez le calque.

● **Note :** After Effects offre de nombreuses options de contrôle du format des caractères et des paragraphes, mais les valeurs par défaut (par exemple la police du texte) nous suffisent ici. Vous en apprendrez plus sur le texte à la Leçon 3.

1. Sélectionnez l'outil Écriture horizontale (T) dans le panneau Outils, puis faites-le glisser sur le texte d'attente dans le panneau Composition pour le sélectionner. Saisissez alors le mot **AQUO**.

2. Sélectionnez de nouveau le calque Title Here dans le panneau Montage, puis assurez-vous que vous êtes à la première image de l'animation par l'un des moyens suivants :
   - Déplacez l'Indicateur d'instant courant jusqu'à la marge gauche dans l'échelle de temps à 0:00.
   - Appuyez sur la touche Origine (ou Début) du clavier.

Le code temporel et les durées

Le concept essentiel relatif au temps est celui de *durée* ou de longueur. Chaque élément de métrage, chaque calque et chaque composition d'un projet possèdent une durée qui leur est propre, spécifiée par l'Indicateur d'instant courant dans les panneaux Composition, Calque et Montage.

La manière dont vous visualisez et définissez la durée dans After Effects dépend du format d'affichage et de l'unité de mesure en vigueur. Par défaut, After Effects affiche la durée en suivant le code temporel SMPTE (*Society of Motion Picture and Television Engineers*) : heures, minutes, secondes et images. Les valeurs sont séparées par deux points ou par des points-virgules.

Consultez l'Aide d'After Effects pour savoir comment et quand changer le type d'affichage du temps, si vous souhaitez afficher le nombre d'images ou utiliser un format pieds plus images.

3. Cliquez sur l'onglet du panneau Effets et paramètres prédéfinis pour l'afficher, puis tapez **bulle** dans le champ de recherche.
4. Sélectionnez l'effet Zoom-bulle dans la catégorie Transitions – Movement, puis faites-le glisser sur le texte AQUO dans le panneau Composition.

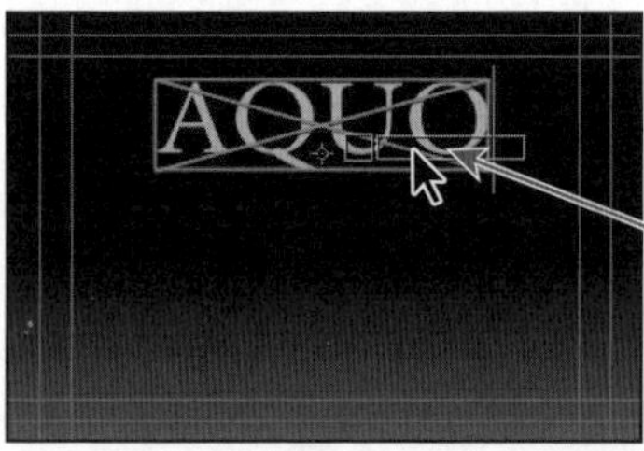

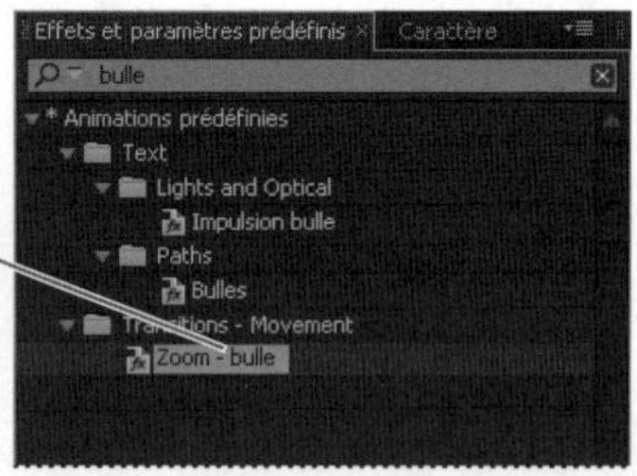

After Effects ajoute l'effet et affiche ses propriétés dans le panneau Effets. Vous pouvez les modifier dans ce panneau ou dans le panneau Montage. Vous allez maintenant ajouter des images clés dans le panneau Montage.

5. Dans le panneau Montage, affichez les propriétés du calque Title Here, puis cliquez sur la flèche qui précède Effets > Zoom-bulle pour afficher la propriété Fin de la transition.

▶ **Astuce :** Ne cliquez pas sur la propriété Fin de la transition car vous sélectionneriez alors les deux images clés. Or, vous devez ici uniquement modifier la valeur de la deuxième.

L'icône Chronomètre (⏱) de la propriété Fin de la transition est sélectionnée. Sa valeur est de 0 %. Un losange apparaît au début de la bande de durée de cette propriété pour indiquer l'emplacement de l'image clé qu'After Effects a créée lorsque vous avez ajouté l'effet.

6. Placez-vous à 1:00 dans le panneau Montage, puis donnez une valeur de **100 %** à la propriété Fin de la transition.

Cette animation est simple, mais elle permet d'apprendre quelques techniques d'animation utiles. Vous allez voir ici comment ajouter un lissage de vitesse. Les animations de lissage à l'approche et à l'éloignement évitent que l'action paraisse trop brutale et artificielle.

▶ **Astuce :** Pour mieux visualiser les détails dans le panneau Montage, utilisez le curseur Zoom temporel situé au bas du panneau.

7. Cliquez du bouton droit (Windows) ou en maintenant la touche Ctrl (Mac OS) sur l'image clé située à 1:00, puis cliquez sur Assistant d'image-clé > Lissage à l'approche.

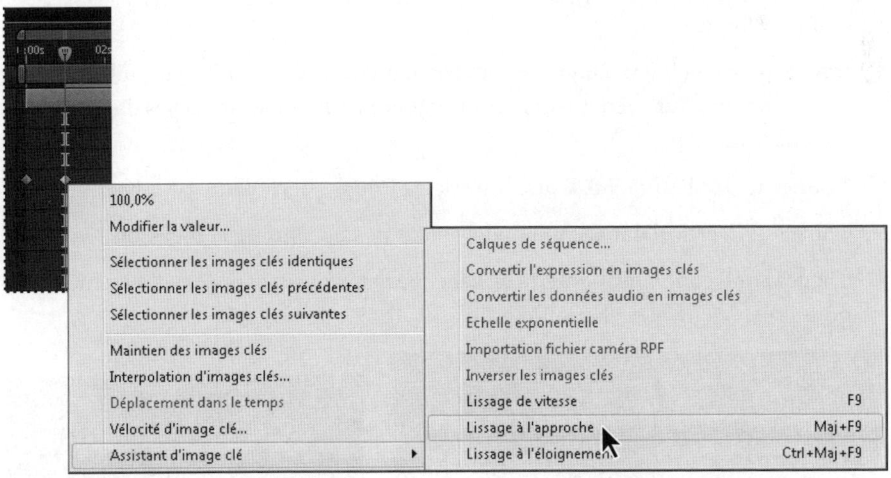

Les *images clés* servent à créer et à contrôler les animations, les effets, les propriétés audio et bien d'autres éléments qui varient dans le temps. Une image clé marque l'instant où vous définissez une valeur, qu'il s'agisse de la position dans l'espace, de l'opacité ou du volume sonore. Entre deux images clés, les valeurs intermédiaires sont *interpolées*. Pour créer une variation au cours du temps avec des images clés, il faut définir au moins deux images clés : une pour l'état initial, l'autre pour l'état final.

8. Lancez une prévisualisation manuelle de l'effet en déplaçant l'Indicateur d'instant courant de 0 à 1:00.

Modifier les réglages prédéfinis dans le panneau Effets

Vous allez ajouter une autre animation prédéfinie au calque de texte mais, cette fois, vous ajusterez ses propriétés dans le panneau Effets.

1. Placez-vous au début de l'échelle de temps par l'un des moyens suivants :
   - Déplacez l'Indicateur d'instant courant vers la gauche sur l'échelle de temps pour le placer à 0:00.
   - Cliquez sur l'instant courant dans le coin gauche du panneau Montage ou au bas du panneau Composition, saisissez **00**. Si vous avez cliqué sur l'instant courant du panneau Composition, cliquez sur OK pour fermer la boîte de dialogue Atteindre l'instant.
2. Entrez **Flou par couches** dans le champ de recherche du panneau Effets et paramètres prédéfinis.
3. Faites glisser l'effet Flou par couches sur le texte dans le panneau Composition. L'effet apparaît dans le panneau Montage et ses propriétés s'affichent dans le panneau Effets.
4. Dans le panneau Effets, cliquez sur les triangles qui précèdent Zoom-bulle, Spherize et Transform pour cacher leurs propriétés et mieux visualiser celles de l'effet Flou par couches.
5. Donnez une valeur de **50 %** aux propriétés Rouge, Vert, Bleu et Alpha.
6. Choisissez Vertical dans le menu déroulant de la propriété Dimensions de flou.
7. Cliquez sur l'icône Chronomètre de chacune des propriétés que vous avez modifiées pour créer les images clés initiales.

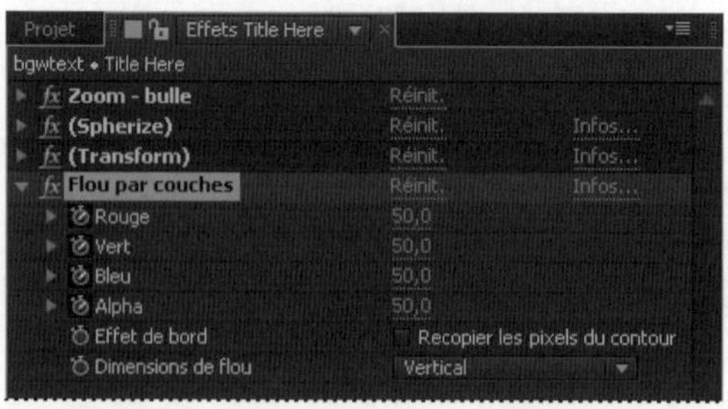

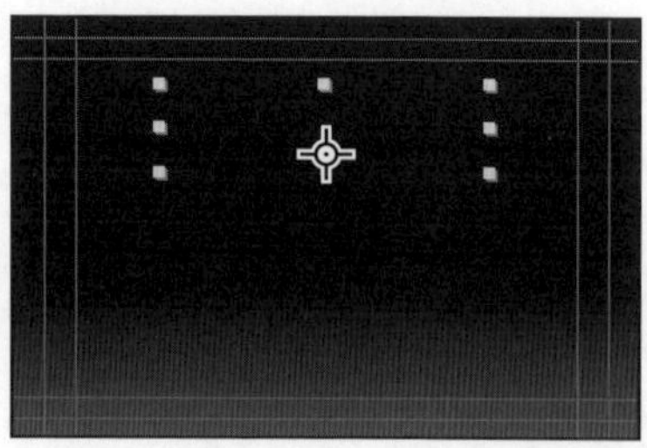

8. Placez-vous à 1:00 dans le panneau Montage.
9. Modifiez les valeurs de l'effet de la façon suivante :
   - Rouge : **75 %** ;
   - Vert : **25 %** ;
   - Bleu : **0 %** ;
   - Alpha : **0 %**.

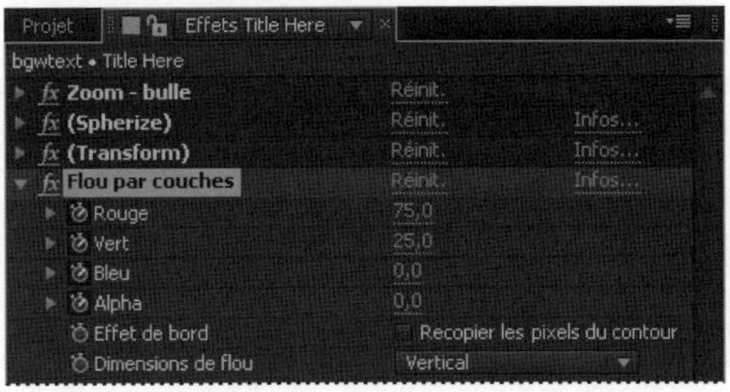

Les lignes bleues situées en haut, en bas, à gauche et à droite de la composition indiquent les zones admissibles pour les titres et pour l'action. Les téléviseurs ont tendance à accroître la taille des images vidéo. Une partie des contours des images est donc tronquée par les bords de l'écran. L'importance de ce phénomène, appelé le *surbalayage*, variant d'un téléviseur à l'autre, il est recommandé de placer les parties importantes d'une image vidéo à l'intérieur des marges qui définissent les zones admissibles. Ne placez pas vos titres en dehors des guides bleus intérieurs et aucun élément important en dehors des guides bleus extérieurs.

Prévisualisation de votre travail

Vous êtes certainement impatient de découvrir le résultat de votre travail. After Effects propose plusieurs méthodes de prévisualisation des compositions : la prévisualisation standard, la prévisualisation RAM et la prévisualisation manuelle (les touches pour cette méthode manuelle sont indiquées dans l'Aide d'After Effects). Les trois méthodes sont accessibles dans le panneau Navigation qui se trouve sur le bord droit de la fenêtre d'application dans l'espace de travail Standard.

Prévisualisation standard

La prévisualisation standard (appelée aussi "lecture à l'aide de la barre d'espacement") lit la composition à partir de l'Indicateur d'instant courant jusqu'à la fin de la composition. La vitesse de lecture est en général plus lente que la vitesse réelle. Elle est appropriée pour les animations simples ou lors des premières étapes d'un projet, lorsqu'il n'y a pas besoin de trop de mémoire pour calculer des animations et des effets complexes, des calques 3D, des caméras et des lumières. Vous allez l'utiliser pour visualiser l'animation du texte.

1. Dans le panneau Montage de bgwtext, cachez les propriétés du calque Title Here, puis désélectionnez les deux calques.
2. Vérifiez que l'option Vidéo (◉) est active pour les calques à visionner (les calques Title Here et Background dans notre exemple).

▶ **Astuce :** Cliquez sur la zone de tableau de montage du panneau Composition (en dehors du cadre occupé par l'image) pour masquer le tracé de l'animation.

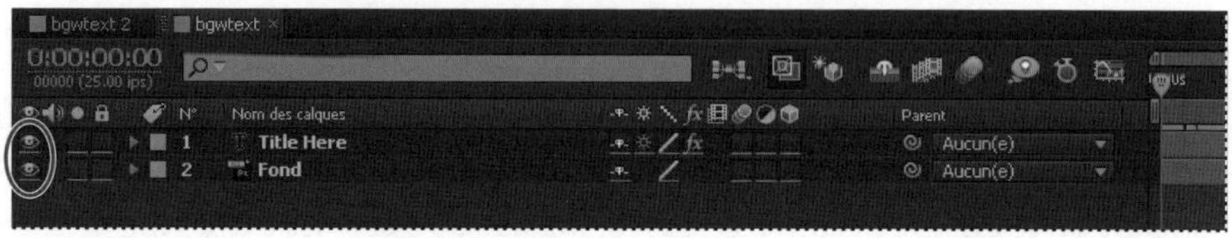

3. Appuyez sur la touche Origine ou Début du clavier pour revenir au début de l'échelle de temps.
4. Réalisez l'une des actions suivantes :
   - Cliquez sur le bouton Lecture/Pause (▶) dans le panneau Prévisualisation.
   - Appuyez sur la barre d'espacement.

5. Pour arrêter la prévisualisation standard, réalisez l'une des actions suivantes :
   - Cliquez sur le bouton Lecture/Pause dans le panneau Prévisualisation.
   - Appuyez sur la barre d'espacement.

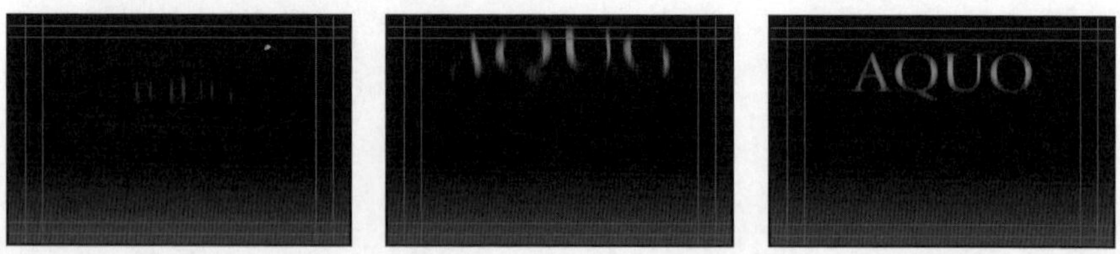

Prévisualisation RAM

La prévisualisation RAM alloue suffisamment de mémoire vive (RAM) pour pouvoir lire les données (données audio comprises) à la vitesse maximale permise par la puissance de la machine, si possible à la cadence de la composition. Vous pouvez utiliser la prévisualisation RAM pour lire les métrages dans les panneaux Montage, Calque et Métrage. Le nombre d'images stockées pour la lecture dépend de la quantité de mémoire vive disponible pour l'application.

Dans les panneaux Calque et Métrage, la prévisualisation RAM lit les métrages qui n'ont pas été raccordés. Dans le panneau Montage, elle lit soit la durée, qui est définie par la zone de travail courante, soit la durée depuis le début de l'échelle de temps. Vous avez donc intérêt à vérifier et à redéfinir, le cas échéant, la zone de travail avant de lancer la prévisualisation.

Pour prévisualiser toute la composition, le texte animé et les effets graphiques sur le DJ, en mode prévisualisation RAM :

1. Cliquez sur l'onglet bgwtext 2 dans le panneau Montage pour afficher cette composition au premier plan.
2. Assurez-vous que l'option Vidéo (●) est active pour tous les calques de la composition, puis pressez la touche F2 pour désélectionner tous les calques.
3. Faites glisser l'Indicateur d'instant courant au début de l'échelle de temps ou appuyez sur la touche Origine ou Début sur votre clavier.
4. Cliquez sur le bouton Prévisualisation RAM (IIII▶) dans le panneau Prévisualisation ou cliquez sur Composition > Prévisualisation > Prévisualisation RAM.

▶ **Astuce :** Vous pouvez interrompre la mise en cache à tout moment en appuyant sur la barre d'espacement. Seules les images déjà mises en mémoire cache seront alors lues lors de la prévisualisation RAM.

Une barre de progression verte indique les images calculées et stockées en mémoire vive. La lecture en temps réel commence dès que toutes les images de la zone de travail sont ainsi mises en mémoire cache.

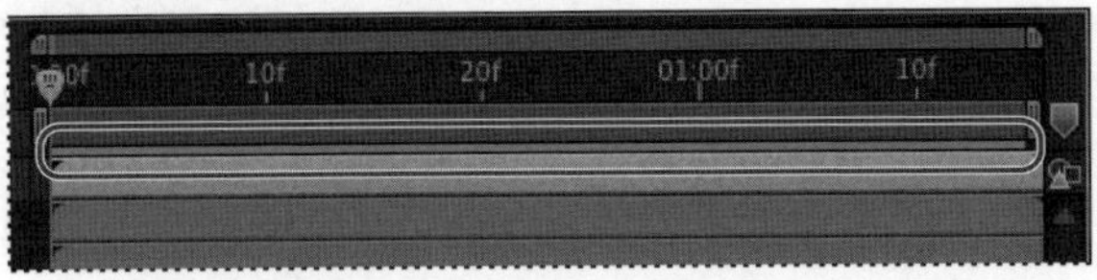

5. Pour arrêter la prévisualisation RAM, appuyez sur la barre d'espacement.

Plus vous voulez afficher de détails, plus vous devez disposer de mémoire vive (RAM). Vous pouvez contrôler le niveau de détails dans les prévisualisations standard et RAM en modifiant la résolution, le taux d'agrandissement et la qualité de prévisualisation de la composition. Vous pouvez aussi limiter le nombre de calques à afficher en désactivant l'option Vidéo de certains d'entre eux ou bien limiter le nombre d'images à traiter en réduisant la taille de la zone de travail.

6. Cliquez sur Fichier > Enregistrer pour sauvegarder votre projet.

Optimisation des performances dans After Effects

La configuration d'After Effects et de votre ordinateur influe sur la rapidité avec laquelle After Effects effectue le rendu des projets. Le rendu des compositions complexes peut nécessiter une grande quantité de mémoire, et les vidéos ainsi créées occuper une grande quantité d'espace disque. La rubrique "Améliorer les performances" de l'Aide d'After Effects propose des astuces vous permettant de configurer au mieux votre ordinateur, les préférences d'After Effects et vos projets.

Rendu et exportation de la composition

Une fois votre projet achevé, ce qui est le cas ici, vous pouvez générer un rendu avec les options de qualité choisies, afin de produire un fichier vidéo, dans le format de votre choix. Vous verrez comment exporter une composition dans les leçons suivantes, en particulier à la Leçon 14.

Personnalisation des espaces de travail

Pendant la réalisation de ce premier projet, vous avez peut-être ouvert, fermé, redimensionné des panneaux ou changé leur agencement. Ces modifications de l'espace de travail sont mémorisées par After Effects pour les restaurer à la prochaine ouverture du même projet. Mais vous pouvez à tout moment restaurer l'espace de travail standard en choisissant Fenêtre > Espace de travail > Réinitialiser "Standard".

D'un autre côté, si vous travaillez fréquemment avec des panneaux qui n'apparaissent pas ouverts dans l'espace de travail Standard, ou si vous voulez disposer de plusieurs agencements différents selon les projets, vous gagnerez du temps en adaptant l'espace de travail à vos besoins. Vous pouvez enregistrer n'importe quelle configuration d'un espace de travail ou utiliser les espaces de travail prédéfinis fournis avec After Effects. Ces derniers sont conçus pour différents types d'activités comme l'animation ou la création d'effets.

Les espaces de travail prédéfinis

Explorons rapidement les espaces de travail prédéfinis d'After Effects.

1. Si vous avez fermé le projet Leçon01_Final.aep à la fin de l'étape précédente, rouvrez-le (ou ouvrez tout autre projet) pour réaliser l'exercice suivant.
2. Cliquez sur Fenêtre > Espace de travail > Animation. After Effects ouvre les panneaux suivants sur le bord droit de la fenêtre principale : Info et Audio (groupés), Navigation, Lissage de trajectoire, Tremblement, Dessin de trajectoire, et Effets et paramètres prédéfinis.

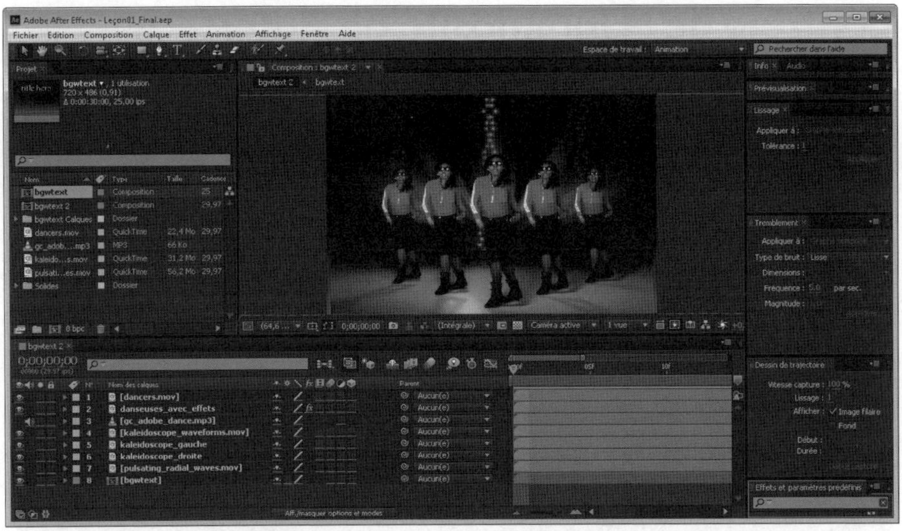

Vous pouvez également changer d'espace de travail à l'aide du menu déroulant Espace de travail situé en haut de la fenêtre d'application.

3. Choisissez Peinture dans le menu déroulant Espace de travail, situé à gauche du champ Rechercher dans l'aide. Les panneaux Peinture et Pinceaux s'ouvrent à droite et le panneau Composition est remplacé par le panneau Calque, ce qui permet d'accéder rapidement aux outils et aux composants servant à peindre dans vos compositions.

Sauvegarder un espace de travail personnalisé

Vous pouvez à tout moment sauvegarder un espace de travail pour créer un espace de travail nominatif personnalisé, puis le sélectionner par la suite sur la liste du sous-menu Fenêtre > Espace de travail et dans le menu déroulant Espace de travail en haut de la fenêtre d'application. Lorsqu'un espace personnalisé est ouvert sur une autre machine que celle sur laquelle il a été créé, After Effects recherche un espace de travail portant le même nom. Il peut s'agir d'un autre agencement stocké sous le même nom. Si After Effects en trouve un (et si la résolution de l'écran est la même), il l'utilise. S'il n'en trouve pas (ou si la résolution est différente), il ouvre le projet dans l'espace de travail actuel.

1. Refermez les deux panneaux Peinture et Pinceaux en cliquant sur le signe X à droite du nom du panneau.

2. Cliquez sur Fenêtre > Effets et paramètres prédéfinis pour ouvrir ce panneau, puis déplacez-le dans le même groupe que le panneau Prévisualisation.

3. Cliquez sur Fenêtre > Espace de travail > Nouvel espace de travail. Saisissez un nom pour ce nouvel espace de travail et cliquez sur OK pour le sauvegarder (ou cliquez sur Annuler pour abandonner).

Contrôle de la luminosité de l'interface

Il est parfois utile de pouvoir éclaircir ou assombrir l'interface utilisateur d'After Effects. Ce réglage affecte les panneaux, les fenêtres et les boîtes de dialogue.

1. Cliquez sur Édition > Préférences > Aspect (Windows) ou After Effects > Préférences > Aspect (Mac OS).
2. Déplacez le curseur Luminosité vers la droite ou la gauche et observez le résultat à l'écran.

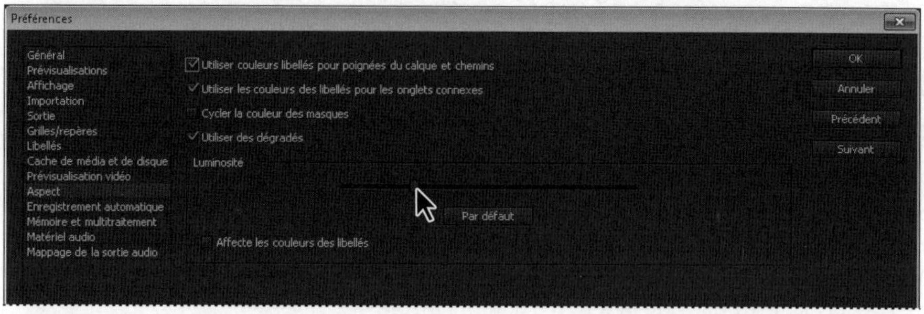

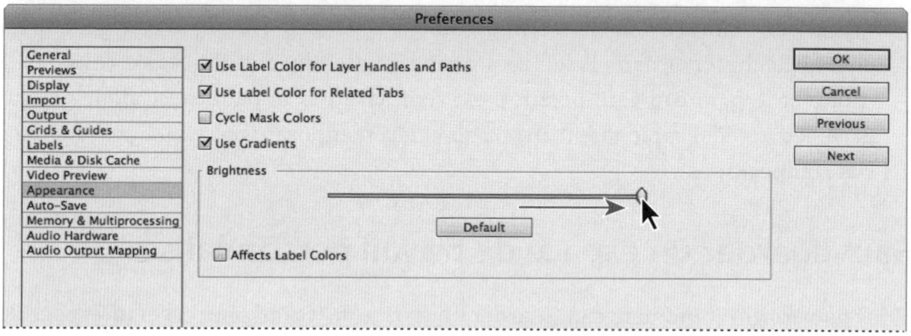

3. Cliquez sur OK pour conserver le nouveau réglage ou sur Annuler pour revenir aux paramètres précédents. Cliquez sur Défaut pour restaurer la luminosité standard.

La recherche de ressources

Pour obtenir des informations complètes et mises à jour sur l'utilisation des panneaux, des outils et des autres fonctionnalités d'After Effects, visitez le site web d'Adobe. Pour accéder aux rubriques d'aide, aux documents de référence, ainsi qu'à d'autres sites web intéressants, entrez simplement un critère de recherche dans le champ Rechercher situé dans le coin supérieur droit de la fenêtre d'application. Vous pouvez réduire le nombre de résultats de vos recherches pour n'afficher que les documents d'aide et les documents de référence.

Pour obtenir d'autres informations, comme la liste des raccourcis clavier, des astuces et les dernières informations sur le produit, visitez la page web Aide et support d'After Effects à l'adresse suivante : **http://www.adobe.com/fr/support/aftereffects/**.

Les mises à jour

Adobe fournit régulièrement des mises à jour du logiciel. Vous pouvez facilement les obtenir grâce à Adobe Application Manager, tant que vous disposez d'une connexion Internet.

● **Note :** Pour définir vos préférences de mise à jour, cliquez sur Préférences dans la boîte de dialogue Application Manager. Choisissez ensuite si vous souhaitez être prévenu de l'existence de nouvelles mises à jour et les programmes qui seront concernés. Cliquez sur OK ou Terminé pour valider vos choix.

1. Dans After Effects, Cliquez sur Aide > Mises à jour. La boîte de dialogue Adobe Application Manager vérifie alors automatiquement les mises à jour disponibles pour le logiciel.
2. Dans la boîte de dialogue Adobe Application Manager, sélectionnez les mises à jour que vous souhaitez installer, puis cliquez sur Télécharger et installer les mises à jour.

Félicitations ! Vous venez de terminer la première leçon. Vous êtes maintenant familiarisé avec l'espace de travail d'After Effects et vous pouvez vous engager dans la leçon suivante : vous allez y découvrir comment créer et animer une composition en appliquant des effets et des animations prédéfinies. Vous pouvez aussi choisir de passer à une autre leçon du livre.

Révisions

Questions

1. Quelles sont les étapes élémentaires du processus de production d'After Effects ?
2. Qu'est-ce qu'une composition ?
3. Décrivez deux méthodes pour prévisualiser votre travail dans After Effects.
4. Comment personnaliser un espace de travail d'After Effects ?

Réponses

1. La plupart des projets After Effects se déroulent en six étapes : importation et organisation des métrages ; création d'une ou plusieurs compositions et agencement des calques ; ajout d'effets ; animation des éléments ; prévisualisation de contrôle, puis rendu et exportation de la composition finale.
2. C'est dans une composition qu'on définit les animations, les calques et les effets. Une composition After Effects a des dimensions spatiales et une dimension temporelle. Elle réunit un ou plusieurs calques (vidéo, audio, images fixes) dans les panneaux Composition et Montage. Pour les projets simples, une seule composition peut suffire, tandis que les projets élaborés qui utilisent de nombreux métrages et des effets complexes peuvent en contenir plusieurs.
3. On peut prévisualiser le projet manuellement dans After Effects en déplaçant l'Indicateur d'instant courant, ou utiliser la prévisualisation standard ou la prévisualisation RAM. La prévisualisation standard lit la composition depuis l'Indicateur d'instant courant jusqu'à la fin de la composition. La prévisualisation RAM alloue de la mémoire vive en quantité suffisante pour pouvoir lire les données (données audio comprises) à la vitesse la plus proche possible de la vitesse réelle.
4. On personnalise un espace de travail en repositionnant les panneaux selon ses besoins et ses habitudes : il suffit de déplacer les panneaux, de les regrouper, de les poser côte à côte ou de les placer en surimpression flottante dans la fenêtre d'application. Ils sont redimensionnés automatiquement en fonction de la taille de la fenêtre de l'application. Pour sauvegarder une configuration de l'espace de travail personnalisée, on doit choisir Fenêtre > Espace de travail > Nouvel espace.

After Effects vous aide à faire vos premiers pas en proposant de nombreux effets et des animations prédéfinies. Vous pouvez les utiliser pour obtenir rapidement et aisément des animations très attrayantes.

ANIMATION SIMPLE AVEC EFFETS ET PARAMÈTRES PRÉDÉFINIS

2

Au cours de cette leçon, vous apprendrez à :

- utiliser Adobe Bridge pour prévisualiser et importer des métrages ;
- manipuler les calques d'un fichier Illustrator importé ;
- appliquer les effets d'ombre portée et d'estampage ;
- ajouter une animation prédéfinie de texte ;
- ajuster la durée de l'animation prédéfinie de texte ;
- créer une précomposition de calques ;
- appliquer un effet de transition Dissolution ;
- ajuster la transparence d'un calque ;
- générer le rendu d'une animation pour une diffusion télévisée.

Cette leçon vous prendra environ une heure. Si vous ne l'avez pas déjà fait, copiez le dossier Lesson02 depuis le DVD-ROM *Adobe After Effects CS6 Classroom in a Book* sur votre disque dur. Au cours de cette leçon, vous ne modifierez pas les fichiers de départ. Si vous devez néanmoins revenir à la version d'origine du fichier, copiez-le de nouveau depuis le DVD-ROM.

Préparatifs

Au cours de cette leçon, vous continuerez à explorer le processus de production dans After Effects. Vous apprendrez notamment de nouvelles techniques pour faire des tâches élémentaires en créant un écran de titre pour une émission de télévision fictive consacrée aux voyages et baptisée *Travel Europe*. Vous animerez le logo de l'émission pour qu'il s'estompe afin qu'il soit présent dans le coin inférieur droit de l'écran pendant les autres émissions. Vous l'exporterez ensuite dans un format destiné à une diffusion télévisée.

Pour commencer, vous allez étudier les fichiers finaux à reproduire.

1. Vérifiez que les fichiers suivants se trouvent sur votre disque dur dans le dossier AECS6_CIB/Lessons/Lesson02 ou bien copiez-les depuis le DVD-ROM *Adobe After Effects CS6 Classroom in a Book* :
   - dans le dossier Assets : destinations_logo.ai, parthenon.jpg ;
   - dans le dossier Sample_Movies : Lesson02.mov.
2. Ouvrez la séquence d'exemple Lesson02.mov et lancez la lecture pour juger du résultat à atteindre en fin de leçon. Quittez ensuite le lecteur QuickTime. Supprimez le fichier d'exemple si la place est comptée sur le disque dur.

En début de leçon, restaurez les paramètres d'application par défaut d'After Effects. (Reportez-vous à la section "Rétablissement des préférences par défaut" de l'Introduction.)

3. Lancez After Effects et appuyez immédiatement sur Ctrl+Alt+Maj (Windows) ou Cmd+Option+Maj (Mac OS) pour restaurer les préférences par défaut. Cliquez sur OK pour confirmer la suppression du fichier de préférences.
4. Cliquez sur Fermer dans l'écran de bienvenue.

After Effects ouvre un projet vide sans titre.

5. Cliquez sur Fichier > Enregistrer sous > Enregistrer sous.
6. Dans la boîte d'enregistrement de projet, placez-vous dans le dossier AECS6_CIB/Lessons/Lesson02/Finished_Project.
7. Nommez le projet **Leçon02_Final.aep** et cliquez sur Enregistrer.

Importation de métrages *via* Adobe Bridge

Au cours de la Leçon 1, vous avez importé des métrages en choisissant Fichier > Importer. Mais After Effects peut aussi exploiter une technique bien plus puissante et souple pour les importations : l'application partagée Adobe Bridge. Cette application permet de gérer, de parcourir et de chercher les ressources d'entrée dont vous avez besoin pour vos projets de création de contenu, quelle que soit la cible (impression, diffusion ou télévisée, DVD, film ou périphériques nomades). Adobe Bridge met à disposition les fichiers natifs des applications Adobe (PSD, PDF, etc.) ainsi que tous les fichiers non Adobe (images, audio, etc.). Vous pouvez importer par glisser-déposer ces données dans vos présentations, vos projets et vos compositions comme bon vous semble. Vous pouvez visualiser un aperçu des métrages et même leur ajouter des métadonnées (informations de fichiers) pour faciliter leur localisation.

Dans cet exercice, vous allez basculer dans Adobe Bridge pour importer l'image fixe qui servira de fond à votre composition.

1. Cliquez sur Fichier > Parcourir dans Bridge. Si un message concernant l'ajout d'une extension à Bridge s'affiche, cliquez sur OK.

▶ **Astuce :** Pour lancer Bridge directement, choisissez Adobe Bridge dans le menu Démarrer (Windows) ou double-cliquez sur l'icône Adobe Bridge dans le dossier Applications/Adobe Bridge (Mac OS).

L'application Adobe Bridge démarre et présente une série de panneaux, de menus et de boutons.

2. Cliquez sur l'onglet Dossiers situé dans le coin supérieur gauche de Bridge.
3. Dans le volet Dossiers, parcourez votre disque dur jusqu'au dossier AECS6_CIB/Lessons/Lesson02/Assets. Cliquez sur les flèches pour ouvrir les sous-dossiers. Vous pouvez aussi double-cliquer sur les icônes des dossiers dans le volet Contenu.

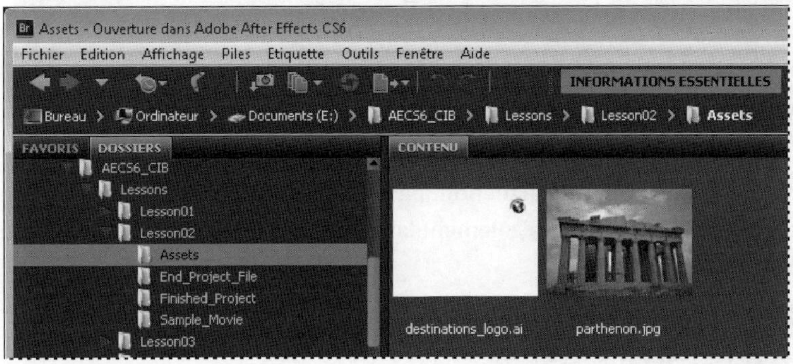

● **Note :** Nous utilisons l'espace de travail Informations essentielles, qui est l'espace de travail par défaut de Bridge.

Le volet Contenu d'Adobe Bridge se met à jour de façon interactive. Lorsque vous sélectionnez par exemple le sous-dossier Assets dans le volet Dossiers, son contenu s'affiche sous forme de vignettes dans le volet Contenu. Adobe Bridge affiche l'aperçu des images au format PSD, TIFF et JPEG, ainsi que les images Adobe vectorielles d'Illustrator, les fichiers multipages Adobe PDF, les séquences QuickTime, parmi bien d'autres.

Astuce : Vous pouvez afficher différentes informations dans Adobe Bridge en changeant d'espace de travail. Pour cela, cliquez sur Fenêtre > Espace de travail, puis sélectionnez l'espace de travail de votre choix. Pour en savoir plus sur la personnalisation d'Adobe Bridge, consultez l'aide d'Adobe Bridge.

4. Faites glisser vers la droite le curseur situé au bas de la fenêtre d'Adobe Bridge pour agrandir la taille des miniatures.

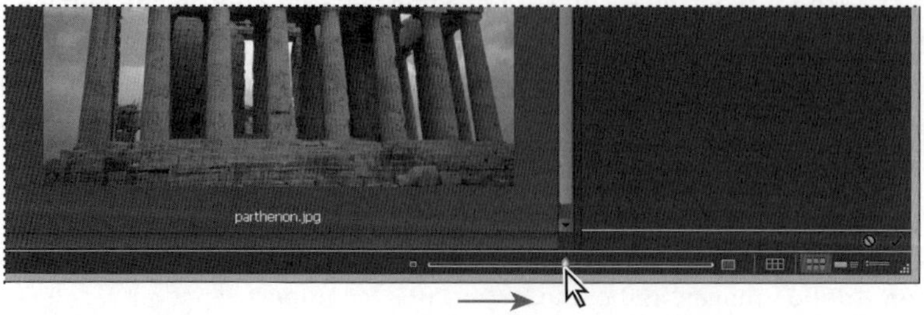

5. Sélectionnez le fichier parthenon.jpg dans le volet Contenu. Vous constatez que l'image s'affiche également dans le volet Aperçu, à droite de la fenêtre de Bridge. Le volet Métadonnées vous fournit des informations sur le fichier (notamment la date de création, la profondeur de bits et la taille du fichier).

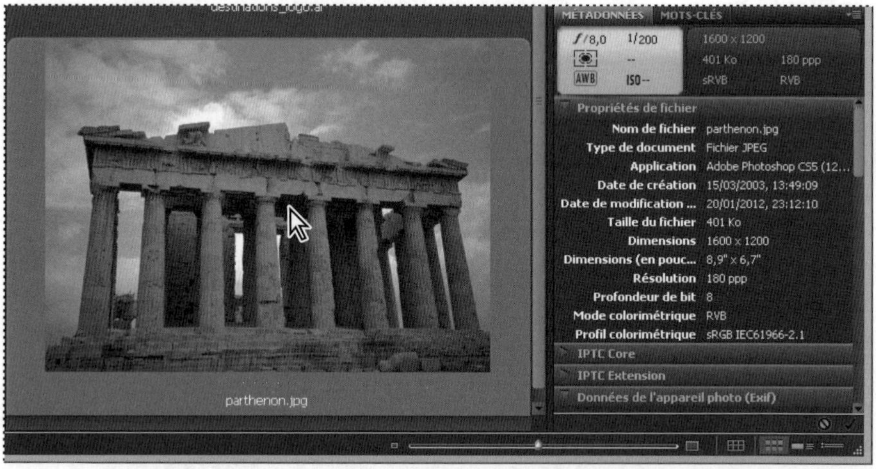

6. Double-cliquez sur la vignette parthenon.jpg pour importer ce fichier dans votre projet After Effects. Vous pouvez également faire glisser la vignette dans le panneau Projet d'After Effects.

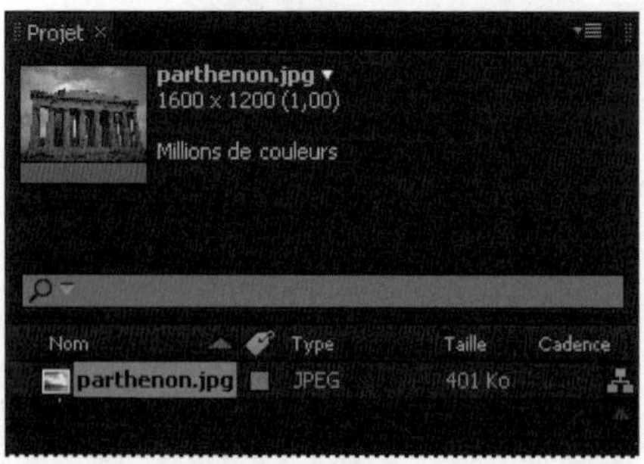

Adobe Bridge vous ramène dans la fenêtre d'After Effects une fois l'action réalisée. Vous pouvez fermer Adobe Bridge si vous le souhaitez, car vous ne l'utiliserez plus au cours de cette leçon.

Création d'une composition

Comme vous l'avez appris dans la leçon précédente, la prochaine étape du processus de production consiste à créer une composition. Dans la Leçon 1, vous avez créé la composition à partir des métrages sélectionnés dans le panneau Projet. Mais vous pouvez aussi créer une composition vide avant d'ajouter les métrages.

1. Créez une nouvelle composition par l'un des moyens suivants :
   - Cliquez sur le bouton Créer une nouvelle composition (▣) au bas du panneau Projet.
   - Cliquez sur Composition > Nouvelle composition.
   - Appuyez sur les touches Ctrl+N (Windows) ou Cmd+N (Mac OS).
2. Dans la boîte de dialogue Paramètres de composition, procédez de la façon suivante :
   - Nommez la composition **Destinations**.
   - Choisissez NTSC D1 sur la liste Paramètre prédéfini. Il s'agit du format standard employé pour la télévision aux États-Unis et dans d'autres pays. Ce choix définit automatiquement la largeur, la hauteur, le format des pixels et la cadence de la composition en fonction du standard NTSC.
   - Dans le champ Durée, saisissez **300** pour indiquer trois secondes.
   - Cliquez sur OK.

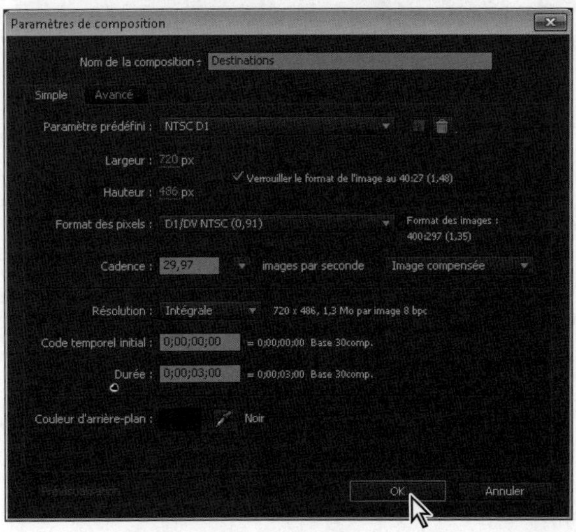

After Effects affiche la composition Destinations vide dans le panneau Composition et dans le panneau Montage. Vous allez maintenant ajouter l'image d'arrière-plan.

3. Faites glisser le métrage parthenon.jpg depuis le panneau Projet vers le panneau Montage pour l'ajouter à la composition Destinations.

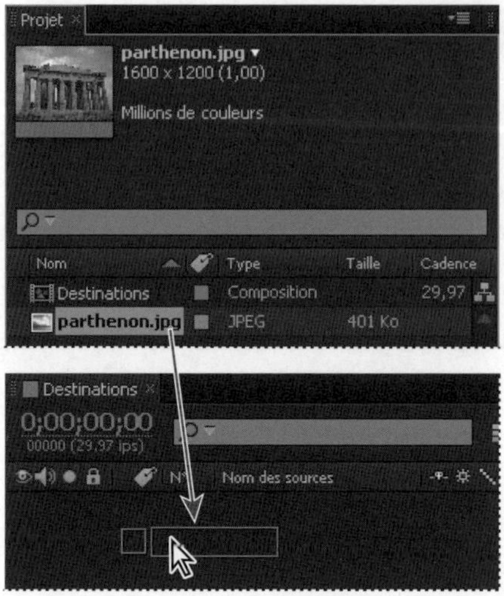

▶ **Astuce :** Le raccourci clavier pour ajuster la taille d'un calque aux dimensions de la composition est Ctrl+Alt+F (Windows) ou Cmd+Option+F (Mac OS).

4. Assurez-vous que le calque parthenon est bien sélectionné dans le panneau Montage, puis cliquez sur Calque > Géométrie > Ajuster à la composition pour réduire la taille de l'image aux dimensions de la composition.

Importer l'élément de premier plan

Le fond est maintenant en place. L'objet au premier plan que vous allez utiliser est un graphique vectoriel multicalque créé dans Illustrator.

1. Cliquez sur Fichier > Importer > Fichier.

2. Dans la boîte de dialogue Importer fichier, parcourez votre disque dur jusqu'au fichier destinations_logo.ai situé dans le dossier AECS6_CIB/Lessons/Lesson02/Assets (le fichier apparaît sous le nom destinations_logo si l'affichage des extensions est désactivé sous Windows).

3. Sélectionnez Composition dans le menu déroulant Importer sous, puis cliquez sur Ouvrir.

Le fichier Illustrator est inséré dans le panneau Projet en tant que composition sous le nom destinations_logo. Un dossier appelé destinations_logo Calques apparaît également. Il contient les trois calques d'origine du fichier Illustrator. Si vous le souhaitez, cliquez sur le triangle du dossier pour afficher son contenu.

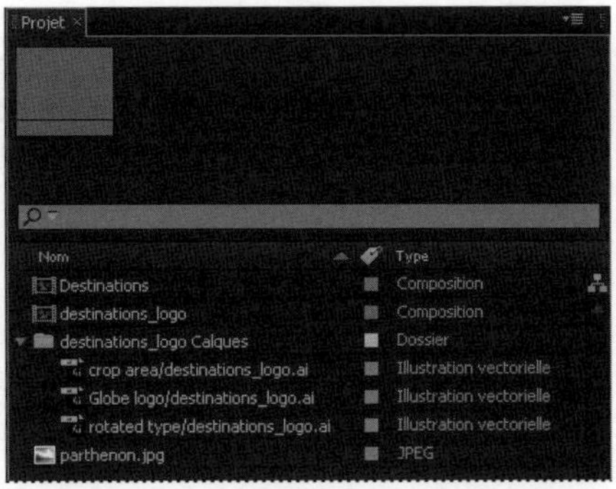

4. Faites glisser le fichier de la composition destinations_logo depuis le panneau Projet dans le panneau Montage au-dessus du calque parthenon.

Vous voyez à présent le fond et le logo dans le panneau Composition et dans le panneau Montage.

Manipulation de calques importés depuis Illustrator

Le graphique du logo destinations_logo provenant d'Illustrator, il vous reste à ajouter du texte et à l'animer dans After Effects. Pour pouvoir travailler sur les calques du fichier Illustrator indépendamment du métrage de fond, vous allez ouvrir la composition destinations_logo dans ses propres panneaux Montage et Composition.

1. Double-cliquez sur la composition destinations_logo dans le panneau Projet pour l'ouvrir dans ses panneaux Montage et Composition.

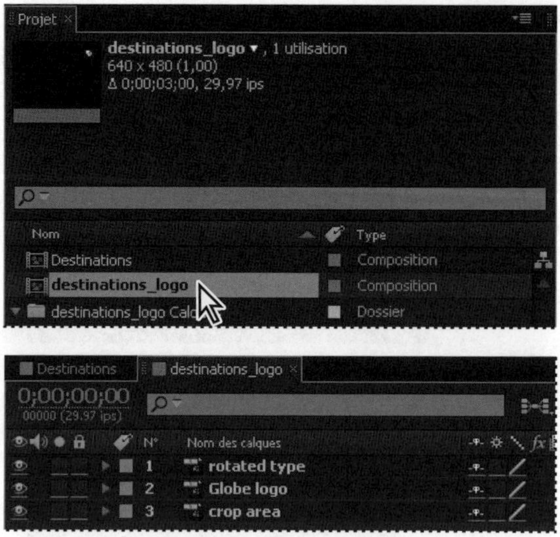

2. Sélectionnez l'outil Écriture horizontale (T) dans le panneau Outils et cliquez au centre du panneau Composition.
3. Saisissez les mots **TRAVEL EUROPE** en majuscules, puis sélectionnez la totalité de ce texte.

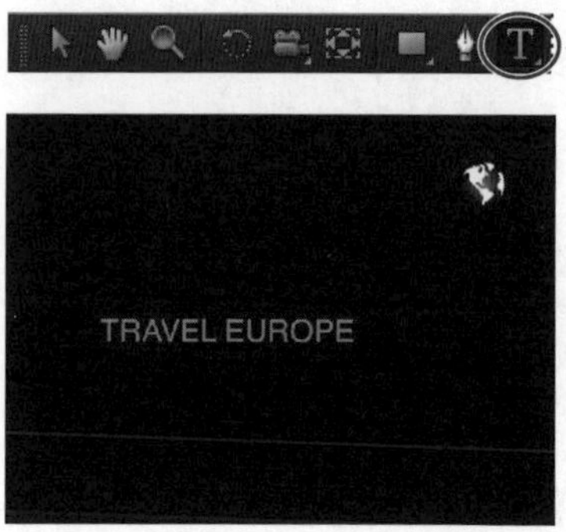

4. Dans le panneau Caractère, sélectionnez une police sans serif telle que Myriad Pro et une taille de police de **24** pixels. Cliquez sur l'outil Pipette du panneau Caractère, puis sur le texte en arc de cercle, "Destinations", du logo pour échantillonner cette couleur verte. After Effects l'applique au texte que vous avez écrit. Conservez les valeurs par défaut pour les autres options du panneau Caractère.

● **Note :** Si le panneau Caractère n'est pas ouvert, cliquez sur Fenêtre > Caractère.

● **Note :** Si le panneau Paragraphe n'est pas ouvert, cliquez sur Fenêtre > Paragraphe.

5. Dans le panneau Paragraphe, cliquez sur le bouton Aligner le texte à droite (≣). Ne changez aucune autre option du panneau. Vous verrez en détail les attributs de paragraphes et de caractères dans la leçon suivante.

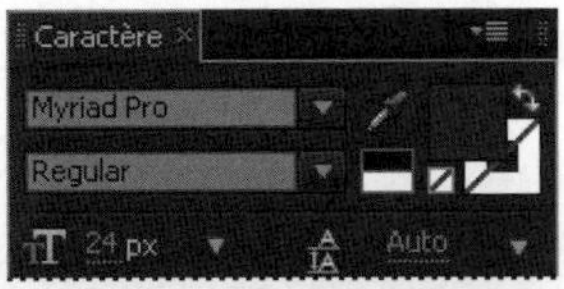

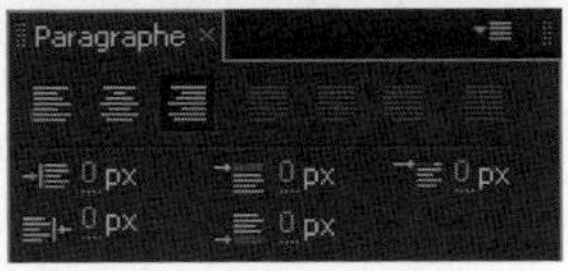

6. Activez l'outil Sélection (↖) et repositionnez le texte dans le panneau Composition pour qu'il soit placé correctement à gauche du logo (voir figure suivante). Lorsque vous activez l'outil, vous constatez que le calque perd son nom générique (Texte 1) dans le panneau Montage pour prendre comme nom son contenu ("TRAVEL EUROPE" dans notre exemple).

▶ **Astuce :** Cliquez sur Affichage > Afficher la grille pour positionner plus facilement les éléments. Cliquez de nouveau sur Affichage > Afficher la grille quand vous n'en avez plus besoin.

L'ajout et le paramétrage d'effets

Vous avez la liberté d'appliquer ou d'enlever un effet à tout moment. Une fois que des effets sont appliqués à un calque, vous pouvez temporairement les désactiver pour ce calque afin de vous concentrer sur une autre tâche dans la composition. Les effets désactivés n'apparaissent plus dans le panneau Composition et ne sont normalement pas inclus lors de la prévisualisation ou du rendu du calque.

Par défaut, lorsqu'un effet est appliqué à un calque, il est actif pendant toute la durée du calque. Vous pouvez néanmoins faire démarrer et arrêter un effet à des instants précis ou l'augmenter et le réduire dans le temps au moyen d'images clés ou d'expressions, comme vous le verrez au cours des Leçons 5 et 6.

Vous pouvez appliquer et modifier des effets sur des calques de réglage de la même façon que sur les calques standard. Dans ce cas précis, l'effet est également appliqué à tous les calques situés derrière (après) le calque de réglage dans le panneau Montage.

Les effets peuvent être sauvegardés, parcourus et appliqués en tant qu'animations prédéfinies.

Application d'effets à un calque

Revenons maintenant à la composition principale Destinations pour appliquer un effet au calque destinations_logo. L'effet sera propagé à tous les calques imbriqués dans la composition destinations_logo.

1. Cliquez sur l'onglet Destinations dans le panneau Montage et sélectionnez le calque destinations_logo. L'effet que vous allez créer ne doit s'appliquer qu'au logo et non à l'image de fond du Parthénon.

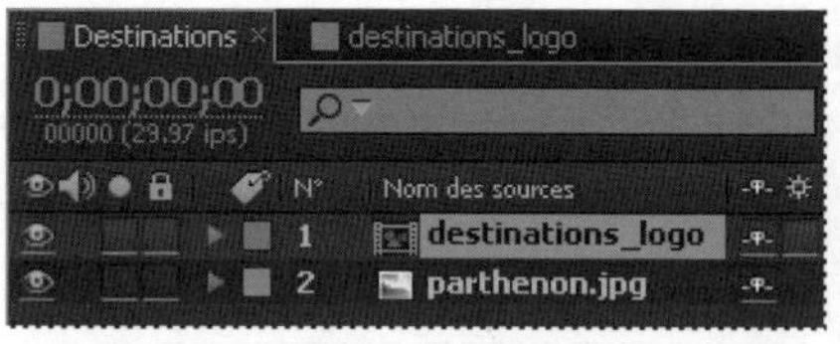

2. Cliquez sur Effet > Perspective > Ombre portée. Une ombre aux bords adoucis est ajoutée derrière les calques internes de destinations_logo (le logo, le texte tournant et le texte que vous venez de saisir) dans le panneau Composition.

Vous pouvez personnaliser l'effet grâce au panneau Effets qui vient se placer devant le panneau Projet dès que vous appliquez un effet.

3. Dans le panneau Effets, réduisez la valeur Distance à **3** et augmentez la valeur Lissage à **4**. Pour définir ces valeurs, vous pouvez cliquer dans le champ et saisir le nombre, ou faire glisser latéralement le pointeur de la souris sur la valeur orange soulignée.

L'effet d'ombre portée est agréable mais discret. Le logo serait plus en valeur si un effet d'estampage était appliqué. Vous pouvez utiliser le menu Effet ou le panneau Effets et paramètres prédéfinis pour localiser et appliquer des effets.

4. Cliquez sur l'onglet du panneau Effets et paramètres prédéfinis pour l'afficher au premier plan. Cliquez ensuite sur le triangle qui précède le nom de la catégorie Esthétiques pour afficher les effets qu'elle contient.

5. Le calque destinations_logo toujours sélectionné dans le panneau Montage, faites glisser l'effet Estampage couleur dans le panneau Composition. Cet effet accentue la netteté des contours des objets dans le calque sans dénaturer les couleurs. L'effet Estampage couleur et ses propriétés s'affichent dans le panneau Effets sous l'effet Ombre portée.

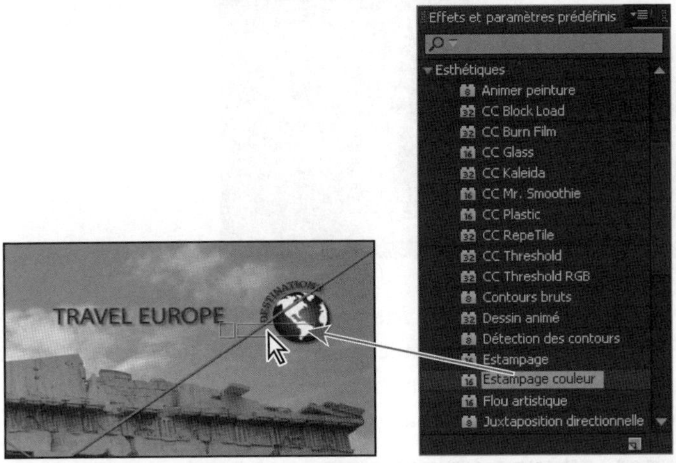

6. Cliquez sur Fichier > Enregistrer pour sauvegarder votre projet.

Ajout d'une animation prédéfinie

Maintenant que vous avez positionné le logo et que vous lui avez appliqué deux effets, il est temps de l'animer. Vous apprendrez plusieurs techniques d'animation du texte dans la leçon suivante. Pour l'instant, vous allez vous servir d'une simple animation prédéfinie pour faire apparaître progressivement les mots "Travel Europe" à côté du logo. Pour cela, vous devez de nouveau travailler dans la composition destinations_logo pour n'appliquer l'animation qu'au calque de texte TRAVEL EUROPE.

1. Cliquez sur l'onglet destinations_logo dans le panneau Montage et sélectionnez le calque TRAVEL EUROPE.

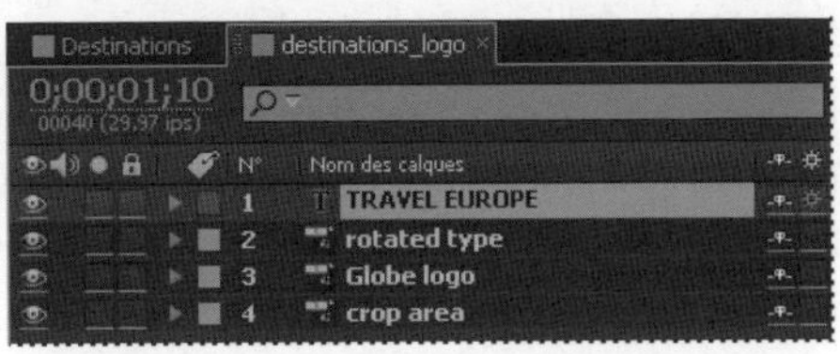

2. Placez l'Indicateur d'instant courant à 1:10, l'image à laquelle le texte doit commencer à apparaître.

3. Dans le panneau Effets et paramètres prédéfinis, ouvrez la catégorie Animations prédéfinies > Text > Blurs.

4. Faites glisser l'animation TGV sur le texte Travel Europe dans le panneau Composition ou sur le calque TRAVEL EUROPE dans le panneau Montage. Ne vous inquiétez pas de la disparition du texte dans le panneau Composition. Vous visualisez la première image de cette animation qui est vierge.

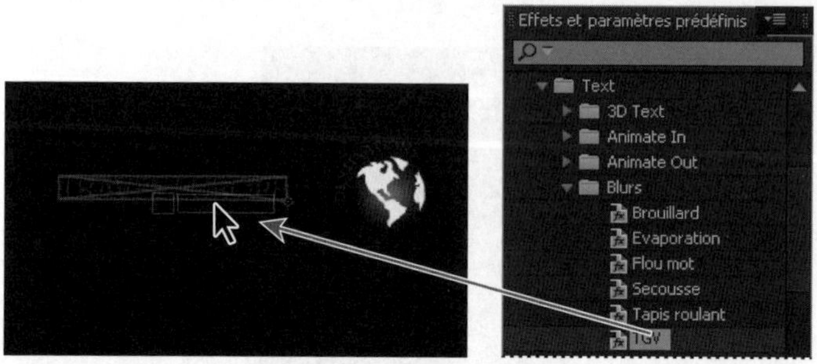

5. Cliquez dans une zone vierge du panneau Montage pour désélectionner le calque TRAVEL EUROPE et faites glisser l'Indicateur d'instant courant jusqu'à 2:00 pour lancer une prévisualisation manuelle de l'animation du texte. Les lettres apparaissent une à une jusqu'à ce que le texte *Travel Europe* s'affiche en entier à 2:00.

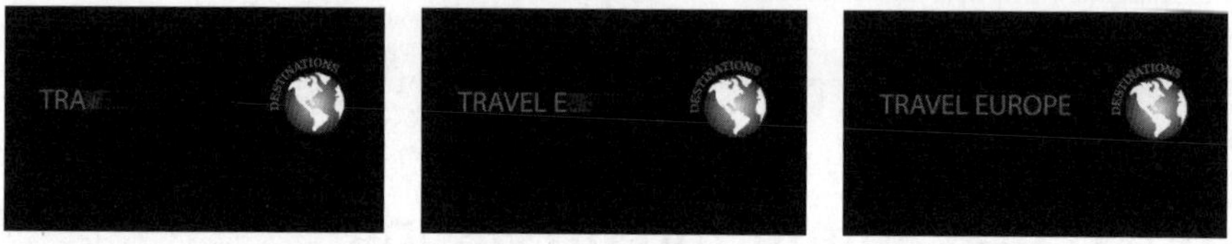

Précomposer des calques pour une nouvelle animation

Le titre fait son entrée en scène de façon satisfaisante et vous êtes peut-être impatient de voir le résultat final. Mais avant cela, vous allez ajouter un effet de dissolution à tous les éléments du logo à l'exception des mots *Travel Europe*. Pour cela, vous devez précomposer les trois calques rotated type, Globe logo et crop area de la composition destinations_logo en un seul.

La *précomposition* consiste à imbriquer des calques à l'intérieur d'une nouvelle composition qui remplace les calques sélectionnés. C'est un moyen radical pour modifier l'ordre de rendu des calques en créant des niveaux intermédiaires d'imbrication dans une hiérarchie existante.

1. Maintenez la touche Maj enfoncée et cliquez sur les trois calques rotated type, Globe logo et crop area dans le panneau Montage de la composition destinations_logo pour les sélectionner.

2. Cliquez sur Calque > Précomposition.

3. Dans la boîte de dialogue Précomposition, nommez la nouvelle composition **Fondu_logo**. Assurez-vous que l'option Transférer tous les attributs dans une nouvelle composition est activée. Cliquez ensuite sur OK.

Les trois calques sont remplacés par un seul dans le panneau Montage. Ce calque composite, nommé Fondu_logo, contient les trois calques sélectionnés à l'étape 1. Vous pouvez maintenant lui appliquer un effet de dissolution sans affecter le calque de texte TRAVEL EUROPE ni l'animation TGV.

4. Vérifiez que le calque Fondu_logo est sélectionné dans le panneau Montage, puis appuyez sur la touche Origine (ou Début) du clavier ou déplacez l'Indicateur d'instant courant pour revenir à 0:00.

5. Dans le panneau Effets et paramètres prédéfinis, ouvrez la catégorie Animations prédéfinies > Transition – Dissolves (fondus). Repérez l'animation Fondu – vapeur et faites-la glisser sur le calque Fondu_logo dans le panneau Montage ou dans le panneau Composition.

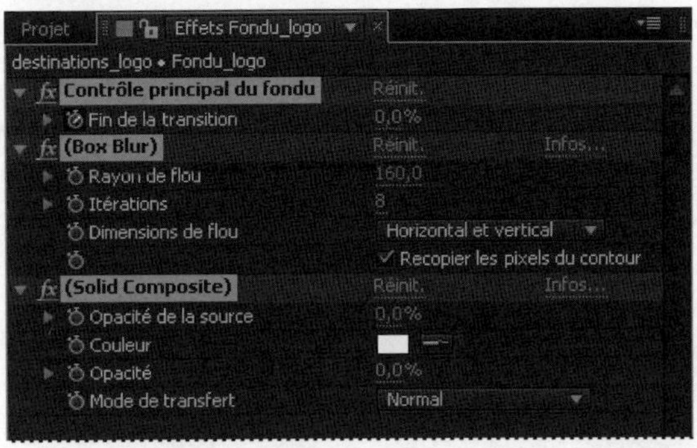

Cette animation prédéfinie contient trois composants – Contrôle principal du fondu, Box Blur et Solid Composite – qui correspondent à trois catégories dans le panneau Effets. Les paramètres par défaut conviennent très bien pour ce projet.

▶ **Astuce :** Pour atteindre rapidement l'effet, saisissez **vap** dans le champ de recherche du panneau Effets et paramètres prédéfinis.

6. Cliquez sur Fichier > Enregistrer.

Prévisualisation des effets

Le moment est enfin venu de prévisualiser tous les effets et animations.

1. Cliquez sur l'onglet Destinations dans le panneau Montage pour revenir à la composition principale, puis pressez la touche Origine pour vous assurer que l'Indicateur d'instant courant est au début de l'échelle de temps.
2. Vérifiez que l'option Vidéo (👁) est active pour les deux calques de la composition Destinations dans le panneau Montage.
3. Cliquez sur le bouton Lecture/Pause (▶) dans le panneau Prévisualisation ou appuyez sur la barre d'espacement pour lancer la prévisualisation. Appuyez sur la barre d'espacement pour arrêter la lecture lorsque vous le souhaitez.

Ajout de transparence

De nombreuses chaînes de télévision affichent des logos semi-transparents dans un coin de l'écran pour mettre en valeur leur station. Pour reproduire cela, il vous suffit d'intervenir sur la propriété Opacité.

1. Toujours dans le panneau Montage de la composition Destinations, placez-vous à 2:24.
2. Sélectionnez le calque destinations_logo et appuyez sur la touche **T** pour afficher sa propriété Opacité. Par défaut, la propriété a une valeur de 100 %, ce qui correspond à une opacité totale. Cliquez sur l'icône Chronomètre (⏱) pour placer une image clé d'opacité à cet endroit.

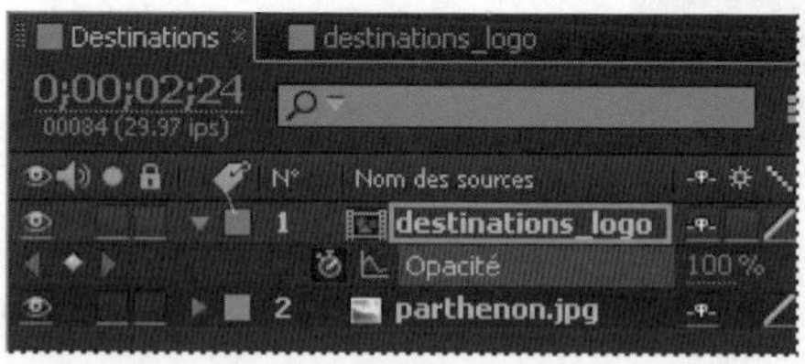

3. Appuyez sur la touche Fin ou faites glisser l'Indicateur d'instant courant vers la droite pour vous placer à la fin de l'échelle de temps (2:29), et réduisez l'opacité à **40 %**. After Effects insère une image clé.

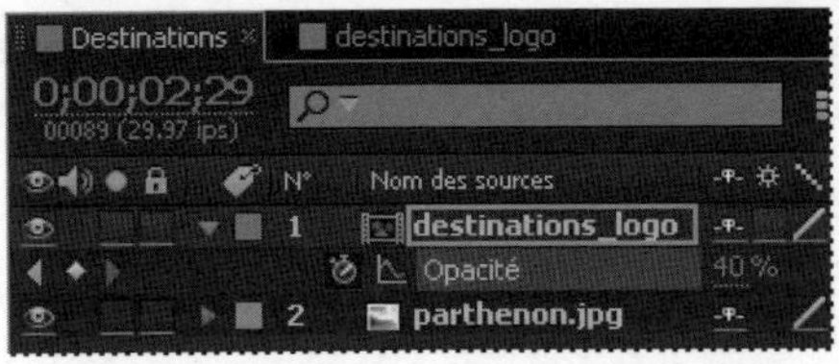

Le logo apparaît suivi des mots "Travel Europe", puis l'ensemble s'estompe jusqu'à 40 % d'opacité.

4. Lancez une prévisualisation de la composition en cliquant sur le bouton Lecture/Pause dans le panneau Prévisualisation, ou en appuyant sur la barre d'espacement ou sur la touche 0 du pavé numérique. Appuyez enfin sur la barre d'espacement pour arrêter la lecture quand vous avez fini.
5. Cliquez sur Fichier > Enregistrer pour sauvegarder votre projet.

Rendu de la composition

Vous voici prêt à générer le fichier vidéo du générique de l'émission. Lors du rendu, les calques de la composition et les masques, effets et propriétés de chaque calque sont traités image par image et envoyés dans plusieurs fichiers de sortie ou, dans le cas d'une séquence d'images, dans une série de fichiers consécutifs.

La génération de la vidéo peut prendre quelques minutes ou plusieurs heures selon la taille d'image de la composition, la qualité, la complexité et la méthode de compression. Lorsque vous insérez la composition dans la file d'attente de rendu, elle devient un élément de rendu qui dépend des paramètres de rendu qui lui ont été associés.

After Effects propose un vaste choix de formats et de techniques de compression pour les rendus. Le choix du format dépend du périphérique sur lequel l'animation doit être lue et des contraintes du matériel (par exemple un banc de montage vidéo numérique).

● **Note :** Pour en savoir plus sur les formats de sortie et le rendu, reportez-vous à la Leçon 14.

Vous allez générer et exporter un rendu de la composition, afin qu'elle puisse être diffusée à la télévision.

1. Réalisez l'une des actions suivantes pour ajouter la composition à la file d'attente de rendu :

   - Sélectionnez la composition Destinations dans le panneau Projet, puis cliquez sur Composition > Ajouter à la file d'attente de rendu. Le panneau File d'attente de rendu s'ouvre.
   - Cliquez sur Fenêtre > File d'attente de rendu pour ouvrir le panneau File d'attente de rendu, puis faites glisser la composition Destinations du panneau Projet vers le panneau File d'attente de rendu.

2. Choisissez Agrandir le groupe dans le menu du panneau File d'attente de rendu pour que le panneau occupe tout l'espace de la fenêtre d'application.

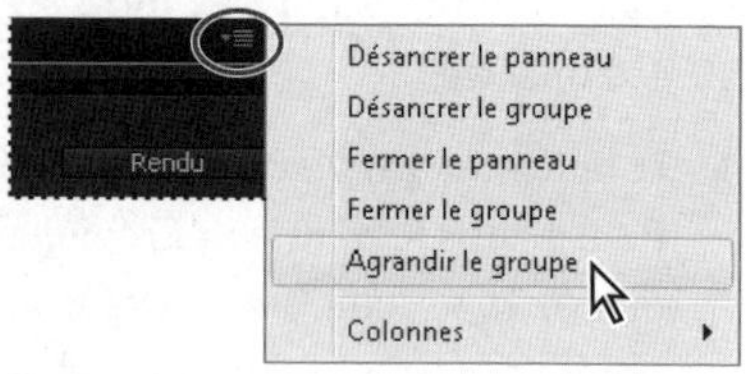

▶ **Astuce :** Pour agrandir le groupe, vous pouvez également utiliser la touche ")" du clavier (parenthèse fermante).

3. Cliquez sur le triangle de la catégorie Paramètres de rendu pour afficher les options. Par défaut, After Effects génère les compositions en Qualité optimale et Résolution intégrale, ce qui nous convient ici.

4. Cliquez sur le triangle de la catégorie Module de sortie. Par défaut, After Effects génère un rendu sans compression, ce qui convient aussi pour ce projet. Mais vous devez préciser le dossier de destination où enregistrer le fichier.

5. Cliquez sur les mots soulignés "À définir" situés à droite du paramètre Destin. (Destination).

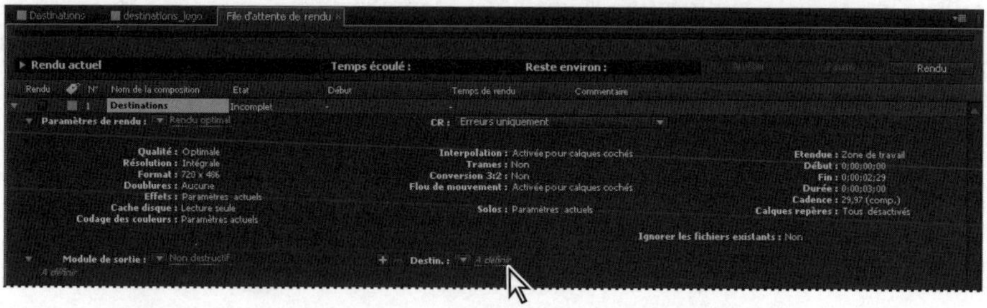

6. Dans la boîte de dialogue Destination vidéo, acceptez le nom proposé (Destinations), naviguez jusqu'au dossier AECS6_CIB/Lessons/Lesson02/Finished_Project, puis cliquez sur Enregistrer.

7. De retour dans le panneau File d'attente de rendu, cliquez sur le bouton Rendu.

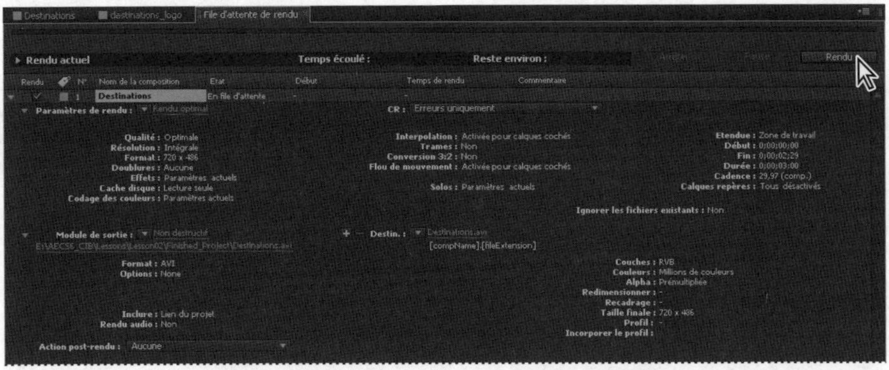

After Effects affiche une jauge de progression dans le panneau File d'attente de rendu pendant l'encodage du fichier et émet un signal sonore lorsque le rendu de tous les éléments est achevé.

8. Lorsque la création de la vidéo est terminée, choisissez Rétablir la taille du groupe dans le menu du panneau File d'attente de rendu pour restaurer l'espace de travail.

9. Si vous souhaitez visualiser le résultat final, double-cliquez sur le fichier Destinations.avi situé dans le dossier AECS6_CIB/Lessons/Lesson02/Finished_Project pour l'ouvrir dans votre lecteur vidéo, puis lancez sa lecture.

Félicitations ! Vous venez de créer un générique adapté à une diffusion télévisée pour une émission de voyage avec un logo.

Révisions

Questions

1. Comment utiliser Adobe Bridge pour prévisualiser et importer des fichiers ?
2. Expliquez le concept de précomposition.
3. Comment personnaliser un effet ?
4. Comment modifier la transparence d'un calque dans une composition ?

Réponses

1. On choisit Fichier > Parcourir dans Bridge pour basculer d'After Effects dans Adobe Bridge afin de prévisualiser et de localiser les métrages. Une fois que le fichier à utiliser dans un projet After Effects est localisé, on double-clique dessus ou on le fait glisser dans le panneau Projet.
2. La *précomposition* est une technique d'imbrication de calques. Elle a pour effet de déplacer les calques dans une nouvelle composition, qui prend la place des calques sélectionnés dans la composition de départ. La précomposition vous permet de modifier rapidement l'ordre de rendu des calques en créant des niveaux intermédiaires dans une hiérarchie existante.
3. Une fois qu'un effet a été appliqué à un calque d'une composition, on peut modifier ses propriétés dans le panneau Effets. Ce panneau s'ouvre automatiquement lorsque l'effet est appliqué, mais on peut également l'ouvrir en sélectionnant le calque concerné, puis en choisissant Fenêtre > Effets.
4. Pour modifier la transparence d'un calque, on peut réduire son opacité. On sélectionne le calque dans le panneau Montage, on appuie sur la touche **T** pour afficher sa propriété Opacité puis on indique une valeur inférieure à 100 %.

Le texte ne doit pas obligatoirement rester immobile pour que le spectateur le lise. Vous allez découvrir ici plusieurs techniques pour animer des caractères dans After Effects, dont certaines sont spécifiques aux calques de texte et vous permettront de gagner du temps.

ANIMATION DE TEXTE 3

Au cours de cette leçon, vous apprendrez à :

- créer et animer des calques de texte ;
- enrichir des textes avec les panneaux et Paragraphe ;
- appliquer appliquer et personnaliser des animations de texte prédéfinies ;
- prévisualiser les animations prédéfinies dans Adobe Bridge ;
- animer du texte avec les images clés ;
- animer un calque par filiation d'un calque parent ;
- éditer et animer du texte importé de Photoshop ;
- utiliser un groupe d'animation de texte pour animer certains caractères d'un calque ;
- appliquer une animation de texte à un élément graphique.

Cette leçon vous prendra environ deux heures. Si vous ne l'avez pas déjà fait, copiez le dossier Lesson03 depuis le DVD-ROM *Adobe After Effects CS6 Classroom in a Book* sur votre disque dur. Au cours de cette leçon, vous ne modifierez pas les fichiers de départ. Si vous devez néanmoins revenir à la version d'origine du fichier, copiez-le de nouveau depuis le DVD-ROM.

Préparatifs

After Effects propose de nombreuses techniques d'animation de texte. Vous pouvez animer des calques de texte en insérant manuellement des images clés dans le panneau Montage, en utilisant des animations prédéfinies ou des expressions. Vous pouvez même animer certains caractères ou mots seulement dans un calque de texte. Au cours de cette leçon, vous utiliserez plusieurs de ces techniques, et notamment certaines qui sont spécifiques des calques de texte. Vous allez ici animer le générique d'un documentaire appelé *Road Trip*.

Comme pour les autres projets, vous allez commencer par lire la version finale de la vidéo que vous créerez, puis vous lancerez After Effects.

1. Assurez-vous que les fichiers suivants se trouvent sur votre disque dur dans le dossier AECS6_CIB/Lessons/Lesson03 ou bien copiez-les depuis le DVD-ROM *Adobe After Effects CS6 Classroom in a Book* :
   - dans le dossier Assets : background_movie.mov, car.ai, compass.swf et credits.psd ;
   - dans le dossier Sample_Movies : Lesson03.mov.
2. Ouvrez et lancez la lecture de la séquence d'exemple Lesson03.mov pour visualiser le générique que vous allez réaliser. Quittez ensuite le lecteur QuickTime. Supprimez le fichier d'exemple si l'espace est compté sur votre disque dur.

Lors du lancement d'After Effects, restaurez les paramètres par défaut. (Reportez-vous à la section "Rétablissement des préférences par défaut" de l'Introduction.)

3. Lancez After Effects et appuyez immédiatement sur Ctrl+Alt+Maj (Windows) ou Cmd+Option+Maj (Mac OS) pour restaurer les préférences par défaut. Cliquez sur OK pour confirmer la suppression du fichier de préférences.
4. Cliquez sur Fermer dans l'écran de bienvenue.

After Effects ouvre un projet vide sans titre.

5. Cliquez sur Fichier > Enregistrer sous >Enregistrer sous, puis parcourez votre disque dur jusqu'au dossier AECS6_CIB/Lessons/ Lesson03/Finished_Project.
6. Donnez au projet le nom **Leçon03_Final.aep** et cliquez sur Enregistrer.

Importer les métrages

Vous devez importer deux métrages pour débuter cette leçon.

1. Double-cliquez dans une zone vide du panneau Projet pour ouvrir la boîte de dialogue Importer fichier.
2. Naviguez jusqu'au dossier AECS6_CIB/Lessons/Lesson03/Assets sur votre disque dur. Maintenez la touche Ctrl (Windows) ou Cmd (Mac OS) enfoncée et cliquez sur les fichiers background_movie.mov et compass.swf pour les sélectionner. Cliquez ensuite sur Ouvrir.

After Effects peut importer de nombreux formats de fichier, y compris les fichiers Adobe Photoshop, et Adobe Illustrator, ainsi que les vidéos QuickTime et AVI. Cela fait d'After Effects un programme de création et de composition d'images animées très puissant.

Créer la composition

Vous allez maintenant créer la composition.

1. Appuyez sur Ctrl+N (Windows) ou Cmd+N (Mac OS) pour créer une composition.
2. Dans la boîte de dialogue Paramètres de composition, nommez la composition **Road_Trip_Sequence_Titre**, choisissez le format NTSC DV dans le menu Paramètre prédéfini et réglez la Durée à **10:00**, soit la durée du métrage background_movie.mov. Cliquez ensuite sur OK.

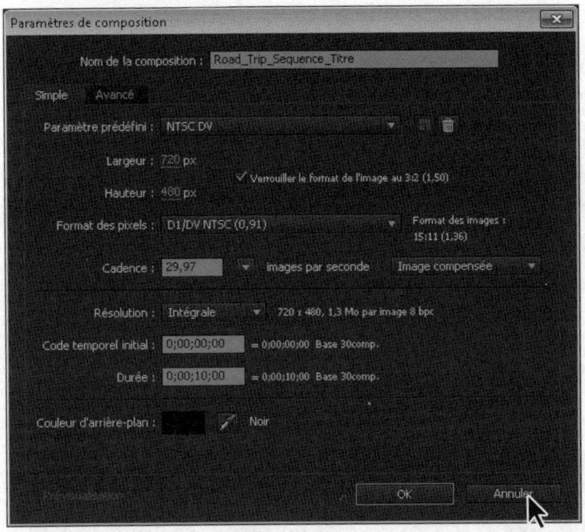

3. Faites glisser les deux métrages background_movie.mov et compass.swf depuis le panneau Projet vers le panneau Montage. Le calque compass.swf doit être situé au-dessus du calque background_movie.mov dans la pile des calques.

4. Cliquez sur Fichier > Enregistrer.

Vous voici prêt à ajouter un titre à la composition.

À propos des calques de texte

Dans After Effects, vous disposez d'une grande souplesse et d'une bonne précision pour ajouter du texte. Vous pouvez créer et modifier le texte directement à l'écran dans le panneau Composition, et aisément modifier la police, le style, la taille et la couleur du texte, mais aussi insérer du texte horizontal ou vertical à n'importe quel endroit de la composition. Les panneaux Outils, Caractère et Paragraphe disposent de nombreux outils de contrôle du texte. Vous pouvez également appliquer des changements à des caractères individuels et régler le format au niveau du paragraphe, y compris l'alignement, la justification et les sauts de ligne. Par ailleurs, After Effects offre de nombreux outils pour animer des caractères et contrôler leurs propriétés comme l'opacité et la couleur.

After Effects reconnaît deux sortes de textes : le texte de point et le texte de paragraphe. Le *texte de point* sert à ajouter un mot ou une seule ligne de texte. Le *texte de paragraphe* sert à créer et à mettre en forme un ou plusieurs blocs de texte.

Par de nombreux aspects, les calques de texte ressemblent aux autres calques After Effects. Vous pouvez leur appliquer des effets et des expressions, les animer, les définir comme calques 3D et modifier le texte 3D tout en l'affichant dans plusieurs vues. Comme les calques importés depuis Illustrator, les calques de texte sont en permanence pixellisés, si bien que lorsque vous redimensionnez le calque ou le texte, ses contours restent nets, indépendamment de la résolution. Les deux différences entre les calques de texte et les autres calques sont l'impossibilité d'ouvrir un panneau Calque spécifique pour un calque de texte et la possibilité d'employer des sélecteurs et des propriétés d'animation spécifiques pour les calques de texte.

Création et formatage d'un texte de point

Lorsque vous saisissez du texte de point, chaque ligne de texte est indépendante, c'est-à-dire que la largeur du bloc qui la contient varie en fonction de la quantité de contenu. Il n'y a jamais de retour à la ligne suivante. Le texte est associé à un nouveau calque de texte. Le petit trait qui traverse le pointeur d'insertion en forme de I indique la position de la ligne de base des caractères.

● **Note :** Si vous pressez la touche Entrée ou Retour du clavier principal plutôt que du pavé numérique, vous commencez un nouveau paragraphe.

1. Dans le panneau Outils, sélectionnez l'outil Écriture horizontale (T).
2. Cliquez n'importe où dans le panneau Composition et saisissez le texte **Road Trip**, puis appuyez sur la touche Entrée du pavé numérique pour sortir du mode d'édition du texte et sélectionner le calque de texte dans le panneau Composition. Vous pouvez également cliquer sur le nom du calque dans le panneau Montage pour quitter le mode d'édition de texte.

Le panneau Caractère

Le panneau Caractère réunit les options de format de caractères qui ne s'appliquent qu'aux caractères sélectionnés. Si aucun texte n'est sélectionné, les options s'appliquent à la totalité du texte des calques de texte sélectionnés, ainsi qu'aux éventuelles images clés du texte source sélectionnées. Si aucun caractère ni aucun calque de texte n'est sélectionné, les modifications réalisées dans le panneau Caractère deviennent les options par défaut pour la prochaine saisie de texte.

▶ **Astuce :** Pour ouvrir les panneaux un à un, cliquez sur Fenêtre > Caractère ou Fenêtre > Paragraphe. Pour ouvrir les deux panneaux en même temps, sélectionnez l'outil Écriture horizontale, puis cliquez sur le bouton Afficher/masquer les panneaux Caractère et Paragraphe dans le panneau Outils.

1. Cliquez sur Fenêtre > Espace de travail > Texte pour n'afficher que les panneaux dont vous avez besoin ici.
2. Sélectionnez le calque de texte Road Trip dans le panneau Montage.
3. Dans le menu Définir la famille de police du panneau Caractère, sélectionnez Myriad Pro ou une autre police sans serif épaisse telle que Verdana.

▶ **Astuce :** Pour sélectionner rapidement une police, commencez à saisir son nom dans le champ Définir la famille de police. La liste défile jusqu'à la première police dont le nom commence par ces lettres. Le texte sélectionné dans la fenêtre de composition montre l'aspect de la police choisie.

4. Choisissez Bold dans le menu Définir le style de police. Si ce style n'est pas disponible, cliquez sur le bouton Faux gras (T) situé dans le coin inférieur gauche du panneau.
5. Réglez la Taille de police à **90** pixels.
6. Conservez les valeurs par défaut de toutes les autres options.

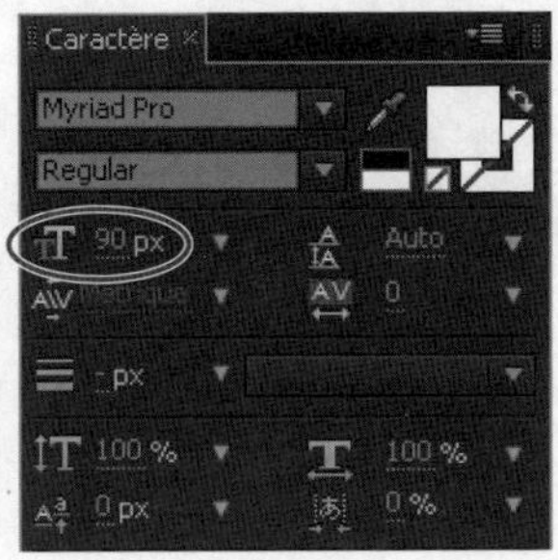

Le panneau Paragraphe

Le panneau Paragraphe réunit les options qui s'appliquent globalement à un paragraphe : alignement, indentation et retraits. Pour le texte de point, chaque ligne est un paragraphe distinct. Le panneau Paragraphe permet de formater un ou plusieurs paragraphes, voire tous les paragraphes d'un calque de texte. Pour le titre, vous n'avez qu'une retouche à y faire.

1. Dans le panneau Paragraphe, cliquez sur le bouton Centrer le texte (≣). Le texte est, de ce fait, positionné par rapport au centre du calque et non par rapport au centre de la composition.

2. Conservez les valeurs par défaut de toutes les autres options.

Positionner le texte

Pour positionner avec précision le contenu d'un calque tel que le calque de texte de cet exemple, vous pouvez afficher des règles, des guides et des grilles dans le panneau Composition. Ces références visuelles ne seront pas visibles dans le rendu de l'animation.

1. Assurez-vous que le calque de texte Road Trip est sélectionné dans le panneau Montage.

2. Cliquez sur Calque > Géométrie > Ajuster à la largeur de la composition. Le calque est redimensionné pour que sa largeur soit égale à celle de la composition.

Vous allez maintenant positionner le texte précisément grâce à une grille.

3. Cliquez sur Affichage > Afficher la grille, puis sur Affichage > Aligner sur la grille.

4. Activez l'outil Sélection (⯅) et faites glisser le texte vers le haut afin que la base des caractères soit posée sur la ligne de grille horizontale plus épaisse au centre de la composition. Maintenez la touche Maj enfoncée pendant le déplacement pour le contraindre verticalement.

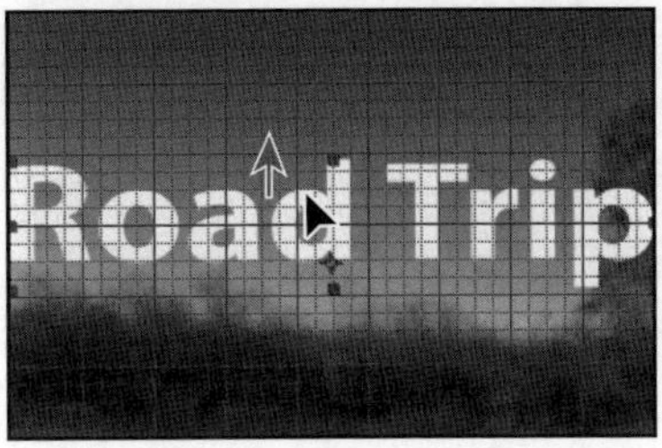

5. Une fois le calque en position, cliquez de nouveau sur Affichage > Afficher la grille pour masquer la grille.

Ce projet n'étant pas destiné à être diffusé sur un canal de télévision, vous pouvez laisser le titre s'étendre hors des zones admissibles pour les titres et pour l'action en début d'animation.

6. Choisissez Standard dans le menu déroulant Espace de travail, puis cliquez sur Fichier > Enregistrer pour sauvegarder le projet.

Les animations de texte prédéfinies

Vous voici maintenant prêt à animer le titre. La solution la plus simple consiste à sélectionner l'une des nombreuses animations prédéfinies d'After Effects. Après avoir appliqué une animation prédéfinie, vous pouvez modifier ses paramètres et sauvegarder la variante modifiée pour la réutiliser dans d'autres projets.

1. Appuyez sur la touche Origine ou placez-vous à 0:00 pour vous assurer que l'Indicateur d'instant courant est au début de l'échelle de temps. After Effects applique les animations prédéfinies à partir de l'instant courant.

2. Sélectionnez le calque de texte Road Trip.

Parcourir les animations prédéfinies

Vous avez déjà utilisé une animation prédéfinie à la Leçon 2. Vous savez donc comment localiser un effet dans le panneau Effets et paramètres prédéfinis. Mais si vous ne savez pas quel effet adopter, vous pouvez afficher un aperçu des animations prédéfinies dans Adobe Bridge.

1. Cliquez sur Animation > Parcourir les paramètres prédéfinis. Adobe Bridge s'ouvre et affiche le contenu du dossier Presets d'After Effects.
2. Dans le volet Contenu, double-cliquez sur le dossier Text puis sur le sous-dossier Blurs (flous).
3. Cliquez sur l'effet Flou mot pour le sélectionner. Bridge affiche un aperçu de l'animation dans le volet Aperçu.
4. Sélectionnez d'autres animations prédéfinies pour les visualiser dans le volet Aperçu.
5. Sélectionnez enfin l'effet Évaporation, puis double-cliquez sur sa vignette. Vous pouvez également cliquer du bouton droit (Windows) ou cliquer en maintenant la touche Ctrl enfoncée (Mac OS) et choisir Importer dans After Effects. L'animation sera alors appliquée au calque sélectionné (le calque de texte Road Trip).

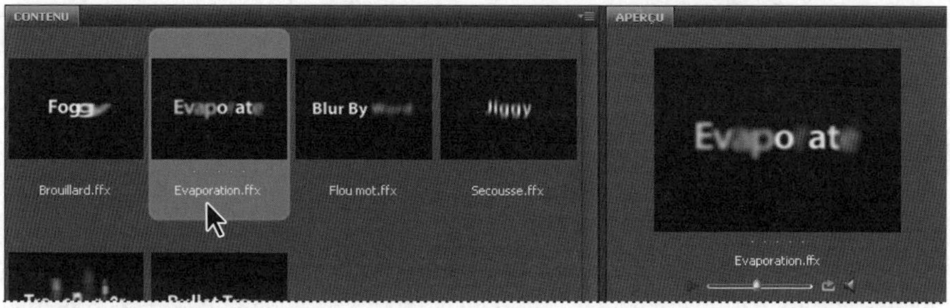

● **Note :** Laissez l'application Bridge fonctionner en arrière-plan. Vous en aurez encore besoin dans cette leçon.

Apparemment, rien n'a changé dans la composition. En effet, à l'instant 0:00, première image de l'animation, aucune lettre ne s'est encore évaporée.

Prévisualiser une série d'images

Vous allez maintenant lancer une prévisualisation de l'animation. Bien que la composition dure dix secondes, vous n'avez besoin de visualiser que les premières secondes, au cours desquelles se déroule l'animation du texte.

1. Dans le panneau Montage, placez l'Indicateur d'instant courant à 3:00, puis pressez la touche **N** pour placer le repère de fin de la zone de travail à ce moment.

2. Pressez la touche **0** du pavé numérique ou cliquez sur le bouton Prévisualisation RAM (▮▮▮▶) dans le panneau Prévisualisation pour lancer une prévisualisation RAM de l'animation. Les lettres s'évaporent une à une. Le résultat est bon mais il serait encore meilleur si les lettres s'estompaient sans disparaître entièrement. Vous allez donc personnaliser l'animation prédéfinie pour l'adapter à ce besoin.

3. Appuyez sur la barre d'espacement pour arrêter la prévisualisation, puis pressez la touche Origine pour ramener l'Indicateur d'instant courant à 0:00.

Personnaliser une animation prédéfinie

Lorsque vous appliquez une animation prédéfinie à un calque, toutes ses propriétés et images clés s'affichent dans le panneau Montage. Vous allez utiliser ces propriétés pour personnaliser l'effet.

1. Sélectionnez le calque de texte Road Trip dans le panneau Montage et pressez la touche **U**. Ce raccourci clavier permet d'afficher toutes les propriétés d'animation d'un calque.

2. Cliquez sur le nom de la propriété Décalage pour sélectionner ses deux images clés. Cette propriété définit l'importance du décalage au début et à la fin de la sélection.

3. Cliquez sur Animation > Assistant d'image clé > Inverser les images clés. Cette commande intervertit les images clés de début et de fin d'animation. Les lettres vont dorénavant apparaître progressivement au lieu de disparaître.

4. Déplacez l'Indicateur d'instant courant de 0:00 à 3:00 pour prévisualiser manuellement l'animation ainsi modifiée. Les lettres apparaissent en douceur dans la composition.

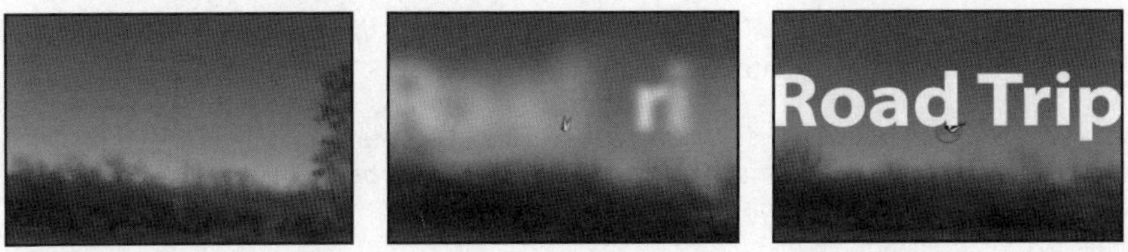

5. Pressez la touche **U** pour masquer les propriétés du calque.

▶ **Astuce :** Si vous pressez la touche **U** deux fois (**UU**), After Effects affiche toutes les propriétés modifiées du calque et non uniquement ses propriétés d'animation. Pressez de nouveau la touche **U** pour masquer les propriétés du calque.

6. Pressez la touche Fin pour placer l'Indicateur d'instant courant à la fin de l'échelle de temps, puis la touche **N** pour définir le repère de fin de la zone de travail à ce moment.
7. Cliquez sur Fichier > Enregistrer.

Animation avec images clés d'échelle

Le calque de texte a été agrandi à plus de 200 % lorsque vous avez utilisé la commande Ajuster à la largeur de la composition. Vous allez maintenant animer la propriété Échelle du calque pour que le titre reprenne lentement sa taille d'origine.

1. Dans le panneau Montage, placez l'Indicateur d'instant courant à 3:00.
2. Sélectionnez le calque de texte Road Trip, puis pressez la touche **S** pour afficher sa propriété Échelle.
3. Cliquez sur l'icône Chronomètre (⏱) pour ajouter une image clé d'échelle à l'instant courant, 3:00.
4. Déplacez l'Indicateur d'instant courant à 5:00.
5. Réduisez les valeurs de la propriété Échelle du calque à **100, 100 %**. After Effects insère une nouvelle image clé d'échelle à l'instant courant.

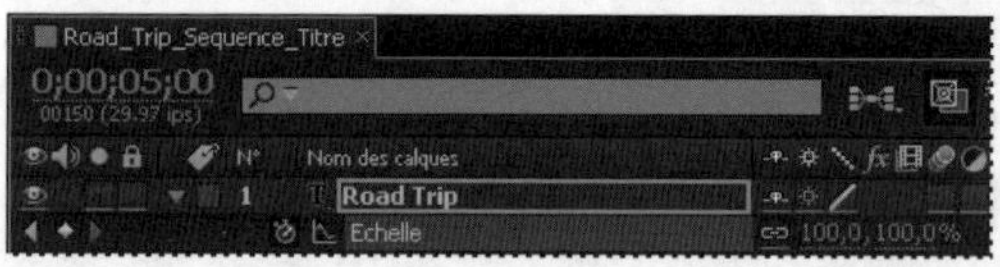

Prévisualiser l'animation d'échelle

Vous allez à présent lancer une prévisualisation des modifications que vous venez d'effectuer.

1. Déplacez l'Indicateur d'instant courant à 5:10, puis pressez la touche **N** pour définir à cet instant la fin de la zone de travail, soit juste après la fin de l'animation d'échelle.
2. Lancez une prévisualisation RAM de l'animation entre 0:00 et 5:10. Le titre apparaît progressivement, puis sa taille se réduit.

▶ **Astuce :** Vous pouvez essayer les animations prédéfinies d'échelle qu'offre After Effects pour redimensionner le texte. Elles sont rassemblées dans le dossier Adobe After Effects CS6\Support Files\Presets\Text\Scale sur votre disque dur.

3. Appuyez sur la barre d'espacement lorsque vous souhaitez arrêter la prévisualisation.

Ajouter un lissage

Le début et la fin de l'animation d'échelle sont assez brutaux. Or dans la réalité, rien ne commence ni ne s'arrête de façon aussi abrupte. Les objets devraient entrer et sortir de scène en douceur.

1. Cliquez du bouton droit (Windows) ou en maintenant la touche Ctrl (Mac OS) sur le losange de l'image clé d'échelle à 3:00 et choisissez Assistant d'image clé > Lissage à l'éloignement. Vous constatez que le losange devient une flèche pointant à gauche.
2. Cliquez du bouton droit (Windows) ou en maintenant la touche Ctrl (Mac OS) sur le losange d'échelle à 5:00 et choisissez Assistant d'image clé > Lissage à l'approche. Le losange devient une flèche pointant à droite.

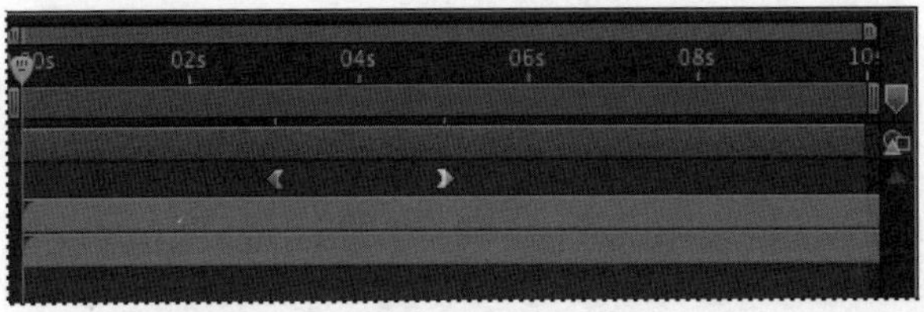

3. Lancez une nouvelle prévisualisation RAM, puis appuyez sur la barre d'espacement pour arrêter l'animation.
4. Cliquez sur Fichier > Enregistrer.

Animation par héritage

Vous devez maintenant faire en sorte que le point de vue de la caméra recule par rapport à la composition. L'animation d'échelle du titre fait une partie du travail, mais il faut également appliquer cet effet au nénuphar. Vous pourriez animer manuellement les images clés de la propriété Échelle du calque compass, mais il est plus simple de profiter du système d'héritage entre calques d'After Effects.

1. Appuyez sur la touche Origine ou déplacez l'Indicateur d'instant courant au début de l'échelle de temps.
2. Dans le panneau Montage, cliquez sur le menu déroulant Parent du calque compass et choisissez 1. Road Trip. Le calque Road Trip devient le parent du calque compass, qui devient son calque enfant et hérite de ses propriétés.

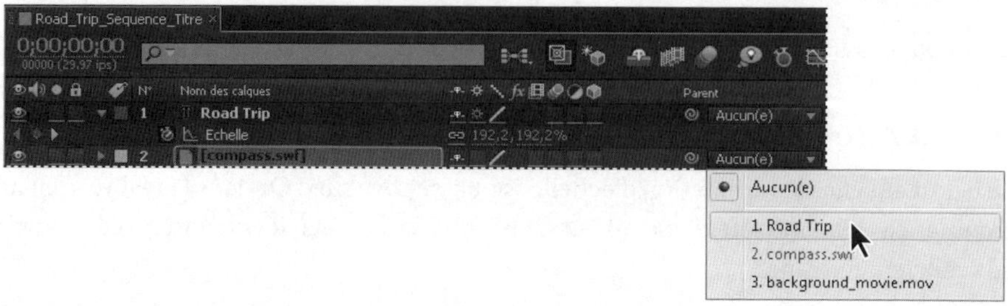

En tant que calque enfant, le calque compass hérite des images clés de la propriété Échelle de son calque parent (Road Trip). Cela permet non seulement d'animer rapidement le compas, mais garantit aussi que les deux animations seront synchrones.

3. Dans le panneau Montage, déplacez le calque compass au-dessus du calque Road Trip.

● **Note :** Lorsque vous déplacez le calque compass, son parent devient 2. Road Trip car ce dernier est alors en seconde position.

4. Placez l'Indicateur d'instant courant à 9:29 afin de visualiser correctement le compas dans le panneau Composition.
5. Dans le panneau Composition, déplacez le compas afin que son point d'ancrage se trouve sur le point de la lettre *i* du mot *Trip*. Vous pouvez également sélectionner le calque compass dans le panneau Montage, appuyer sur la touche **P** pour afficher sa propriété Position et modifier directement les valeurs (nous avons utilisé : **122, –60**).

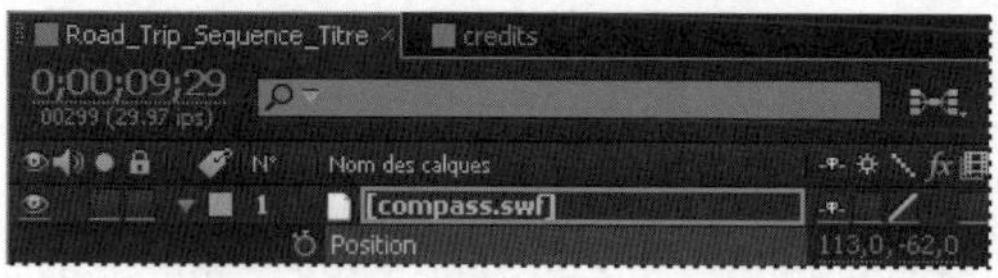

6. Déplacez l'Indicateur d'instant courant entre 3:00 et 5:00 pour lancer une prévisualisation manuelle de l'animation. Le texte et le compas semblent s'éloigner comme si la caméra zoomait en arrière.

7. Pressez la touche Origine pour revenir à 0:00, puis déplacez le repère de fin de la zone de travail à la fin de l'échelle de temps.
8. Sélectionnez le calque Road Trip dans le panneau Montage, puis pressez la touche **S** pour masquer sa propriété Échelle. Si vous avez saisi les valeurs de la propriété Position du calque compass, sélectionnez ce dernier et pressez la touche **P** pour les cacher également. Cliquez ensuite sur Fichier > Enregistrer.

Les calques parents et enfants

La filiation permet de réutiliser les transformations d'un calque dans un autre, appelé *calque enfant*. Après l'assignation d'un parent, les modifications apportées au calque parent sont reportées sur le calque enfant, à l'exception de l'opacité. Si, par exemple, vous déplacez un calque parent de 5 pixels à droite de sa position initiale, le calque enfant est également déplacé de 5 pixels à droite de sa position d'origine. Chaque calque ne peut avoir qu'un parent, mais il peut être le parent d'un nombre illimité de calques 2D ou 3D enfants dans la composition. La filiation de calques permet de créer aisément des animations complexes, comme la coordination des mouvements d'une marionnette ou celle des orbites des planètes dans le système solaire.

Pour en savoir plus sur les calques parents et enfants, consultez l'Aide d'After Effects.

Animation d'un texte importé depuis Photoshop

Si les animations de texte se limitaient à des titres courts comme dans notre exemple, la vie serait simple. En réalité, vous aurez souvent à gérer des blocs de texte plus long dont la saisie est vite fastidieuse dans After Effects. Heureusement, After Effects vous permet d'importer du texte créé dans Photoshop ou Illustrator. Vous pouvez conserver les calques de texte d'origine pour les modifier et les animer dans After Effects.

Importer le texte

Certains des textes de l'exemple se trouvent dans un fichier Photoshop multicalque que vous allez importer.

1. Double-cliquez dans une zone vide du panneau Projet pour ouvrir la boîte de dialogue Importer fichier.
2. Dans le dossier AECS6_CIB/Lessons/Lesson03/Assets, sélectionnez le fichier credits.psd. Choisissez Composition – Conserver les tailles de calque dans le menu Importer sous, puis cliquez sur Ouvrir.

3. Dans la boîte de dialogue credits.psd, activez l'option Styles de calques modifiables, puis cliquez sur OK.

After Effects peut importer les styles de calques de Photoshop et donc conserver leur apparence. Le fichier importé est ajouté en tant que composition dans le panneau Projet et ses calques se trouvent dans un dossier séparé.

4. Faites glisser la composition credits depuis le panneau Projet dans le panneau Montage, en la plaçant en haut de la pile des calques.

Comme vous avez importé le fichier credits.psd en tant que composition sans modifier ses calques, vous pouvez l'ouvrir dans son propre panneau Montage, et modifier et animer chacun de ses calques indépendamment.

Modifier le texte importé

Pour le moment, vous ne pouvez pas modifier le texte importé dans After Effects. Vous allez donc le rendre éditable pour pouvoir changer la police et utiliser des animations. Si vous avez le regard acéré, vous aurez remarqué quelques fautes de frappe que vous devez commencer par corriger.

1. Double-cliquez sur la composition credits dans le panneau Projet pour l'ouvrir dans son propre panneau Montage.

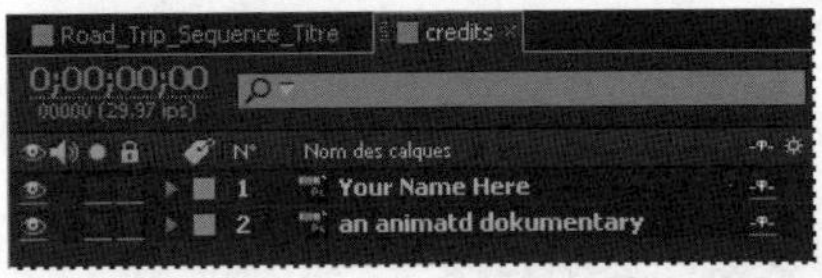

2. Dans le panneau Montage de la composition credits, cliquez en maintenant la touche Maj enfoncée sur les deux calques pour les sélectionner, puis cliquez sur Calque > Convertir en texte modifiable. (Cliquez sur OK si un message d'avertissement sur des polices manquantes s'affiche.) Les calques de texte peuvent dorénavant être modifiés.
3. Désélectionnez les deux calques, puis double-cliquez sur le calque 2 (an animatd dokumentary) dans le panneau Montage pour sélectionner le texte et activer automatiquement l'outil Écriture horizontale (T).
4. Saisissez un "e" entre le "t" et le "d" du mot "animatd". Remplacez ensuite le "k" de "dokumentary" par un "c".

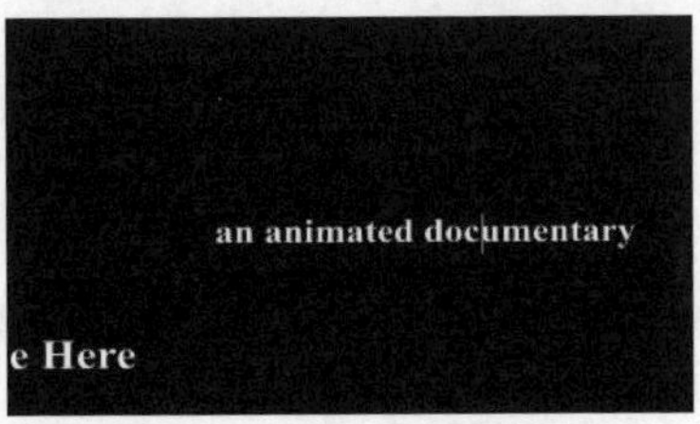

5. Activez l'outil Sélection (↖) pour sortir du mode d'édition du texte.
6. Maintenez la touche Maj enfoncée et cliquez sur les deux calques dans le panneau Montage pour les sélectionner.
7. Si le panneau Caractère n'est pas ouvert, cliquez sur Fenêtre > Caractère.

● **Note :** Le nom du calque ne change pas dans le panneau Montage alors que le contenu a changé. En effet, le nom original du fichier a été créé dans Photoshop. Pour modifier ce nom, sélectionnez dans le panneau Montage le calque à renommer, puis pressez la touche Entrée (Windows) ou Retour (Mac OS), saisissez le nouveau nom, et appuyez de nouveau sur Entrée ou Retour.

8. Dans le menu Définir la liste Famille de police, choisissez la même police que pour le titre "Road Trip" (Myriad Pro). Conservez les autres paramètres tels quels.

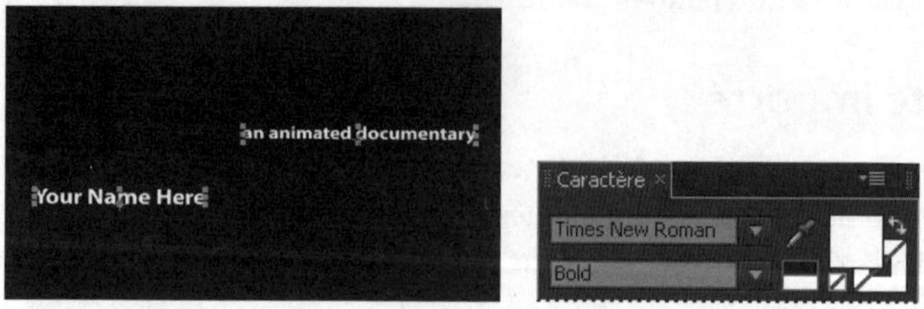

9. Cliquez sur une zone vide du panneau Montage pour désélectionner les deux calques, puis sélectionnez de nouveau le calque 2.
10. Dans le panneau Caractère, cliquez sur l'échantillon Couleur du fond. Dans la boîte de dialogue Couleur, sélectionnez un vert foncé (nous avons utilisé R = 66, V = 82 et B = 42).

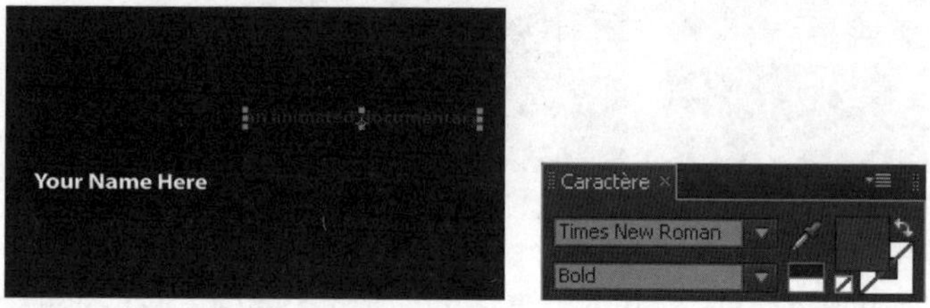

Animer le sous-titre

Les lettres du sous-titre "an animated documentary" (un documentaire animé) doivent apparaître progressivement par la gauche sous le titre. Pour réaliser cela, le plus simple est d'employer une animation prédéfinie de texte.

1. Placez-vous à 5:00, à l'instant où le titre et le compas sont en place avec leur taille finale. L'animation du sous-titre commencera à cet instant.
2. Sélectionnez le calque du sous-titre (calque 2) dans le panneau Montage.
3. Appuyez sur Ctrl+Alt+Maj+O (Windows) ou Cmd+Option+Maj+O (Mac OS) pour basculer dans Adobe Bridge.
4. Naviguez jusqu'au dossier Presets/Text/Animate In (animation en entrée).
5. Sélectionnez l'animation prédéfinie Caract. ouverts en fondu pour la visualiser dans le volet Aperçu. Cet effet conviendra tout à fait pour faire apparaître graduellement le texte.
6. Double-cliquez sur l'animation prédéfinie Caract. ouverts en fondu pour l'appliquer au calque de sous-titre dans After Effects.
7. Le sous-titre (calque 2) étant sélectionné dans le panneau Montage, appuyez sur **UU** pour afficher les propriétés modifiées par l'animation prédéfinie. La propriété Sélecteur de plage 1 Début doit posséder deux images clés : une à 5:00 et l'autre à 7:00.

Il vous reste plusieurs actions d'animation à définir avant la fin de cette composition. Vous allez donc accélérer cet effet d'une seconde.

8. Placez-vous à 6:00 et faites glisser la seconde image clé de la propriété Sélecteur de plage 1 Début à cet instant.

9. Faites glisser l'Indicateur d'instant courant dans l'échelle de temps entre 5:00 et 6:00 pour voir les lettres apparaître.
10. Sélectionnez ensuite le calque du sous-titre et pressez la touche **U** pour masquer ses propriétés. Cliquez ensuite sur Fichier > Enregistrer pour sauvegarder votre travail.

Animation de texte sur un tracé prédéfini

Vous devez maintenant avoir compris les avantages des animations prédéfinies pour le texte. Vous allez découvrir un autre type d'effet de texte qui fait suivre une trajectoire à une série de mots. After Effects offre plusieurs animations prédéfinies dans cette catégorie. Chacun des effets insère un texte d'attente formaté, que vous allez remplacer par celui de votre choix *après* avoir appliqué l'effet.

1. Cliquez sur l'onglet **Road_Trip_Sequence_Titre** dans le panneau Montage.
2. Désélectionnez tous les calques et placez-vous à 5:00.
3. Appuyez sur Ctrl+Alt+Maj+O (Windows) ou Cmd+Option+Maj+O (Mac OS) pour basculer dans Adobe Bridge.
4. Naviguez jusqu'au dossier Presets/Text/Paths (tracés).
5. Double-cliquez sur l'effet Canalisation. Adobe Bridge vous ramène dans After Effects. Un nouveau calque nommé pipes a été créé dans la composition. Il contient un tracé prédéfini en S qui traverse la composition. Le texte qui suit ce tracé est masqué par le titre. Vous corrigerez cela dans un instant.

Personnaliser le tracé prédéfini

Vous devez tout d'abord remplacer le texte d'attente "pipes" par la mention "directed by" (réalisé par), puis vous ajusterez le tracé lui-même.

1. Dans le panneau Montage, allez à 6:05, instant à partir duquel le mot "pipes" devient visible, disposé horizontalement.
2. Double-cliquez sur le calque pipes dans le panneau Montage. After Effects active l'outil Écriture horizontale (T) et sélectionne le texte d'attente "pipes" dans le panneau Composition.
3. Saisissez **directed by** (réalisé par) pour remplacer le mot "pipes", puis pressez la touche Entrée du pavé numérique ou sélectionnez le nom du calque. After Effects met à jour le nom du calque dans le panneau Montage.

4. Dans le panneau Caractère :
   - Sélectionnez Minion Pro ou une autre police serif dans le menu Définir la famille de police.
   - Choisissez Regular dans le menu Définir le style de police.
   - Donnez à Taille de police une valeur de **20** pixels.
   - Conservez les valeurs par défaut des autres paramètres.

5. Déplacez l'Indicateur d'instant courant sur l'échelle de temps entre 5:00 et 8:00 pour voir les mots "directed by" suivre le tracé et disparaître. Vous modifierez un paramètre pour que le texte reste affiché, mais vous allez tout d'abord ajuster la position du tracé dans la composition pour que le texte ne passe sur le titre.
6. Activez l'outil Sélection (↖) et double-cliquez sur le tracé jaune dans le panneau Composition.

7. Faites glisser le tracé vers le bas et légèrement sur la gauche afin que le titre “Road Trip” soit centré verticalement dans la boucle supérieure et le texte “Your Name Here” dans la boucle inférieure. Il peut être plus simple d’utiliser les touches directionnelles du clavier pour déplacer le tracé.

8. Pressez la touche Entrée (Windows) ou Retour (Mac OS) pour accepter la modification.

Plus loin dans cette leçon, vous attacherez l’image d’une voiture à ce tracé pour donner l’impression qu’elle tire le texte comme une banderole derrière elle. Mais vous allez d’abord finaliser l’animation du texte.

9. Sélectionnez le calque directed by dans le panneau Montage, cachez ses propriétés, puis cliquez sur Fichier > Enregistrer.

Animation de l’approche des caractères

Vous allez maintenant animer le nom de la réalisatrice à l’aide d’une animation de texte prédéfinie jouant sur l’espacement entre les caractères (l’approche). Ce nom va s’étendre en largeur à partir d’un point central.

Personnaliser le texte d’attente

Pour le moment, le nom de la réalisatrice n’est pas indiqué puisque le calque ne contient que le texte d’attente *Your Name Here* (votre nom ici). Avant de l’animer, vous allez modifier ce texte.

● **Note :** La position de l’Indicateur d’instant courant n’a pas d’importance pour le moment car le texte que vous modifiez est actuellement visible sur toute la durée de la composition. Cela changera lorsque vous l’animerez.

1. Rebasculez dans le panneau Montage de la composition credits et sélectionnez le calque Your Name Here.

2. Activez l’outil Écriture horizontale (T) et remplacez le texte d’attente par un nom d’exemple. Nous avons choisi **Catherine Bender Ulrich**, de façon qu’il soit assez long pour que l’animation soit mieux visible. Cliquez sur le nom du calque quand vous avez fini.

● **Note :** Là encore, le nom du calque ne change pas car il a été créé dans Photoshop.

Appliquer une animation prédéfinie de l'approche du texte

Vous allez animer le nom de la réalisatrice pour qu'il apparaisse juste après que la mention “directed by” arrive au centre de la composition.

1. Placez-vous à 7:10.
2. Sélectionnez le calque Your Name Here dans le panneau Montage.
3. Basculez dans Adobe Bridge et ouvrez le dossier Presets/Text/Tracking (Approche). Double-cliquez sur l'animation prédéfinie Approche augmentée pour l'appliquer au calque sélectionné dans After Effects.
4. Déplacez l'Indicateur d'instant courant dans l'échelle de temps entre 7:10 et 9:10 pour vérifier le résultat de l'animation.

▶ **Astuce :** Si vous en avez assez de jongler entre Bridge et After Effects et que vous n'ayez pas besoin de vérifier l'aperçu d'un effet, entrez **Approche augmentée** dans le champ de recherche du panneau Effets et paramètres prédéfinis. Double-cliquez ensuite sur le nom de l'effet pour l'appliquer au calque sélectionné dans le panneau Montage.

Personnaliser l'animation de l'approche du texte

Le texte s'étale, mais il faudrait que les lettres soient si serrées au départ qu'elles se chevauchent, puis s'écartent sans dépasser certaines limites. L'animation mériterait aussi d'être plus rapide. Il suffit de jouer sur la propriété Valeur d'approche pour obtenir ce résultat.

1. Sélectionnez le calque Your Name Here dans le panneau Montage et appuyez sur **UU** pour afficher les propriétés qui ont été modifiées.
2. Placez-vous à 7:10.
3. Donnez une valeur de **–5** à la propriété Valeur d'approche sous Animation 1 afin que les lettres se chevauchent.

4. Cliquez sur l'icône Accès à l'image clé suivante (▸) de la propriété Valeur d'approche, puis donnez-lui une valeur de **0**.

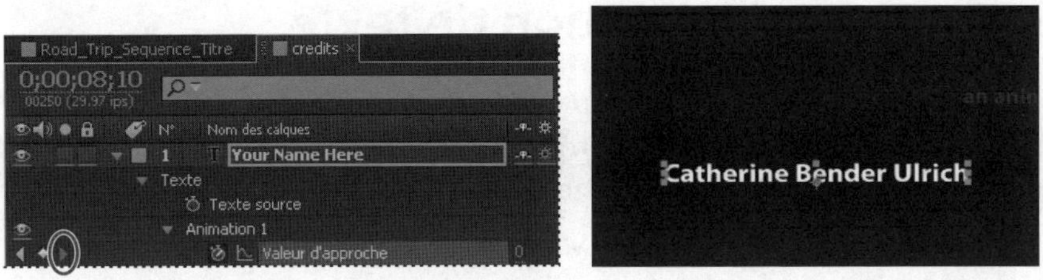

5. Déplacez l'Indicateur d'instant courant entre 7:10 et 8:10. Les lettres s'écartent puis l'animation s'arrête à la dernière image clé.

Animation de l'opacité des lettres

Vous allez à présent ajouter un fondu en entrée pour faire apparaître le nom de la réalisatrice. Pour cela, vous allez animer la propriété Opacité du calque.

1. Sélectionnez le calque Your Name Here dans le panneau Montage de la composition credits.
2. Pressez la touche **T** pour n'afficher que sa propriété Opacité.
3. Placez-vous à 7:10 et donnez au paramètre Opacité une valeur de **0 %**, puis cliquez sur l'icône Chronomètre (⏱) pour insérer une image clé d'opacité.
4. Placez-vous à 7:20 et réglez Opacité à **100 %**. After Effects insère une autre image clé. Les lettres du nom de la réalisatrice apparaissent en fondu tout en s'écartant.

5. Déplacez l'Indicateur d'instant courant sur l'échelle de temps entre 7:10 et 8:10 pour voir l'animation des lettres qui forment le nom de la réalisatrice apparaître en fondu et s'écarter.

6. Cliquez du bouton droit (Windows) ou cliquez en maintenant la touche Ctrl enfoncée (Mac OS) sur la dernière image clé d'opacité et choisissez Assistant d'image clé > Lissage à l'approche.
7. Cliquez sur Fichier > Enregistrer.

Les groupes d'animation de texte

Les groupes d'animation de texte permettent d'animer des lettres individuelles à l'intérieur d'un bloc de texte. Vous pourrez ainsi animer seulement la partie centrale du nom, sans affecter l'approche ni l'opacité du prénom et du nom de famille.

1. Placez-vous à 8:10 dans le panneau Montage.
2. Masquez la propriété Opacité du calque Your Name Here. Affichez ensuite toutes les propriétés du calque et notamment le groupe de propriétés Texte.

Les groupes d'animation de texte

Un groupe d'animation de texte réunit un ou plusieurs *sélecteurs* et une ou plusieurs *propriétés d'animation*. Un sélecteur est une sorte de masque qui définit quels caractères ou quelle portion d'un calque de texte sont affectés par une propriété d'animation. Vous pouvez désigner la sélection en pourcentage, en caractères ou en plage de texte.

Si vous combinez propriétés d'animation et sélecteurs, vous obtenez des effets complexes tout en vous épargnant la définition de nombreuses images clés. En effet, puisque, pour la plupart des animations de texte, il est en général suffisant de modifier les valeurs du sélecteur (et non celles des propriétés), ces animations requièrent un moins grand nombre d'images clés, même lorsqu'elles sont complexes.

Pour en savoir plus sur les groupes d'animation de texte, consultez l'Aide d'After Effects.

3. Sur la droite de la propriété Texte, cliquez sur le bouton du menu Animer et choisissez Inclinaison. Un groupe de propriétés appelé Animation 2 apparaît pour le calque.

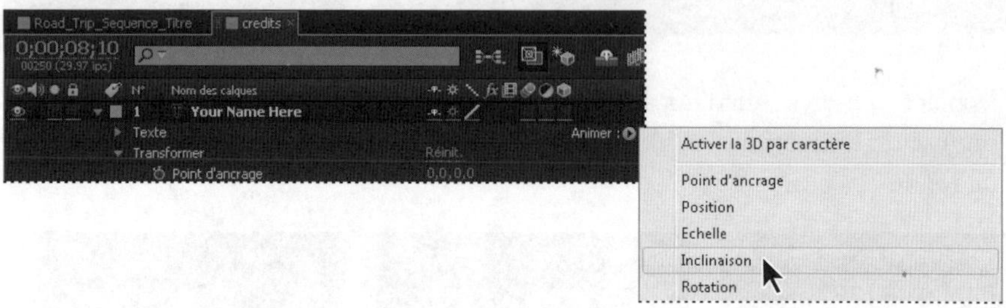

4. Sélectionnez Animation 2, appuyez sur la touche Entrée (Windows) ou Retour (Mac OS) et renommez ce groupe de propriétés **Animation inclinaison**, puis pressez de nouveau sur Entrée ou Retour pour valider.

Vous êtes maintenant prêt à définir la plage de lettres à incliner.

5. Affichez les propriétés de Sélecteur de plage 1 pour le groupe d'animation Animation inclinaison. Chaque groupe d'animation possède un sélecteur de plage par défaut. Les sélecteurs réduisent l'application de l'animation à certaines lettres du texte. Vous pouvez ajouter d'autres sélecteurs à un groupe d'animation ou appliquer plusieurs propriétés d'animation au même sélecteur.
6. Tout en observant bien le panneau Composition, augmentez la valeur de la propriété Début du Sélecteur de plage 1 (en la faisant glisser vers la droite) jusqu'à ce que l'indicateur de sélecteur gauche (▸|) se trouve juste avant la première lettre du mot central (le "B" de "Bender" dans notre exemple) dans le panneau Composition.
7. Réduisez la valeur Fin du Sélecteur de plage 1 (en la faisant glisser vers la gauche) jusqu'à ce que son indicateur (|◂) se trouve juste après la dernière lettre du mot central (le "r" de "Bender") dans le panneau Composition.

Dorénavant, les modifications que vous apporterez aux propriétés Animation inclinaison n'affecteront que les lettres situées entre les deux bornes du sélecteur (le mot "Bender" dans notre exemple).

Incliner la sélection de texte

Vous allez à présent définir des images clés d'inclinaison pour animer le mot central.

1. Modifiez la valeur du paramètre Oblique de la propriété Animation inclinaison. Vous constatez que seul le mot central "Bender" change d'inclinaison.
2. Restaurez la valeur du paramètre Oblique à **0**.
3. Placez-vous à 8:05 et cliquez sur l'icône Chronomètre (⏱) de la propriété Oblique afin d'insérer une image clé.

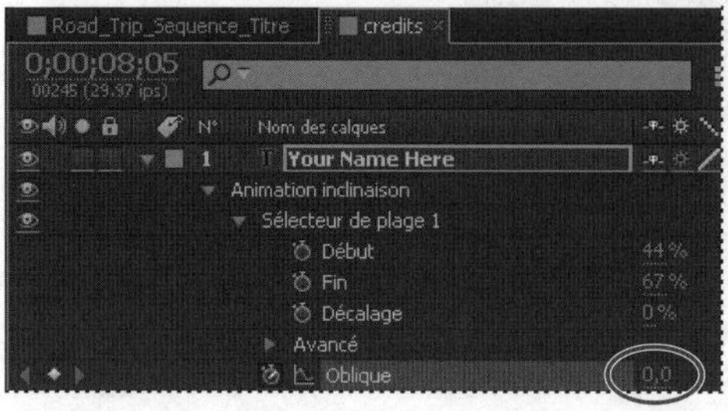

4. Allez à 8:08 et donnez au paramètre Oblique une valeur de **50**. After Effects insère une image clé.

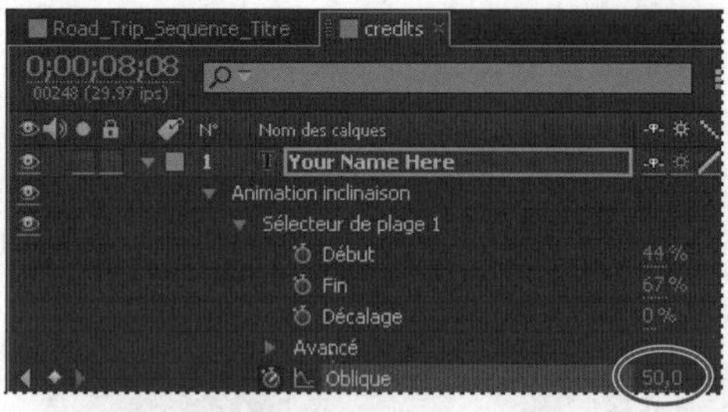

5. Placez-vous à 8:15 et donnez au paramètre Oblique une valeur de **–50**. After Effects insère une autre image clé.

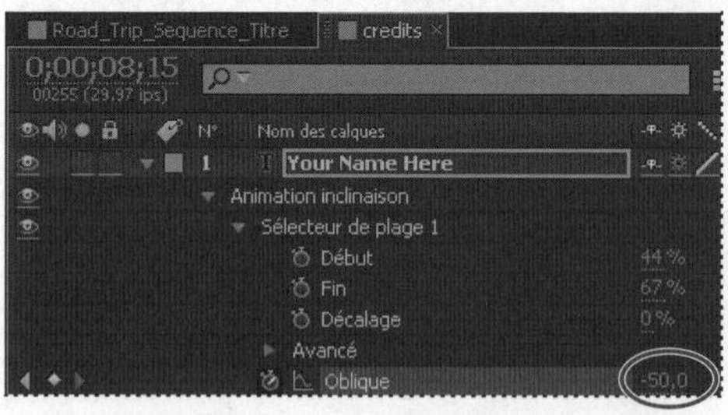

6. Allez à 8:20 et donnez au paramètre Oblique une valeur de **0** pour insérer la dernière image clé.

7. Cliquez sur le nom de la propriété Oblique pour sélectionner toutes ses images clés, puis cliquez sur Animation > Assistant d'image clé > Lissage de vitesse. Vous appliquez ainsi un lissage de vitesse à toutes les images clés.

8. Déplacez l'Indicateur d'instant courant entre 7:10 et 8:20. Le nom apparaît, les lettres s'écartent, puis le mot central s'incline de droite à gauche sans que le reste du nom change.

9. Masquez les propriétés du calque Your Name Here dans le panneau Montage.

▶ **Astuce :** Pour supprimer rapidement toutes les animations de texte d'un calque de texte, sélectionnez le calque dans le panneau Montage et cliquez sur Animation > Supprimer toutes les animations de texte. Pour n'en supprimer qu'une, sélectionnez son nom dans le panneau Montage et appuyez sur Suppr.

10. Cliquez sur l'onglet de la composition **Road_Trip_Sequence_Titre** pour afficher son échelle de temps.

11. Pressez la touche Fin ou déplacez l'Indicateur d'instant courant à 9:29, puis appuyez sur la touche **N** pour définir la fin de la zone de travail à la fin de la composition.

12. Appuyez sur la touche Origine ou placez-vous à 0:00, puis lancez une prévisualisation RAM de l'ensemble de la composition.

13. Appuyez sur la barre d'espacement pour stopper la lecture, puis cliquez sur Fichier > Enregistrer pour sauvegarder votre travail.

Retour sur l'animation de tracé

Pour l'instant, les mots "directed by" apparaissent et disparaissent lentement tout en progressant le long du tracé prédéfini. Vous allez modifier les propriétés du texte pour que ces mots soient visibles en permanence et s'arrêtent juste au-dessus du nom de la réalisatrice.

1. Le calque directed by étant sélectionné dans le panneau Montage, pressez la touche **U** pour afficher ses propriétés d'animation.

2. Cliquez sur l'icône Chronomètre (⏱) de la propriété Décalage du Sélecteur de plage 1 afin de supprimer toutes ses images clés.
3. Selon la position de l'Indicateur d'instant courant sur l'échelle de temps, la valeur de la propriété Décalage peut ou non être à 0 %. Donnez-lui une valeur de **0 %** pour que le texte "directed by" soit visible pendant toute la durée de la composition.

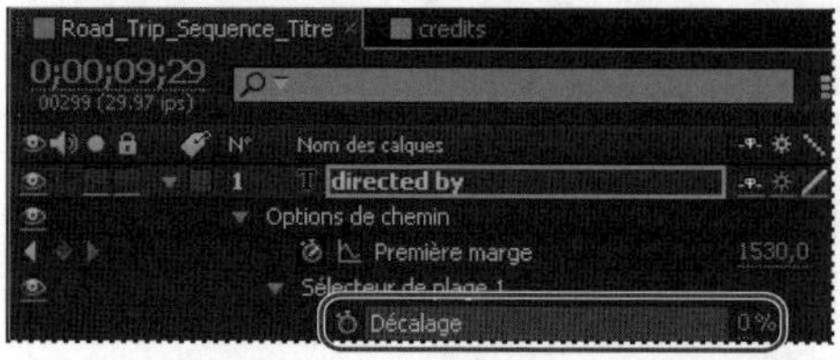

Vous allez maintenant modifier la propriété Première marge pour que le texte s'arrête de défiler lorsqu'il est au niveau du nom de la réalisatrice.

4. Sélectionnez la dernière image clé de la propriété Première marge dans le panneau Montage et supprimez-la. L'ancienne image clé centrale (qui est maintenant la dernière) contenant un lissage de vitesse, les mots "directed by" s'arrêtent en douceur au-dessus du nom de la réalisatrice.

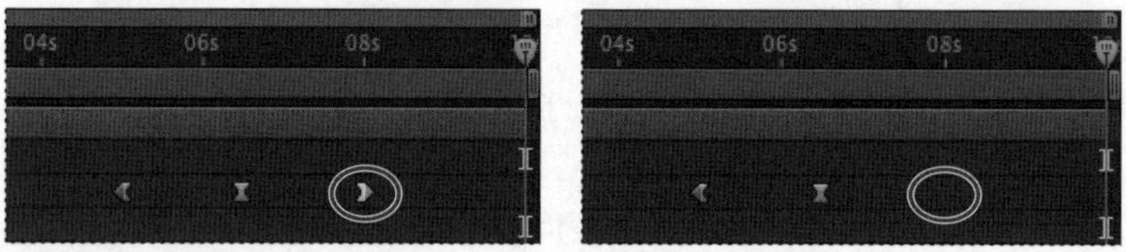

5. Placez-vous à 6:14 et réglez la valeur de Première marge à **685**.

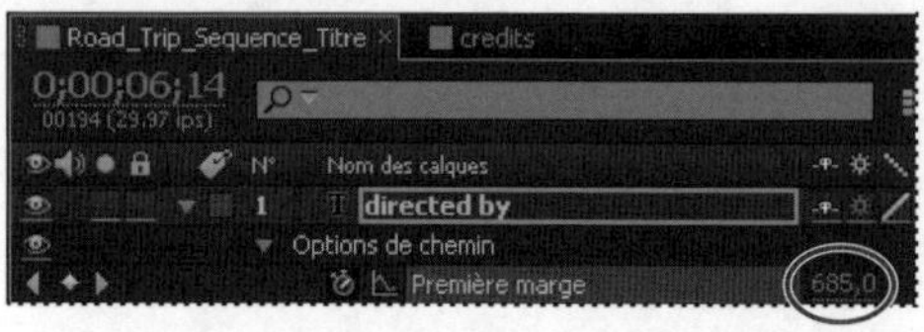

Vous devez également ajuster la forme du tracé pour qu'il commence et se termine hors écran.

6. Activez l'outil Sélection (↖), puis cliquez dans le panneau Composition sur le point de contrôle du tracé en forme de S situé en haut à droite. Maintenez la touche Maj enfoncée et faites glisser ce point de contrôle vers la droite en dehors de l'écran. Déplacez-le suffisamment loin pour que la voiture que vous allez ajouter ensuite ne soit pas visible.
7. Répétez la même procédure pour le point de sélection de fin du tracé en forme de S situé en bas à gauche. N'oubliez pas de maintenir la touche Maj enfoncée pour que le mouvement soit limité au sens horizontal.

● **Note :** Selon la distance à laquelle vous avez déplacé les points de contrôle du tracé, vous devrez peut-être changer de nouveau la valeur de Première marge pour repositionner le texte.

8. Lancez une prévisualisation de l'animation entre 5:00 et 9:00.
9. Si le texte ne s'arrête pas au-dessus du nom de la réalisatrice, ajustez de nouveau la valeur de la propriété Première marge de la dernière image clé.
10. Masquez les propriétés du calque directed by dans le panneau Montage, puis cliquez sur Fichier > Enregistrer.

Animation d'un calque non textuel le long d'un tracé

Pour clore ce projet, vous allez utiliser le masque d'un calque de texte pour animer un calque graphique. Vous allez profiter de la forme du masque du tracé "directed by" pour créer un tracé de mouvement afin qu'une voiture tracte le texte comme une banderole. Pour commencer, vous importerez l'illustration de la voiture dans la composition.

1. Double-cliquez dans une zone vide du panneau Projet pour ouvrir la boîte de dialogue Importer fichier.
2. Dans le dossier AECS6_CIB/Lessons/Lesson03/Assets, sélectionnez le fichier car.ai, choisissez l'option Composition – Conserver les tailles de calque dans le menu Importer sous, puis cliquez sur Ouvrir.
3. Faites glisser la composition depuis le panneau Projet pour la placer au sommet de la pile des calques de la composition **Road_Trip_Sequence_Titre** dans le panneau Montage.

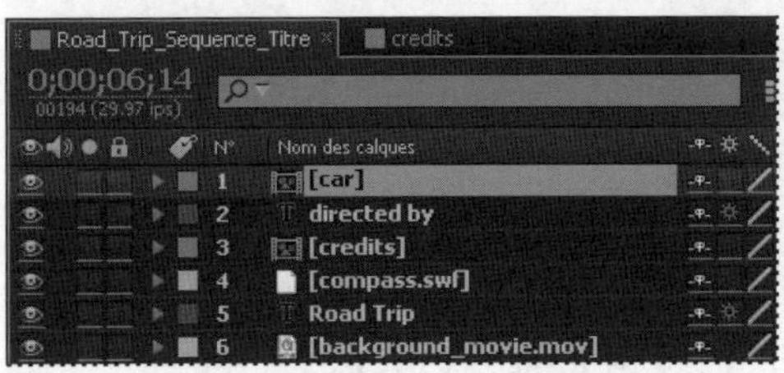

Copier la forme du masque

Vous voici prêt à copier la forme du masque définie dans le tracé du calque directed by vers le nouveau calque car.

1. Placez-vous à 5:00.
2. Sélectionnez le calque directed by dans le panneau Montage et pressez la touche **M** pour afficher sa propriété Tracé du masque.
3. Cliquez sur le nom de la propriété Tracé du masque pour la sélectionner puis sur Édition > Copier.
4. Sélectionnez le calque car et pressez la touche **P** pour afficher sa propriété Position.
5. Cliquez sur le nom de la propriété Position pour la sélectionner, puis sur Édition > Coller.

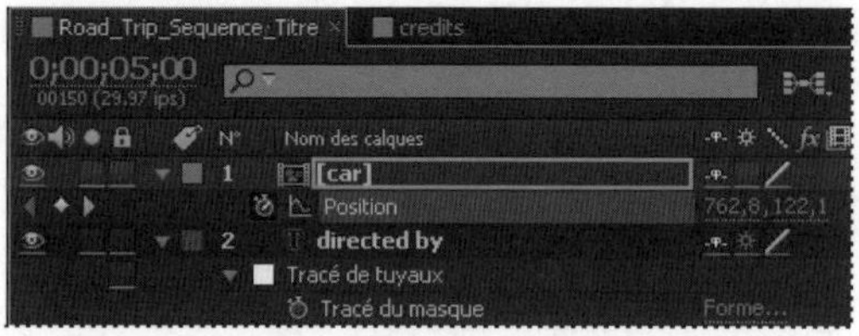

After Effects copie les images clés de Position du calque directed by vers le calque car.

Réorienter l'objet

Si vous lancez une prévisualisation, vous constatez que la voiture roule en marche arrière, mais cela est simple à corriger.

1. Le calque car étant sélectionné dans le panneau Montage, cliquez sur Calque > Géométrie > Orientation automatique.
2. Dans la boîte de dialogue Orientation automatique, sélectionnez l'option Orienter sur le chemin, puis cliquez sur OK.

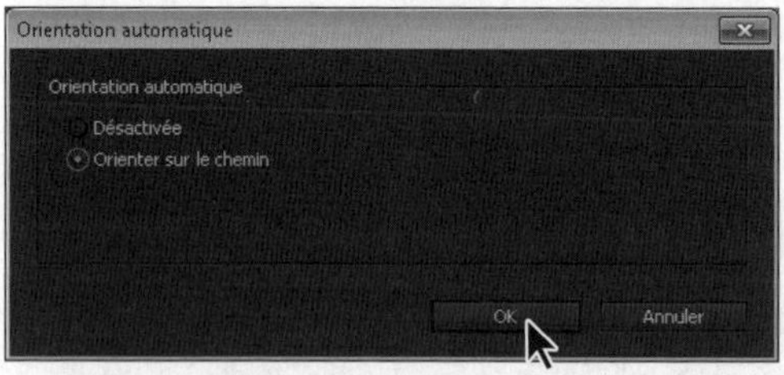

La voiture roule à présent dans le bon sens.

3. Sélectionnez le calque car dans le panneau Montage et pressez la touche **P** pour masquer sa propriété Position.

Synchroniser l'animation du texte et de l'illustration

Vous devez maintenant synchroniser le mouvement de l'illustration et des mots "directed by" pour que le texte suive correctement la voiture.

1. Sélectionnez le calque directed by puis pressez la touche **U** pour afficher sa propriété Options de chemin dans le panneau Montage.
2. Placez-vous à 5:18 et donnez à la propriété Première marge à une valeur de **373**. After Effects insère une image clé et le texte se place derrière la voiture.
3. Placez-vous à 5:25 et réglez la valeur de Première marge à **559**.
4. Allez à 4:24 et faites glisser la première image clé de la propriété Première marge (la flèche pointant à gauche) à cet instant.

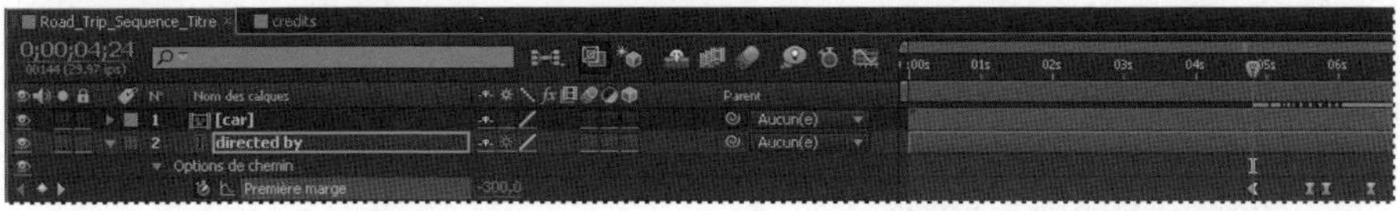

5. Lancez une prévisualisation manuelle de l'animation corrigée en déplaçant l'Indicateur d'instant courant entre 4:20 et 7:10. Les mots suivent la voiture puis s'arrêtent sous le nom de la réalisatrice alors que le véhicule poursuit sa route et sort de l'écran.
6. Masquez les propriétés du calque directed by, puis pressez la touche Origine ou déplacez l'Indicateur d'instant courant au début de l'échelle de temps.

Ajout d'un flou directionnel

Un flou directionnel se produit lorsqu'un objet se déplace. Vous allez appliquer un flou directionnel pour peaufiner la composition et rendre les mouvements plus naturels.

1. Dans le panneau Montage, cliquez sur l'icône Flou directionnel (◎) de tous les calques, *sauf* celle des deux calques background_movie et credits.

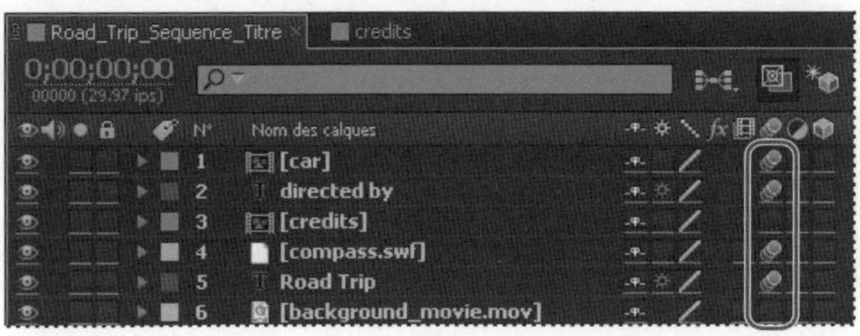

Vous allez maintenant appliquer un flou directionnel aux calques de la composition credits.

2. Basculez dans le panneau Montage de la composition credits et activez le flou directionnel pour les deux calques.

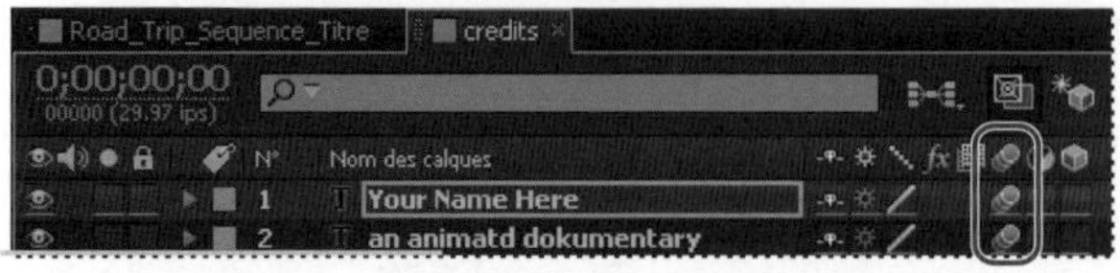

3. Retournez dans le panneau Montage de la composition **Road_Trip_Sequence_Titre** et activez le flou directionnel du calque credits. Cliquez ensuite sur le bouton Appliquer le flou de bougé (◎) situé en haut du panneau Montage pour visualiser le flou directionnel dans le panneau Composition.
4. Lancez une prévisualisation RAM de la composition complétée.
5. Cliquez sur Fichier > Enregistrer.

Vous pouvez vous féliciter. Vous venez de réaliser un certain nombre de techniques d'animation de texte assez complexes. Si vous souhaitez générer un rendu du projet, reportez-vous à la Leçon 14 pour en savoir plus.

Révisions

Questions

1. Citez quelques similitudes et quelques différences entre les calques de texte et les autres types de calques dans After Effects.
2. Comment prévisualiser une animation de texte prédéfinie ?
3. Comment affecter les transformations d'un calque à un autre ?
4. Que sont les groupes d'animation de texte ?

Réponses

1. Par de nombreux aspects, les calques de texte sont comme les autres calques dans After Effects. On peut leur appliquer des effets et des expressions, les animer, les définir comme calques 3D et modifier le texte 3D en l'affichant dans plusieurs vues. En revanche, les calques de texte sont des calques de forme dans le sens où on ne peut pas les ouvrir dans leur propre panneau Calque. Il s'agit uniquement de calques synthétiques qui ne contiennent que des graphismes vectoriels. On peut animer le contenu d'un calque de texte en utilisant les sélecteurs et les propriétés d'animation.
2. Pour avoir un aperçu des animations de texte prédéfinies dans Adobe Bridge, il suffit de choisir Animation > Parcourir les paramètres prédéfinis. Bridge affiche le contenu du dossier des effets d'After Effects (Presets). On peut alors parcourir les sous-dossiers contenant différentes catégories d'animations de texte prédéfinies (Flous, Tracés, etc.) et visualiser chaque effet dans le volet Aperçu. En double-cliquant sur l'animation prédéfinie, on l'applique au calque sélectionné dans le panneau Montage d'After Effects.
3. On doit utiliser le mécanisme de filiation parent-enfant d'After Effects (sauf pour les changements d'opacité). Dès qu'un calque est déclaré parent d'un autre, ce dernier devient le calque enfant. En établissant une telle relation de filiation, on synchronise les changements du parent vers l'enfant.
4. Les groupes d'animation de texte permettent d'animer les propriétés de certaines lettres d'un calque de texte. Ce type de groupe comprend un ou plusieurs *sélecteurs* qui s'utilisent comme des masques : on définit les caractères affectés par une propriété d'animation. On peut définir un pourcentage de texte, une plage de texte ou des caractères en particulier.

Les calques de forme permettent de créer des arrière-plans plus expressifs et d'obtenir des résultats spectaculaires. Vous pouvez animer des formes, utiliser des paramètres prédéfinis et ajouter des répétitions pour augmenter leur impact.

LES CALQUES DE FORME

4

Au cours de cette leçon, vous apprendrez à :

- créer des masques de forme ;
- personnaliser le remplissage et le contour d'une forme ;
- utiliser les opérations de tracé pour transformer les formes ;
- animer des formes ;
- répéter des formes ;
- explorer différentes options de conception à l'aide de la fonctionnalité Remue-méninges ;
- ajouter un effet carton à un calque vidéo pour lui donner un aspect particulier.

Cette leçon vous prendra environ une heure. Si vous ne l'avez pas déjà fait, copiez le dossier Lesson04 depuis le DVD-ROM *Adobe After Effects CS6 Classroom in a Book* sur votre disque dur. Au cours de cette leçon, vous ne modifierez pas les fichiers de départ. Si vous devez néanmoins revenir à la version d'origine du fichier, copiez-le de nouveau depuis le DVD-ROM.

Préparatifs

Les calques de forme sont automatiquement créés lorsque vous tracez une forme avec l'un des outils de dessin. Vous pouvez personnaliser et transformer une forme ou l'ensemble du contenu d'un calque pour créer des résultats saisissants. Au cours de cette leçon, vous allez utiliser des calques de forme pour créer un arrière-plan dynamique dans le générique d'une émission de télé-réalité baptisée *DJ Quad Master*. Vous appliquerez également le nouvel effet Dessin animé pour modifier l'aspect général de la vidéo. Cet effet peut solliciter la mémoire de façon importante. Si vous choisissez de ne pas suivre l'exercice consacré à l'effet Dessin animé, vous pourrez tout de même terminer le projet, mais son aspect final ne sera pas exactement celui de la vidéo d'exemple.

Vous allez commencer par visualiser la vidéo finale et créer le projet.

1. Assurez-vous que les fichiers suivants se trouvent sur votre disque dur dans le dossier AECS6_CIB/Lessons/Lesson04, ou bien copiez-les depuis le DVD-ROM *Adobe After Effects CS6 Classroom in a Book* :
   - dans le dossier Assets : DJ.mov et gc_adobe_dj.mp3 ;
   - dans le dossier Sample_Movies : Lesson04.mov.
2. Ouvrez et lancez la lecture de la séquence d'exemple Lesson04.mov pour juger du résultat à atteindre en fin de leçon. Quittez ensuite le lecteur QuickTime. Supprimez le fichier d'exemple si l'espace est compté sur votre disque dur.

Restaurez les paramètres d'application par défaut d'After Effects lors de son lancement. (Reportez-vous à la section "Rétablissement des préférences par défaut" de l'Introduction.) Importez ensuite les fichiers dont vous avez besoin pour ce projet.

3. Lancez After Effects et appuyez immédiatement sur Ctrl+Alt+Maj (Windows) ou Cmd+Option+Maj (Mac OS) pour restaurer les préférences par défaut. Cliquez sur OK pour confirmer la suppression du fichier de préférences.
4. Cliquez sur Fermer dans l'écran de bienvenue.

After Effects ouvre un projet vide sans titre.

5. Cliquez sur Fichier > Enregistrer sous > Enregistrer sous, puis parcourez votre disque dur jusqu'au dossier AECS6_CIB/Lessons/Lesson04/Finished_Project.
6. Donnez au projet le nom **Leçon04_Final.aep** et cliquez sur Enregistrer.

Créer la composition

Vous allez maintenant importer les fichiers dont vous avez besoin et créer la composition.

1. Double-cliquez dans une zone vide du panneau Projet pour ouvrir la boîte de dialogue Importer fichier.

2. Parcourez votre disque dur jusqu'au dossier AECS6_CIB/Lessons/Lesson04/Assets, cliquez sur les fichiers DJ.mov et gc_adobe_dj.mp3 en maintenant la touche Maj enfoncée pour les sélectionner. Cliquez ensuite sur Ouvrir.

3. Cliquez sur Fichier > Créer > Nouveau dossier pour ajouter un dossier dans le panneau Projet.

4. Nommez ce dossier **Actifs** et pressez la touche Entrée ou Retour pour valider. Faites ensuite glisser les métrages que vous avez importés dans ce dossier.

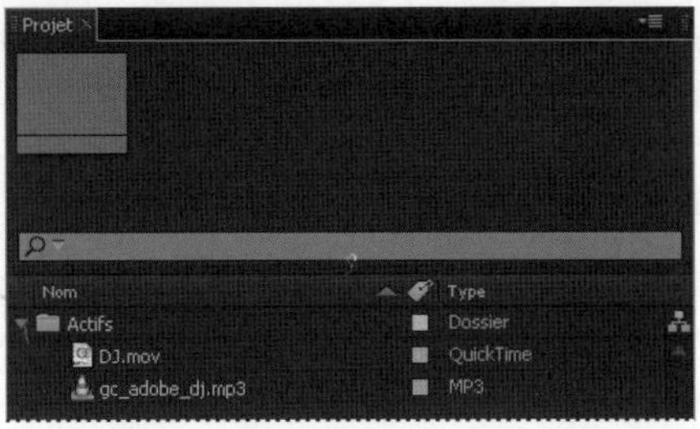

5. Appuyez sur Ctrl+N (Windows) ou Cmd+N (Mac OS) pour créer une nouvelle composition.

6. Dans la boîte de dialogue Paramètres de composition, nommez la composition **Formes arrière-plan**, choisissez le format NTSC DV dans le menu Paramètre prédéfini et réglez la durée à **10:00**.

▶ **Astuce :** Pour définir une durée de dix secondes, tapez **10.** dans le champ Durée. Le point représente deux zéros. Pour une composition de dix minutes, tapez **10..** (le nombre dix, suivi de deux points).

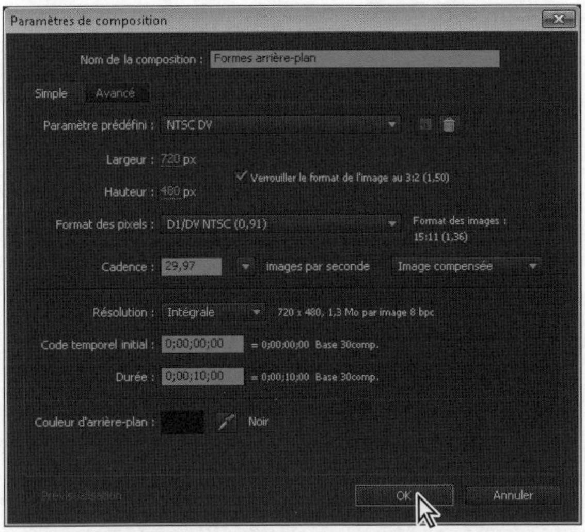

After Effects ouvre la nouvelle composition dans les panneaux Montage et Composition.

Ajout d'un calque de forme

Par rapport à un calque solide, un calque de forme présente l'avantage de permettre l'utilisation de l'option Remplissage pour créer un dégradé linéaire ou radial. Vous allez vous servir de l'outil Rectangle pour créer un arrière-plan en dégradé dans la composition.

Les outils de formes

After Effects dispose de cinq outils de forme : Rectangle, Rectangle arrondi, Ellipse, Polygone et Étoile. Lorsque vous tracez une forme directement dans le panneau Composition, After Effects ajoute un nouveau calque de forme à la composition. Vous pouvez modifier les paramètres de remplissage et de contour, changer son tracé et lui appliquer des animations prédéfinies. Les attributs de forme sont tous représentés dans le panneau Montage et vous pouvez animer leurs propriétés dans le temps.

Les mêmes outils de forme permettent à la fois de créer des formes et des masques. Les masques s'appliquent aux calques pour cacher ou afficher certaines parties d'une image tandis que les formes disposent de leurs propres calques. Lorsque vous sélectionnez un outil de forme, vous pouvez préciser si vous souhaitez créer une forme ou un masque.

Dessiner une forme

Vous allez commencer par tracer le rectangle qui contiendra le remplissage en dégradé.

1. Sélectionnez l'outil Rectangle (▭).

2. Si nécessaire, choisissez 50 % dans le menu Zoom situé au bas du panneau Composition afin de pouvoir visualiser la composition dans son ensemble.

3. Cliquez juste au-dessus du coin supérieur gauche de la composition et faites glisser l'outil sous le coin inférieur droit afin que le rectangle recouvre entièrement la composition.

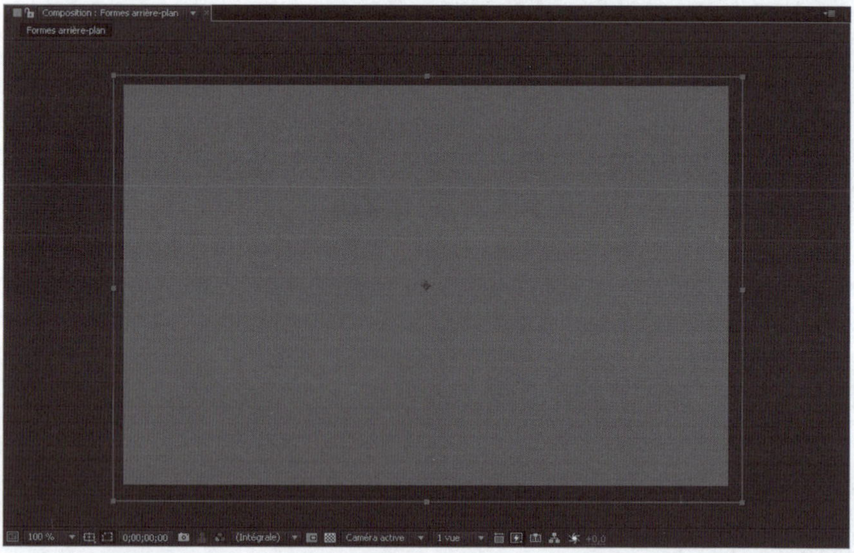

La forme apparaît dans le panneau Composition et After Effects ajoute un calque de forme nommé Calque de forme 1 dans le panneau Montage.

Appliquer un remplissage en dégradé

Vous pouvez modifier la couleur de la forme à l'aide de l'option Fond du panneau Outils. Cliquez sur le mot "Fond" pour ouvrir la boîte de dialogue Options de fond et choisir le type de remplissage, le mode de fusion et l'opacité. Cliquez sur l'échantillon de couleur pour ouvrir la boîte de dialogue Couleur du fond de la forme si le fond est uni ou l'Éditeur de dégradés s'il s'agit d'un dégradé.

1. Cliquez sur le mot "Fond" dans le panneau Outils pour ouvrir la boîte de dialogue Options de fond.
2. Sélectionnez l'option Dégradé radial (▣) et cliquez sur OK.

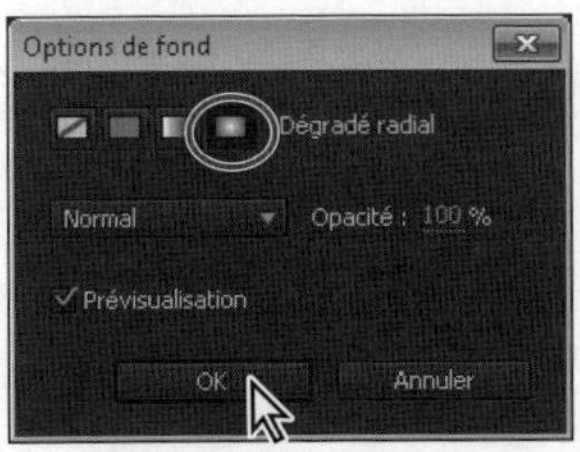

3. Cliquez sur l'échantillon de couleur de l'option Fond (à droite du mot Fond) pour ouvrir l'Éditeur de dégradés.
4. Cliquez sur l'Étape de couleur blanche (à gauche, sous la bande en dégradé) et sélectionnez un bleu clair (nous avons utilisé la couleur R = 100, V = 185 et B = 240).
5. Cliquez sur l'Étape de couleur noire (à droite, sous la bande en dégradé) et sélectionnez un bleu foncé (nous avons utilisé la couleur R = 10, V = 25 et B = 150).
6. Cliquez sur OK pour appliquer ces nouvelles couleurs au dégradé.

Modifier les paramètres du dégradé

Le dégradé est un peu petit et se termine de façon trop abrupte. Vous allez modifier les paramètres du calque de forme pour agrandir le dégradé.

1. Dans le panneau Montage, affichez les propriétés de Calque de forme 1 > Contenu > Rectangle 1 > Fond en dégradé 1 s'il n'est pas déjà visible.
2. Donnez à la propriété Point de départ les valeurs **0, 225** et à la propriété Point d'impact les valeurs **0, 740**.

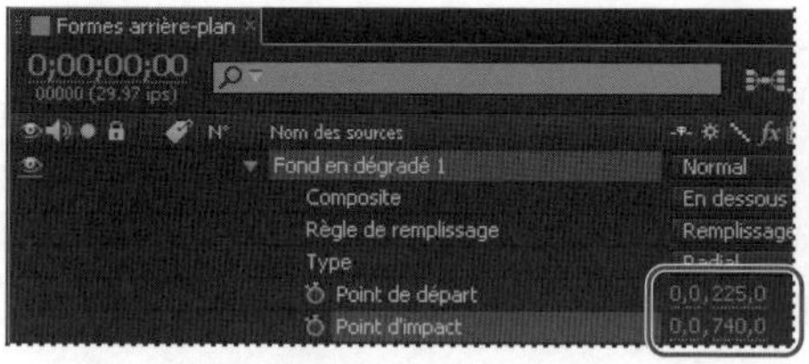

À présent, le dégradé a pour origine le bas de l'écran et s'étend jusqu'aux bords et en haut de la composition.

3. Cachez les propriétés du calque Calque de forme 1.
4. Sélectionnez le nom du calque (Calque de forme 1), appuyez sur la touche Entrée ou Retour et tapez **Arrière-plan**. Appuyez de nouveau sur la touche Entrée ou Retour pour valider.
5. Cliquez dans la colonne Verrouiller (🔒) du calque Arrière-plan afin d'éviter de le sélectionner accidentellement par la suite.

Création de formes personnalisées

Bien qu'After Effects ne propose que cinq outils de forme, vous pouvez modifier les tracés que vous avez créés afin d'obtenir une grande variété de formes. L'outil Polygone en particulier vous offre une grande flexibilité. Vous allez vous en servir pour créer des formes solaires en rotation dans l'arrière-plan.

Tracer un polygone

Par défaut, l'outil Polygone trace une forme en reprenant les paramètres de la dernière forme tracée avec cet outil. Cependant, en ajustant les points de contrôle, la position, la rotation et le rayon externe, l'arrondi externe et d'autres valeurs, vous pouvez modifier la forme initiale. Vous allez modifier un polygone simple pour créer une forme beaucoup plus intéressante.

1. Sélectionnez l'outil Polygone (⬡) masqué sous l'outil Rectangle (▭).
2. Tracez une forme polygonale dans le panneau Composition.

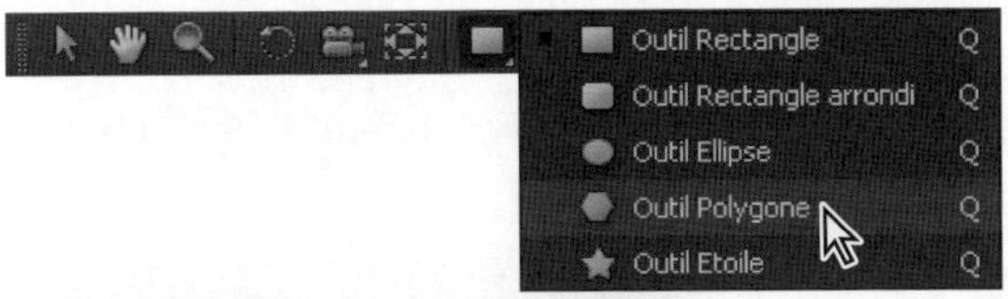

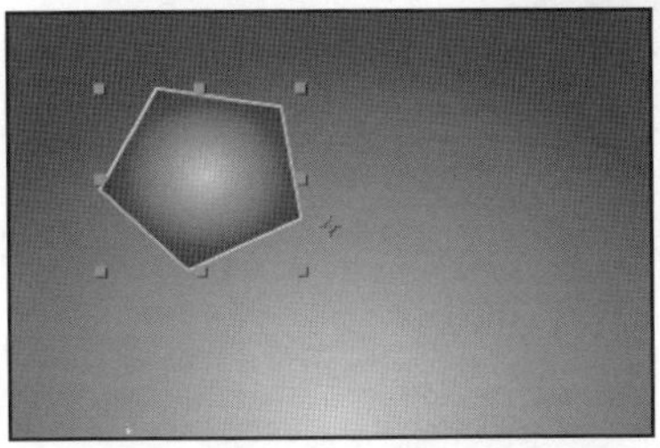

▶ **Astuce :** Pendant que vous tracez la forme, appuyez sur la barre d'espacement pour repositionner la forme dans le panneau Composition.

3. Dans le panneau Montage, affichez les propriétés de Calque de forme 1 > Contenu > Polyétoile 1 > Tracé polyétoile 1.
4. Donnez au paramètre Points une valeur de **6**, au paramètre Rotation une valeur de **0°** et au paramètre Rayon externe une valeur de **150**.
5. Donnez au paramètre Arrondi externe une valeur de **–500 %**.

▶ **Astuce :** Pour obtenir un résultat plus spectaculaire, choisissez des valeurs inférieures à 0 ou supérieures à 100 %.

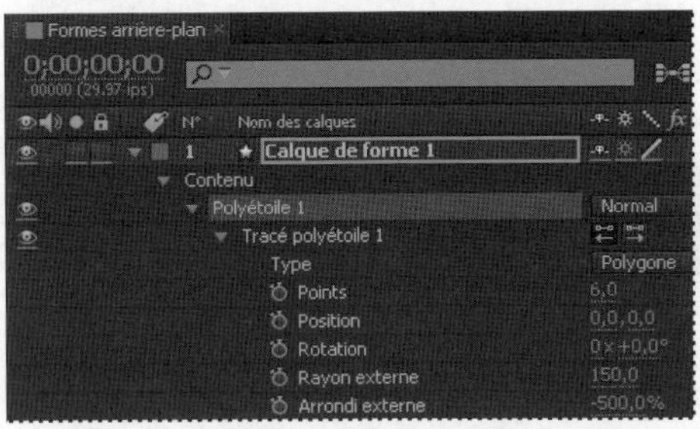

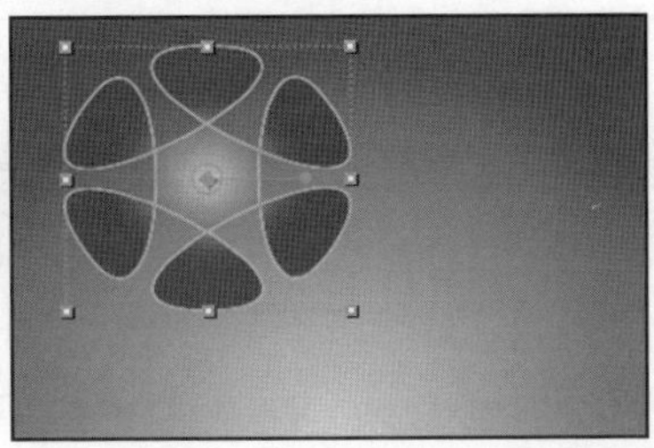

6. Cachez les propriétés de Tracé polyétoile 1.
7. Cliquez sur le mot "Fond" dans le panneau Outils pour ouvrir la boîte de dialogue Options de fond, cliquez sur le bouton Couleur unie (▬), puis sur OK.

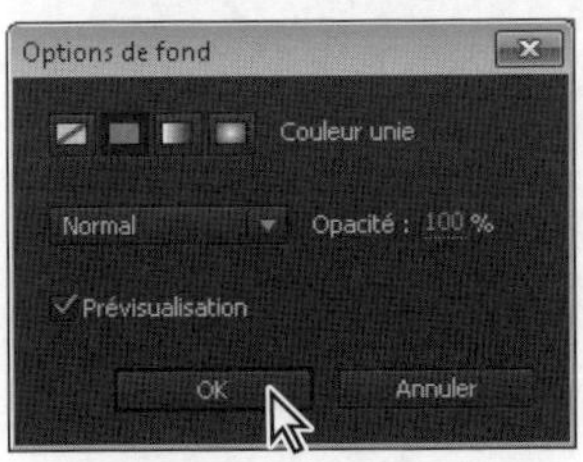

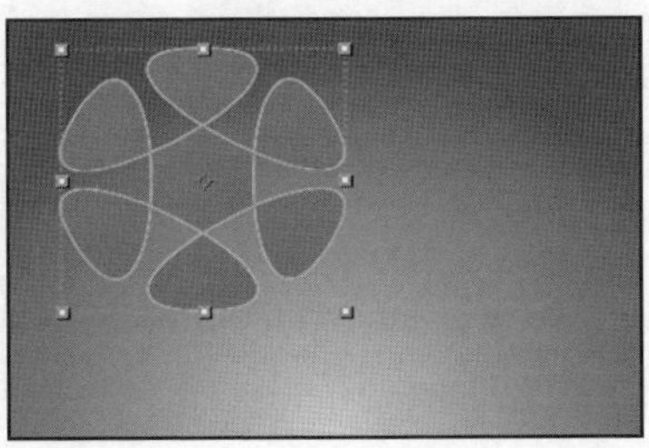

8. Cliquez sur l'échantillon de couleur de l'option Fond et choisissez un jaune vif (nous avons utilisé la couleur R = 250, V = 250 et B = 0). Cliquez ensuite sur OK pour valider.
9. Cliquez sur l'échantillon de couleur de l'option Contour et choisissez un gris clair (nous avons utilisé la couleur R = 230, V = 230 et B = 230). Cliquez ensuite sur OK pour valider.
10. Toujours dans le panneau Outils, donnez au tracé une épaisseur de **5** pixels pour renforcer son contour.

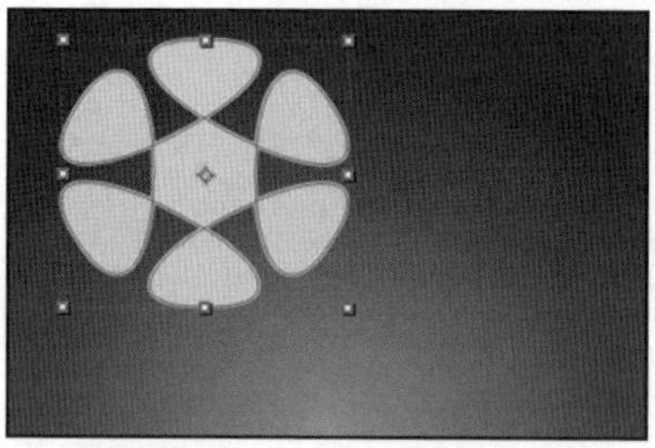

Ajouter un effet de torsion

L'opération Torsion du tracé entraîne une rotation du tracé plus prononcée au centre qu'à l'extérieur de la forme. Des valeurs positives font pivoter la forme dans le sens des aiguilles d'une montre, tandis que des valeurs négatives font pivoter la forme dans le sens inverse des aiguilles d'une montre. Vous allez utiliser l'opération Torsion du tracé pour améliorer encore cette forme.

1. Dans le panneau Montage, cliquez sur le bouton Ajouter situé à droite du paramètre Contenu du calque Calque de forme 1 et choisissez Torsion dans le menu contextuel.

2. Affichez les propriétés du groupe Torsion 1.
3. Donnez à la propriété Angle une valeur de **160**.

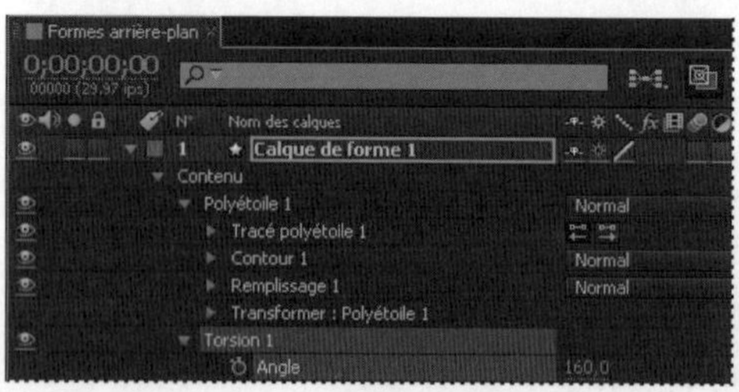

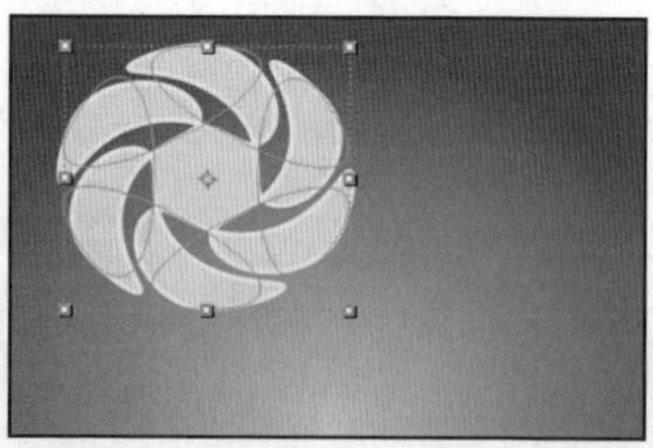

4. Cachez les propriétés des groupes Torsion 1 et Polyétoile 1.
5. Cliquez sur Fichier > Enregistrer pour sauvegarder votre travail.

Répéter la forme

Vous avez créé la forme simple qui apparaîtra à l'arrière-plan, mais vous avez besoin de beaucoup plus de copies pour remplir la composition. Vous pourriez dupliquer la forme manuellement, mais vous allez appliquer l'opération Répétition pour créer de multiples rangées de soleils.

1. Sélectionnez le calque Calque de forme 1. Vous devez le sélectionner car vous allez utiliser la Répétition sur tout le groupe de forme et non sur une forme individuelle.
2. Ouvrez le menu contextuel Ajouter et choisissez Répétition.
3. Affichez les propriétés de Répétition 1.
4. Donnez la valeur **5** au nombre de copies.

La Répétition crée quatre copies de la forme, qui se superposent les unes aux autres. Vous allez maintenant les séparer.

5. Affichez les propriétés de Transformer : Répétition 1.
6. Donnez au paramètre Position les valeurs **345, 0**. La première valeur correspond à l'abscisse (x). Plus cette valeur est importante et plus les formes sont distantes les unes des autres.

● **Note :** Le panneau Montage offre de nombreuses propriétés, qui correspondent à différentes opérations de transformation des tracés. Assurez-vous que vous sélectionnez la bonne propriété pour l'objet ou le calque que vous voulez modifier. Dans notre exemple, vous ne devez altérer que la Répétition.

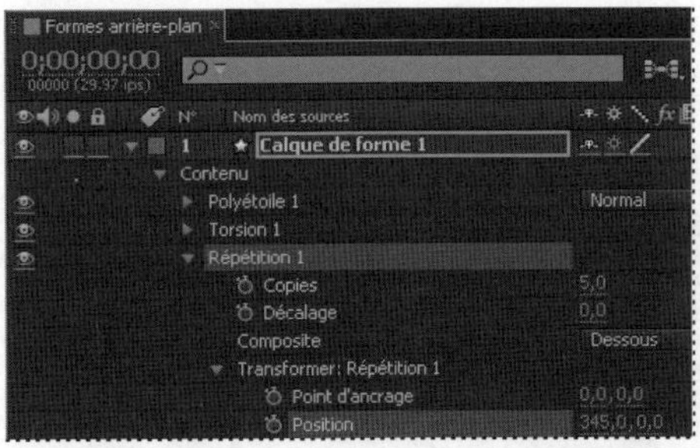

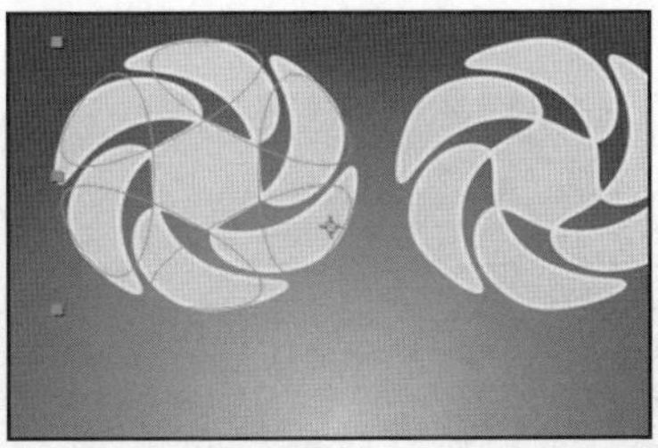

À présent, les formes sont bien détachées les unes des autres. Mais vous ne pouvez pas les voir toutes en même temps. Pour déplacer toutes les formes à la fois, vous devez déplacer le calque de forme dans son ensemble.

7. Cachez les propriétés de Transformer : Répétition 1.
8. Sélectionnez le calque Calque de forme 1 et appuyez sur la touche **P** pour afficher sa propriété Position. Donnez-lui les valeurs **–50, 65**.

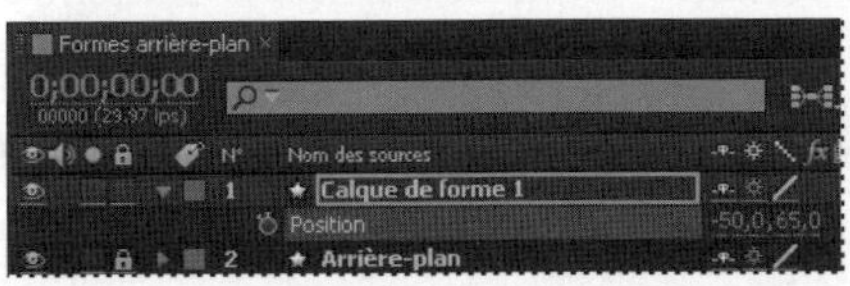

Le calque de forme se trouve à présent dans le coin supérieur gauche de la composition. Vous allez le redimensionner et ajouter des rangées de soleils supplémentaires.

● **Note :** Comme les deux valeurs de la propriété Échelle sont liées, il vous suffit d'en modifier une seule pour changer les deux.

9. Le calque Calque de forme 1 toujours sélectionné, appuyez sur la touche **S** pour afficher sa propriété Échelle. Donnez-lui une valeur de **50 %**.

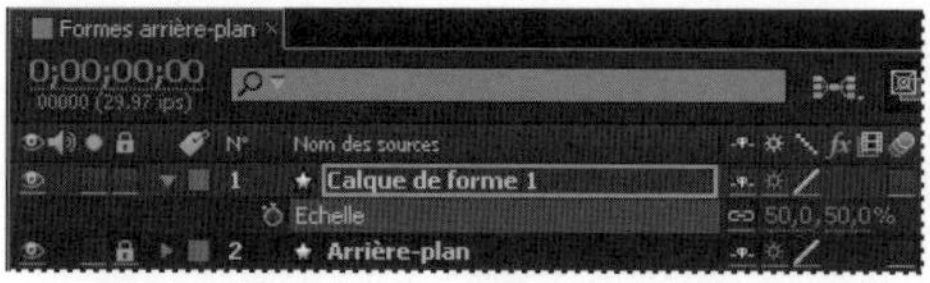

10. Appuyez sur la touche **S** pour cacher la propriété Échelle du calque.
11. Affichez les propriétés du paramètre Calque de forme 1 > Contenu.
12. Sélectionnez le calque Calque de forme 1, affichez le groupe de propriétés Contenu, puis choisissez Répétition dans le menu contextuel Ajouter.
13. Affichez les propriétés de Répétition 2 > Transformer : Répétition 2.
14. Donnez à la propriété Position les valeurs **0, 385** de façon à créer un espace vertical entre les rangées de soleils.

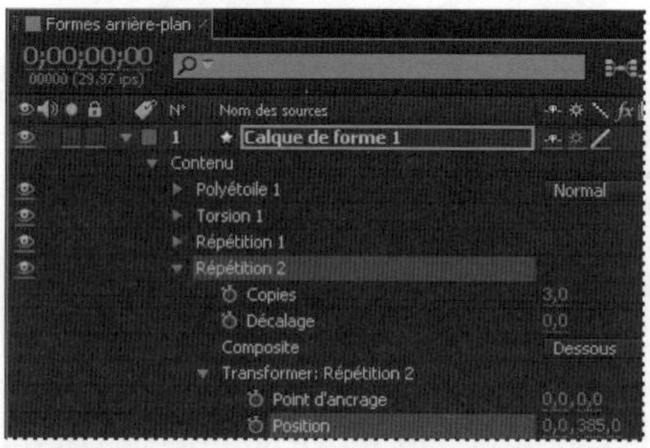

15. Masquez les propriétés de Répétition 2.

Créer une rotation

Les soleils doivent tourner sur eux-mêmes à l'arrière-plan. Pour cela, vous allez animer la propriété Rotation de la forme initiale. Les modifications seront automatiquement appliquées aux formes dupliquées.

1. Dans le panneau Montage, affichez les propriétés Calque de forme 1 > Contenu > Polyétoile 1 > Transformer : Polyétoile 1.
2. Appuyez sur la touche Origine ou déplacez l'Indicateur d'instant courant au début de l'échelle de temps.

3. Cliquez sur le Chronomètre (⏱) de la propriété Rotation pour créer une première image clé.
4. Appuyez sur la touche Fin ou déplacez l'Indicateur d'instant courant à la fin de l'échelle de temps.
5. Modifiez la valeur de la propriété Rotation en **3x+0°**. Avec cette valeur, la forme effectuera trois rotations en dix secondes.

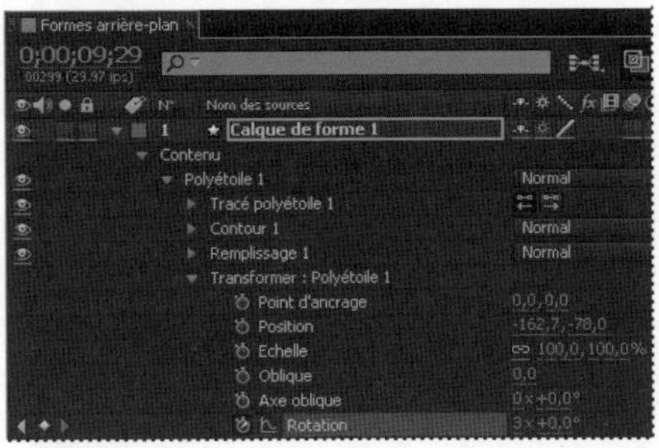

6. Cachez les propriétés du calque Calque de forme 1.
7. Faites glisser l'Indicateur d'instant courant le long de l'échelle de temps pour visualiser la rotation des soleils.

Fusionner les formes avec l'arrière-plan

La rotation des soleils est bonne, mais ils contrastent trop avec l'arrière-plan. Or l'attention du spectateur doit se porter sur le DJ que vous ajouterez ensuite au premier plan. Vous allez donc modifier le mode de fusion et l'opacité du calque pour que le calque de forme s'intègre plus subtilement avec l'arrière-plan.

1. Cliquez sur le bouton Afficher/masquer options et modes au bas du panneau Montage.
2. Choisissez Incrustation dans le menu Mode de fusion du calque Calque de forme 1.

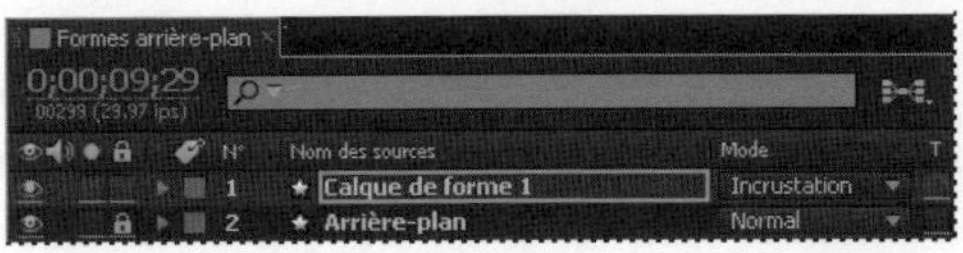

3. Sélectionnez le calque Calque de forme 1 et appuyez sur la touche **T** pour afficher sa propriété Opacité.

● **Note :** Plutôt que de modifier l'opacité du calque, vous pouvez également changer l'opacité de la forme initiale pour appliquer la nouvelle valeur à toutes les copies.

4. Donnez à la propriété Opacité une valeur de **25 %**.
5. Appuyez sur la touche **T** pour cacher la propriété Opacité du calque.
6. Le calque Calque de forme 1 toujours sélectionné, appuyez sur la touche Entrée ou Retour et renommez le calque **Soleils**. Appuyez de nouveau sur la touche Entrée ou Retour pour valider.
7. Verrouillez ce calque pour éviter de le modifier accidentellement.

Création d'étoiles

L'outil Étoile est analogue à l'outil Polygone. En effet, un polygone est une étoile sans les propriétés Rayon interne et Arrondi interne. Les deux outils créent des formes appelées polyétoiles. Vous allez tracer une étoile à l'arrière-plan avec l'outil Étoile, puis vous appliquerez l'effet Contraction et dilatation pour modifier sa forme. Enfin, vous dupliquerez l'étoile et créerez une animation de rotation autour du point d'ancrage du calque.

Tracer une étoile

L'outil Étoile se situe dans le même groupe que les autres outils de forme. Pour dessiner une étoile, faites glisser l'outil Étoile dans le panneau Composition.

1. Sélectionnez l'outil Étoile (☆) situé sous l'outil Polygone (⬠).
2. Modifiez les paramètres de fond et de contour avant de tracer la forme :
   - Cliquez sur l'échantillon de couleur de l'option Fond et sélectionnez un bleu moyen (nous avons utilisé la couleur R = 75, V = 120 et B = 200). Cliquez ensuite sur OK.
   - Cliquez sur le mot "Contour" et sélectionnez Aucun (▨) dans la boîte de dialogue Options de contour. Cliquez ensuite sur OK.
3. Tracez une étoile au centre de la composition. After Effects ajoute un calque de forme nommé Calque de forme 1 dans le panneau Montage.

4. Dans le panneau Montage, affichez les propriétés de Calque de forme 1 > Contenu > Polyétoile 1 > Tracé polyétoile 1.
5. Donnez une valeur de **6** au paramètre Points et une valeur de **150°** au paramètre Rotation.
6. Donnez une valeur de **50** au paramètre Rayon interne et une valeur de **90** au paramètre Rayon externe. Ces valeurs modifient la forme de l'étoile.

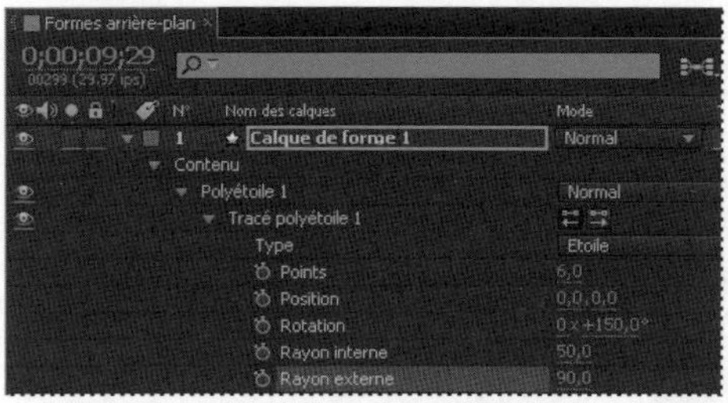

● **Note :** Si vous distinguez mal l'étoile sur l'arrière-plan, masquez temporairement les calques Soleils et Arrière-plan en cliquant sur leur icône Vidéo (en forme d'œil) dans le panneau Montage.

7. Affichez les propriétés de Transformer : Polyétoile 1.
8. Modifiez les valeurs de la propriété Position à **–180, –70**.
9. Cachez toutes les propriétés de Polyétoile 1.

Contracter et dilater des tracés

After Effects est doté d'une fonction puissante pour les tracés, nommée Contraction et dilatation. Vous pouvez contracter une forme en tirant ses sommets vers l'extérieur tout en incurvant les segments vers l'intérieur, ou la dilater en tirant ses sommets vers l'intérieur tout en incurvant les segments vers l'extérieur. Les valeurs négatives entraînent une contraction de la forme et les valeurs positives une dilatation. Vous allez contracter la forme pour lui donner une apparence particulière.

1. Sélectionnez le calque Calque de forme 1.
2. Choisissez Contraction et dilatation dans le menu contextuel Ajouter.
3. Affichez les propriétés de Contraction et dilatation 1.
4. Donnez à la propriété Quantité une valeur de **–125** pour contracter la forme de l'étoile.

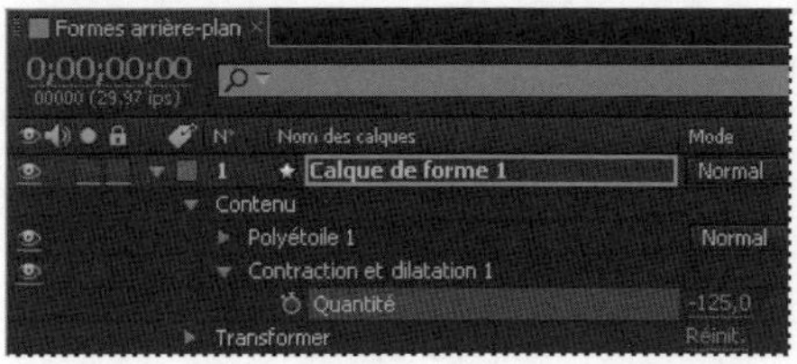

Maintenant que la forme de l'étoile s'intègre bien à l'arrière-plan, vous pouvez la dupliquer et l'animer.

Dupliquer les formes

Vous allez créer plusieurs étoiles de différentes tailles qui tourneront autour de l'écran. Pour cela, vous ferez de nouveau appel à l'opération Répétition, mais vous modifierez cette fois-ci les propriétés Transformer de la Répétition pour obtenir un résultat différent.

1. Sélectionnez le calque Calque de forme 1 et choisissez Répétition dans le menu contextuel Ajouter.
2. Affichez les propriétés de Répétition 1 et changez le nombre de copies à **6**.

Il y a maintenant six étoiles à l'écran.

3. Affichez les propriétés de Transformer : Répétition 1.
4. Donnez au paramètre Position les valeurs **0, 0** et au paramètre Rotation la valeur de **230°**.

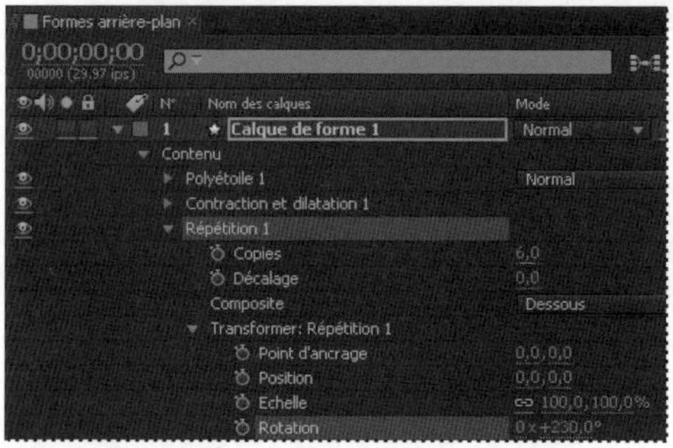

Comme vous avez appliqué la rotation à la Répétition et non à la forme, la rotation de chaque étoile s'effectue autour du point d'ancrage du calque à un degré différent. Lorsque vous modifiez les propriétés Transformer de la Répétition, cette modification est multipliée par le nombre de copies de la forme que vous avez créées. Si, par exemple, vous avez dix copies d'une forme et que vous modifiiez la valeur de la propriété Rotation de 10 degrés, la première forme conserve la valeur originale de 0, la deuxième pivote de 10 degrés, la troisième de 20 degrés et ainsi de suite. Ce concept s'applique à toutes les propriétés de transformation d'une opération.

Dans notre projet, le point d'ancrage du calque est différent de la position des formes, si bien que les étoiles forment une spirale qui se referme sur elle-même.

5. Diminuez la valeur de la propriété Opacité d'arrivée à **65 %**. Chaque étoile est maintenant plus transparente que celle qui la précède.
6. Masquez les propriétés de Répétition 1.
7. Sélectionnez le calque Calque de forme 1 et choisissez Répétition dans le menu contextuel Ajouter.
8. Affichez les propriétés de Répétition 2 > Transformer : Répétition 2.
9. Donnez au paramètre Position les valeurs **–140, 0** et au paramètre Rotation une valeur de **40°**.

10. Attribuez à la propriété Échelle une valeur de **80 %**.

Chaque copie de l'étoile sera ainsi plus petite que la précédente. Comme vous avez créé trois copies du premier groupe d'étoiles, la taille de certaines formes sera égale à 64 % de celle de la forme originale.

11. Modifiez l'Opacité d'arrivée à **0 %**.

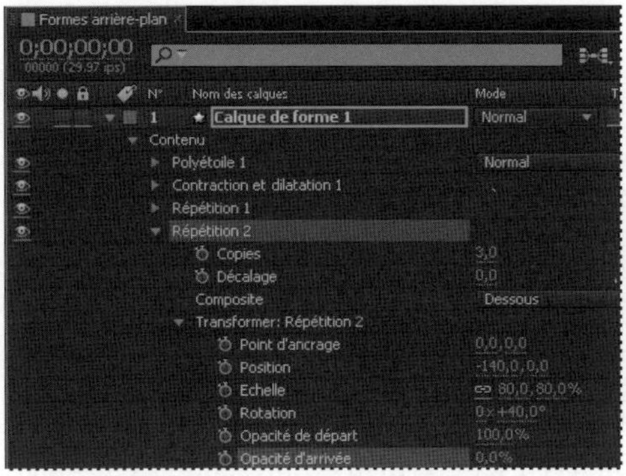

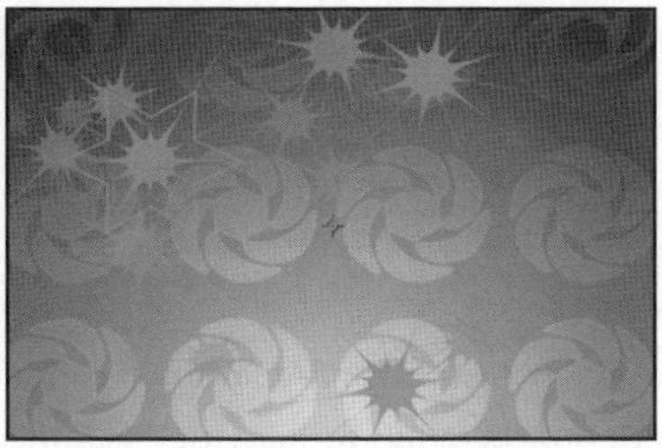

12. Masquez les propriétés de Répétition 2.
13. Cliquez sur Fichier > Enregistrer.

Créer une rotation

Vous avez fait pivoter les étoiles autour du point d'ancrage du calque. Vous allez maintenant animer chaque étoile pour qu'elle effectue une rotation sur son axe. Pour cela, vous allez animer la propriété Rotation de la forme polyétoile elle-même et non celle du calque ou de la Répétition.

1. Affichez les propriétés de Polyétoile 1 > Transformer : Polyétoile 1.
2. Appuyez sur la touche Origine du clavier ou déplacez l'Indicateur d'instant courant au début de l'échelle de temps.
3. Cliquez sur le Chronomètre (⏱) de la propriété Rotation pour créer une image clé initiale.
4. Appuyez sur la touche Fin pour vous déplacer à la fin de l'échelle de temps.
5. Donnez à la propriété Rotation une valeur de **180°**.

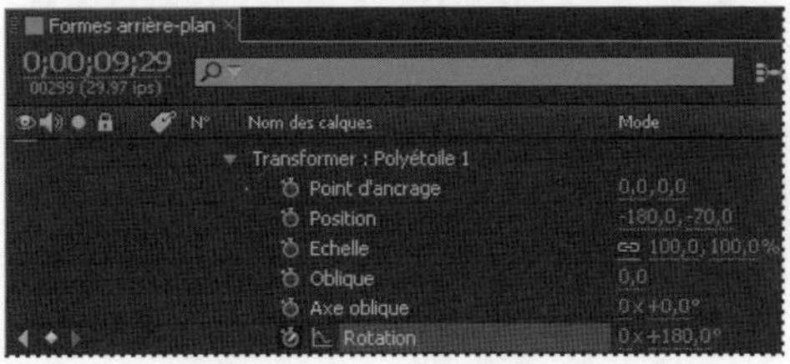

6. Lancez une prévisualisation manuelle de la composition en déplaçant l'Indicateur d'instant courant le long de l'échelle de temps. Une fois que vous avez vérifié que toutes les formes effectuent la rotation attendue, masquez toutes les propriétés du calque.
7. Renommez le calque Calque de forme 1 **Étoiles** et appuyez sur la touche Entrée ou Retour pour valider.
8. Verrouillez le calque Étoiles.

Incorporation de calques vidéo et audio

À présent, l'arrière-plan est en place. Il vous reste à ajouter la vidéo du DJ et la piste audio.

Ajouter des fichiers audio et vidéo

Vous allez maintenant ajouter à la composition les fichiers que vous avez importés au début de la leçon. La vidéo DJ.mov n'a pas d'arrière-plan et son rendu a été généré avec une couche alpha prémultipliée, si bien que les calques situés en dessous de cette vidéo seront visibles.

1. Appuyez sur la touche Origine ou déplacez l'Indicateur d'instant courant au début de l'échelle de temps.
2. Ouvrez le dossier Actifs dans le panneau Projet.
3. Faites glisser l'élément de métrage DJ.mov au sommet de la pile des calques du panneau Montage.
4. Faites glisser l'élément de métrage gc_adobe_dj.mp3 au bas de la pile des calques du panneau Montage.

● **Note :** L'ordre d'un calque audio n'a pas d'importance. Cependant, nous vous conseillons de le placer au bas de la pile des calques afin qu'il ne vous gêne pas au cours de votre travail.

5. Verrouillez le calque audio que vous venez d'ajouter dans le panneau Montage afin d'éviter de le sélectionner accidentellement par la suite. Cliquez ensuite sur Fichier > Enregistrer.

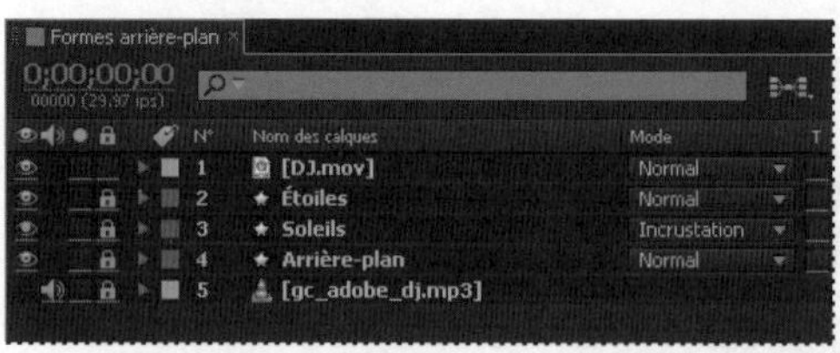

Réduire la durée de la zone de travail

La durée de la vidéo DJ.mov n'est que de cinq secondes, alors que celle de la composition est de dix secondes. Si vous génériez le rendu maintenant, le DJ disparaîtrait au milieu de la séquence. Pour résoudre ce problème, vous allez déplacer le repère de fin de la zone de travail à cinq secondes. Ainsi, le rendu ne contiendra que les cinq premières secondes de la composition.

1. Allez à 5:00. Pour cela, déplacez l'Indicateur d'instant courant sur la marque des cinq secondes dans l'échelle de temps du panneau Montage, ou cliquez sur l'instant courant et tapez **500**.
2. Appuyez sur la touche **N** pour placer le repère de fin de la zone de travail à l'instant courant.

● **Note :** Si vous ne souhaitez pas conserver les cinq dernières secondes de la composition, vous pouvez aussi changer la durée de la composition. Pour cela, cliquez sur Composition > Paramètres de composition et tapez **5.00** dans le champ Durée.

Application d'un effet Dessin animé

After Effects dispose d'un effet Dessin animé qui permet de donner facilement un aspect stylisé à une vidéo. Comme le générique de l'émission *DJ Quad Master* est très différent de ceux des autres émissions de télé-réalité, l'effet Dessin animé conviendra parfaitement ici.

1. Sélectionnez le calque DJ.mov dans le panneau Montage.
2. Cliquez sur Effet > Esthétiques > Dessin animé.

L'effet Dessin animé effectue trois opérations sur le calque : il lisse le calque et supprime un grand nombre de détails. Par conséquent, il fonctionne mieux sur un métrage vidéo que sur une image fixe, comme le fond de cette composition par exemple. L'effet Dessin animé renforce ensuite les contours des formes, en fonction de leur valeur de luminosité. Enfin, il simplifie les couleurs.

▶ **Astuce :** Pour des résultats plus spectaculaires, changez l'option Fond et contours dans le menu déroulant Rendu et choisissez Fond (pour que l'effet n'agisse que sur les couleurs) ou Contours (pour obtenir une illustration en noir et blanc).

Ses paramètres par défaut produisent un très bon résultat, mais vous allez le peaufiner dans le panneau Effets.

3. Dans le panneau Effets, sélectionnez Fond dans le menu déroulant Rendu.

Pour ce projet, vous ne sélectionnez le mode de rendu Fond que temporairement, afin de visualiser plus facilement les modifications apportées aux valeurs des propriétés de la catégorie Fond.

4. Donnez à la propriété Rayon du détail une valeur de **20** et à la propriété Seuil du détail une valeur de **50**.

Ces paramètres contrôlent le nombre de détails qui sont supprimés et l'importance du lissage. Plus ces valeurs sont élevées et plus le nombre de détails diminue.

5. Dans la section Fond, donnez à la propriété Étapes d'ombrage une valeur de **10** et assurez-vous que la valeur de la propriété Lissage de l'ombre est de 70.

Ces paramètres définissent la réduction de la couleur et la préservation des dégradés. En modifiant ces valeurs dans ce projet, vous réduisez le nombre de couleurs du T-shirt du DJ, ce qui lui donne un aspect plus simple.

6. Sélectionnez Contours dans le menu déroulant Rendu afin de mieux voir l'effet des contrôles sur les contours de l'image. Le calque devient temporairement en noir et blanc.

7. Dans la section Contour, donnez à la propriété Seuil une valeur de **1,25** et à la propriété Épaisseur une valeur de **1**.

Ces paramètres réduisent le nombre de lignes noires dans l'image.

8. Conservez la valeur actuelle de la propriété Lissage (60) mais baissez celle d'Opacité à **60 %** pour réduire l'importance des lignes noires.

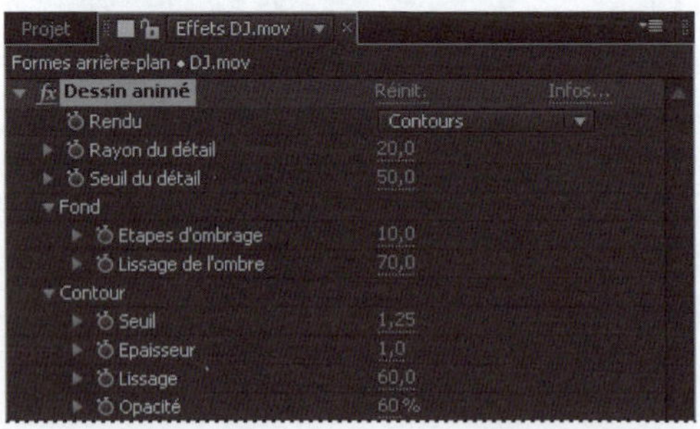

9. Sélectionnez Fond et contours dans le menu déroulant Rendu pour restaurer les couleurs.

10. Ouvrez les propriétés de la catégorie Avancé pour afficher les contrôles précis sur le contour.
11. Donnez à la propriété Accentuation des contours une valeur de **50** afin de rendre les contours du calque plus nets.
12. Donnez à la propriété Noir des contours une valeur de **2** pour que la couleur noire unie emplisse de plus grandes parties de l'image. L'image ressemble alors encore davantage à un dessin.

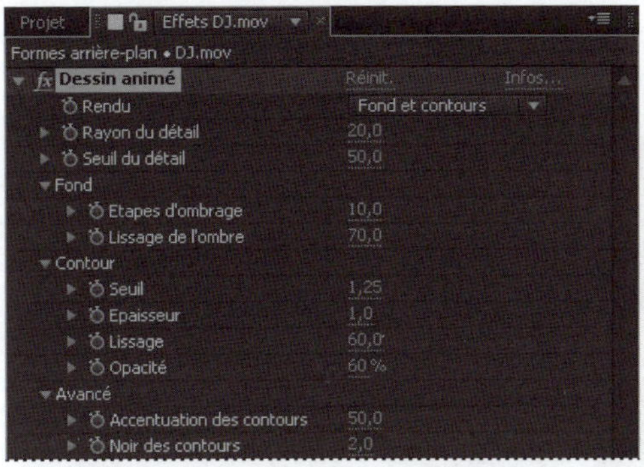

13. Verrouillez le calque DJ.mov pour éviter de le modifier accidentellement en continuant à travailler sur ce projet.

Ajout d'une barre de titres

Vous avez créé un arrière-plan intéressant et ajouté la vidéo du DJ ainsi que la piste audio. La seule chose qui manque encore est un titre qui permette d'identifier l'émission. Vous allez créer une forme dynamique avec l'outil Rectangle et les opérations de tracé, puis vous ajouterez du texte.

Créer une forme animée automatiquement

L'opération Tracés de tremblement transforme un rectangle en une série de pics et de creux. Vous allez l'utiliser pour créer une forme qui ressemble à une onde sonore. Comme cette animation est créée automatiquement, vous n'aurez ensuite qu'à changer quelques propriétés pour que la forme se déplace d'elle-même.

1. Sélectionnez l'outil Rectangle (▭) caché sous l'outil Étoile (☆).
2. Cliquez sur l'échantillon de couleur Fond dans le panneau Outils et sélectionnez un jaune vif (nous avons utilisé la couleur R = 255, V = 255 et B = 130). Cliquez sur OK.
3. Cliquez sur le mot "Contour". Dans la boîte de dialogue Options de contour, sélectionnez l'option Couleur unie et cliquez sur OK.
4. Cliquez sur l'échantillon de couleur Contour et sélectionnez un gris clair (nous avons utilisé la couleur R = 200, V = 200 et B = 200). Cliquez sur OK.

5. Donnez au tracé une épaisseur de **10** pixels.

▶ **Astuce :** Si vous devez repositionner le rectangle, activez l'outil Sélection pour le déplacer dans le panneau Composition.

6. Tracez un rectangle au bas de la composition. Le rectangle doit avoir environ 50 pixels de haut et recouvrir toute la largeur de la composition.
7. Dans le panneau Montage, affichez les propriétés de Rectangle 1 > Tracé rectangulaire 1 ducalque Calque de forme 1.
8. Donnez au rectangle une Taille de **680, 50** (assurez-vous que les deux valeurs ne sont pas liées).
9. Affichez les propriétés de Contour 1 et donnez à la propriété Opacité une valeur de **30 %**.

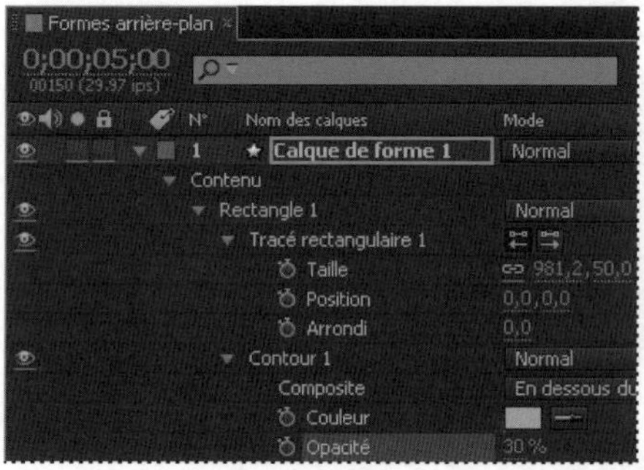

10. Cachez les propriétés de Rectangle 1.
11. Sélectionnez le calque Calque de forme 1, puis choisissez Tracés de tremblement dans le menu contextuel Ajouter.
12. Affichez les propriétés de Tracés de tremblement 1. Donnez à la propriété Taille une valeur de **150** et à la propriété Détail une valeur de **80**.
13. Choisissez Lisse dans le menu déroulant de la propriété Points pour que les angles de la forme soient plus arrondis.
14. Augmentez la valeur de la propriété Tremblements/seconde à **5** pour accélérer le mouvement.

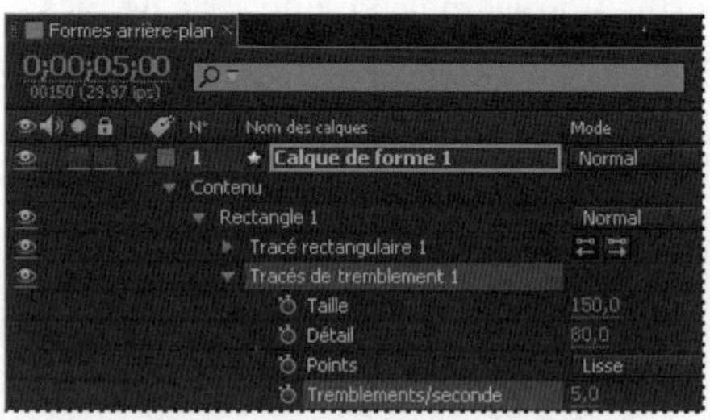

15. Déplacez l'Indicateur d'instant courant le long de l'échelle de temps pour visualiser le mouvement de la forme. Il s'agit de la version stylisée d'une onde sonore plutôt que de sa représentation exacte.
16. Cachez toutes les propriétés du calque Calque de forme 1.

17. Renommez le calque **Tiers inférieur** et verrouillez-le.

Ajouter du texte

Il ne reste plus qu'à ajouter le titre du programme. Vous allez vous servir d'une animation prédéfinie pour mettre en valeur le texte.

1. Appuyez sur la touche Origine ou déplacez l'Indicateur d'instant courant au début de la composition.
2. Sélectionnez l'outil Écriture horizontale (T). Dans le panneau Caractère, choisissez une police sans serif, comme Arial Bold, et donnez à Taille de police une valeur de **60** pixels.
3. Cliquez sur l'échantillon Couleur du fond dans le panneau Caractère et sélectionnez le noir (R = 0, V = 0 et B = 0). Cliquez ensuite sur l'échantillon Couleur du contour et sélectionnez le blanc (R = 255, V = 255 et B = 255).
4. Donnez à la propriété Largeur du contour une valeur de **2** pixels.
5. Cliquez dans le panneau Composition pour créer un point d'insertion de texte et saisissez **DJ Quad Master**.
6. Activez l'outil Sélection (↖) et déplacez le texte sur l'onde sonore.

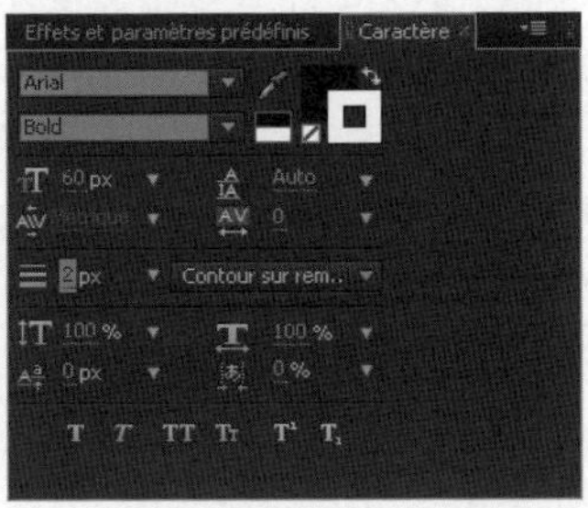

7. Sélectionnez le texte dans le panneau Composition et cliquez sur Animation > Parcourir les paramètres prédéfinis. Adobe Bridge s'ouvre alors et affiche les animations prédéfinies disponibles.
8. Parcourez votre disque dur jusqu'au dossier Text/3D Text, puis double-cliquez sur la vignette de l'animation Rotat. intér. par caractère 3D. After Effects applique alors cette animation au texte sélectionné.

9. Lancez une prévisualisation RAM pour voir votre vidéo. Pressez la barre d'espacement pour stopper la lecture.

● **Note** : Avec l'effet Dessin animé, le temps nécessaire à la mise en cache et à la lecture de la prévisualisation RAM peut être plus important qu'en temps normal.

Expérimentations avec Remue-méninges

La fonctionnalité Remue-méninges permet d'essayer facilement différents paramètres pour les effets et d'appliquer ceux qui vous plaisent. Pour l'utiliser, sélectionnez un calque ou des propriétés que vous voulez incorporer, puis cliquez sur l'icône Remue-méninges. La boîte de dialogue Remue-méninges affiche plusieurs variantes de l'image, en fonction de paramètres aléatoires. Vous pouvez enregistrer une ou plusieurs de ces versions, les appliquer à une composition ou recommencer l'opération Remue-méninges.

La fonctionnalité Remue-méninges fonctionne particulièrement bien avec les animations prédéfinies, comme vous allez le découvrir avec le calque Soleils que vous avez créé précédemment.

1. Enregistrez le projet, puis cliquez sur Fichier > Enregistrer sous > Enregistrer une copie sous. Nommez cette copie du projet **Remue-méninges** et enregistrez-la dans le dossier Lesson04/Finished_Project.
2. Déverrouillez le calque Soleils dans le panneau Montage.
3. Cliquez sur l'icône Solo (●) des calques Soleils et Arrière-plan pour qu'eux seuls soient visibles dans le panneau Composition.

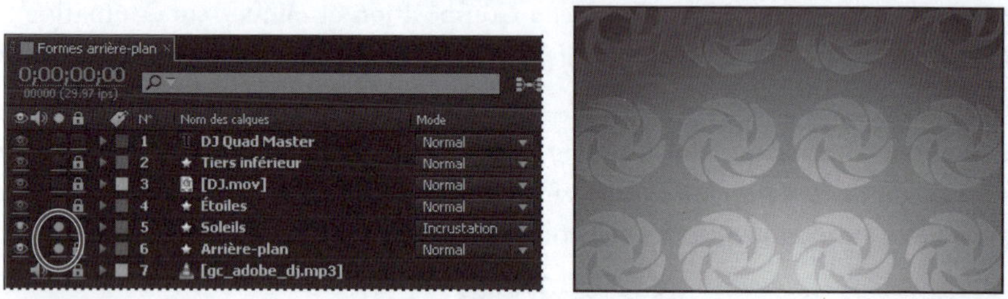

● **Note :** En sélectionnant Contenu, vous sélectionnez toutes les propriétés du calque, si bien que Remue-méninges les prend toutes en compte. Vous pouvez également utiliser Remue-méninges sur une ou plusieurs propriétés en particulier.

Vous pouvez isoler un ou plusieurs calques pour les animer, lancer une prévisualisation ou effectuer un rendu. L'*isolation* exclut tous les autres calques du même type dans le panneau Composition.

4. Affichez les propriétés du calque Soleils, puis sélectionnez Contenu.
5. Cliquez sur l'icône Remue-méninges (🔘) située en haut du panneau Montage pour ouvrir la boîte de dialogue du même nom.

6. L'option Aléatoire permet de sélectionner le degré de transformation que Remue-méninges applique aux propriétés du calque. Sa valeur par défaut est de 25 %. Pour des modifications plus radicales, essayez **100 %**.

7. Cliquez sur le bouton Remue-méninges pour afficher d'autres variations aléatoires des propriétés. Vous pouvez cliquer plusieurs fois ; les paramètres sont redéfinis en fonction du pourcentage aléatoire que vous avez sélectionné.

▶ **Astuce :** Pour revenir à une variation précédente, cliquez sur le bouton Retour. Pour afficher toutes les variations en mouvement, cliquez sur le bouton Lecture.

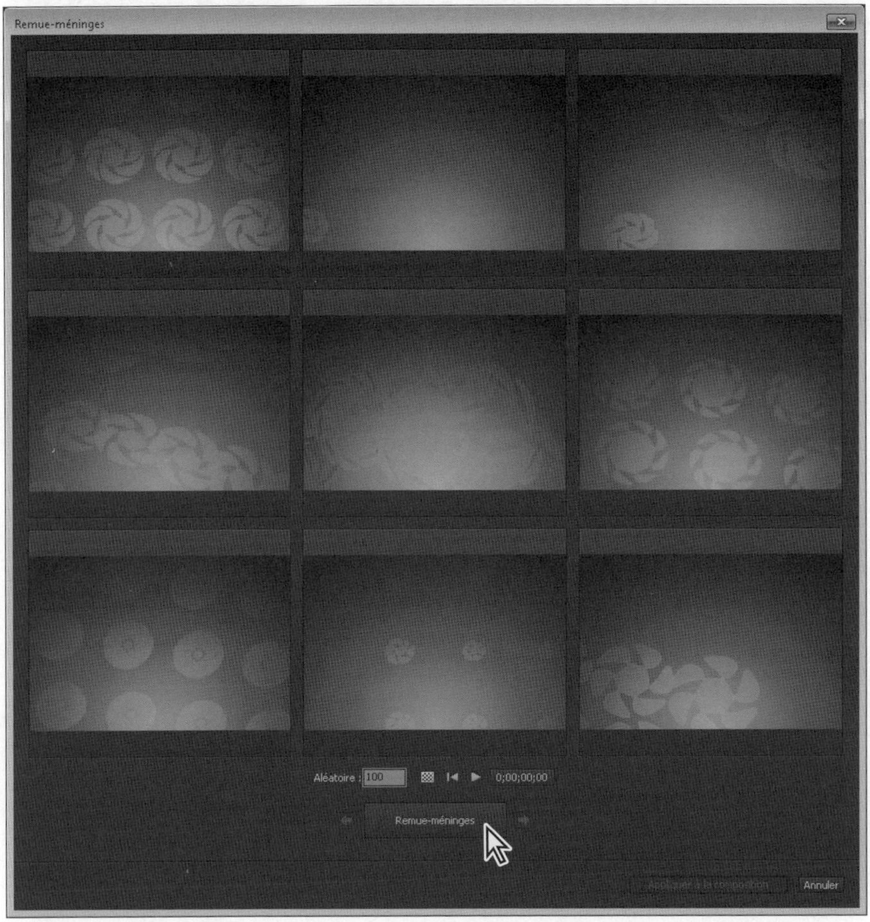

8. Placez le pointeur sur la variation qui vous plaît et cliquez sur le bouton de validation pour l'appliquer à la composition.

Révisions

Questions

1. Qu'est-ce qu'un calque de forme et comment en créer un ?
2. Comment créer rapidement plusieurs copies d'une forme ?
3. Quels avantages procure la fonctionnalité Remue-méninges ?
4. Que fait l'opération de tracé Contraction et dilatation ?
5. Comment fonctionne l'effet Dessin animé ?

Réponses

1. Un calque de forme est un calque qui contient une image vectorielle appelée forme. Pour créer un calque de forme, on trace une forme directement dans le panneau Composition à l'aide des outils de forme ou de l'outil Plume.
2. Pour obtenir rapidement plusieurs copies d'une forme, on doit appliquer l'opération de tracé Répétition au calque de forme. L'opération Répétition crée des copies de toutes les formes, de tous les tracés et couleurs de fond du calque.
3. La fonctionnalité Remue-méninges crée des variantes aléatoires d'une composition à partir des valeurs des propriétés sélectionnées. Elle permet de visualiser rapidement et simplement de nombreuses possibilités, de les enregistrer ou de les appliquer d'un seul clic.
4. L'opération Contraction et dilatation permet de tirer les sommets d'un tracé vers l'extérieur tout en incurvant les segments vers l'intérieur (contraction) ou de tirer les sommets d'un tracé vers l'intérieur tout en incurvant les segments vers l'extérieur (dilatation). Les valeurs négatives entraînent une contraction de la forme et les valeurs positives entraînent une dilatation.
5. L'effet Dessin animé provoque une stylisation d'un calque en supprimant certains détails, en en renforçant d'autres et en simplifiant la couleur. On peut modifier les paramètres dans le panneau Effets pour affiner le comportement de l'effet Dessin animé.

Illustration de Gordon Studer, www.gordonstuder.com

Les projets After Effects se créent en général à partir de différents métrages importés puis organisés au sein d'une composition. Cette dernière est modifiée et animée dans le panneau Montage. Au cours de cette leçon, vous allez découvrir d'autres principes d'animation en élaborant une présentation multimédia.

ANIMATION D'UNE PRÉSENTATION MULTIMÉDIA

5

Au cours de cette leçon, vous apprendrez à :

- créer une animation multicalque complexe ;
- ajuster la durée d'un calque ;
- masquer une vidéo à l'aide d'un masque de forme ;
- animer avec les images clés de position, d'échelle et de rotation ;
- animer un calque précomposé ;
- appliquer l'effet Ondes radio sur un calque solide ;
- ajouter une piste audio à un projet ;
- mettre en boucle une piste audio avec le remappage temporel.

Cette leçon vous prendra environ une heure. Si vous ne l'avez pas déjà fait, copiez le dossier Lesson05 depuis le DVD-ROM *Adobe After Effects CS6 Classroom in a Book* sur votre disque dur. Au cours de cette leçon, vous ne modifierez pas les fichiers de départ. Si vous devez néanmoins revenir à la version d'origine du fichier, copiez-le de nouveau depuis le DVD-ROM.

Préparatifs

Pour ce projet, l'illustrateur professionnel Gordon Studer a créé un fichier Photoshop d'une scène urbaine comprenant plusieurs objets sur des calques distincts, que vous allez animer dans After Effects. Il a même préparé un projet After Effects contenant ce fichier multicalque Photoshop ainsi que les fichiers vidéo et audio dont vous aurez besoin plus tard dans cette leçon.

Vous allez animer une illustration de ce visage graphiste en train de conduire une voiture devant un fond urbain qui défile. À la fin de l'animation, la voiture laissera la place à un chevalet sur lequel seront présentés en diaporama des exemples de ses travaux. Cette animation est assez complexe. Vous commencerez par animer le fond et certains objets pour que la caméra virtuelle semble effectuer un long travelling de gauche à droite. Puis vous animerez le déplacement de la voiture sur la route et masquerez le visage de l'illustrateur installé au-dessus du volant. Vous animerez ensuite quelques autres véhicules et immeubles pour ajouter de l'intérêt au fond de scène. Vous terminerez par l'animation du diaporama sur le chevalet.

1. Assurez-vous que les fichiers suivants se trouvent sur votre disque dur dans le dossier AECS6_CIB/Lessons/Lesson05 ou bien copiez-les depuis le DVD-ROM *Adobe After Effects CS6 Classroom in a Book* :
   - dans le dossier Start_Project_File : Lesson05_Start.aep ;
   - dans le dossier Assets : CarRide.psd, GordonsHead.mov, piano.wav et plusieurs images JPEG dont les noms commencent par "studer_" ;
   - dans le dossier Animation_preset : HeadShape.ffx ;
   - dans le dossier nommé Sample_Movies : Lesson05.mov.
2. Ouvrez et lancez la lecture de la séquence d'exemple Lesson05.mov pour juger du résultat à atteindre en fin de leçon. Quittez ensuite le lecteur QuickTime. Vous pouvez supprimer le fichier d'exemple si l'espace est compté sur votre disque dur.

Restaurez les paramètres d'application par défaut d'After Effects lors de son lancement. (Reportez-vous à la section "Rétablissement des préférences par défaut" de l'Introduction.)

3. Lancez After Effects et appuyez immédiatement sur Ctrl+Alt+Maj (Windows) ou Cmd+Option+Maj (Mac OS) pour restaurer les préférences par défaut. Cliquez sur OK pour confirmer la suppression du fichier de préférences.
4. Cliquez sur Fermer dans l'écran de bienvenue.

5. Cliquez sur Fichier > Ouvrir un projet.
6. Parcourez votre disque dur jusqu'au dossier AECS6_CIB/Lessons/Lesson05/Start_Project_File. Sélectionnez le fichier Lesson05_Start.aep et cliquez sur Ouvrir.

La composition CarRide s'ouvre dans les panneaux Composition et Montage.

7. Cliquez sur Fichier > Enregistrer sous > Enregistrer sous.
8. Dans la boîte de dialogue Enregistrer sous, placez-vous dans le dossier AECS6_CIB/Lessons/Lesson05/Finished_Project, donnez au projet le nom **Leçon05_Final.aep** et cliquez sur Enregistrer.

Animation de la scène par filiation

Pour animer les différents éléments de la scène de façon efficace au niveau du fond, vous allez profiter du processus de filiation parent-enfant entre calques. Comme vous l'avez vu au cours de la Leçon 3, la création d'une relation de filiation permet de synchroniser les changements effectués dans le calque parent en les répercutant aux valeurs dans le ou les calques enfants. Vous avez employé ce processus dans la Leçon 3 pour propager les modifications d'échelle d'un calque à un autre. Vous allez vous en servir ici pour synchroniser les mouvements des objets dans trois calques différents. Il s'agit des calques leaves (feuilles), full skyline (ciel) et FG (*foreground*, premier plan), par rapport au calque d'arrière-plan BG (*background*).

Préparer la filiation

Pour commencer, vous allez établir la relation parent-enfant entre les différents calques dans le panneau Montage.

1. Dans le panneau Montage, cliquez en maintenant la touche Ctrl (Windows) ou Cmd (Mac OS) enfoncée sur les calques leaves, FG et full skyline pour les sélectionner.

2. Dans la colonne Parent de n'importe lequel des calques sélectionnés, choisissez **8. BG** sur la liste. Vous définissez ainsi une relation de filiation entre les trois calques sélectionnés et le calque parent BG (le fond).

▶ **Astuce :** Si vous ne voyez pas la colonne Parent, cliquez sur Colonnes > Parent dans le menu du panneau Montage.

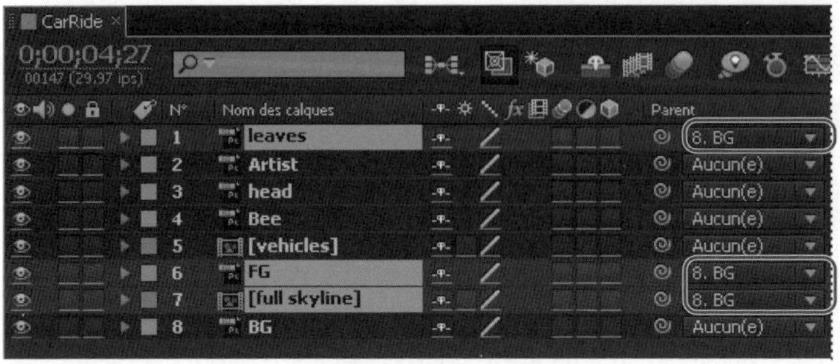

Animer le calque parent

Vous allez maintenant animer la position du calque de fond, qui est le calque parent, pour qu'il se déplace horizontalement. Les calques enfants effectueront alors le même mouvement.

1. Appuyez sur la touche Origine ou déplacez l'Indicateur d'instant courant au début de l'échelle de temps.
2. Sélectionnez le calque BG dans le panneau Montage et pressez la touche **P** pour afficher sa propriété Position.
3. Donnez à la propriété Position du calque BG les valeurs **1029**, **120** et cliquez sur l'icône Chronomètre (⏱) pour insérer une image clé de Position. Cela déplace le calque de fond sur le bord gauche de la scène, comme si la caméra avait été déplacée.

4. Placez-vous à 10:15.

▶ **Astuce :** Pour atteindre rapidement une image, pressez les touches Alt+Maj+J (Windows) ou Option+Maj+J (Mac OS) afin d'ouvrir la boîte de dialogue Atteindre l'instant, puis saisissez directement la valeur souhaitée sans ponctuation (par exemple **1015** pour 10:15). Validez ensuite par la touche Entrée ou Retour.

5. Réglez les valeurs de la propriété Position du calque BG à **–626, 120**. After Effects insère automatiquement une seconde image clé et vous montre la trajectoire de l'animation dans la fenêtre de composition. Le fond traverse à présent la composition. Les calques leaves, full skyline et FG étant enfants du calque BG, ils se déplacent également horizontalement à partir de la même position de départ.

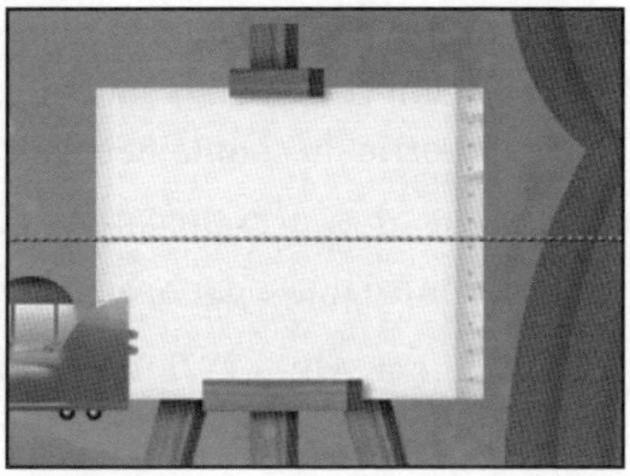

6. Sélectionnez le calque BG et pressez la touche **P** pour cacher ses propriétés et maintenir le panneau Montage organisé.

Animer la position de l'abeille

Un autre élément de la composition, l'abeille, doit également traverser la scène au début de l'animation. Vous allez l'animer maintenant.

1. Appuyez sur la touche Origine ou placez-vous à 0:00.
2. Sélectionnez le calque Bee dans le panneau Montage et pressez la touche **P** pour afficher sa propriété Position. L'abeille n'est pas visible à 0:00 dans la fenêtre de composition.
3. Donnez à la propriété Position du calque Bee les valeurs **825, 120** pour que l'abeille soit hors de l'écran à gauche en début d'animation. Cliquez ensuite sur l'icône Chronomètre (⏱) pour insérer une image clé de Position.
4. Placez-vous à 1:00 et donnez à la propriété Position du calque Bee les valeurs **1411, 120** pour placer l'abeille hors de l'écran à droite. After Effects ajoute une image clé.
5. Sélectionnez le calque Bee et appuyez sur la touche **P** pour masquer sa propriété Position dans le panneau Montage.

▶ **Astuce :** Vous pouvez aussi changer les valeurs de position du calque Bee en déplaçant celui-ci dans le panneau Composition avec l'outil Sélection jusqu'à ce qu'il se trouve dans la bonne position.

Réduire la durée d'un calque

Comme l'abeille ne doit plus être visible dans la composition après 1:00, vous devez réduire la durée de ce calque. Limiter (ou masquer) le début ou la fin d'un métrage permet de décider quelles images sont les premières ou les dernières à s'afficher dans la composition. La première image visible correspond au *point d'entrée* et la dernière au *point de sortie*. Vous pouvez donc réduire la durée d'un calque en modifiant les valeurs des points d'entrée et de sortie dans le panneau Calque ou dans le panneau Montage, selon ce que vous souhaitez changer. Pour cet exemple, vous allez modifier le point de sortie du calque Bee dans le panneau Montage.

▶ **Astuce :** Vous pouvez également déplacer le bord droit de la barre de durée du calque vers la gauche pour modifier le point de sortie.

1. Assurez-vous que l'Indicateur d'instant courant est à 1:00 et que le calque Bee est sélectionné dans le panneau Montage.
2. Appuyez sur Alt+$ (Windows) ou Option+$ (Mac OS) pour définir le point de sortie du calque à 1:00.

Appliquer un flou de mouvement

Pour finir l'animation de l'abeille, vous allez appliquer un flou directionnel (ou flou de bougé) afin de rendre le mouvement plus réaliste.

1. Cliquez sur l'option Flou de mouvement (◎) du calque Bee pour appliquer un flou directionnel.
2. Cliquez sur le bouton Applique le flou de bougé (◎) en haut du panneau Montage pour que le flou directionnel soit visible dans la fenêtre de composition.

Prévisualiser l'animation

Une prévisualisation manuelle vous montrera comment les différents éléments de la scène s'animent.

1. Déplacez l'Indicateur d'instant courant entre 0:00 et 10:15. L'animation du fond, de l'abeille, des objets du premier plan et des objets dans le ciel simule un travelling de gauche à droite.

2. Amenez ensuite l'Indicateur d'instant courant à 0:00, puis cliquez sur Fichier > Enregistrer pour sauvegarder votre travail.

Ajustement d'un point d'ancrage

Maintenant que le mouvement du décor est terminé, il est temps d'animer l'artiste dans sa petite voiture rouge afin qu'il semble cheminer le long de la composition. Vous devez d'abord déplacer le point d'ancrage du calque contenant la voiture rouge (le calque Artist) sans déplacer la position relative de ce calque dans la composition. Pour modifier le point d'ancrage d'un calque, vous devez l'ouvrir dans le panneau Calque.

1. Double-cliquez sur le calque Artist dans le panneau Montage pour l'ouvrir dans son propre panneau Calque.
2. Choisissez Chemin du point d'ancrage dans le menu Afficher situé au bas du panneau, afin de visualiser le point d'ancrage du calque qui se trouve au centre par défaut.

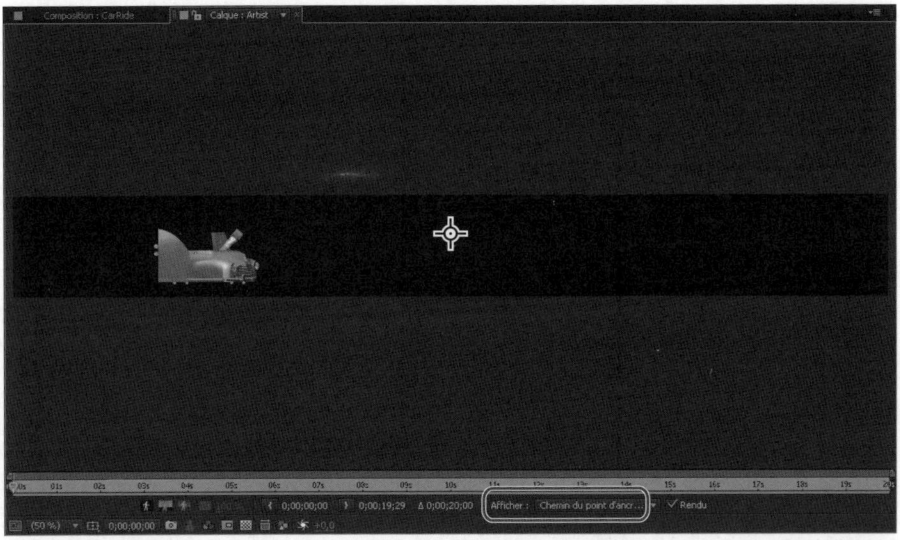

3. Sélectionnez l'outil Déplacement arrière (⛶) dans le panneau Outils (ou pressez la touche **Y** pour l'activer).
4. Choisissez Ajuster jusqu'à 100 % dans le menu déroulant Zoom si nécessaire pour voir la totalité du calque, puis faites glisser le point d'ancrage dans le coin inférieur gauche de la voiture.

5. Cliquez sur l'onglet Composition : Car Ride pour afficher cette composition.
6. Sélectionnez le calque Artist dans le panneau Montage et pressez la touche **P** pour afficher sa propriété Position.

7. Donnez à la propriété Position du calque Artist les valeurs **50, 207** pour que la voiture soit centrée dans l'image, puis cliquez sur l'icône Chronomètre (⏱) pour insérer une image clé de position. Cette position temporaire vous permet de voir la voiture pendant que vous mettez en place le visage du conducteur avec un masque. Vous animerez ensuite la voiture pour qu'elle se déplace de droite à gauche dans la composition.

8. Sélectionnez le calque Artist et pressez la touche **P** pour cacher sa propriété Position, puis cliquez sur Fichier > Enregistrer.

Masquage d'une vidéo à l'aide de formes vectorielles

● **Note :** Pour en savoir plus sur les masques, consultez la Leçon 7.

Maintenant que la voiture est en place, vous pouvez ajouter le conducteur. Pour cela, vous allez appliquer une animation prédéfinie afin de créer un masque à partir d'un calque de forme. Cette forme permettra de détourer le visage et de transformer une photo de face en vue de profil, ce qui correspond au style picassien typique de Gordon Studer.

Créer une nouvelle composition

Pour mieux gérer le mouvement de ce calque par la suite, vous allez créer une nouvelle composition que vous ajouterez à la composition principale.

1. Dans le panneau Projet, faites glisser le métrage GordonsHead.mov du dossier source sur le bouton Créer une nouvelle composition (▣) situé au bas du panneau.

After Effects crée une nouvelle composition nomméonsHead, fondée sur les paramètres de la séquence vidéo, et l'ouvre dans les panneaux Montage et Composition.

Malheureusement, la vidéo GordonsHead n'est pas dans la même résolution que la composition CarRide, et vous devez corriger cela.

2. Cliquez sur Composition > Paramètres de composition.
3. Dans la boîte de dialogue Paramètres de composition, réglez la Largeur à **360** pixels. Si l'option Verrouiller le format des pixels est activée, After Effects modifie automatiquement la Hauteur à 240 pixels. Cliquez sur OK.

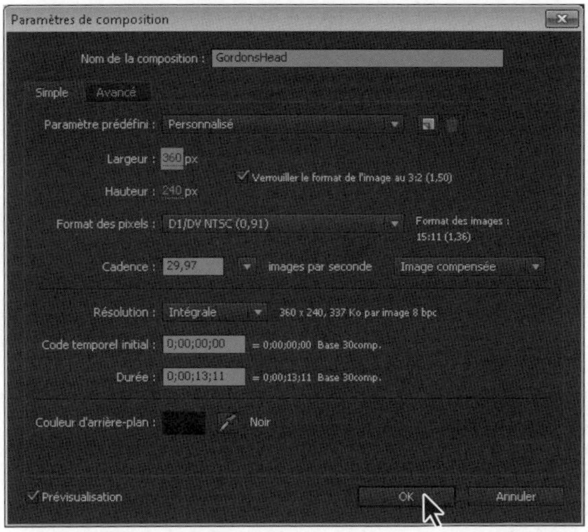

Vous allez maintenant redimensionner le calque pour que sa taille corresponde à celle de la composition.

4. Sélectionnez le calque GordonsHead dans le panneau Montage, puis cliquez sur Calque > Géométrie > Ajuster à la composition.

Utiliser les animations prédéfinies avec les calques de forme

Si vous êtes une personne créative comme Gordon Studer, vous pouvez créer des calques de forme et les enregistrer en tant que paramètres prédéfinis pour les reprendre dans d'autres projets. Vous allez appliquer une animation prédéfinie sur un calque de forme afin de modifier l'apparence de la tête de Gordon.

1. Cliquez sur Calque > Créer > Calque de forme. After Effects ajoute un nouveau calque de forme à la composition.
2. Sélectionnez le calque Calque de forme 1 dans le panneau Montage, puis cliquez sur Animation > Parcourir les paramètres prédéfinis. Adobe Bridge s'ouvre alors.
3. Dans Adobe Bridge, naviguez jusqu'au dossier AECS6_CIB/Lessons/Lesson05/Animation_preset.
4. Double-cliquez sur le fichier HeadShape.ffx pour l'appliquer sur le calque Calque de forme 1. Vous pouvez ensuite fermer Adobe Bridge ou le laisser ouvert pour la suite de cette leçon.

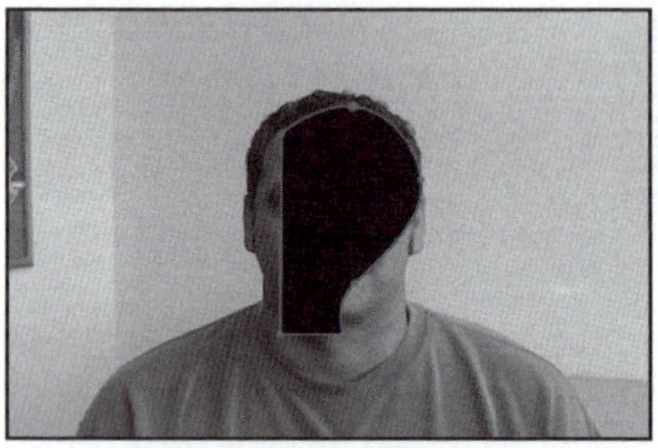

Masquer un calque avec un cache alpha

Plusieurs techniques permettent de masquer les calques dans After Effects. Vous pouvez, par exemple, recourir aux outils de forme pour tracer un masque. Dans cette leçon, vous allez appliquer un cache alpha qui utilise la couche alpha d'un calque pour masquer un autre calque.

1. Cliquez sur Afficher/masquer options et modes au bas du panneau Montage pour afficher la colonne Mode.
2. Dans le menu déroulant Cache du calque GordonsHead, choisissez Alpha Calque de forme 1.

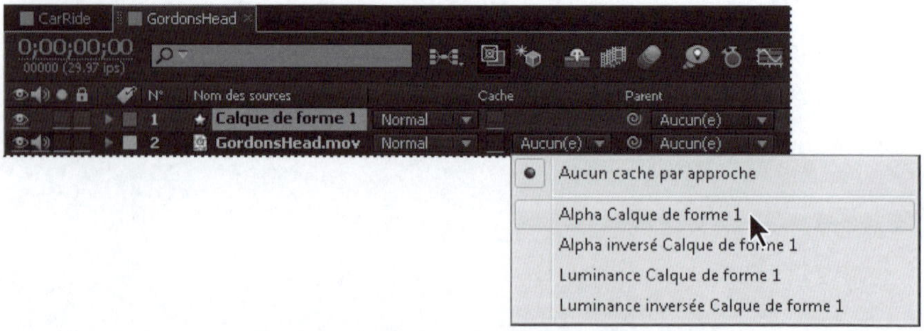

Le calque est maintenant masqué par le calque de forme.

Remplacer le contenu d'un calque par une composition

À présent que le visage de Gordon est masqué par la forme vectorielle, vous devez lier l'ensemble à la voiture. Vous allez travailler dans la composition principale CarRide et transférer la composition GordonsHead dans le calque head qui est, pour l'instant, un calque solide vide.

1. Cliquez sur l'onglet de la composition CarRide dans le panneau Montage.
2. Sélectionnez le calque head dans le panneau Montage. Maintenez la touche Alt (Windows) ou Option (Mac OS) enfoncée et faites glisser la composition GordonsHead depuis le panneau Projet pour la déposer sur le calque head dans le panneau Montage.
3. Activez l'outil Sélection (↖) et déplacez le calque head dans le panneau Composition pour que le visage soit correctement placé au niveau du volant de la voiture.

Vous allez de nouveau utiliser le processus de filiation pour que la tête de Gordon se déplace en même temps que la voiture.

4. Dans le panneau Montage, choisissez 2. Artist dans le menu Parent du calque head.

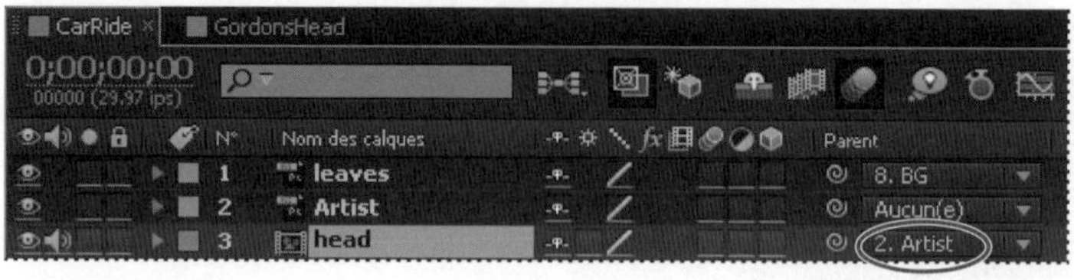

5. Cliquez sur Fichier > Enregistrer pour sauvegarder votre projet.

Création d'images clés de mouvement

Vous êtes maintenant prêt à animer la voiture pour qu'elle se déplace dans la composition, qu'elle augmente de taille vers la moitié de la séquence, comme si elle se rapprochait de la caméra, puis qu'elle fasse un démarrage sur les chapeaux de roue et sorte de l'écran. Vous allez commencer par installer une image clé de position de la voiture pour qu'elle soit visible à l'écran.

1. Appuyez sur la touche Origine ou déplacez l'Indicateur d'instant courant au début de l'échelle de temps.
2. Dans le panneau Montage, cliquez sur l'option Vidéo (◉) du calque leaves pour le masquer et ainsi mieux voir le calque Artist.

3. Sélectionnez le calque Artist dans le panneau Montage et rendez visibles toutes ses propriétés Transformer.
4. Donnez à la propriété Position les valeurs **–162, 207** pour déplacer le calque Artist en dehors de l'écran sur la gauche (derrière les feuilles).

● **Note :** Il existe déjà une image clé à cet instant, suite à l'exercice concernant le point d'ancrage.

5. Placez-vous à 2:20 et changez les valeurs de la propriété Position du calque Artist en **54,5, 207**. After Effects insère une image clé.

6. Placez-vous à 6:00 et cliquez sur le bouton Ajoute ou supprime une image clé à l'instant courant (dans la colonne des options) pour le calque Artist. Cela ajoute une image clé de position pour ce calque avec les mêmes valeurs (54,5, 207).

● **Note :** Vous ne pouvez pas ajouter une image clé ici en cliquant sur le Chronomètre, qui est déjà activé. After Effects n'ajoute pas automatiquement de nouvelle image clé si vous ne modifiez pas les valeurs. Vous devez donc cliquer sur le bouton Ajoute ou supprime une image clé à l'instant courant pour ajouter une image clé en conservant les mêmes valeurs.

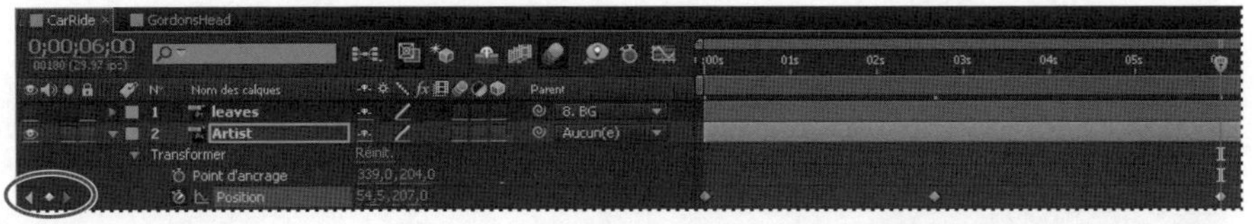

Lorsque vous animez la propriété Position d'un calque pour le déplacer, After Effects affiche le mouvement sous la forme d'une trajectoire. Vous pouvez créer une trajectoire relativement à la position du calque ou à celle de son point d'ancrage. La trajectoire de position s'affiche dans le panneau Composition et celle du point d'ancrage s'affiche dans le panneau Calque. Les trajectoires sont formées d'une série de points, chaque point correspondant à la position du calque ou du point d'ancrage dans chaque image. Les carrés symbolisent la position d'une image clé. Le nombre de points entre chaque carré indique la vitesse relative du calque. Plus les points sont proches les uns des autres et plus la vitesse est lente.

Modifier l'échelle et la rotation avec des images clés

La voiture se rapproche de l'écran par zoom. Vous allez donner l'impression qu'elle se rapproche de la caméra en augmentant sa taille. Vous lui appliquerez ensuite une rotation pour qu'elle démarre sur les roues arrière au moyen de la propriété Rotation.

1. Placez-vous à 7:15 et donnez à la propriété Échelle du calque Artist les valeurs **80, 80 %**. Cliquez ensuite sur le Chronomètre (⏱) pour insérer une image clé d'échelle.

2. Allez à 10:10 et donnez à la propriété Position du calque Artist les valeurs **28, 303**. After Effects insère une image clé.

3. Toujours à 10:10, changez les valeurs de la propriété Échelle en **120, 120 %**. After Effects ajoute une image clé.

4. Toujours à 10:10, cliquez sur l'icône Chronomètre (⏱) de la propriété Rotation pour insérer une image clé de rotation avec la valeur par défaut 0,0°.

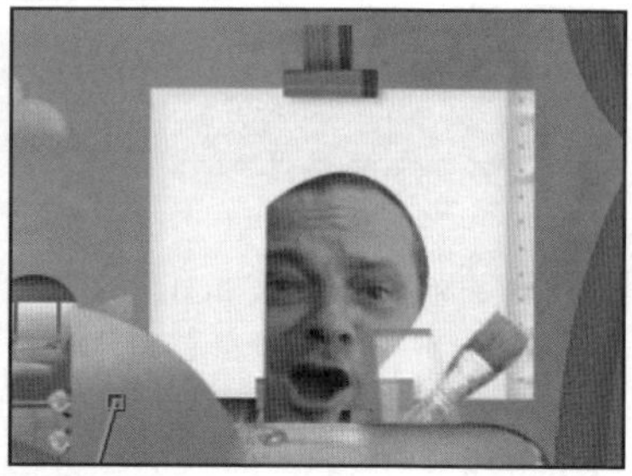

5. Placez-vous à 10:13 et modifiez la valeur de Rotation en **0x–14,0°**. After Effects ajoute une image clé et l'avant de la voiture se relève.

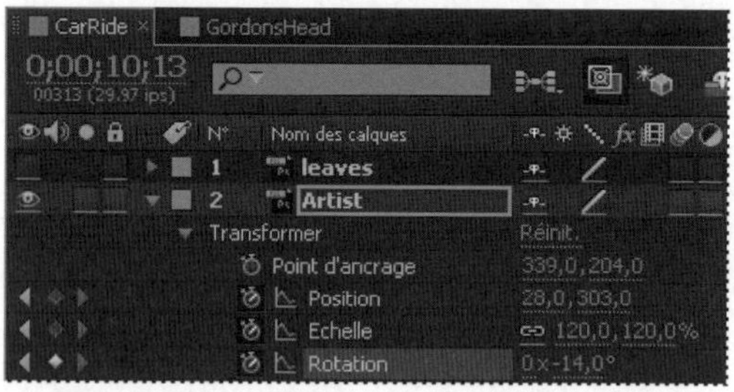

Il vous reste à animer la disparition de la voiture par la droite de l'écran.

6. Placez-vous à 10:24 et réglez les valeurs de Position pour le calque Artist à **369, 258**. After Effects ajoute une image clé.

Ajouter un flou de mouvement

Pour finir, vous allez ajouter un flou de mouvement (ou flou de bougé) pour rendre le déplacement du véhicule plus naturel.

1. Cachez les propriétés du calque Artist dans le panneau Montage.
2. Activez l'option Flou directionnel (◎) pour les calques Artist et head.

Le flou sera visible lorsque le véhicule quittera l'écran, mais il le sera également pour l'abeille en début de composition. En effet, vous avez appliqué le flou de bougé pour ce calque plus tôt dans cette leçon. Vous allez voir le résultat de tout cela dans quelques instants.

Prévisualiser l'animation

Une fois les images clés définies pour le véhicule, vous pouvez prévisualiser toute la séquence en vérifiant que le conducteur est correctement positionné.

1. Cliquez sur l'option Vidéo (◉) du calque leaves pour le rendre visible.
2. Cliquez sur le bouton Prévisualisation RAM dans le panneau Prévisualisation pour lancer la lecture de l'animation.
3. Cliquez sur Fichier > Enregistrer pour sauvegarder votre travail.

Animation d'éléments additionnels

Afin de mieux maîtriser l'animation par images clés, vous allez à présent animer le trafic automobile et les immeubles à l'arrière-plan.

Animer le trafic automobile

Vous avez peut-être remarqué, lors de la précédente visualisation, qu'une voiture bleue suit à la trace le cabriolet rouge de l'artiste. Cette voiture bleue se trouve sur un calque précomposé qui comprend aussi une voiture jaune. Pour rendre la scène plus dynamique, vous allez animer ces deux voitures pour qu'elles croisent celle de l'artiste dans le fond.

● **Note :** Souvenez-vous qu'une précomposition est un calque qui contient d'autres calques. Dans notre exemple, le calque vehicles contient un calque imbriqué pour la voiture bleue et un autre pour la voiture jaune.

1. Sélectionnez le calque vehicles dans le panneau Montage et cliquez sur son icône Solo (●) pour qu'il soit le seul visible.
2. Pressez ensuite la touche **P** pour afficher la propriété Position du calque.
3. Placez-vous à 3:00.
4. Activez l'outil Sélection (↖) et déplacez le calque vehicles dans le panneau Composition pour que les deux voitures soient en dehors de l'écran à droite. Après avoir commencé le déplacement, maintenez la touche Maj enfoncée pour contraindre le déplacement sur l'axe horizontal. Vous pouvez également donner directement les valeurs **684**, **120** à la propriété Position du calque vehicles.

5. Cliquez sur l'icône Chronomètre (⏱) pour insérer une image clé de Position pour le calque vehicles.

6. Placez-vous à 4:00 et déplacez le calque vehicles dans le panneau Composition afin que les deux voitures se trouvent hors écran à gauche. Vous pouvez également saisir les valeurs de Position **93, 120**. After Effects insère une image clé.

7. Activez le flou de mouvement pour le calque vehicles.

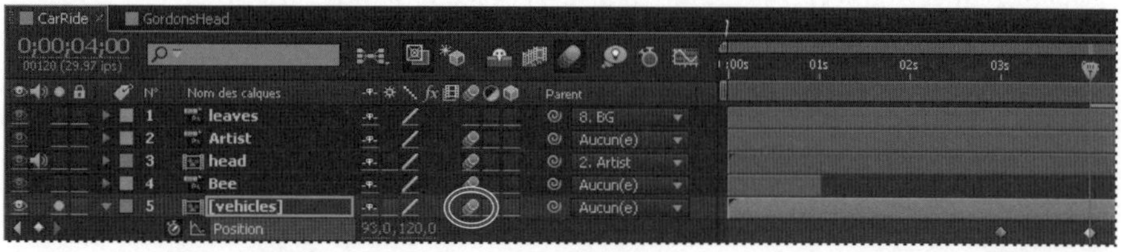

8. Sélectionnez le calque vehicles dans le panneau Montage et pressez la touche **P** pour cacher sa propriété Position.

9. Cliquez sur l'icône Solo du calque vehicles pour afficher de nouveau tous les calques, puis lancez une prévisualisation manuelle en déplaçant l'Indicateur d'instant courant entre 2:25 et 4:06.

Animer les immeubles

Des immeubles mobiles ? Absolument. Vous allez animer quelques immeubles pour les faire monter et descendre dans le fond pendant que l'artiste se déplace dans le centre-ville de San Francisco. Vous partirez ici aussi d'une précomposition (full skyline) mais vous l'ouvrirez pour animer individuellement les calques imbriqués.

1. Double-cliquez sur la composition full skyline dans le panneau Projet pour l'ouvrir dans ses propres panneaux Montage et Composition. Vous constatez que la composition possède trois calques nommés skyline, building et buildings. Commençons par le calque buildings.

2. Placez-vous à 5:10, sélectionnez le calque buildings dans le panneau Montage de la composition full syline, puis pressez la touche **P** pour afficher sa propriété Position.

3. Cliquez sur l'icône Chronomètre (⏱) pour insérer une image clé Position pour ce calque aux valeurs par défaut (127, 120).

4. Placez-vous à 4:20. Dans le panneau Composition, activez l'outil Sélection (↖) pour déplacer le calque buildings vers le bas, jusqu'à ce que la valeur y de sa propriété Position soit égale à 350. Maintenez la touche Maj enfoncée pendant le déplacement pour le limiter au sens vertical. After Effects ajoute une image clé.

▶ **Astuce :** Il est intéressant de savoir déplacer le calque avec le curseur, mais vous pouvez également saisir directement la valeur de position y aux étapes 4 et 5.

5. Placez-vous à 5:02 et déplacez le calque buildings vers le haut dans le panneau Composition jusqu'à ce que la valeur y de sa propriété Position soit égale à 90. After Effects ajoute une image clé.

Bravo. Votre premier immeuble est animé. Il reste à affiner le mouvement au sommet pour le rendre plus naturel (vous allez rendre des sauts d'immeubles plus naturels, avouez que cela devient amusant !).

Ajouter un lissage de vitesse

Pour affiner le mouvement au point haut du saut, vous allez ajouter un lissage de vitesse.

1. Cliquez du bouton droit (Windows) ou en maintenant la touche Ctrl (Mac OS) sur l'image clé à 5:02 et choisissez Assistant d'image clé > Lissage de vitesse. Vous ajustez ainsi la vitesse de changement à l'arrivée et au départ de cette image clé.
2. Déplacez l'Indicateur d'instant courant entre 4:20 et 5:10 pour juger manuellement de la manière dont notre immeuble saute.

Copier l'animation de l'immeuble

Pour animer les autres calques de la composition full skyline, vous allez copier-coller les images clés du calque buildings dans les autres calques, mais à des instants différents, de façon que les éléments sautent l'un après l'autre.

1. Cliquez sur le nom de la propriété Position du calque buildings pour sélectionner toutes les images clés de cette propriété, puis cliquez sur Édition > Copier ou appuyez sur les touches Ctrl+C (Windows) ou Cmd+C (Mac OS).
2. Placez-vous à 5:00 et sélectionnez le calque building (sans s) dans le panneau Montage. Cliquez sur Édition > Coller ou appuyez sur les touches Ctrl+V (Windows) ou Cmd+V (Mac OS) pour coller les images clés dans ce calque. Les images clés que vous collez ne sont pas visibles si la propriété Position n'est pas affichée.
3. Placez-vous à 5:10 et sélectionnez le calque skyline. Utilisez la même commande pour coller les mêmes images clés dans ce calque.
4. Si la propriété Position n'est pas déjà affichée, sélectionnez le calque building (sans s) et appuyez sur la touche **P** pour voir les images clés qui ont été copiées. Faites de même pour le calque skyline.
5. Activez le flou de mouvement pour les trois calques. Revenez ensuite dans le panneau Montage de la composition CarRide. Activez le flou de mouvement pour le calque précomposé full skyline. Le flou est ainsi appliqué à tous les calques imbriqués.

Après tous ces efforts, voyons à quoi ressemble l'animation en entier.

6. Lancez une prévisualisation RAM.
7. Cliquez sur Fichier > Enregistrer pour sauvegarder votre projet.

Application d'un effet

Vous avez créé plusieurs animations composées d'images clés dans ce projet. Vous allez pousser plus loin maintenant en appliquant un effet qui va générer des ondes radio concentriques depuis la pointe de l'immeuble triangulaire.

Ajouter un calque solide de couleur

L'effet d'onde radio doit être appliqué à son propre calque. Il s'agira d'un calque solide de couleur.

Les calques solides de couleur

Dans After Effects, vous pouvez créer des images solides de n'importe quelle couleur ou taille jusqu'à 30 000 × 30 000 pixels. After Effects considère les solides comme tous les autres éléments de métrage : vous pouvez modifier le masque, transformer les propriétés et appliquer des effets à un calque solide. Si vous modifiez les paramètres d'un solide qui est utilisé par plus d'un calque, vous pouvez propager les modifications à tous les calques ou les limiter à une seule occurrence du solide. Vous vous servirez des calques solides par exemple pour colorier un fond ou créer des images graphiques simples.

1. Assurez-vous que le panneau Montage de la composition CarRide est affiché.
2. Cliquez sur Calque > Créer > Solide. Dans la boîte de dialogue Réglage uni, donnez au nouveau calque le nom **Ondes radio**. Cliquez ensuite sur le bouton Créer taille de la composition, puis sur OK.
3. Faites glisser le calque Ondes radio dans le panneau Montage pour le placer juste au-dessus du calque BG.

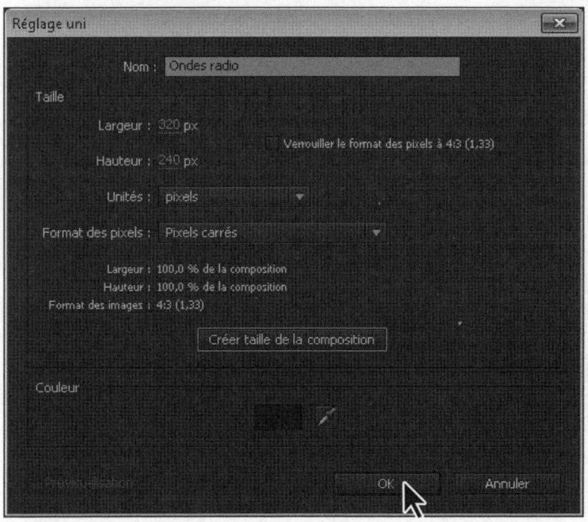

Par défaut, le calque Ondes radio dure aussi longtemps que la composition. Cependant, sa longueur ne doit pas excéder quelques secondes pour correspondre à la durée de l'effet. Vous devez donc changer la durée du calque.

4. Cliquez sur le bouton Développer ou Réduire les volets Entrée/Sortie/Durée/Extension (⇅) situé dans le coin inférieur gauche du panneau Montage pour afficher ses quatre colonnes de durée.

5. Cliquez sur la valeur orange Durée du calque Ondes radio.

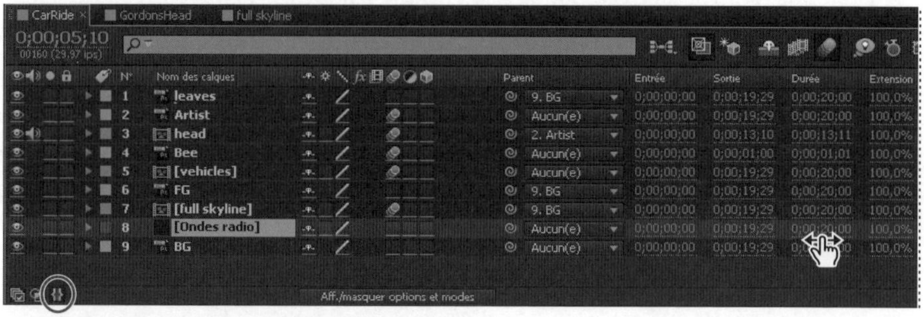

6. Dans la boîte de dialogue Extension Temporelle, entrez **8:00** dans le champ Nouvelle durée, puis cliquez sur OK.

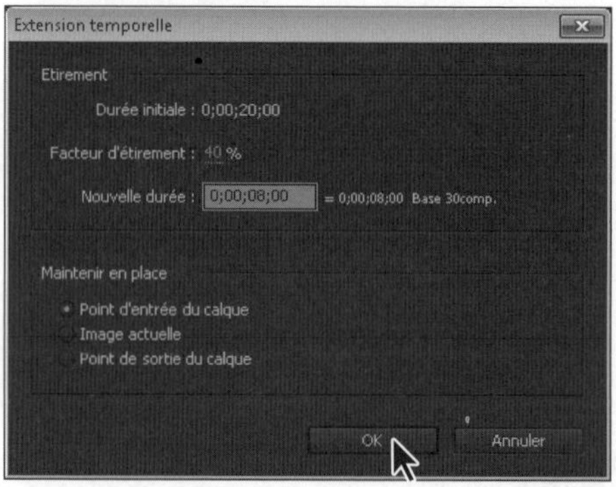

7. Dans l'échelle de temps, faites glisser la barre de durée du calque Ondes radio (en la prenant au centre) pour placer le point d'entrée du calque à 6:00. Surveillez la valeur Entrée pour savoir quand vous êtes au bon endroit ou entrez directement la valeur.

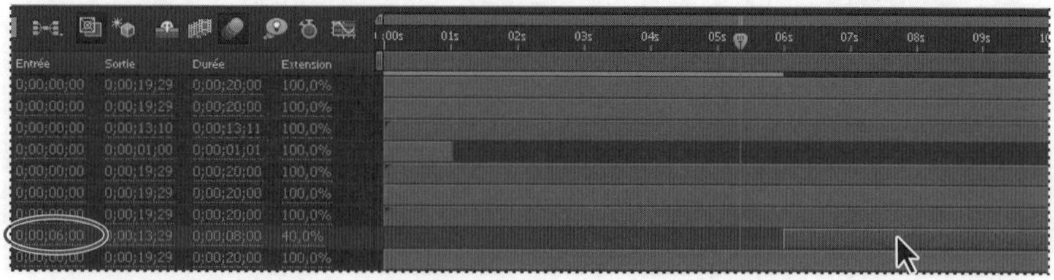

8. Placez-vous à 6:00, la première image de l'effet d'onde radio.

Appliquer l'effet

Vous êtes maintenant prêt à appliquer l'effet d'onde radio au calque solide.

1. Le calque Ondes radio étant sélectionné dans le panneau Montage, cliquez sur Effet > Génération > Ondes radio. Rien ne change pour le moment dans la fenêtre de composition parce que la première onde n'a pas encore été émise à cet instant.
2. Dans le panneau Effets, affichez les propriétés des groupes Trajectoire de l'onde et Contour si elles ne sont pas déjà visibles. Procédez ensuite aux réglages suivants :
   - Choisissez Chaque image dans le menu de l'option Les paramètres sont définis sur.
   - Réglez l'Expansion à **0,40**.
   - Réglez la Vitesse à **1,00**.
   - Sélectionnez le blanc comme couleur (R = 255, V = 255 et B = 255).
   - Réglez l'Opacité à **0,50**.
   - Réglez les valeurs de Largeur de départ et de Largeur d'arrivée à **3,00**.

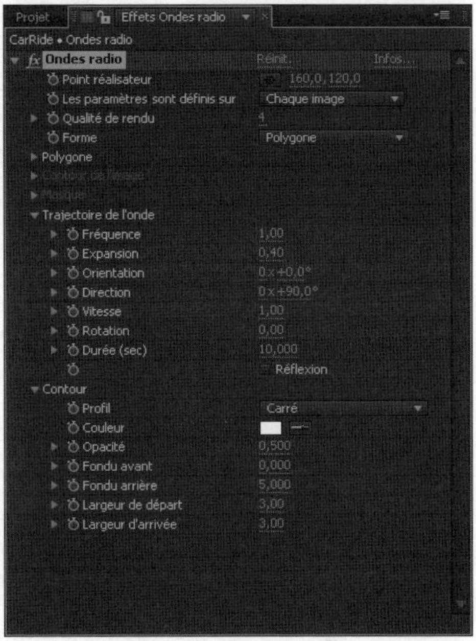

3. Toujours dans le panneau Effets Ondes radio, cliquez sur le bouton icône de réticule de la propriété Point réalisateur près du haut du panneau. Cliquez ensuite dans le panneau Composition pour placer le point réalisateur en haut du bâtiment pyramidal.

Les ondes radio vont ainsi être émises depuis la pointe de l'immeuble pyramidal. Il ne vous reste plus qu'à créer une relation parent-enfant entre le calque Ondes radio et le calque full skyline pour que les ondes se déplacent en même temps que l'immeuble pyramidal dans la composition.

4. Dans le menu déroulant de la colonne Parent du calque Ondes radio, choisissez 7. full skyline.

5. Placez-vous à 5:28, juste avant le début de l'effet d'ondes radio. Dans le panneau Prévisualisation, activez l'option Depuis cet instant (vous devrez peut-être agrandir la taille du panneau Prévisualisation pour voir toutes les options).

6. Cliquez ensuite sur le bouton Prévisualisation RAM (⏵) pour visionner l'effet d'ondes radio.

Une fois la prévisualisation terminée, vous pouvez réorganiser le panneau Montage.

7. Cliquez sur le bouton Développer/Réduire les volets Entrée/Sortie/Durée/Extension ({}) pour cacher ces colonnes, puis appuyez sur la touche Origine ou déplacez l'Indicateur d'instant courant au début de l'échelle de temps.

8. Cliquez sur Fichier > Enregistrer pour sauvegarder votre projet.

Création d'un diaporama animé

Vous avez mis en place les éléments d'une animation assez complexe montrant l'artiste en train de se promener à travers une ville stylisée. Il est temps de montrer des échantillons de son travail sur le chevalet en fin de séquence. C'est le point essentiel, après tout : montrer ce que l'artiste peut offrir à ses futurs clients. Cette technique de diaporama incorporé peut facilement être adaptée à d'autres domaines, comme des photos de famille ou des présentations d'entreprise.

Importer les diapositives

L'artiste a prévu un dossier contenant des exemples de travaux, mais vous n'allez utiliser que certaines de ces images. Pour vous aider dans votre choix, utilisez Adobe Bridge pour les prévisualiser.

1. Cliquez sur Fichier > Parcourir dans Bridge pour basculer dans Adobe Bridge.
2. Dans le panneau Dossier, parcourez votre disque dur jusqu'au dossier AECS6_CIB/ Lessons/Lesson05/Assets.
3. Cliquez tour à tour sur les différentes images commençant par "studer_" pour les étudier dans le volet Aperçu.
4. Maintenez la touche Ctrl (Windows) ou Cmd (Mac OS) enfoncée et cliquez sur les cinq images que vous préférez pour les sélectionner, puis double-cliquez pour toutes les ajouter au panneau Projet d'After Effects. Dans notre exemple, nous avons choisi studer_Comcast.jpg, studer_Map.jpg, studer_music.jpg, studer_Puzzle.jpg et studer_Real_Guys.jpg.

5. Laissez Adobe Bridge ouvert en arrière-plan.

Créer une nouvelle composition

Vous allez réunir ces images dans une composition spécifique, ce qui simplifiera leur transformation en diaporama et l'application d'effets de transition.

1. Dans After Effects, cliquez sur l'onglet Projet pour afficher le panneau du même nom.
2. Désélectionnez tous les éléments du panneau Projet, puis cliquez en maintenant la touche Maj enfoncée sur les cinq images pour les sélectionner. Faites-les ensuite glisser sur le bouton Créer une nouvelle composition ( ) au bas du panneau.

3. Dans la boîte de dialogue Création d'une nouvelle composition à partir de la sélection :
   - Dans la section Créer, choisissez Composition unique.
   - Dans la section Options, saisissez la valeur **2:00** dans le champ Durée des éléments fixes.
   - Activez les options Calques de séquence et Recouvrement.
   - Réglez la durée à **0:10**.
   - Pour Transition, choisissez Fondu enchaîné des calques avant et arrière.
   - Cliquez sur OK.

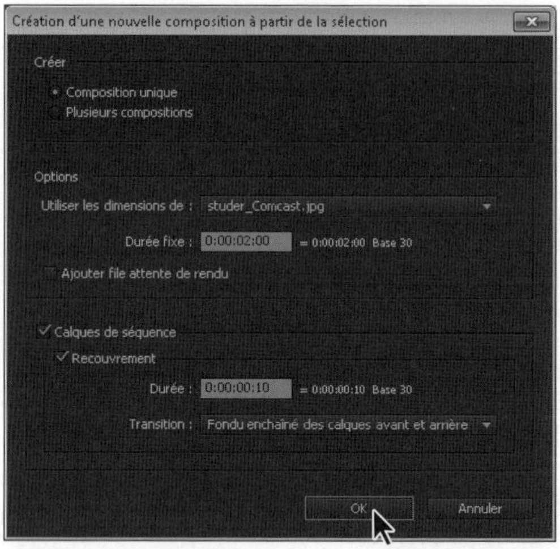

Cette option de transition crée une séquence d'images fixes dont chacune se dissout pour laisser la place à la suivante. Dès que vous cliquez sur OK, After Effects ouvre la nouvelle composition dans les panneaux Composition et Montage, en lui donnant le nom de la première image Studer de la liste dans le panneau Projet. Avant de poursuivre, vous allez donner un nom plus explicite à cette composition.

4. Cliquez sur Composition > Paramètres de composition et renommez la composition **Illustrations**, puis cliquez sur OK.

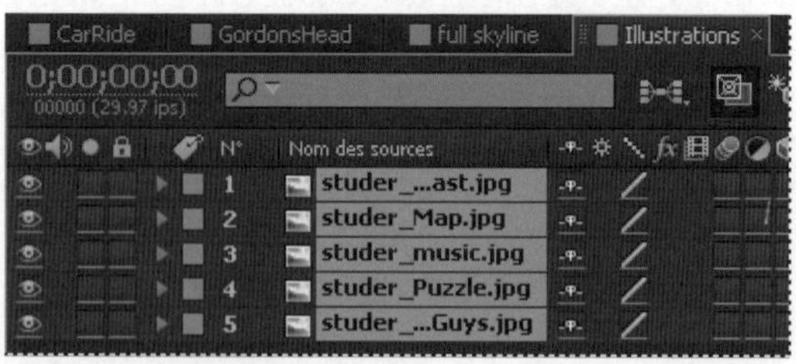

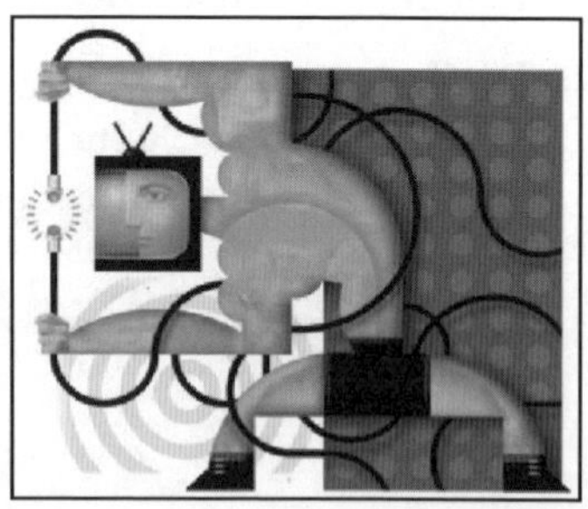

Positionner le diaporama

La création du diaporama a été très facile, non ? Vous devez maintenant le positionner correctement sur le chevalet. Les diapositives sont plus grandes que la surface disponible, mais vous pouvez les redimensionner en un seul geste car elles font partie d'une seule et même composition.

1. Rebasculez dans le panneau Montage de la composition CarRide et allez à 11:00, ce qui correspond au moment à partir duquel le chevalet est au centre de l'image.
2. Faites glisser la composition Illustrations depuis le panneau Projet dans le panneau Montage de la composition CarRide, en le plaçant au sommet de la pile des calques.

Pour le moment, le calque commence à 0:00. Vous devez ajuster le temps du calque pour qu'il apparaisse à partir de 11:00.

3. Déplacez la barre de durée (en la prenant par le milieu) du calque Illustrations dans l'échelle de temps pour que son point d'entrée se situe à 11:00. Vous pouvez aussi cliquer sur le bouton Développer/Réduire les volets Entrée/Sortie/Durée/Extension (⁽ᵎᵎ⁾) pour visualiser plus précisément le point d'entrée.

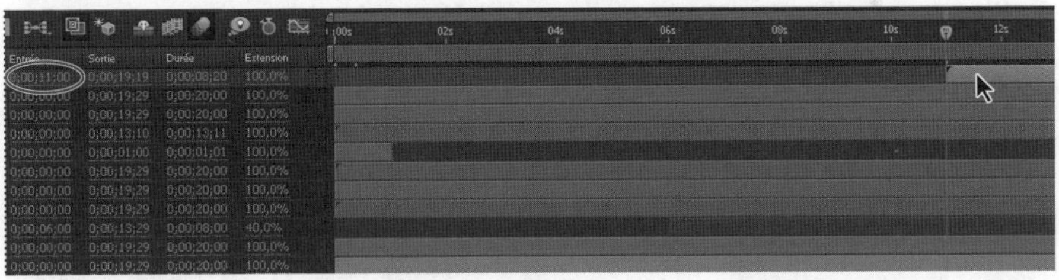

Vous allez maintenant mettre les diapositives à l'échelle du chevalet.

4. Le calque Illustrations étant sélectionné dans le panneau Montage, pressez la touche **S** pour afficher sa propriété Échelle.
5. Réglez les valeurs de la propriété Échelle à **45, 45 %**.

6. Sélectionnez le calque Illustrations dans le panneau Montage et cliquez sur Calque > Mode de fusion > Obscurcir. Cette opération remplace le blanc pur dans chaque image par le blanc moins dur de la toile du chevalet.

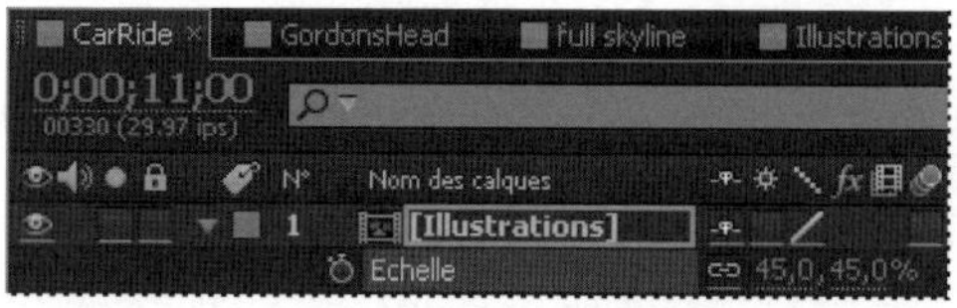

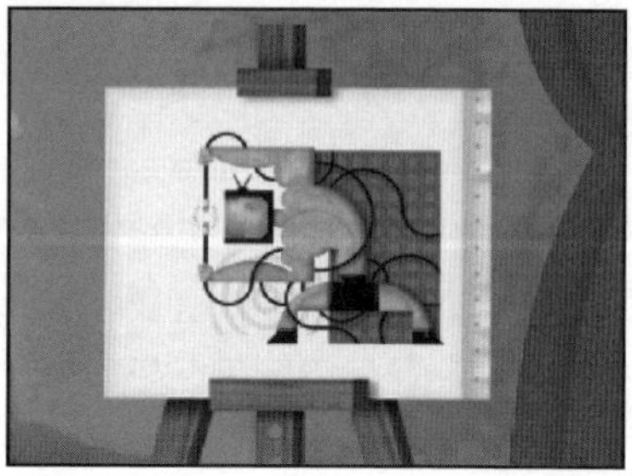

7. Cliquez sur le bouton Prévisualisation RAM (⏵) dans le panneau Prévisualisation pour lancer la lecture du diaporama. Assurez-vous que l'option Depuis cet instant est cochée, afin que la prévisualisation RAM commence à 11:00.

Créer un fondu en entrée pour la première diapositive

Pour l'instant, la première diapositive s'affiche brutalement à 11:00. Vous allez animer l'opacité du calque Illustrations pour que la première diapositive s'affiche progressivement.

1. Sélectionnez le calque Illustrations dans le panneau Montage et pressez la touche **T** pour afficher sa propriété Opacité.
2. Placez-vous à 11:00.
3. Réglez la propriété Opacité du calque Illustrations à **0 %**, puis cliquez sur l'icône Chronomètre (⏱) afin d'insérer une image clé d'opacité.
4. Placez-vous à 11:03 et remontez l'opacité à **100 %**. After Effects ajoute une image clé. L'illustration apparaît maintenant graduellement.
5. Lancez une prévisualisation manuelle de l'animation entre 11:00 et 11:03 pour voir le fondu en entrée de la première illustration.

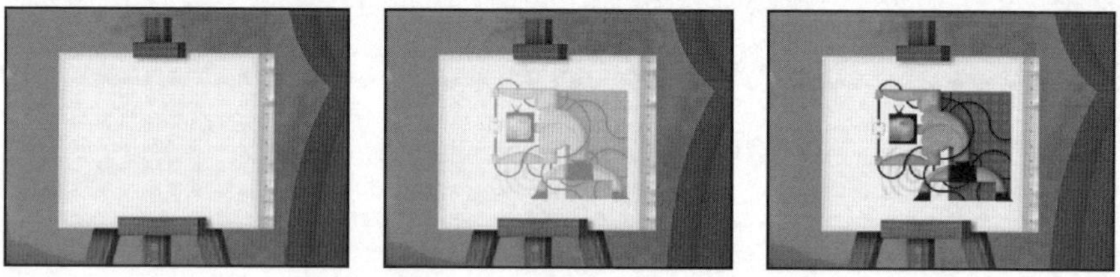

6. Sélectionnez le calque Illustrations dans le panneau Montage et pressez la touche **T** pour masquer sa propriété Opacité. Cliquez sur Fichier > Enregistrer pour sauvegarder votre travail.

Ajout d'une piste audio

Vous pouvez souffler un peu. Vous avez réalisé un nombre important d'opérations d'animation dans ce projet. Mais ce n'est pas encore fini ! Gordon Studer parle au spectateur tout en conduisant sa voiture à travers la composition, et il serait intéressant d'ajouter une musique de fond.

1. Cliquez sur Fichier > Parcourir dans Bridge pour revenir dans Adobe Bridge.
2. Dans le panneau Contenu, sélectionnez la vignette du fichier piano.wav.
3. Si la lecture du fichier ne se lance pas automatiquement, cliquez sur le bouton Lecture (▶) dans le volet Aperçu. Cliquez ensuite sur le bouton Pause (⏸) ou appuyez sur la barre d'espacement pour l'arrêter.
4. Double-cliquez sur le fichier piano.wav dans le volet Contenu pour l'importer dans le panneau Projet d'After Effects.
5. Désélectionnez tous les éléments dans le panneau Projet, puis faites glisser l'élément piano.wav du panneau Projet au panneau Montage de la composition CarRide, en le plaçant au bas de la pile des calques.

Les formats de fichiers audio pris en charge

Vous pouvez importer dans After Effects les formats de fichiers audio suivants :

- ASND (*Adobe Sound Document* ; des fichiers audio multipistes importés sur une seule piste audio).
- M4A et AAC (*Advanced Audio Coding*).
- AIF, AIFF (*Audio Interchange File Format*).
- MP3 (MP3, MPEG, MPG, MPA, MPE).
- Vidéo pour Windows (AVI, WAV ; nécessite QuickTime sous MAC OS).
- WAV (*Waveform Audio Vector*).

Mettre en boucle la piste audio

Le calque piano.wav ne couvre pas toute la durée de la composition : vous allez donc devoir le mettre en boucle. Fort heureusement, cette musique de fond a été composée en montée, de manière à boucler proprement. Vous allez utiliser la fonction de remappage temporel. Nous reviendrons plus en détail sur cette fonction à la Leçon 6.

1. Sélectionnez le calque piano.wav dans le panneau Montage.
2. Cliquez sur Calque > Instant > Activer le remappage temporel. Une propriété nommée Remappage temporel est ajoutée au calque dans le panneau Montage et deux images clés de remappage temporel sont insérées pour le calque dans l'échelle de temps.

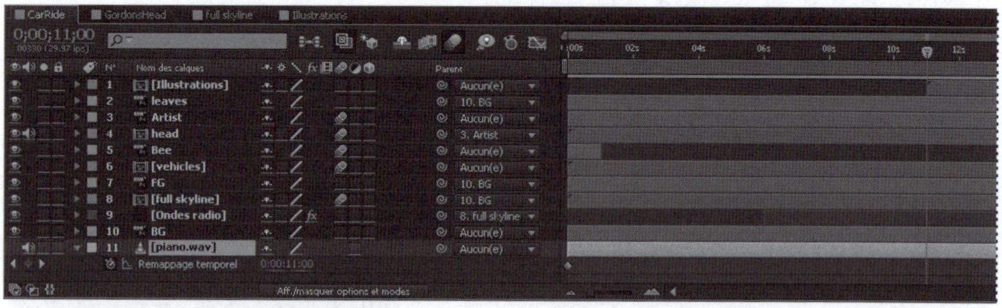

3. Maintenez la touche Alt (Windows) ou Option (Mac OS) enfoncée et cliquez sur l'icône Chronomètre (⏱) de la propriété Remappage temporel du calque pour définir l'expression par défaut du remappage. Cela n'a aucun effet immédiat dans la fenêtre de composition.
4. Dans la propriété Expression : Remappage temporel du calque piano.wav, cliquez sur le menu déroulant Langage d'expression et choisissez Property > loopOut(type = "cycle", numKeyframes = 0).

Les données audio seront dorénavant lues en boucle, sans arrêt. Vous n'avez plus qu'à déplacer le point de sortie du calque jusqu'en fin de composition.

5. Sélectionnez le calque piano.wav dans le panneau Montage et pressez la touche Fin pour vous placer à la fin de l'échelle de temps. Appuyez ensuite sur les touches Alt+$ (Windows) ou Option+$ (Mac OS) pour étendre le calque jusqu'en fin de composition.

Vous allez bientôt lancer une prévisualisation de toute l'animation.

6. Cachez les propriétés du calque piano.wav, puis cliquez sur Fichier > Enregistrer pour sauvegarder votre travail.

Zoom final

Le projet a atteint un niveau de qualité satisfaisant, mais vous mettriez encore mieux en valeur le diaporama en provoquant un zoom.

1. Dans le panneau Projet, faites glisser la composition CarRide sur le bouton Créer une nouvelle composition (▣), situé au bas du panneau. After Effects crée la nouvelle composition CarRide 2 et l'ouvre dans les panneaux Montage et Composition. Vous allez renommer cette composition pour éviter toute confusion.
2. La composition CarRide 2 étant sélectionnée dans le panneau Projet, appuyez sur Entrée ou Retour et saisissez **Leçon5.** Appuyez de nouveau sur Entrée ou Retour pour accepter le nouveau nom.
3. Dans le panneau Montage : Leçon5, placez-vous à 10:24, soit l'image à laquelle la voiture disparaît du côté droit de la composition.
4. Sélectionnez le calque CarRide dans le panneau Montage de Leçon5 et appuyez sur la touche **S** pour afficher sa propriété Échelle.
5. Cliquez sur l'icône Chronomètre (⏱) pour définir une image clé d'échelle avec les valeurs par défaut 100 et 100 %.
6. Placez-vous à 11:00 et donnez à la propriété Échelle les valeurs **110, 110 %**. After Effects insère une image clé. Le diaporama est ainsi mieux visible pour la fin de la composition.

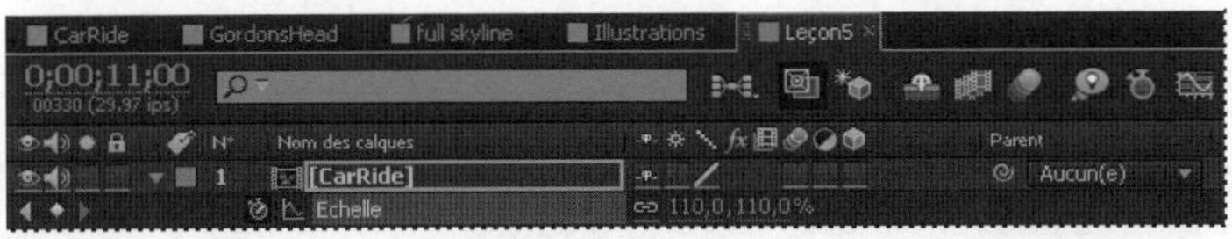

7. Sélectionnez le calque CarRide et appuyez sur la touche **S** pour masquer sa propriété Échelle.

Prévisualiser l'ensemble de la composition

L'heure est venue d'admirer le résultat de vos efforts.

1. Dans le panneau Prévisualisation, désactivez l'option Depuis cet instant, puis cliquez sur le bouton Prévisualisation RAM (▶).
2. Appuyez sur la barre d'espacement pour arrêter la lecture quand vous avez fini.
3. Cliquez sur Fichier > Enregistrer.

Félicitations ! En concevant cette animation complexe, vous avez découvert différentes techniques et fonctions After Effects, depuis les relations de filiation entre calques jusqu'à la création d'une boucle audio. Vous ne générerez le rendu final de ce projet qu'à la Leçon 14. Si vous êtes impatient, rendez-vous-y directement pour apprendre à préparer puis à lancer un rendu. Sinon, poursuivez la lecture séquentielle des leçons.

Révisions

Questions

1. Comment l'animation de la propriété Position d'un calque s'affiche-t-elle dans After Effects ?
2. Qu'est-ce qu'un calque solide et à quoi sert-il ?
3. Quels formats de fichiers audio peuvent être importés dans un projet After Effects ?

Réponses

1. Lorsqu'on anime la propriété Position d'un calque pour déplacer celui-ci, After Effects affiche le mouvement sous la forme d'une trajectoire. On peut créer une trajectoire relativement à la position du calque ou à celle de son point d'ancrage. La trajectoire de position s'affiche dans le panneau Composition, et celle du point d'ancrage s'affiche dans le panneau Calque. Les trajectoires sont formées d'une série de points, chaque point correspondant à la position du calque ou du point d'ancrage dans chaque image (trame). Un carré sur la trajectoire marque la position d'une image clé.
2. After Effects permet de créer des images solides de n'importe quelle couleur et de n'importe quelle taille, jusqu'à 30 000 × 30 000 pixels. L'application gère les solides comme n'importe quel métrage. On peut ainsi modifier le masque, les propriétés de géométrie, puis appliquer les effets au calque solide. Si on modifie les paramètres d'un solide employé par plusieurs calques, les modifications peuvent être appliquées à tous les calques qui l'utilisent, ou à une seule occurrence du solide. On se servira d'un calque solide pour affecter une couleur à un arrière-plan ou pour créer un objet graphique simple.
3. Les formats audio supportés par After Effects sont les suivants : ASND (fichier multipiste, dont toutes les pistes sont fusionnées en une seule), M4A et AAC (*Advanced Audio Coding*), AIF ou AIFF (*Audio Interchange File Format*), MP3 (MP3, MPEG, MPG, MPA, MPE), Vidéo pour Windows (AVI, WAV ; requiert QuickTime sous MAC OS) et WAV (*Waveform Audio Vector*).

Créer une animation consiste à définir des changements au cours du temps, qui concernent les propriétés des objets (position, opacité, échelle et autres). Dans cette leçon, vous apprendrez à maîtriser l'animation de calques issus d'un fichier Photoshop, jusqu'à découvrir la fonction de remappage temporel dynamique.

ANIMATION DES CALQUES

6

Au cours de cette leçon, vous apprendrez à :

- animer un fichier Adobe Photoshop multicalque ;
- dupliquer une animation *via* le sélecteur d'expression ;
- travailler sur les styles de calque du fichier Photoshop importé ;
- appliquer un cache pour contrôler la visibilité des calques ;
- animer un calque avec l'effet Quatre coins ;
- appliquer l'effet de halo Lumière parasite à un calque solide ;
- utiliser le remappage temporel et le panneau Calque pour modifier la vitesse de lecture d'un métrage ;
- éditer les images clés de remappage temporel dans l'Éditeur de graphiques.

Cette leçon vous prendra environ une heure. Si vous ne l'avez pas déjà fait, copiez le dossier Lesson06 depuis le DVD-ROM *Adobe After Effects CS6 Classroom in a Book* sur votre disque dur. Au cours de cette leçon, vous ne modifierez pas les fichiers de départ. Si vous devez néanmoins revenir à la version d'origine du fichier, copiez-le de nouveau depuis le DVD-ROM.

Préparatifs

Adobe After Effects propose plusieurs outils et effets pour simuler les mouvements à partir d'un fichier d'image fixe Photoshop multicalque. Au cours de cette leçon, vous allez importer un fichier Photoshop montrant le soleil qui brille devant une fenêtre et vous animerez les calques pour recréer un lever de soleil. Cette animation est stylisée : le temps est d'abord accéléré, puis ralenti pour installer l'ambiance une fois que le soleil est haut dans le ciel, afin de laisser passer quelques nuages et une volée d'oiseaux.

Vous allez commencer par visualiser la vidéo finale et créer le projet.

1. Assurez-vous que les fichiers suivants se trouvent sur votre disque dur dans le dossier AECS6_CIB/Lessons/Lesson06 ou bien copiez-les depuis le DVD-ROM *Adobe After Effects CS6 Classroom in a Book :*
   - dans le dossier Assets : clock.mov, sunrise.psd ;
   - dans le dossier Sample_Movies : Lesson06_regular.mov, Lesson06_retimed.mov.
2. Ouvrez et lancez la lecture de la séquence Lesson06_regular.mov pour visualiser l'accélération temporelle que vous allez créer au cours de cette leçon.
3. Ouvrez et lancez la lecture de la séquence Lesson06_retimed.mov pour visualiser l'animation après le remappage temporel que vous allez également réaliser au cours de cette leçon.
4. Quittez ensuite le lecteur QuickTime. Supprimez les fichiers d'exemple si la place est comptée sur le disque dur.

Restaurez les paramètres d'application par défaut d'After Effects lors de son lancement. (Reportez-vous à la section "Rétablissement des préférences par défaut" de l'Introduction.)

5. Lancez After Effects et appuyez immédiatement sur Ctrl+Alt+Maj (Windows) ou Cmd+Option+Maj (Mac OS) pour restaurer les préférences par défaut. Cliquez sur OK pour confirmer la suppression du fichier de préférences. Cliquez ensuite sur Fermer dans l'écran de bienvenue.

After Effects ouvre un projet vide sans titre.

6. Cliquez sur Fichier > Enregistrer sous > Enregistrer sous.
7. Dans la boîte de dialogue Enregistrer sous, parcourez votre disque dur jusqu'au dossier AECS6_CIB/Lessons/Lesson06/Finished_Project.
8. Donnez au projet le nom **Leçon06_Final.aep** et cliquez sur Enregistrer.

Importer le métrage

Vous devez importer un élément source pour cette leçon.

1. Double-cliquez dans une zone vide du panneau Projet pour ouvrir la boîte de dialogue Importer fichier.
2. Naviguez jusqu'au dossier AECS6_CIB/Lessons/Lesson06/Assets sur votre disque dur et sélectionnez le fichier sunrise.psd.
3. Choisissez Composition – Conserver les tailles de calque dans le menu Importer sous pour que les dimensions de chaque calque soient adaptées à leur contenu.
4. Cliquez sur Ouvrir.
5. Dans la boîte de dialogue sunrise.psd, assurez-vous que Composition – Conserver les tailles de calque est sélectionné dans le menu Importer sous, puis cliquez sur OK.

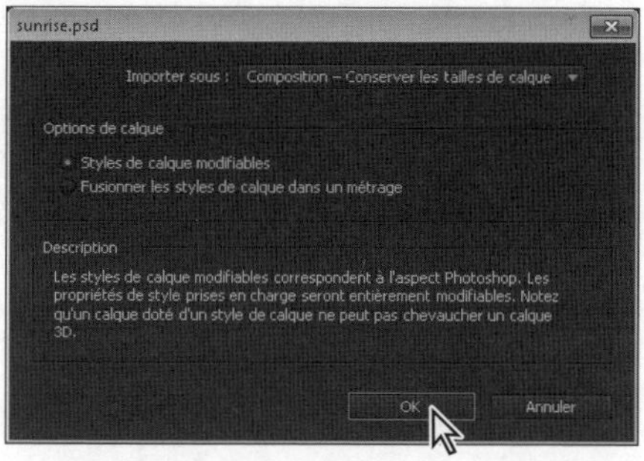

Avant d'aller plus loin, étudiez les calques que contient le fichier que vous venez d'importer.

6. Dans le panneau Projet, ouvrez le contenu du dossier sunrise Calques afin de voir les calques Photoshop. Augmentez si nécessaire la largeur de la colonne Nom.

Chaque élément que vous allez animer dans After Effects (ombres, oiseaux, nuages, soleil) se trouve sur un calque distinct. Par ailleurs, un calque représente les conditions lumineuses initiales dans la pièce (Fond) et un autre les conditions finales une fois que l'aube s'est levée dans la pièce (Background Lit). De même, un second couple de calques gère les conditions lumineuses extérieures (Window et Window Lit). Le calque Window Pane contient un calque de style Photoshop qui simule le verre d'une vitre.

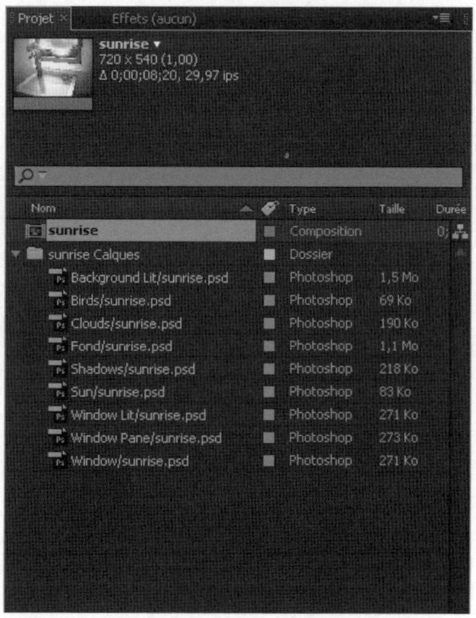

After Effects préserve l'ordre des calques, les données de transparence et les styles de calque du document Photoshop source. Il conserve en outre les calques d'ajustement et les polices, même si vous ne les utiliserez pas dans ce projet.

Préparer des fichiers Photoshop multicalques

Avant d'importer un fichier Photoshop avec ses calques, vous devez les préparer pour limiter le temps nécessaire à la prévisualisation et au rendu. Voici les précautions à prendre pour éviter des problèmes tant lors de l'importation que lors de la mise à jour des calques Photoshop :

- Organisez et nommez vos calques de façon définitive. Si vous modifiez le nom d'un calque dans Photoshop après avoir importé le fichier dans After Effects, ce dernier ne connaîtra que l'ancien nom. Si vous supprimez un calque, After Effects ne saura pas retrouver le calque original et l'indiquera comme manquant dans le panneau Projet.
- Assurez-vous que chaque calque porte un nom unique et significatif pour éviter toute confusion.

Créer la composition

Au cours de cette leçon, vous utiliserez le fichier Photoshop comme point de départ de cette composition.

1. Double-cliquez sur la composition sunrise dans le panneau Projet pour l'ouvrir dans les panneaux Composition et Montage.

2. Cliquez sur Composition > Paramètres de composition.

3. Dans la boîte de dialogue Paramètres de composition, réglez la Durée à **10:00** pour que la composition dure dix secondes et le nombre d'images/seconde à **29,97**, puis cliquez sur OK.

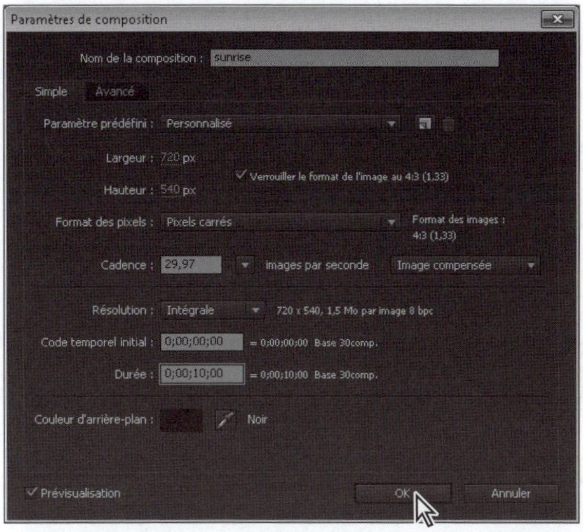

Les styles de calque Photoshop

Photoshop offre toute une variété de styles de calque (ombres, lueurs, biseaux) qui permettent de modifier l'aspect d'un calque. After Effects conserve ces styles de calque lors de l'importation de calques Photoshop. Vous pouvez aussi appliquer des styles de calque dans After Effects.

Bien que les styles de calque soient assimilés à des effets dans Photoshop, ils s'apparentent davantage à des modes de fusion dans After Effects. Les styles de calque suivent les transformations dans l'ordre de rendu standard, alors que les effets les précèdent. Autre différence : tous les styles de calque fusionnent directement avec les calques sous-jacents dans la composition, tandis qu'un effet est rendu sur le calque auquel il est appliqué, puis interagit avec les calques sous-jacents.

Les propriétés des styles d'un calque sont disponibles dans le panneau Montage.

Pour en savoir plus sur l'utilisation des styles de calque dans After Effects, consultez l'Aide d'After Effects.

Simulation d'une variation de luminosité

La première partie de l'animation est consacrée à l'éclairement de la pièce sombre. Cette animation va reposer sur des images clés d'opacité.

1. Dans le panneau Montage, cliquez sur les options Solo (●) des calques Background Lit et Fond. En isolant ainsi ces calques, vous accélérez la prévisualisation et le rendu.

Pour le moment, le fond éclairé (*lit background*) recouvre le fond normal (sombre), ce qui l'éclaire. La première image de l'animation est de ce fait lumineuse ; or, nous voulons que l'animation commence dans la pénombre, afin de simuler le lever du soleil. Pour cela, nous allons tout simplement rendre le calque Background Lit transparent au départ et augmenter son opacité graduellement.

2. Placez-vous à 5:00.

3. Sélectionnez le calque Background Lit dans le panneau Montage et pressez la touche **T** pour afficher sa propriété Opacité.

4. Cliquez sur l'icône Chronomètre (⏱) pour définir une image clé d'opacité. Remarquez que l'opacité vaut 100 %.

5. Appuyez sur la touche Origine ou déplacez l'Indicateur d'instant courant à 0:00, puis réglez l'opacité du calque Background Lit à **0 %**. After Effects insère une image clé. Dorénavant, lorsque l'animation commence, le calque Background Lit est transparent, ce qui permet de voir le calque sombre Fond à travers.

6. Cliquez sur les options Solo (●) des calques Background Lit et Fond pour afficher de nouveau les autres calques, y compris les calques Window et Window Lit. Assurez-vous que la propriété Opacité du calque Background Lit est toujours visible.

7. Affichez les propriétés Transformer du calque Window Pane. Ce calque contient un style de calque Photoshop qui crée un biseautage sur la fenêtre.

8. Placez-vous à 2:00 et cliquez sur l'icône Chronomètre de la propriété Opacité du calque Window Pane afin de créer une image clé pour la valeur courante, soit 30 %.

9. Appuyez sur la touche Origine ou déplacez l'Indicateur d'instant courant au début de l'échelle de temps et donnez à la propriété Opacité une valeur de **0 %**.

10. Cachez les propriétés du calque Window Pane.

11. Cliquez sur le bouton Lecture/Pause (▶) dans le panneau Prévisualisation, ou appuyez sur la barre d'espacement. L'intérieur de la pièce passe graduellement de la pénombre à la clarté.

12. Appuyez sur la barre d'espacement pour arrêter la lecture n'importe quand après 5:00.

13. Cliquez sur Fichier > Enregistrer.

Duplication d'une animation avec le sélecteur d'expression

Vous allez à présent éclaircir le paysage visible à travers la fenêtre. Pour cela, vous utiliserez le sélecteur d'expression afin de copier l'animation que vous venez de définir. Le sélecteur d'expression permet de créer des expressions pour relier les valeurs d'une propriété ou d'un effet à celles d'un autre calque.

Les expressions

Les expressions sont très pratiques lorsque vous avez à coordonner des animations complexes, comme plusieurs roues d'un véhicule qui tournent. Elles vous évitent de devoir mettre en place des dizaines ou des centaines d'images clés à la main. Grâce aux expressions, vous définissez des relations entre des propriétés de calques et réutilisez les images clés de propriétés d'un calque pour en animer un autre. Par exemple, si vous définissez des images clés de rotation pour un calque puis leur appliquez l'effet d'ombre portée, une expression permet de lier la valeur de la propriété de rotation avec la valeur de direction de l'effet d'ombre, ce qui fait tourner l'ombre portée selon l'orientation du calque.

Les expressions se fondent sur le langage JavaScript, mais vous n'avez pas à connaître ce langage pour les utiliser. Vous créez une expression simplement en partant d'un exemple que vous modifiez pour l'adapter, ou en reliant des objets à des méthodes.

Votre travail avec les expressions se déroulera dans le panneau Montage ou le panneau Effets. Vous pouvez vous servir du sélecteur d'expression pour créer une expression, ou saisir et modifier les expressions manuellement dans le champ de saisie d'expression qui apparaît au début de l'échelle de temps, dans la ligne de la propriété concernée.

Pour en savoir plus au sujet des expressions, consultez l'Aide d'After Effects.

1. Appuyez sur la touche Origine ou déplacez l'Indicateur d'instant courant au début de l'échelle de temps.

2. Sélectionnez le calque Window Lit et appuyez sur la touche **T** pour afficher sa propriété Opacité.

3. Maintenez la touche Alt (Windows) ou Option (Mac OS) enfoncée et cliquez sur le Chronomètre de la propriété Opacité du calque Window Lit afin d'ajouter une expression pour la valeur d'opacité par défaut (100 %). Les mots "transform.opacity" s'affichent dans l'échelle de temps sur le calque Window Lit.

4. L'expression transform.opacity restant sélectionnée dans l'échelle de temps, cliquez sur l'icône du sélecteur d'expression (@) dans la ligne Expression : Opacité de Window Lit, puis faites-la glisser sur le nom de la propriété Opacité du calque Background Lit. Dès que vous la relâchez, le sélecteur d'expression s'ancre et l'expression change dans l'échelle de temps pour indiquer "thisComp.layer("Background Lit"). transform.opacity". Cela signifie que la valeur de la propriété Opacité du calque Background Lit (0 %) remplace la valeur précédente de la propriété Opacité (100 %) sur le calque Window Lit.

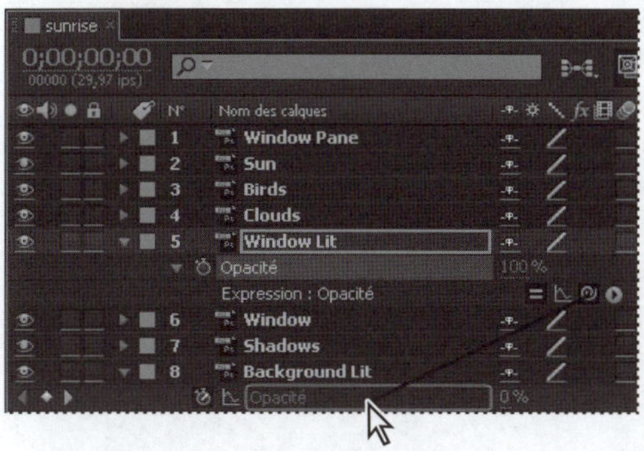

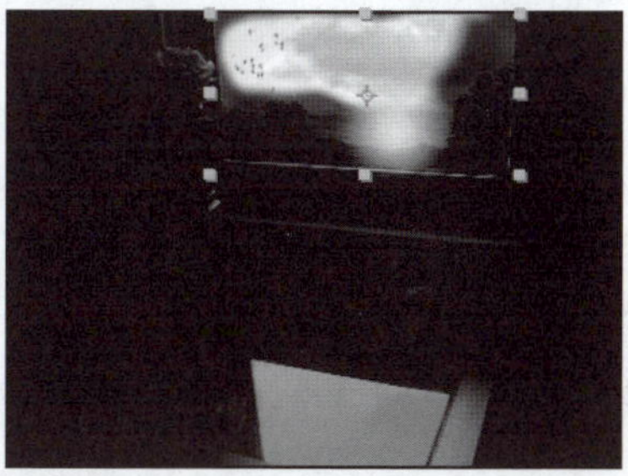

5. Déplacez l'Indicateur d'instant courant entre 0:00 et 5:00. Vous pouvez constater que les valeurs d'opacité des deux calques sont synchrones.

6. Placez-vous au début de l'échelle de temps, puis appuyez sur la barre d'espacement pour prévisualiser à nouveau l'animation. Vous constatez que le ciel s'éclaircit en même temps que l'intérieur de la pièce.

7. Appuyez sur la barre d'espacement pour arrêter la lecture.

8. Cachez les propriétés des calques Window Lit et Background Lit afin de ranger le panneau Montage pour l'exercice suivant.

9. Cliquez sur Fichier > Enregistrer pour sauvegarder votre projet.

Animation de mouvements dans le paysage

Le paysage que l'on voit par la fenêtre est trop statique. Le soleil devrait se lever, les nuages se déplacer et les oiseaux voler pour donner de la vie à cette vue.

Animer le soleil

Pour que le soleil se lève, vous allez insérer des images clés pour ses propriétés Position, Échelle et Opacité.

1. Dans le panneau Montage, sélectionnez le calque Sun et affichez le groupe de propriétés Transformer.
2. Placez-vous à 4:07 et cliquez sur les trois icônes Chronomètre (⏱) des propriétés Position, Échelle et Opacité afin d'insérer à cet instant des images clés. Les valeurs des propriétés sont les valeurs par défaut.

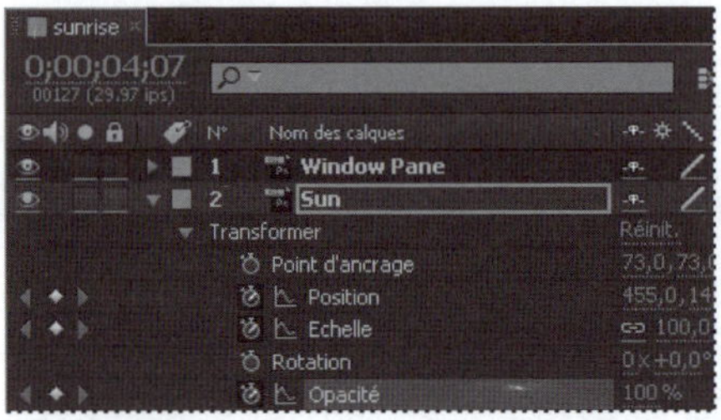

3. Placez-vous à 3:13.
4. Toujours dans le calque Sun, réglez sa propriété Échelle à **33, 33 %** et sa propriété Opacité à **10 %**. After Effects insère une image clé pour chaque propriété.

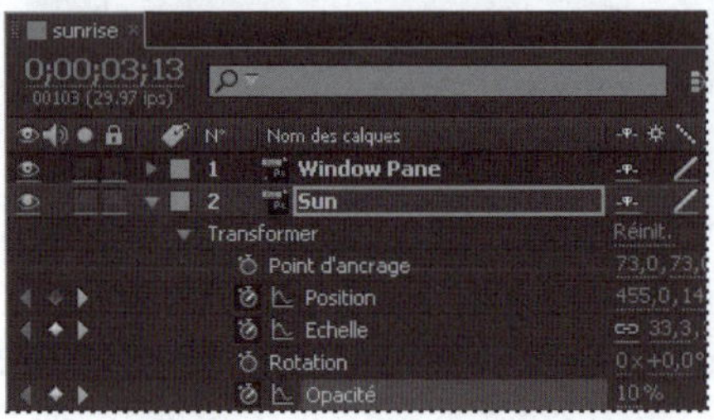

5. Appuyez sur la touche Fin ou déplacez l'Indicateur d'instant courant à la fin de l'échelle de temps.

6. Pour la propriété Position de Sun, réglez la valeur y à **18**. Pour les valeurs de la propriété Échelle, indiquez **150, 150 %**. After Effects insère deux images clés.

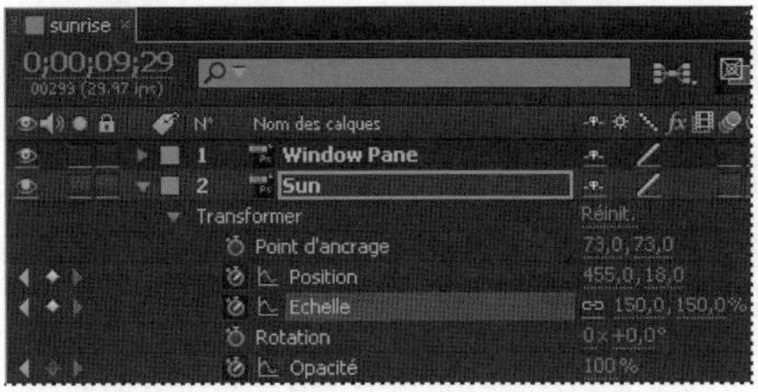

Vous venez de définir des images clés pour que le soleil se lève en grossissant et en brillant de plus en plus fort.

7. Cachez les propriétés du calque Sun.

Animer les oiseaux

Vous allez maintenant animer le vol matinal des oiseaux. Pour créer cette animation plus rapidement, vous allez tirer parti du bouton Images clés automatiques dans le panneau Montage. Avec cette fonctionnalité activée, After Effects crée automatiquement une image clé chaque fois que vous modifiez une valeur.

● **Note :** Bien que le bouton Images clés automatiques vous permette de gagner du temps, vous risquez aussi de créer plus d'images clés que nécessaire. Nous vous conseillons de l'utiliser seulement si vous en avez besoin pour une tâche bien spécifique et de désactiver cette option ensuite.

1. Sélectionnez le calque Birds dans le panneau Montage et pressez la touche **P** pour afficher sa propriété Position.
2. Cliquez sur le bouton Images clés automatiques (⏱) situé en haut du panneau Montage. L'icône Chronomètre sélectionnée devient rouge.
3. Placez-vous à 4:20 et réglez les valeurs de Position pour le calque Birds à **200, 49**. After Effects ajoute automatiquement une image clé.

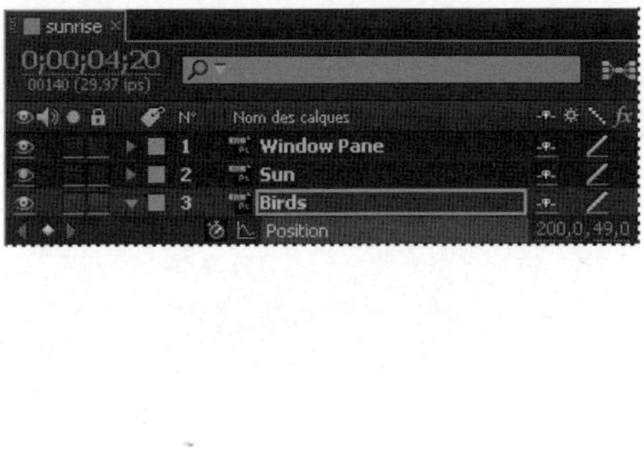

4. Placez-vous à 4:25 et réglez les valeurs de Position pour le calque Birds à **670, 49**. After Effects insère une autre image clé.

5. Le calque Birds toujours sélectionné, pressez la touche **P** pour cacher sa propriété Position.

Animer les nuages

Vous allez à présent animer le déplacement des nuages dans le ciel.

1. Sélectionnez le calque Clouds dans le panneau Montage et affichez ses propriétés Transformer.
2. Placez-vous à 5:22 et cliquez sur l'icône Chronomètre (⏱) de la propriété Position pour insérer une image clé de position pour la valeur courante (406,5, 58,5).
3. Toujours à 5:22, réglez l'opacité du calque Clouds à **33 %**. After Effects ajoute automatiquement une image clé puisque l'option Images clés automatiques est toujours sélectionnée.

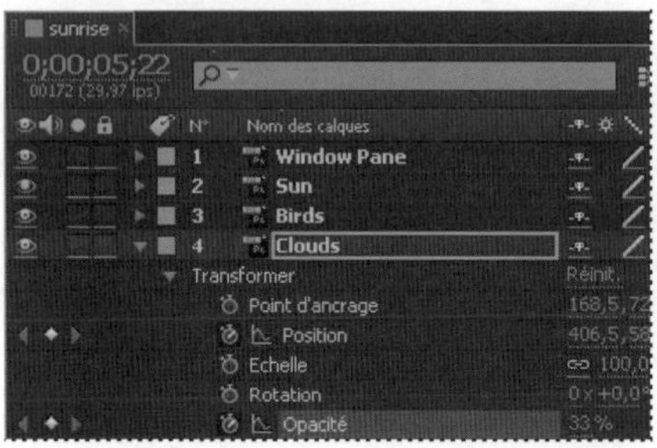

4. Cliquez sur le bouton Images clés automatiques pour le désactiver.
5. Placez-vous à 5:02 et réglez l'Opacité du calque Clouds à **0 %**. Bien que l'option Images clés automatiques soit maintenant désactivée, After Effects insère une image clé car vous modifiez la valeur d'une propriété dont l'échelle de temps contient déjà une image clé.

6. Placez-vous à 9:07 et réglez l'opacité du calque Clouds à **50 %**. After Effects insère une image clé.
7. Appuyez sur la touche Fin ou déplacez l'Indicateur d'instant courant à la dernière image de la composition.
8. Réglez la position du calque Clouds à **456,5, 48,5.** After Effects insère une autre image clé.

Prévisualiser l'animation

Vous allez maintenant prévisualiser l'animation.

1. Appuyez sur la touche Origine ou placez-vous à 0:00.
2. Appuyez sur la touche F2 ou cliquez dans une zone vide du panneau Montage pour tout désélectionner, puis appuyez sur la barre d'espacement pour prévisualiser l'animation. Le soleil se lève, les oiseaux passent (très vite) et les nuages avancent (lentement). Cependant, il y a un problème important : les éléments passent devant le cadre de la fenêtre et les oiseaux semblent voler dans la pièce. Vous éliminerez ce défaut par la suite.

3. Appuyez sur la barre d'espacement pour arrêter la lecture.
4. Cachez les propriétés du calque Clouds, puis cliquez sur Fichier > Enregistrer.

Ajustement des calques et création d'un cache par approche

Pour résoudre le problème du soleil, des oiseaux et des nuages qui envahissent la pièce, vous devez tout d'abord redéfinir l'ordre d'empilement des calques (leur hiérarchie) au sein de la composition. Vous utiliserez ensuite un cache par approche pour que les éléments à l'extérieur de la pièce restent visibles uniquement dans le cadre de la fenêtre.

Précomposer les calques

Pour commencer, vous allez précomposer les trois calques Sun, Birds et Clouds dans une nouvelle composition.

1. Cliquez en maintenant la touche Maj enfoncée sur les calques Sun, Birds et Clouds dans le panneau Montage pour les sélectionner.
2. Cliquez sur Calque > Précomposition.
3. Dans la boîte de dialogue Précomposition, donnez à la composition le nom **Paysage**. Assurez-vous que l'option Transférer tous les attributs dans une nouvelle composition est activée et sélectionnez l'option Ouvrir une nouvelle composition. Cliquez ensuite sur OK.

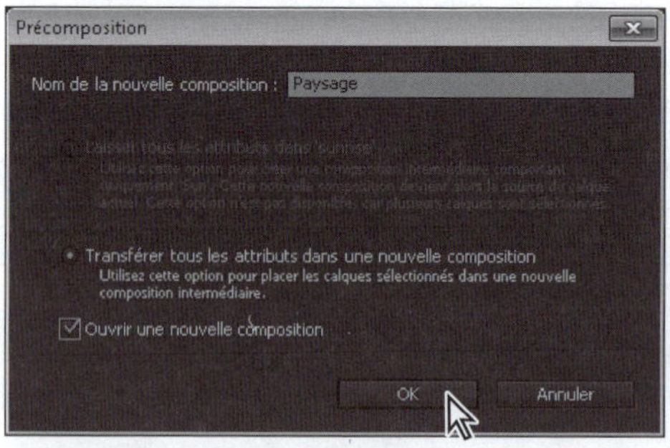

Un nouveau panneau Montage nommé Paysage s'affiche, contenant les trois calques Sun, Birds et Clouds que vous avez sélectionnés à l'étape 1. La composition Paysage apparaît également dans le panneau Composition.

4. Cliquez sur l'onglet de la composition sunrise dans le panneau Montage pour afficher le contenu de la composition principale. Vous constatez que les calques Sun, Birds et Clouds ont été remplacés par un calque Paysage, autrement dit la précomposition.

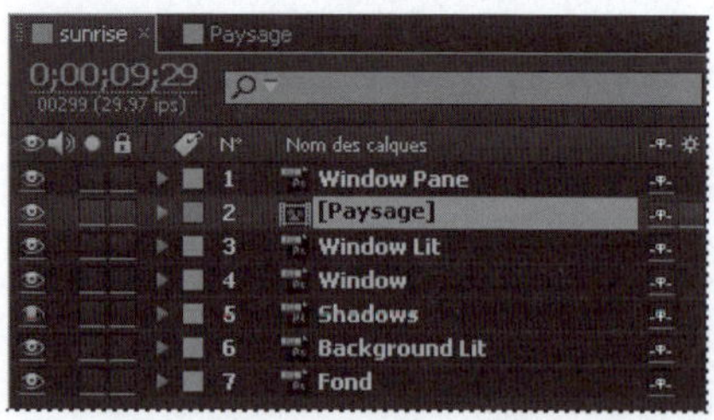

Créer le cache par approche

Vous allez maintenant créer le cache pour masquer les éléments du paysage lorsqu'ils ne sont plus dans les limites de la fenêtre. Pour cela, vous allez dupliquer le calque Window Lit et utiliser sa couche alpha.

Les caches par approche et les caches mobiles

Si vous souhaitez qu'un calque apparaisse au travers d'un trou qui se trouve sur un autre calque, créez un *cache par approche*. Vous avez alors besoin de deux calques : l'un qui agit en tant que cache, l'autre qui remplit le trou dans le cache. Vous pouvez animer soit le cache par approche, soit le calque de remplissage. Lorsque vous animez le calque du cache par approche, vous créez un *cache mobile*. Si vous souhaitez animer le cache par approche et les calques de remplissage en utilisant les mêmes paramètres, pensez à les précomposer.

Définissez la transparence dans un cache par approche à l'aide des valeurs de sa couche alpha ou de la luminance de ses pixels. La luminance est utile si vous souhaitez créer un cache par approche à partir d'un calque sans couche alpha ou d'un calque importé d'un programme ne permettant pas la création d'une couche alpha. Dans un cache par approche, qu'il soit basé sur la couche alpha ou la luminance, les pixels qui ont les valeurs les plus élevées sont plus transparents. Dans la plupart des cas, vous utiliserez un cache à fort contraste afin que les zones soient complètement transparentes ou complètement opaques. Les teintes intermédiaires ne doivent être employées que dans le cas où vous souhaitez obtenir une transparence partielle ou progressive, le long d'un contour net, par exemple.

After Effects conserve l'ordre du calque et de son cache par approche lors de leur duplication ou de leur scission. Dans les calques dupliqués ou scindés, le calque de cache par approche reste au-dessus du calque de remplissage. Par exemple, si votre projet contient les calques A et B, A correspondant au cache par approche et B au calque de remplissage, leur duplication ou leur scission produit l'ordre ABAB.

A

B

C

Cache mobile

A. Calque de cache par approche : un solide avec un masque rectangulaire, défini sur Luminance. Le masque est animé et se déplace dans l'écran.

B. Calque de remplissage : un solide avec un effet de motif.

C. Résultat : le motif est visible dans la forme du cache et il est ajouté au calque d'image sous le calque du cache par approche.

1. Dans le panneau Montage de la composition sunrise, sélectionnez le calque Window Lit.
2. Cliquez sur Édition > Dupliquer.
3. Déplacez la copie du calque Window Lit 2 au-dessus du calque Paysage dans la pile de calques.
4. Cliquez sur le bouton Afficher/masquer options et modes au bas du panneau Montage pour afficher la colonne Cache et ainsi appliquer le cache par approche.
5. Sélectionnez le calque Paysage et choisissez Alpha "Window Lit 2" dans le menu déroulant de la colonne Cache. La couche alpha du calque précédent (Window Lit 2) est utilisée pour définir les zones transparentes du calque Paysage, si bien que les éléments de ce dernier seront uniquement visibles dans les zones transparentes de la fenêtre.

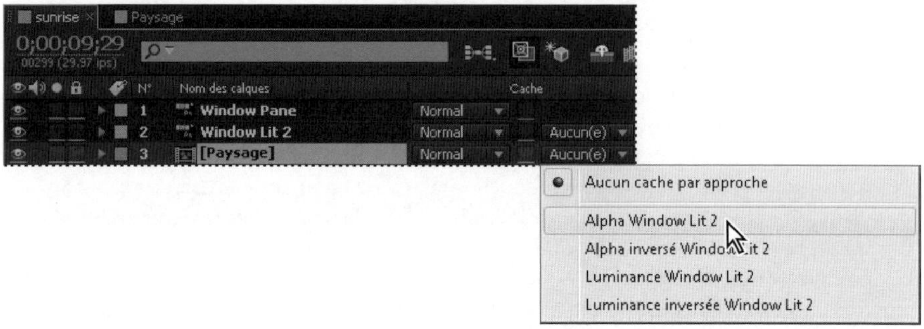

6. Appuyez sur la touche Origine ou déplacez l'Indicateur d'instant courant au début de l'échelle de temps, puis appuyez sur la barre d'espacement pour prévisualiser l'animation. Appuyez de nouveau sur la barre d'espacement pour stopper la lecture.
7. Cliquez sur Fichier > Enregistrer pour sauvegarder votre projet.

Ajouter un flou directionnel

Vous allez à présent ajouter un flou de mouvement au vol des oiseaux pour le rendre plus réaliste. Vous définirez également l'angle et la phase de l'obturateur pour contrôler l'intensité du flou.

1. Passez dans le panneau Montage de la composition Paysage.

2. Placez-vous à 4:22, soit à mi-chemin du vol d'oiseaux, sélectionnez le calque Birds, puis cliquez sur Calque > Options > Flou de mouvement.
3. Cliquez sur le bouton Applique le flou de bougé (◎) situé en haut du panneau Montage pour que le flou du calque Birds soit visible dans le panneau Composition.

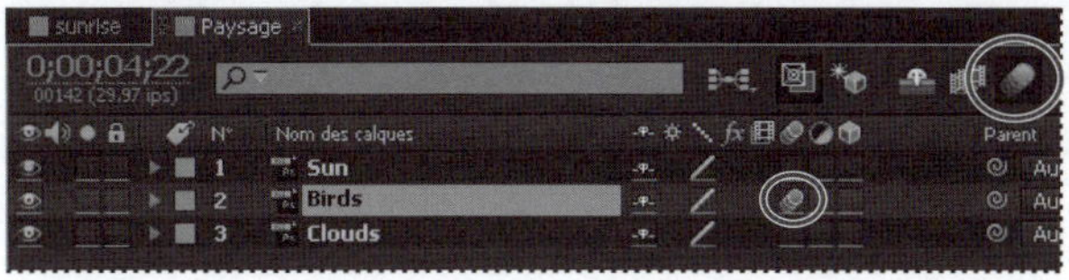

4. Cliquez sur Composition > Paramètres de composition.
5. Dans la boîte de dialogue Paramètres de composition, cliquez sur l'onglet Avancé et réduisez la valeur de l'option Obturateur à **30°**. Ce paramètre simule l'ajustement de l'angle de l'obturateur d'un appareil de prise de vue réel, autrement dit la durée d'ouverture de l'objectif et donc la quantité de lumière recueillie. Plus les valeurs sont élevées et plus le flou de mouvement est important.
6. Donnez à l'option Phase d'obturateur la valeur **0°** et cliquez sur OK.

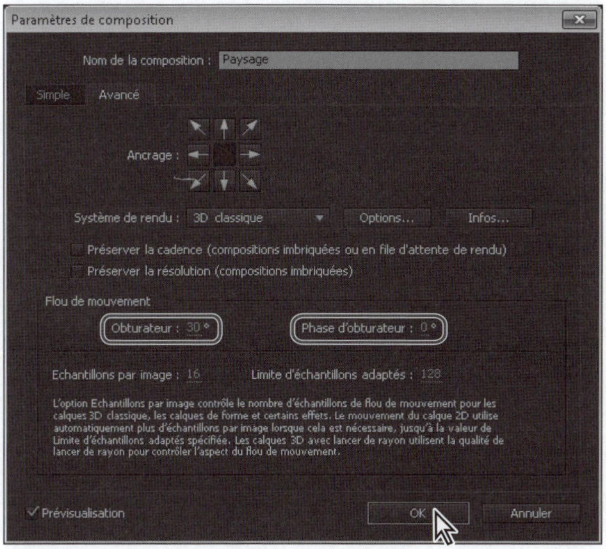

Animation des ombres

Il est maintenant temps de s'intéresser aux ombres projetées par le réveil et le vase sur la table. Dans la réalité, ces ombres deviendraient plus courtes à mesure que le soleil monte dans le ciel.

Plusieurs techniques permettent de créer et d'animer des ombres dans After Effects. Vous pouvez par exemple recourir à des calques 3D et de lumière. Dans ce projet, vous allez cependant utiliser l'effet Quatre coins afin de déformer le calque Shadows de l'image Photoshop importée. Cet effet ressemble aux animations réalisées avec l'outil de Photoshop nommé Transformation libre. Il déforme l'image en déplaçant ses quatre coins. Il sert ainsi à étirer, à compresser, à tordre ou à torsader une image, ou encore à simuler une perspective ou un mouvement au bord d'un calque comme lors de l'ouverture d'une porte.

1. Rebasculez dans le panneau Montage de la composition sunrise et assurez-vous que l'Indicateur d'instant courant se trouve au début de l'échelle de temps.

● **Note :** Si vous ne voyez pas les poignées de contrôle, choisissez Options d'affichage dans le menu du panneau Composition. Dans la boîte de dialogue Options d'affichage, activez les options Poignées et Options d'effet, puis cliquez sur OK.

2. Sélectionnez le calque Shadows dans le panneau Montage, puis cliquez sur Effet > Déformation > Quatre coins. De petits cercles apparaissent aux angles du calque Shadows dans le panneau Composition.

Pour commencer, vous allez définir les quatre coins du calque Shadows de façon qu'ils correspondent aux coins de la partie vitrée de la table au premier plan. Vous allez commencer à mi-chemin de l'animation, là où le soleil est assez haut dans le ciel pour influer sur les ombres.

3. Placez-vous à 6:00 et déplacez les quatre poignées de coins pour les faire coïncider avec les quatre coins du plateau en verre de la table. Comme vous pouvez le constater, les coordonnées x et y changent dans le panneau Effets.

▶ **Astuce :** Le coin inférieur droit du calque Shadows est hors écran. Pour l'ajuster, activez l'outil Main (✋) et déplacez la fenêtre dans le panneau Composition pour bien visualiser la table de montage, puis activez l'outil Sélection (↖) afin de placer la poignée du coin inférieur droit du calque Shadows à peu près à l'endroit où se trouve le coin inférieur droit de la table en verre.

Si vous avez du mal à positionner les coins, saisissez les valeurs manuellement en vous fondant sur la figure suivante.

4. Insérez une image clé pour chaque coin à 6:00 en cliquant sur l'icône Chronomètre (⏱) de chaque position dans le panneau Effets.

5. Appuyez sur la touche Fin ou déplacez l'Indicateur d'instant courant sur la dernière image de la composition.

6. Activez l'outil Sélection (↖) et faites glisser vers le haut les deux poignées du bas pour raccourcir les ombres. Réduisez la taille du calque Shadow d'environ 25 %. Vous devrez peut-être également déplacer les deux coins supérieurs pour que la base des ombres soit correctement alignée avec la vase et le réveil. Les valeurs des coordonnées devraient s'approcher de celles de la figure suivante. Rappelons que vous pouvez saisir les valeurs directement en cliquant dans chaque champ. After Effects ajoute des images clés.

7. Si nécessaire, activez l'outil Main (✋) et faites glisser la composition vers le bas pour la centrer dans le panneau Composition, puis activez de nouveau l'outil Sélection et désélectionnez le calque.

8. Placez-vous à 0:00, puis appuyez sur la barre d'espacement pour prévisualiser l'ensemble de l'animation. Appuyez de nouveau sur la barre d'espacement quand vous avez fini.

9. Cliquez sur Fichier > Enregistrer pour sauvegarder votre projet.

Ajout d'un effet de halo

En photographie, lorsqu'une lumière vive comme celle du soleil frappe directement l'objectif de l'appareil, cela provoque un artefact parasite également appelé halo. Les halos peuvent être plus ou moins brillants et colorés selon le type de la lentille dans l'objectif. After Effects propose un effet de lumière parasite dont vous allez vous servir pour augmenter le réalisme de cette composition en temps accéléré.

1. Placez-vous à 5:10, au moment où le soleil brille ardemment dans l'objectif de la caméra.
2. Cliquez sur Calque > Créer > Solide.

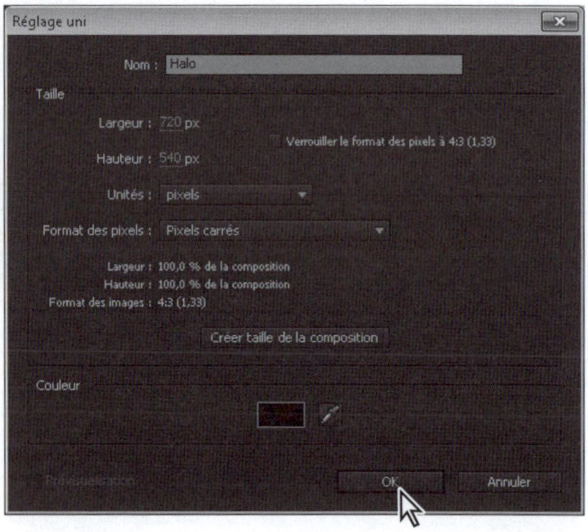

3. Dans la boîte de dialogue Réglages uni, donnez au calque le nom **Halo** et cliquez sur le bouton Créer taille de la composition. Choisissez comme couleur le noir en cliquant dans le nuancier puis en indiquant **0** pour les trois valeurs RVB dans la boîte de dialogue Couleur unie. Cliquez sur OK pour revenir à la boîte de dialogue Réglages uni.
4. Cliquez sur OK pour créer le calque Halo.
5. Le calque Halo étant sélectionné dans le panneau Montage de la composition sunrise, cliquez sur Effet > Génération > Lumière parasite. Les panneaux Composition et Effets montrent les valeurs par défaut de l'effet. Vous allez maintenant le personnaliser.

6. Déplacez l'icône de réticule Centre de la source (⊕) dans le panneau Composition pour l'amener sur le centre du soleil. Comme vous ne pouvez pas voir le soleil dans le panneau Composition, il est aussi simple de saisir les coordonnées x et y dans le panneau Effets Halo, mais vous pouvez utiliser la souris tout en lisant les valeurs dans le panneau Info. Elles doivent être environ égales à 455 et 135.

▶ **Astuce :** Vous pouvez également entrer les valeurs directement dans le panneau Effets.

7. Dans le panneau Effets, sélectionnez 35 mm normal dans le menu Objectif pour obtenir un halo plus diffus.

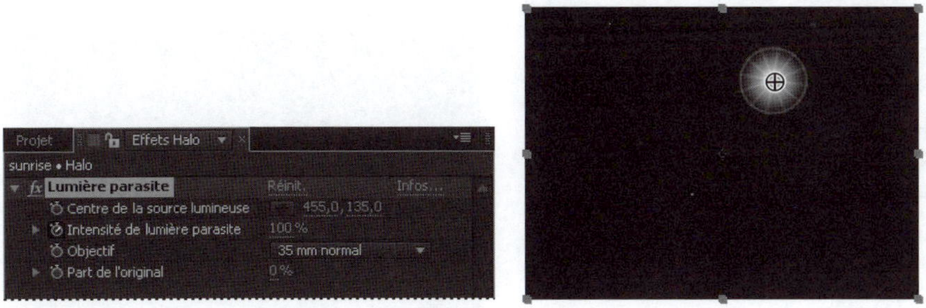

8. Assurez-vous de toujours être à 5:10, puis, dans le panneau Effets, cliquez sur l'icône Chronomètre (⏱) de la propriété Intensité de lumière parasite afin de créer une image clé avec la valeur par défaut de 100 %.

9. Vous pouvez maintenant faire varier l'effet pour qu'il soit maximal quand le soleil est au plus haut :

   - Placez-vous à 3:27 et réglez Intensité de lumière parasite à **0 %**.
   - Placez-vous à 6:27 et réglez Intensité de lumière parasite à **0 %** également.
   - Placez-vous à 6:00 et réglez Intensité de lumière parasite à **100 %**.

10. Le calque Halo toujours sélectionné dans le panneau Montage, cliquez sur Calque > Mode de fusion > Écran.

▶ **Astuce :** Vous pouvez aussi choisir le mode de fusion Écran dans le menu de la colonne Mode du panneau Montage.

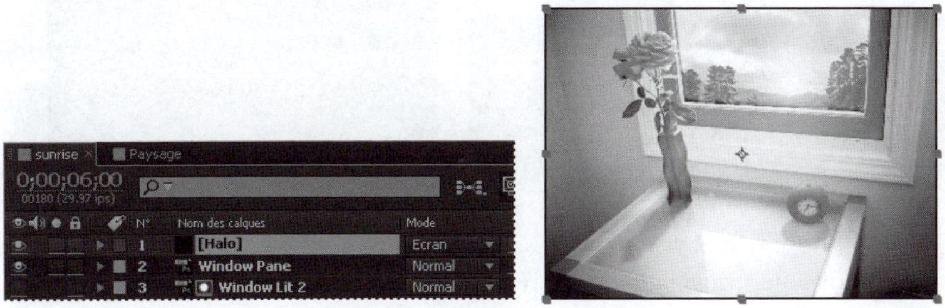

11. Appuyez sur la touche Origine ou déplacez l'Indicateur d'instant courant, puis appuyez sur la barre d'espacement pour juger du résultat. Appuyez de nouveau sur la barre d'espacement quand vous avez fini.

12. Cliquez sur Fichier > Enregistrer pour sauvegarder votre projet.

Animation du réveil

● **Note :** Vous en apprendrez plus sur les calques 3D aux Leçons 10, 11 et 12.

L'animation prend de mieux en mieux l'aspect d'une séquence en temps accéléré, sauf que le réveil sur la table est arrêté ! Les aiguilles doivent tourner vite pour confirmer l'écoulement rapide du temps. Pour cela, vous allez ajouter une animation qui a été créée spécifiquement à cet effet. Cette animation a été produite dans After Effects sous la forme d'un jeu de calques 3D éclairés, texturés et associés à un cache pour une incorporation aisée à la scène.

1. Cliquez sur l'onglet du panneau Projet pour l'afficher au premier plan. Fermez le dossier sunrise Calques, puis double-cliquez dans une zone vide du panneau pour ouvrir la boîte de dialogue Importer fichier.

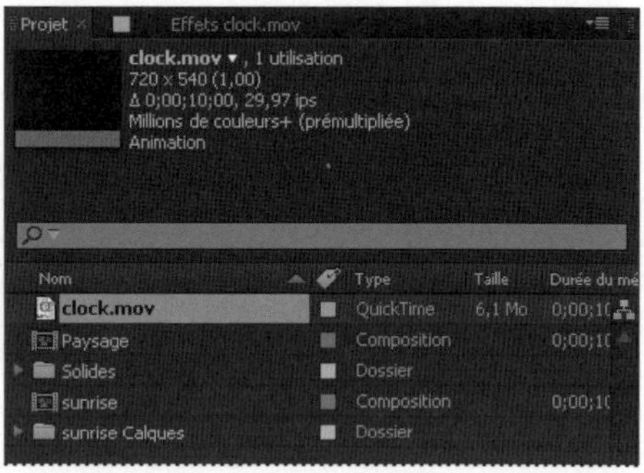

2. Dans le dossier AECS6_CIB/Lessons/Lesson06/Assets, sélectionnez le fichier clock.mov, puis cliquez sur Ouvrir.

La vidéo QuickTime clock.mov s'affiche en haut du panneau Projet.

3. Cliquez dans le panneau Montage de la composition sunrise pour l'activer, puis appuyez sur la touche Origine pour revenir au début de l'échelle de temps. Faites ensuite glisser le métrage clock.mov depuis le panneau Projet au sommet de la pile des calques dans le panneau Montage.

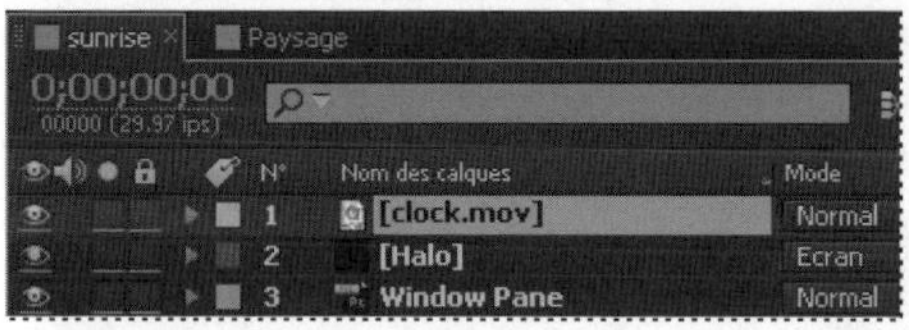

4. Lancez une prévisualisation en pressant la barre d'espacement. Appuyez de nouveau sur la barre d'espacement pour arrêter la lecture quand vous avez fini.

5. Cliquez sur Fichier > Enregistrer pour sauvegarder votre projet.

Générer le rendu de l'animation

Pour l'étape suivante, qui consiste à modifier la durée de la composition, vous devez réaliser un rendu de la composition Sunrise et l'exporter sous la forme d'un fichier vidéo.

1. Sélectionnez la composition sunrise dans le panneau Projet, puis cliquez sur Composition > Ajouter à la file d'attente de rendu.

Le panneau File d'attente de rendu s'ouvre.

2. Choisissez Agrandir le groupe dans le menu du panneau File d'attente de rendu.

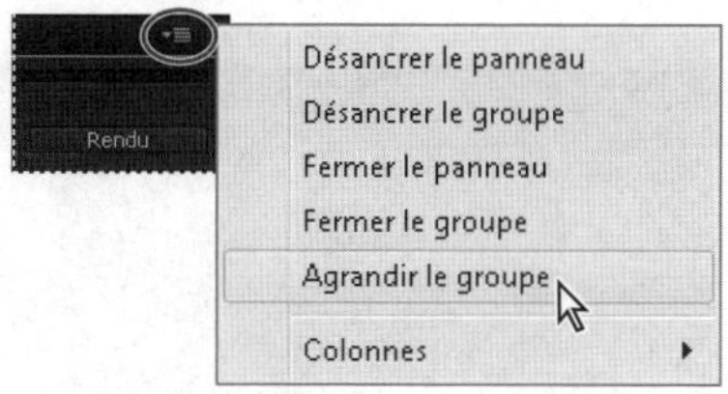

3. Acceptez les paramètres de rendu par défaut dans le panneau File d'attente de rendu, puis cliquez sur les mots soulignés en orange "À définir" à droite du menu Destin. (Destination).

4. Naviguez jusqu'au dossier AECS6_CIB/Lessons/Lesson06/Assets et nommez le fichier **Leçon06_remap.avi** (Windows) ou **Leçon06_remap.mov** (Mac OS). Cliquez ensuite sur Enregistrer.

5. Affichez les options du groupe Module de sortie et choisissez Importation dans le menu déroulant Action post-rendu. Ainsi, le fichier sera importé dans le projet à la fin du rendu.

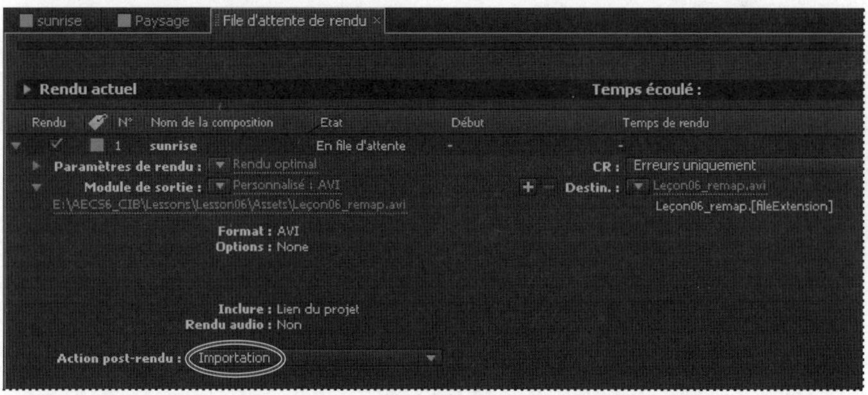

6. Cachez les options du groupe Module de sortie.

7. Cliquez sur le bouton Rendu dans le panneau File d'attente de rendu.

After Effects affiche une barre de progression pendant le rendu et l'exportation de la composition, puis émet un signal sonore une fois qu'il a terminé. Il importe également le fichier vidéo dans le projet.

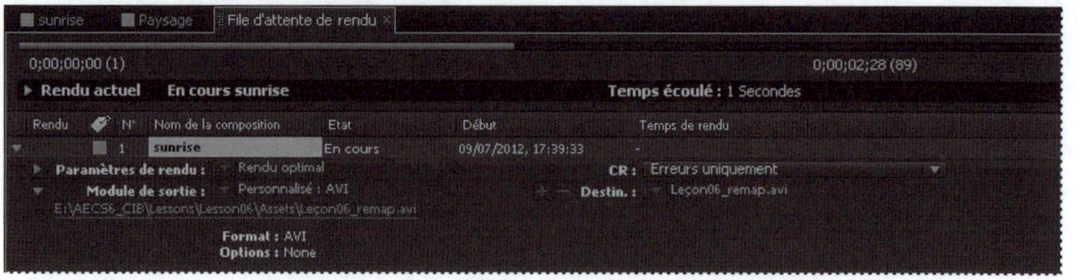

8. Dès qu'After Effects a terminé le rendu et l'exportation de la composition, choisissez Rétablir la taille du groupe dans le menu du panneau File d'attente de rendu, puis fermez ce panneau.

Contrôle de l'écoulement du temps dans la composition

Pour l'instant, vous avez créé une simulation assez convaincante d'un temps accéléré. Mais After Effects offre encore d'autres moyens de jouer avec le temps *via* sa fonction de remappage temporel. Elle permet d'accélérer, de ralentir, de stopper et d'inverser la lecture d'un métrage. Elle permet également de créer des effets de gel d'image. L'Éditeur de graphiques et le panneau Calque sont très utiles dans ce domaine, comme vous allez le voir dans le prochain exercice, au cours duquel vous allez faire varier la vitesse d'écoulement du temps pendant la durée de la séquence vidéo.

▶ **Astuce :** Vous pouvez contrôler l'écoulement du temps de manière encore plus précise avec l'effet Déformation temporelle, comme vous le verrez à la Leçon 13.

Pour cet exercice, vous utiliserez la séquence vidéo que vous venez d'importer plutôt que l'originale afin de simplifier l'opération de remappage temporel.

1. Faites glisser la séquence Leçon06_remap sur le bouton Créer une nouvelle composition (▣) au bas du panneau Projet. After Effects crée une nouvelle composition nommée Leçon06_remap et l'affiche dans les fenêtres Montage et Composition. Vous pouvez de ce fait remapper tous les éléments du projet en même temps.

2. Le calque Leçon06_remap étant sélectionné dans le panneau Montage, cliquez sur Calque > Instant > Activer le remappage temporel. After Effects insère deux images clés, sur la première et la dernière image du calque, comme vous pouvez le voir dans l'échelle de temps. Une propriété Remappage temporel s'affiche sous le nom du calque dans le panneau Montage. Elle permet de contrôler l'image à afficher à un instant précis.

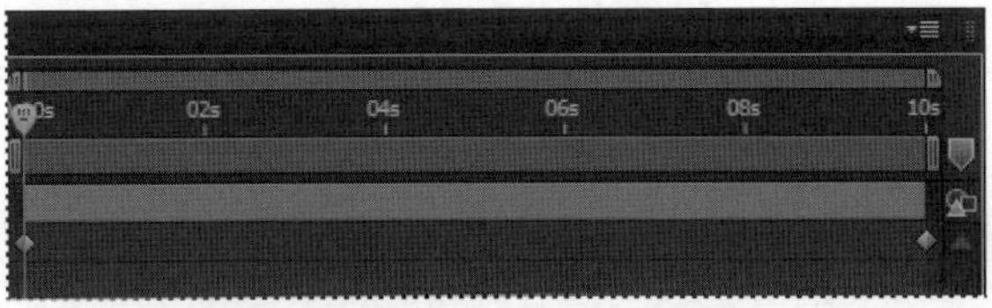

3. Double-cliquez sur le calque Leçon06_remap dans le panneau Montage pour l'ouvrir dans le panneau Calque. Ce panneau fournit un affichage des images modifiées par le remappage temporel. Il contient deux règles : celle du bas indique le temps courant, et l'autre (Heure d'origine) est dotée d'un repère de remappage temporel qui montre quelle image est lue à l'instant courant.

4. Faites glisser l'Indicateur d'instant courant dans l'échelle de temps du panneau Montage. Vous pouvez noter qu'il est synchronisé avec les deux repères d'heure d'origine et d'instant courant du panneau Calque. Vous allez briser ce parallélisme.

5. Placez-vous à 4:00 et donnez à la propriété Remappage temporel la valeur **2:00**. Ainsi, l'image de l'instant 2:00 sera lue à 4:00. En d'autres termes, la composition sera lue deux fois plus lentement pendant les quatre premières secondes.

6. Appuyez sur la barre d'espacement pour prévisualiser l'animation. La composition est lue deux fois plus lentement que précédemment jusqu'à 4:00, et ensuite à une vitesse normale. Appuyez de nouveau sur la barre d'espacement pour stopper la lecture.

Afficher le remappage temporel dans l'Éditeur de graphiques

L'Éditeur de graphiques permet de visualiser et de modifier tous les aspects des effets et des animations, y compris les valeurs des propriétés d'effets, les images clés et les interpolations. Il affiche les changements des effets et des animations sous la forme d'un graphique à deux dimensions dans lequel l'axe horizontal correspond au temps de lecture (de gauche à droite). En revanche, en mode d'affichage des bandes de durée des calques, le graphique temporel de l'échelle de temps ne représente que la durée mais n'indique pas visuellement les modifications des valeurs.

1. Assurez-vous que la propriété Remappage temporel est sélectionnée pour le calque Leçon06_remap dans le panneau Montage.
2. Cliquez sur le bouton Éditeur de graphiques ( ) pour l'afficher dans le volet de droite à la place de l'échelle de temps.

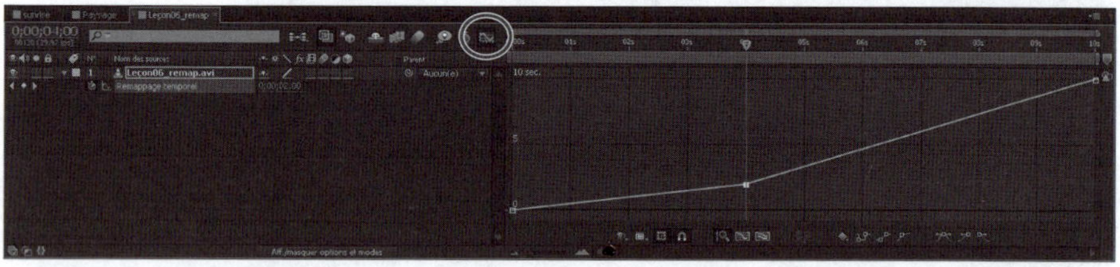

L'Éditeur de graphiques présente un graphique contenant une ligne blanche qui relie les images clés à 0:00, 4:00 et 10:00. La pente de la ligne est faible jusqu'à 4:00, puis elle augmente. Plus l'angle est important, plus la lecture est rapide.

Réaliser un remappage temporel

Pour réaliser un remappage temporel, vous pouvez utiliser les valeurs affichées dans l'Éditeur de graphiques afin de décider quelle image de la séquence sera lue à quel instant. À chaque image clé de remappage temporel est associée une valeur temporelle qui désigne une image (un instant) particulière du calque ; cette valeur est symbolisée dans le sens vertical sur le graphique. Une fois le remappage activé pour un calque, After Effects ajoute une image clé de remappage temporel au point d'entrée du calque et une autre à son point de sortie. Ces images clés de remappage temporel initiales ont des valeurs temporelles verticales égales à leur position horizontale.

En ajoutant d'autres images clés de remappage temporel, vous obtenez des effets de mouvement complexes. Dès que vous insérez une image clé de remappage temporel, vous ajoutez un point d'ancrage depuis lequel vous pouvez changer la vitesse ou le sens de la lecture. En déplaçant une image clé vers le haut ou le bas dans le graphique, vous décidez quelle image de la vidéo est lue à l'instant courant.

Voyons ce qu'il est possible de faire au niveau temporel dans ce projet.

1. Dans l'Éditeur de graphiques, déplacez la deuxième image clé vers le haut, de 2 jusqu'à **10** secondes.

▶ **Astuce :** Servez-vous du panneau Info pendant le déplacement pour en savoir plus sur l'image clé lors de son déplacement.

2. Déplacez la dernière image clé vers le bas jusqu'à 0 secondes.

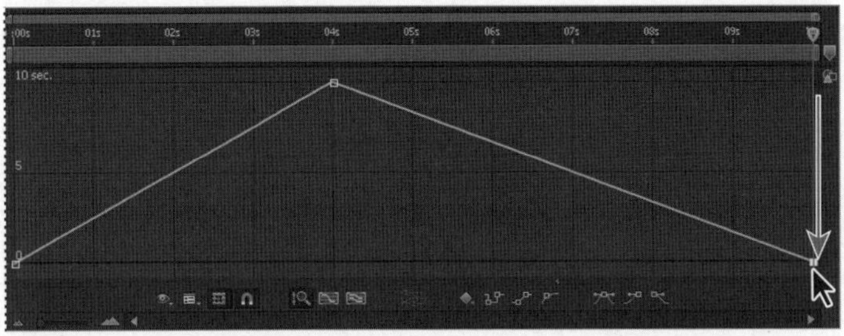

3. Placez-vous à 0:00, puis pressez la barre d'espacement pour prévisualiser le résultat. Observez les deux échelles de temps du panneau Calque pour savoir quelles images sont lues à quel instant. Dorénavant, la lecture est accélérée pendant les quatre premières secondes, puis est ensuite lue en sens inverse.

4. Appuyez sur la barre d'espacement pour arrêter la lecture.

Intéressant, non ? Continuons.

5. Maintenez la touche Ctrl (Windows) ou Cmd (Mac OS) enfoncée et cliquez sur la dernière image clé pour la supprimer. La vitesse de lecture n'a pas changé pour les quatre premières secondes, mais elle s'arrête ensuite sur une image (la dernière) par la suite.

6. Appuyez sur la touche Origine ou déplacez l'Indicateur d'instant courant au début de l'échelle de temps, puis appuyez sur la barre d'espacement pour prévisualiser l'animation. Appuyez encore sur la barre d'espacement quand vous avez fini.

7. Maintenez la touche Ctrl (Windows) ou Cmd (Mac OS) enfoncée et cliquez sur la ligne pointillée à 6:00 pour insérer une nouvelle image clé avec la même valeur que l'image clé à 4:00.

● **Note :** La touche Ctrl ou Cmd active temporairement l'outil Ajouter un sommet.

8. Maintenez la touche Ctrl (Windows) ou Cmd (Mac OS) enfoncée et cliquez à 10:00 pour insérer une autre image clé, puis faites-la glisser vers le bas à 0 secondes. L'animation va être lue en accéléré, arrêtée pendant deux secondes sur la dernière image, pour enfin être lue à l'envers.

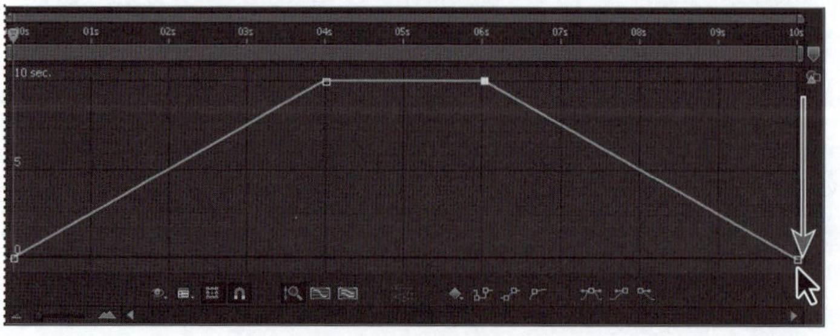

9. Placez-vous au début de l'échelle de temps, puis appuyez sur la barre d'espacement pour lancer une prévisualisation des modifications apportées. Appuyez de nouveau sur la barre d'espacement quand vous avez fini.

Ajouter un effet de lissage à l'éloignement

Adoucissons le décalage temporel qui se produit au bout de six secondes en ajoutant un effet de lissage à l'éloignement.

1. Cliquez sur l'image clé à 6:00 pour la sélectionner, puis cliquez sur le bouton Lissage à l'éloignement () au bas de l'Éditeur de graphiques. Cela ralentit l'inversion du sens de lecture en lisant le métrage à l'envers lentement puis en accélérant progressivement.

▶ **Astuce :** Vous pouvez affiner la quantité de lissage de cette transition en déplaçant la poignée de Bézier qui apparaît sur le côté droit de l'image clé à 6:00. Si vous la déplacez vers la droite, la transition sera plus douce ; si vous la déplacez vers la gauche ou vers le bas, la transition sera plus abrupte.

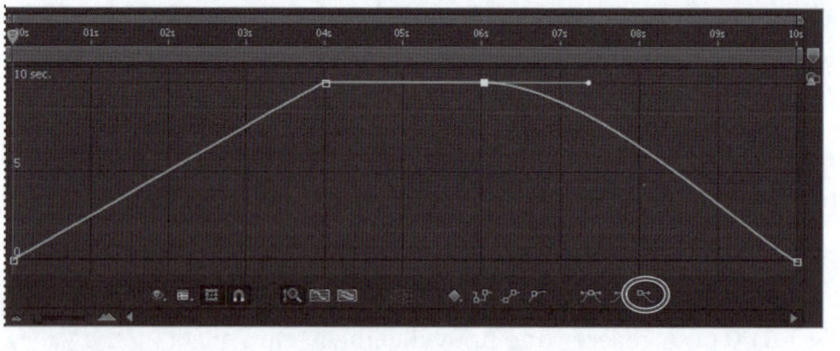

2. Cliquez sur Fichier > Enregistrer pour sauvegarder votre travail.

Modifier l'animation de l'échelle dans le temps

Enfin, vous pouvez vous servir de l'Éditeur de graphiques pour modifier globalement l'échelle de temps de l'animation.

1. Cliquez sur le nom de la propriété Remappage temporel dans le panneau Montage pour sélectionner toutes les images clés de remappage temporel.
2. Assurez-vous que le bouton Afficher la fenêtre de transformation (▣) au bas de l'Éditeur de graphiques est sélectionné. Un cadre de transformation libre doit être visible autour des images clés.
3. Déplacez vers le bas une des poignées supérieures de transformation, de 10 secondes à 5 secondes. L'ensemble du graphique se décale vers le bas, ce qui réduit la valeur des images clés et ainsi ralentit la vitesse de lecture.

▶ **Astuce :** Si vous maintenez la touche Ctrl (Windows) ou Cmd (Mac OS) enfoncée pendant le déplacement, tout le cadre de transformation libre se remet à l'échelle autour du point central (que vous pouvez aussi déplacer pour créer un décalage). Si vous appuyez sur la touche Alt (Windows) ou Option (Mac OS) et déplacez une poignée du cadre de transformation libre, la durée de l'animation est étirée dans ce coin. Vous pouvez aussi déplacer une des poignées de transformation vers la gauche pour accélérer toute l'animation.

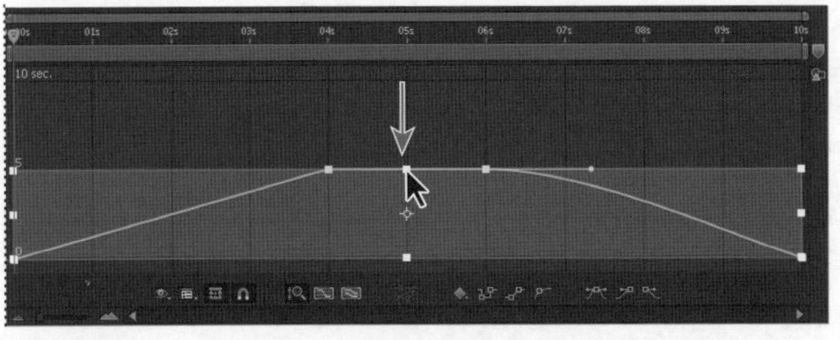

4. Appuyez sur la touche Origine ou déplacez l'Indicateur d'instant courant au début de l'échelle de temps, puis appuyez sur la barre d'espacement pour prévisualiser l'animation modifiée. Appuyez de nouveau sur la barre d'espacement quand vous avez fini.
5. Cliquez sur Fichier > Enregistrer.

Félicitations ! Vous venez de réaliser un projet d'animation complexe avec des décalages temporels. Si vous voulez en faire le rendu maintenant, suivez les instructions de la section intitulée “Générer le rendu de l'animation” de cette leçon ou reportez-vous à la Leçon 14 pour plus de détails sur le rendu et l'exportation d'une composition.

Révisions

Questions

1. De quelle manière les fichiers Photoshop sont-ils importés dans After Effects ?
2. Qu'est-ce que le sélecteur d'expression et comment s'en sert-on ?
3. Qu'est-ce qu'un cache par approche et comment s'en sert-on ?
4. Comment réaliser un remappage temporel dans After Effects ?

Réponses

1. Lorsqu'on importe un fichier Photoshop contenant plusieurs calques dans After Effects en tant que composition, After Effects conserve l'ordre des calques, les données de transparence et le style de calque du document Photoshop. Il préserve également d'autres informations comme les calques de réglage et les polices. Lorsqu'on importe un fichier Photoshop multicalque en tant que métrage simple, en revanche, After Effects aplatit l'image et fusionne les calques en un seul.
2. Le sélecteur d'expression crée des expressions qui lient la valeur d'une propriété ou d'un effet d'un calque à celle d'un autre calque. Il permet également de créer des relations parent-enfant. Pour l'utiliser, il suffit de faire glisser l'icône du sélecteur d'expression d'une propriété sur l'autre.
3. Un cache par approche permet de créer une découpe sur un calque pour rendre visible le calque situé derrière lui. Pour créer un cache par approche, on a besoin de deux calques : le calque qui sert de cache et le calque d'image dont le contenu doit être rendu visible dans la découpe. Il est possible d'animer soit le cache par approche, soit le calque de remplissage. Lorsqu'on anime le cache par approche, on crée un cache mobile.
4. Il existe plusieurs méthodes pour réaliser des décalages temporels dans After Effects. Le remappage temporel permet de contrôler de façon dynamique la vitesse et le sens de lecture d'un métrage ou de l'animation. Pour effectuer le remappage temporel, on utilise les valeurs affichées dans l'Éditeur de graphiques de façon à décider quelle image de la séquence sera lue à quel instant. Lorsqu'on active le remappage temporel pour un calque, After Effects ajoute une image clé de remappage temporel au point d'entrée et une autre au point de sortie du calque. En insérant des images clés de remappage temporel intermédiaires, on peut créer des effets de distorsion temporelle complexes. À chaque insertion d'une image clé de remappage temporel, un nouveau point de contrôle de la vitesse et du sens de lecture est créé.

Il se peut, parfois, que vous ne souhaitiez pas afficher – ou que vous n'ayez pas besoin de le faire – tous les éléments d'une séquence dans la composition finale. Vous pouvez alors utiliser les masques pour contrôler ce qui s'affiche.

LES MASQUES 7

Au cours de cette leçon, vous apprendrez à :

- créer un masque avec l'outil Plume ;
- modifier le mode d'un masque ;
- modifier la forme d'un masque *via* ses sommets et ses poignées directrices ;
- appliquer un contour progressif à un masque ;
- remplacer le contenu de la forme d'un masque ;
- ajuster la position d'un masque dans un environnement 3D pour le mélanger avec la prise de vues principale ;
- créer un effet de réflexion ;
- modifier un masque avec l'outil Contour progressif du masque ;
- créer un effet de vignettage ;
- corriger les couleurs d'une composition avec la fonction Niveaux automatiques.

Cette leçon vous prendra environ une heure. Si vous ne l'avez pas déjà fait, copiez le dossier Lesson07 depuis le DVD-ROM *Adobe After Effects CS6 Classroom in a Book* sur votre disque dur. Au cours de cette leçon, vous ne modifierez pas les fichiers de départ. Si vous devez néanmoins revenir à la version d'origine du fichier, copiez-le de nouveau depuis le DVD-ROM.

À propos des masques

Dans After Effects, un masque est un tracé, ou contour, qui est employé en tant que paramètre pour modifier les effets et les propriétés de calque. Les masques sont le plus souvent utilisés pour modifier la couche alpha d'un calque. Un masque est constitué de segments et de sommets. Les *segments* sont les lignes ou les courbes qui relient des sommets. Les *sommets* délimitent le début et la fin d'un segment.

Un masque peut être un tracé ouvert ou fermé. Un tracé ouvert a un point de début différent de son point de fin, comme c'est le cas d'une ligne droite. Un tracé fermé est continu et n'a ni début ni fin, comme un cercle. Les masques à tracé fermé peuvent créer des zones transparentes pour un calque. Les masques à tracé ouvert ne le peuvent pas, mais peuvent intervenir dans la création d'un effet. Il est par exemple possible d'utiliser un effet pour créer une lumière animée autour d'un masque à l'aide de l'effet Vegas.

Un masque appartient à un calque, et un calque peut contenir plusieurs masques.

Vous pouvez créer des masques de forme géométrique – y compris des polygones, des ellipses et des étoiles – à l'aide des outils de forme ou vous servir de l'outil Plume pour créer un tracé personnalisé.

Préparatifs

Au cours de cette leçon, vous allez créer un masque correspondant à l'écran d'un ordinateur et vous remplacerez l'image d'origine sur cet écran par des images d'un journal télévisé. Vous ajusterez ensuite la disposition de la séquence pour qu'elle coïncide avec l'angle de prise de vues. Pour finir, vous peaufinerez la scène en ajoutant un reflet, un effet de vignettage et en réglant les couleurs.

Vous allez commencer par visualiser la vidéo finale et créer le projet.

1. Assurez-vous que les fichiers suivants se trouvent sur votre disque dur dans le dossier AECS6_CIB/Lessons/Lesson07 ou bien copiez-les depuis le DVD-ROM *Adobe After Effects CS6 Classroom in a Book* :
    - dans le dossier Assets : news_promo.mov, office_mask.mov ;
    - dans le dossier Sample_Movies : Lesson07.mov.
2. Ouvrez et lancez la lecture de la séquence d'exemple Lesson07.mov pour juger du résultat à atteindre en fin de leçon. Quittez ensuite le lecteur QuickTime. Supprimez le fichier d'exemple si l'espace est compté sur le disque dur.

En début de leçon, restaurez les paramètres d'application par défaut d'After Effects lors de son lancement. (Reportez-vous à la section "Rétablissement des préférences par défaut" de l'Introduction.)

3. Lancez After Effects et appuyez immédiatement sur Ctrl+Alt+Maj (Windows) ou Cmd+Option+Maj (Mac OS) pour restaurer les préférences par défaut. Cliquez sur OK pour confirmer la suppression du fichier de préférences. Cliquez ensuite sur Fermer dans l'écran de bienvenue.

After Effects ouvre un projet vide sans titre.

4. Cliquez sur Fichier > Enregistrer sous > Enregistrer sous et parcourez votre disque dur jusqu'au dossier AECS6_CIB/Lessons/Lesson07/Finished Project.
5. Nommez le projet **Leçon07_Final.aep** et cliquez sur Enregistrer.

Importer les métrages

Pour cet exercice, vous allez importer deux métrages.

1. Double-cliquez sur une zone vide du panneau Projet pour afficher la boîte de dialogue Importer fichier.
2. Affichez le dossier AECS6_CIB/Lessons/Lesson07/Assets, sélectionnez les fichiers news_promo.mov et office_mask.mov et cliquez sur Ouvrir.
3. Dans la boîte de dialogue Interpréter le métrage, sélectionnez l'option Ignorer et cliquez sur OK. Le métrage news_promo contient une couche alpha, mais vous n'en avez pas besoin dans ce projet.

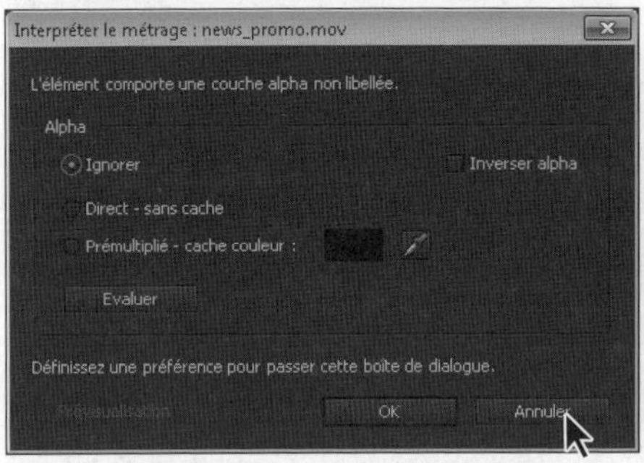

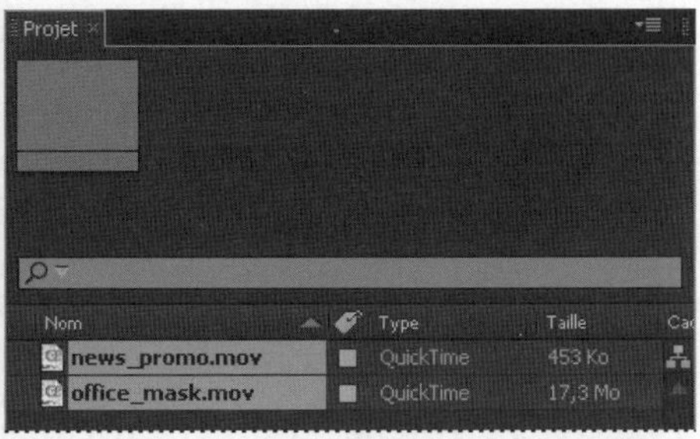

Pour commencer, vous organiserez les fichiers dans le panneau Projet.

La boîte de dialogue Interpréter le métrage

After Effects utilise un jeu de règles internes pour interpréter automatiquement les métrages que vous importez. Vous n'avez en général pas besoin de modifier ces réglages. Cependant, si votre métrage n'est pas standard, After Effects peut ne pas l'interpréter correctement. Dans ce cas, vous pouvez utiliser des options de la boîte de dialogue Interpréter le métrage pour réinterpréter le métrage en question. Les paramètres employés dans cette boîte de dialogue doivent correspondre aux paramètres du métrage d'origine. N'utilisez pas cette boîte de dialogue pour appliquer au métrage importé les paramètres à employer pour le rendu final.

Choisissez Ignorer pour forcer After Effects à ignorer toutes les données de transparence contenues dans le fichier.

Pour plus d'informations sur les différents paramètres de la boîte de dialogue Interpréter le métrage, consultez l'Aide d'After Effects.

4. Cliquez sur Fichier > Créer > Nouveau dossier ou cliquez sur le bouton Créer un nouveau dossier (■) situé au bas du panneau Projet.
5. Saisissez **fichiers_mov** et appuyez sur la touche Entrée (Windows) ou Retour (Mac OS) pour valider le nom. Faites glisser les deux fichiers dans ce nouveau dossier.

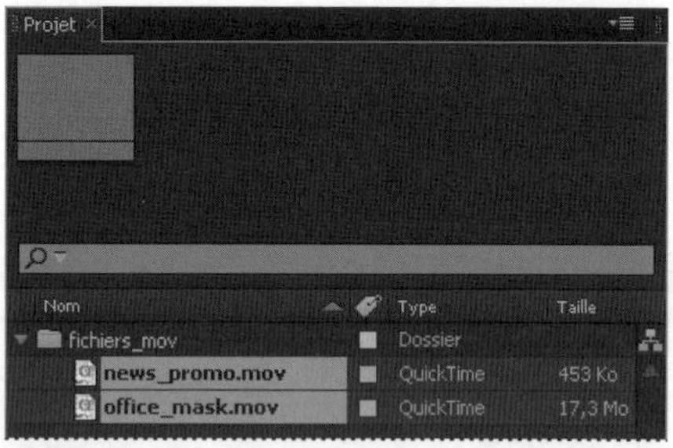

6. Cliquez sur le triangle à côté du dossier de manière à afficher les deux éléments de métrage qu'il contient.

Créer la composition

Vous allez maintenant créer une composition en vous fondant sur le format et la durée d'un des métrages sources.

1. Sélectionnez le métrage office_mask.mov dans le panneau Projet et faites-le glisser sur le bouton Créer une nouvelle composition (■) au bas du panneau.

After Effects crée une composition nommée office_mask et l'ouvre dans les panneaux Composition et Montage.

2. Cliquez sur Fichier > Enregistrer pour sauvegarder votre travail.

Création d'un masque avec l'outil Plume

Un texte s'affiche pour le moment sur l'écran de l'ordinateur. Pour le remplacer par la vidéo de présentation des actualités, vous devez créer un masque.

▶ **Astuce :** Vous pouvez également créer un masque à l'aide du plug-in mocha shape fourni avec After Effects CS6, puis l'importer dans After Effects. Pour en savoir plus sur son utilisation, reportez-vous à l'Aide d'After Effects.

1. Appuyez sur la touche Origine ou déplacez l'Indicateur d'instant courant au début de l'échelle de temps.
2. Zoomez dans le panneau Composition jusqu'à ce que l'écran de l'ordinateur occupe presque tout l'espace disponible. Utilisez l'outil Main (✋) pour repositionner l'image si nécessaire.
3. Sélectionnez l'outil Plume (✒) dans le panneau Outils. L'outil Plume permet de dessiner des lignes droites, mais aussi des segments courbes. Comme l'écran est un rectangle, vous allez commencer par dessiner son contour à l'aide de lignes droites.
4. Cliquez dans le coin supérieur gauche de l'écran pour placer un premier sommet.
5. Cliquez dans le coin supérieur droit de l'écran pour placer un deuxième sommet. After Effects relie les deux points par un segment de droite.
6. Placez un troisième sommet dans le coin inférieur droit, puis un quatrième dans le coin inférieur gauche.
7. Replacez l'outil Plume sur le premier sommet (en haut à gauche). Lorsqu'un petit cercle s'affiche à côté de la plume (voir l'image centrale ci-après), cliquez pour fermer le tracé.

Modification du masque

La forme du masque est assez satisfaisante, mais au lieu de masquer ce qui s'affiche à l'écran, le masque cache tout ce qui se trouve *hors* de la zone tracée. Il faut donc modifier le mode du masque par défaut, à savoir Addition.

Les modes de masque

Les interactions entre les masques d'un même calque sont déterminées par des modes de fusion (modes de masque). Par défaut, tous les masques sont définis sur Addition, ce qui associe les valeurs de transparence des masques qui se chevauchent dans le même calque. Vous pouvez appliquer un mode à chaque masque, mais vous ne pouvez pas modifier ce mode dans le temps.

Le premier masque que vous créez interagit avec la couche alpha du calque. Si les paramètres de cette couche ne rendent pas l'image entièrement opaque, le masque interagit avec l'image du calque. Chaque masque supplémentaire que vous créez interagit avec les masques situés au-dessus de lui dans le panneau Montage. Les résultats produits par les modes de masque diffèrent selon les modes définis pour les masques situés plus haut dans la fenêtre Montage. Vous pouvez seulement utiliser les modes de masque entre les masques d'un même calque. Les modes de masque permettent de créer des formes de masque complexes, comprenant de nombreuses zones transparentes. Par exemple, vous pouvez concevoir un mode combinant deux masques et définissant la zone opaque sur les zones d'intersection des deux masques.

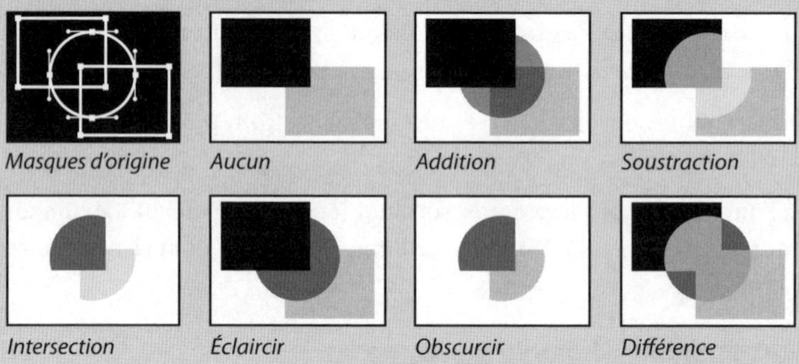

Inverser le masque

Pour ce projet, tout ce qui est compris dans le masque doit être transparent et tout ce qui se trouve à l'extérieur doit être opaque. Vous allez donc maintenant inverser le masque.

1. Sélectionnez le calque office_mask dans le panneau Montage, puis pressez la touche **M** pour afficher sa propriété Tracé du masque.

▶ **Astuce :** Appuyez sur la touche **M** deux fois rapidement pour afficher toutes les propriétés de masque du calque sélectionné.

Vous disposez de deux moyens pour inverser le masque : en choisissant Soustraction dans le menu déroulant en regard du nom du masque ou en activant l'option Inversé.

2. Activez l'option Inversé située à droite de Masque 1.

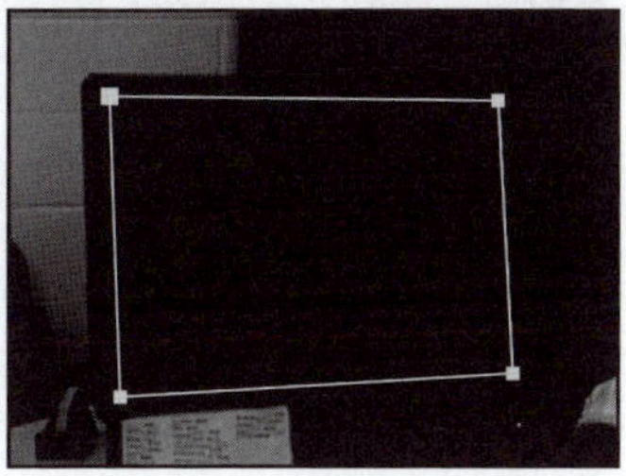

Le masque est inversé.

3. Appuyez sur la touche F2 ou cliquez dans une zone vierge du panneau Montage pour désélectionner le calque office_mask.

Si vous observez l'écran, vous constaterez sans doute que certaines parties de son contenu sont encore visibles au niveau des contours du masque.

Ces petits défauts risquent d'attirer l'attention et doivent donc être corrigés. Pour cela, vous allez changer les lignes droites du masque en courbes.

Créer des masques incurvés

La forme des masques incurvés ou irréguliers est définie par des courbes de Bézier. Elles permettent de contrôler avec précision le tracé d'un masque. Grâce aux courbes de Bézier, vous pouvez créer des lignes droites avec des angles prononcés, des courbes parfaitement lisses ou une combinaison des deux.

1. Dans le panneau Montage, sélectionnez Masque 1, le masque du calque office_mask. Cela permet d'activer le masque et de sélectionner ses sommets.

2. Dans le panneau Outils, sélectionnez l'outil Conversion de sommet (⌃) qui se trouve sous l'outil Plume.

▶ **Astuce :** Le raccourci clavier pour l'outil Plume est la touche **G**. Appuyez dessus plusieurs fois pour faire défiler les différents outils de cette catégorie.

3. Dans le panneau Composition, cliquez sur un des sommets. L'outil Conversion de sommet convertit les angles en courbe.

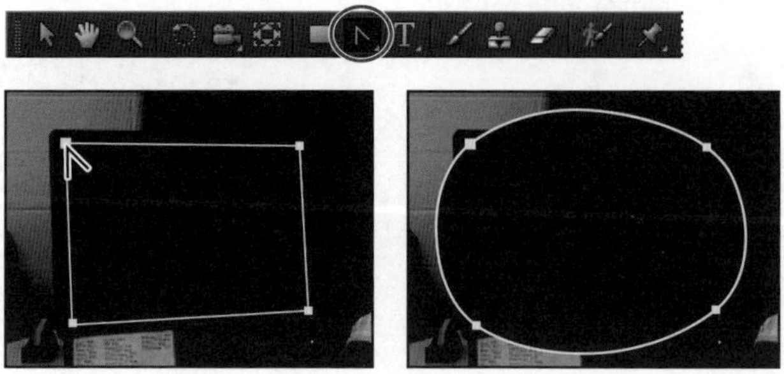

4. Activez l'outil Sélection (↖) et cliquez n'importe où dans le panneau Composition pour désélectionner le masque. Cliquez ensuite sur le premier sommet que vous avez créé.

Deux poignées directrices s'affichent de part et d'autre du sommet arrondi. L'angle et la longueur de ces poignées permettent de contrôler la forme du masque.

5. Déplacez la poignée droite du premier sommet. Observez les changements de forme du masque. Notez également que plus vous approchez la poignée d'un autre sommet, moins la forme du masque est influencée par la poignée directrice du premier sommet et plus elle est influencée par celle du second sommet.

Astuce : En cas d'erreur, appuyez sur Ctrl+Z (Windows) ou Cmd+Z (Mac OS) pour annuler la dernière action. Vous pouvez également utiliser les outils Zoom et Main pour recadrer la zone sur laquelle vous travaillez et repositionner l'image dans le panneau Composition.

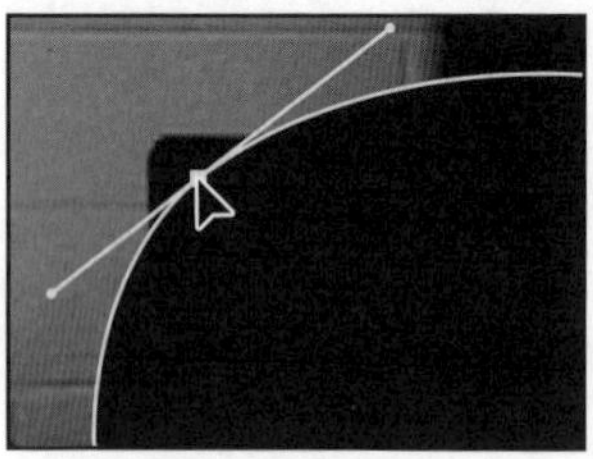

Cliquez sur le sommet.

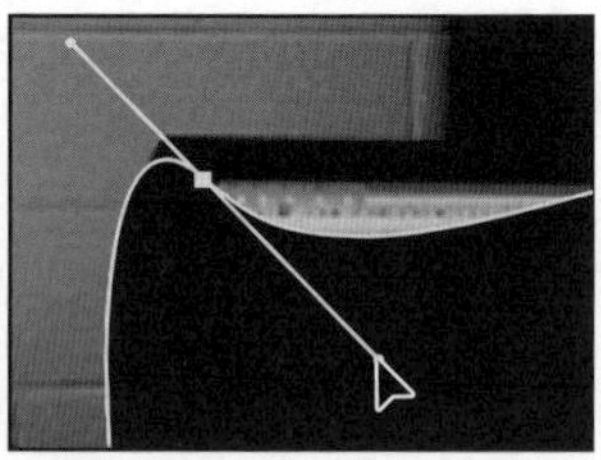

Déplacez la poignée.

6. Une fois que vous vous êtes familiarisé avec la manipulation des poignées, positionnez la poignée du sommet supérieur gauche comme dans l'image précédente. Comme vous pouvez le constater, il est possible de créer des formes très fluides.

Dissocier les poignées directrices

Par défaut, les poignées directrices d'un sommet arrondi fonctionnent par paire. Lorsque vous déplacez une poignée, la poignée opposée effectue un mouvement inverse. Vous pouvez toutefois dissocier le déplacement des deux poignées pour obtenir un contrôle plus précis sur la forme du masque, ce qui vous permet de créer des angles ou de grandes courbes.

1. Sélectionnez l'outil Conversion de sommet (↖) dans le panneau Outils.
2. Faites glisser la poignée directrice droite du sommet situé dans le coin supérieur gauche. La poignée directrice gauche reste à sa place.

3. Ajustez la position de la poignée droite jusqu'à ce que le segment supérieur du masque suive au plus près le bord supérieur de l'écran. Il n'est pas nécessaire que le positionnement soit parfait.

4. Faites glisser la poignée directrice gauche de manière que le segment gauche du masque suive au plus près le bord gauche de l'écran.

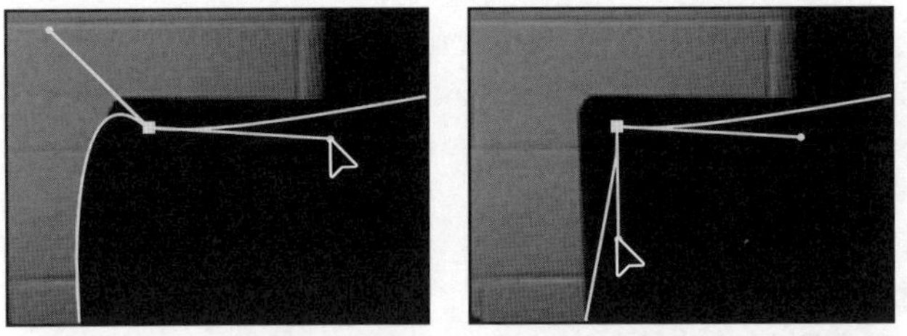

Faites glisser la poignée directrice droite du sommet supérieur gauche, puis la poignée directrice gauche pour suivre la courbe de l'écran.

5. Pour chacun des trois autres sommets, répétez les étapes 2 à 4 avec l'outil Conversion de sommet, jusqu'à ce que la forme du masque corresponde le plus possible à la forme de l'intérieur de l'écran. Si vous devez déplacer un sommet, utilisez également l'outil Sélection.

6. Une fois le masque ajusté, désélectionnez le calque office_mask dans le panneau Montage pour contrôler les contours du masque. L'écran du moniteur doit désormais être totalement invisible.

▶ **Astuce :** Là encore, vous pouvez avoir besoin d'ajuster la vue dans le panneau Composition. Vous pouvez repositionner l'image à l'aide de l'outil Main. Pour activer l'outil Main de façon temporaire, pressez et maintenez enfoncée la barre d'espacement.

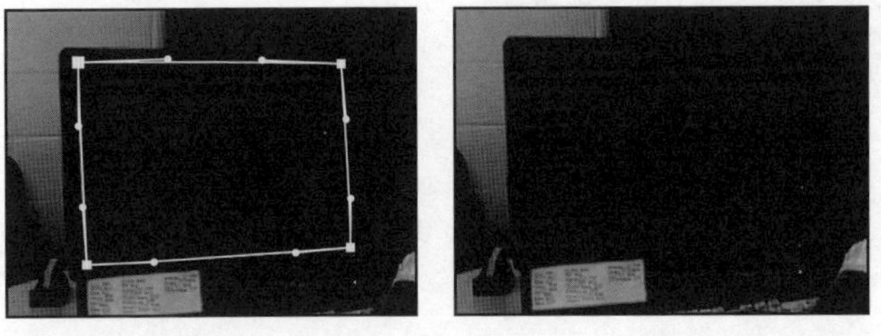

7. Cliquez sur Fichier > Enregistrer.

Créer un masque de Bézier

Vous avez utilisé l'outil Conversion de sommet pour transformer un angle en sommet arrondi possédant des poignées directrices, mais vous pouvez également créer directement un masque de Bézier. Pour cela, cliquez dans le panneau Composition avec l'outil Plume, à l'emplacement où vous souhaitez créer un premier sommet. Cliquez ensuite où vous voulez créer un deuxième sommet et faites glisser la souris dans le sens de la courbe à créer. Lorsque la courbe affichée vous convient, relâchez le bouton de la souris. Continuez à ajouter des points et à faire glisser la souris jusqu'à obtenir la forme souhaitée. Fermez le masque en cliquant de nouveau sur le premier sommet ou en double-cliquant sur le dernier. Activez ensuite l'outil Sélection pour affiner le tracé du masque.

Application d'un contour progressif aux bords du masque

La forme du masque est bonne, mais vous devez adoucir un peu ses contours.

1. Cliquez sur Composition > Paramètres de composition.
2. Cliquez sur l'échantillon de couleur de fond et sélectionnez le blanc (R = 255, V = 255 et B = 255) comme couleur de fond. Cliquez sur OK pour fermer la boîte de dialogue Couleur d'arrière-plan, puis de nouveau sur OK pour fermer la boîte de dialogue Paramètres de composition.

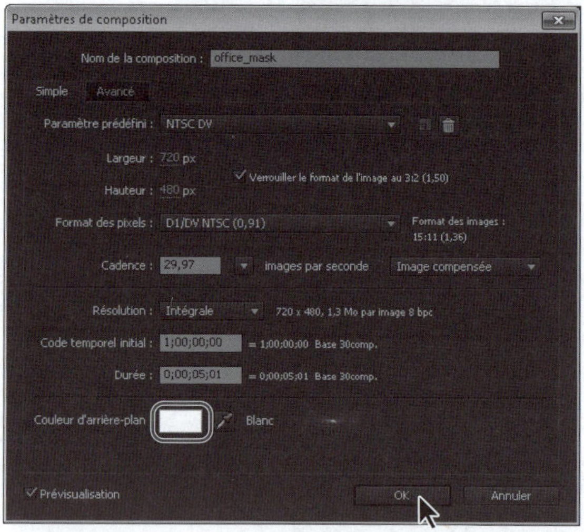

L'aplat blanc permet de constater que les bords de l'écran sont un peu trop abrupts et manquent de réalisme. Pour corriger cela, vous allez donc adoucir les contours du masque.

3. Sélectionnez le calque office_mask dans le panneau Montage et pressez la touche **F** pour afficher la propriété Contour progressif du masque.
4. Donnez à la propriété Contour progressif du masque les valeurs **1,5**, **1,5** pixels.

5. Cachez les propriétés du calque office_mask et cliquez sur Fichier > Enregistrer pour sauvegarder votre travail.

Remplacement du contenu d'un masque

Vous êtes maintenant prêt à remplacer l'écran par les images d'un journal télévisé et à fusionner le tout avec la prise de vues d'origine.

1. Dans le panneau Projet, sélectionnez le fichier news_promo.mov et faites-le glisser sous le calque office_mask dans le panneau Montage.
2. Choisissez Ajuster jusqu'à 100 % dans le menu déroulant Zoom du panneau Composition afin d'afficher la totalité de la composition.
3. À l'aide de l'outil Sélection (↖), faites glisser le calque news_promo dans le panneau Composition jusqu'à ce que son point d'ancrage soit au centre de l'écran du moniteur.

Repositionner et redimensionner la séquence

La vidéo news_promo.mov est trop grande pour la taille de l'écran. Vous allez donc la redimensionner en tant que calque 3D, ce qui vous permettra de mieux contrôler sa taille et sa forme.

1. Le calque news_promo étant sélectionné dans le panneau Montage, activez l'option Calque 3D de ce calque.
2. Pressez la touche **P** pour afficher la propriété Position du calque news_promo.

La propriété Position d'un calque 3D possède trois valeurs ; elles représentent les axes x, y et z de l'image. L'axe z contrôle la profondeur du calque. Les trois axes sont figurés dans le panneau Composition.

● **Note :** Vous en apprendrez davantage sur les calques 3D aux Leçons 10, 11 et 12.

3. Placez le curseur sur la flèche rouge dans le panneau Composition jusqu'à ce qu'un petit *x* apparaisse. La flèche rouge contrôle le positionnement horizontal (axe x) du calque.
4. Faites glisser le calque vers la gauche ou la droite pour le centrer horizontalement sur l'écran.
5. Placez le curseur sur la flèche verte dans le panneau Composition jusqu'à ce qu'un petit *y* apparaisse. Faites glisser le calque pour le centrer verticalement par rapport à l'écran.
6. Placez le curseur sur le cube bleu visible au-dessus des flèches rouge et verte pour afficher un petit *z*. Faites ensuite glisser le calque vers le bas et vers la droite pour augmenter sa profondeur de champ.
7. Continuez à déplacer le calque sur les axes x, y et z jusqu'à ce que l'intégralité du calque tienne dans l'espace de l'écran, comme dans l'image qui suit. Les valeurs définitives de x, y et z sont approximativement 114, 219 et 365.

▶ **Astuce :** Vous pouvez également saisir les valeurs de position directement dans le panneau Montage au lieu de faire glisser le calque dans la composition.

Faire pivoter la séquence

Le placement de la vidéo est meilleur, mais vous devez la faire pivoter légèrement pour améliorer la perspective.

1. Sélectionnez le calque news_promo dans le panneau Montage et pressez la touche **R** pour afficher sa propriété Rotation. Comme il s'agit d'un calque 3D, vous pouvez là aussi contrôler sa rotation sur les axes x, y et z.
2. Saisissez **–10°** pour la valeur Rotation Y. Le calque s'incline pour adopter la perspective du moniteur.
3. Saisissez **–2°** pour la valeur Rotation Z pour aligner le calque sur le moniteur.

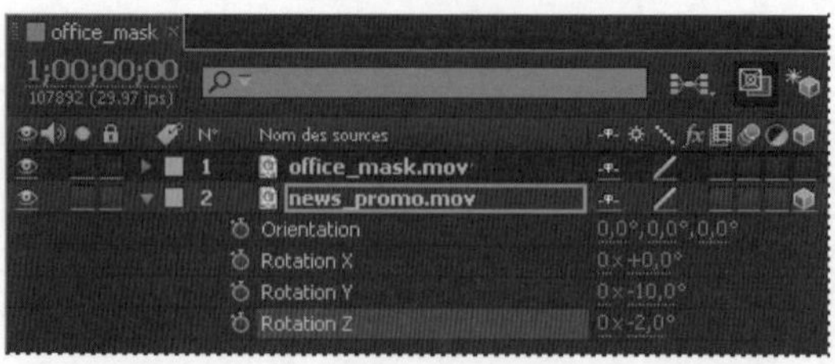

Votre composition doit à présent ressembler à celle de la figure précédente.

4. Cachez les propriétés du calque news_promo et cliquez sur Fichier > Enregistrer.

Ajout d'un reflet

L'image masquée est convaincante, mais vous pouvez lui donner un aspect encore plus réaliste en ajoutant un reflet sur le moniteur.

1. Cliquez sur Calque > Créer > Solide.
2. Dans la boîte de dialogue Réglage uni, nommez le calque **Reflet**, cliquez sur le bouton Créer taille de la composition, choisissez le blanc comme couleur et cliquez sur OK.

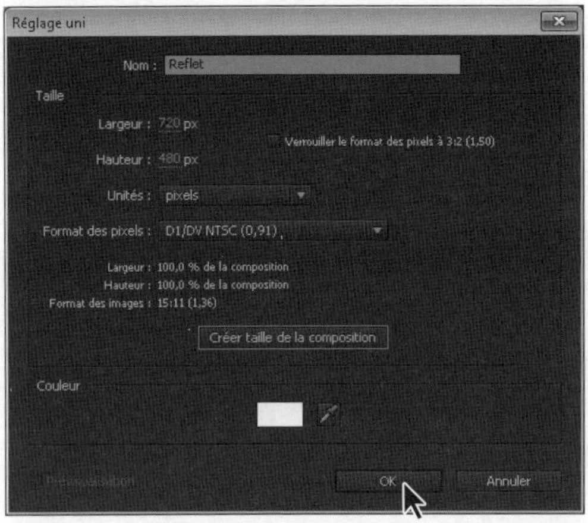

Au lieu d'essayer de recréer exactement la forme du masque du calque office_mask, il est plus simple de la copier dans le calque Reflet.

3. Sélectionnez le calque office_mask dans le panneau Montage et pressez la touche **M** pour afficher la propriété Tracé du masque.
4. Cliquez sur Masque 1 pour le sélectionner, puis cliquez sur Édition > Copier ou appuyez sur Ctrl+C (Windows) ou Cmd+C (Mac OS).
5. Sélectionnez le calque Reflet dans le panneau Montage et cliquez sur Édition > Coller ou appuyez sur Ctrl+V (Windows) ou Cmd+V (Mac OS).

Cette fois-ci, la zone comprise dans le masque doit être opaque et celle à l'extérieur doit être transparente.

6. Sélectionnez le calque office_mask et pressez la touche **U** pour masquer ses propriétés.

7. Sélectionnez le calque Reflet dans le panneau Montage et pressez la touche **M** pour afficher la propriété Contour progressif du masque de Masque 1.

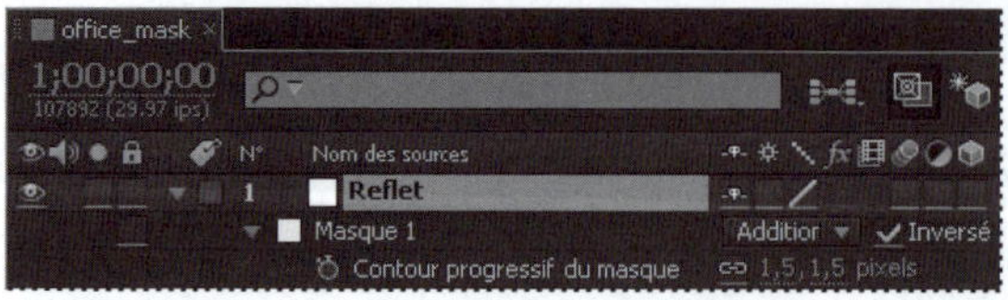

8. Donnez à la propriété Contour progressif du masque une valeur de **0** (zéro).

9. Désactivez l'option Inversé. Le calque Reflet occulte maintenant le calque news_promo.

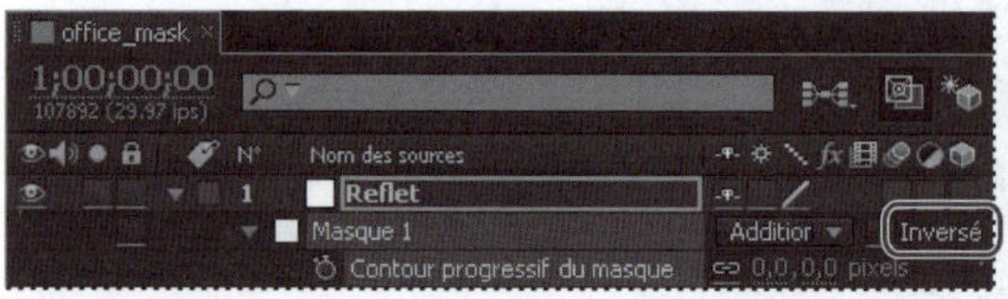

10. Zoomez sur le moniteur, puis activez l'outil Contour progressif du masque (✐) caché sous l'outil Conversion de sommet (⌃) dans le panneau Outils.

Avec la propriété Contour progressif du masque, tous les contours du masque ont la même largeur. À l'inverse, l'outil Contour progressif du masque vous permet de varier la progressivité du contour.

11. Cliquez sur le calque Reflet dans le panneau Montage pour le sélectionner. Cliquez ensuite sur le sommet inférieur gauche du masque pour créer un sommet progressif et faites-le glisser vers le centre de l'écran pour que le reflet recouvre environ un quart de l'écran, comme dans l'illustration ci-contre.

Pour l'instant, le contour progressif est identique sur tout le masque. Vous allez ajouter d'autres sommets de contour progressif pour le modifier.

12. Cliquez au centre et vers le sommet du masque pour créer un autre sommet de contour progressif. Faites-le ensuite glisser légèrement vers le bas, vers l'intérieur du masque.
13. Cliquez du bouton droit sur le sommet de contour progressif que vous venez de créer et choisissez Modifier le rayon dans le menu contextuel. Donnez une valeur de **0** à la propriété Rayon du contour progressif et cliquez sur OK.

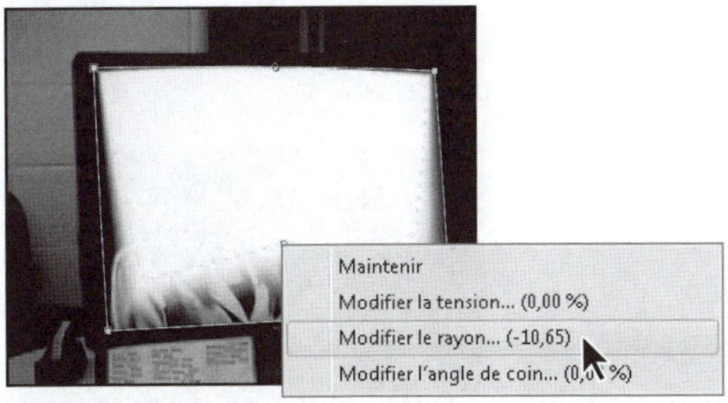

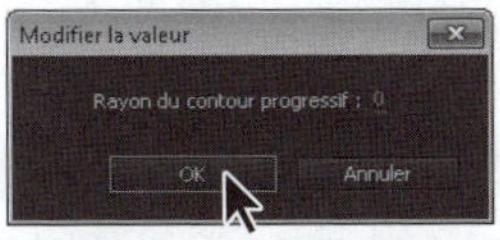

C'est un bon début, mais les contours latéraux du masque sont trop abrupts. Vous allez donc ajouter d'autres sommets de contour progressif pour modifier leur angle.

14. Cliquez sur le bord gauche du masque pour ajouter un nouveau sommet de contour progressif, dans le tiers supérieur de l'écran.
15. Ajoutez un sommet de contour progressif sur le tiers supérieur du bord droit du masque.

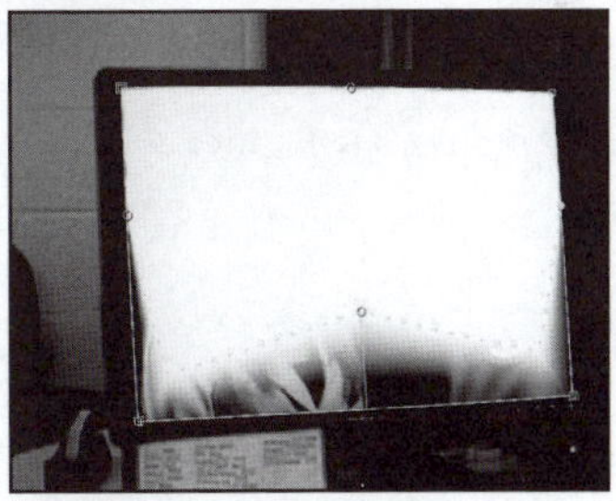

La forme du reflet est bonne, mais il masque l'image. Vous allez modifier son opacité pour réduire son effet.

16. Sélectionnez le calque Reflet dans le panneau Montage et pressez la touche **T** pour afficher sa propriété Opacité. Réduisez sa valeur à **25 %**.

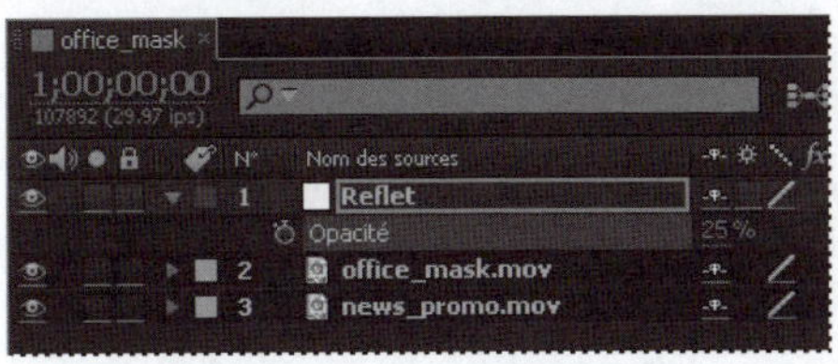

17. Pressez la touche **T** pour masquer la propriété Opacité, puis appuyez sur la touche F2 ou cliquez dans une zone vierge du panneau Montage pour désélectionner tous les calques.

Appliquer un mode de fusion

Pour créer des interactions entre les calques, vous pouvez expérimenter les modes de fusion. Ils permettent de contrôler la façon dont un calque interagit avec le calque inférieur. Les modes de fusion dans After Effects sont identiques aux modes de fusion dans Adobe Photoshop.

1. Dans le menu du panneau Montage, choisissez Colonne > Modes pour afficher le menu déroulant Modes.
2. Choisissez Addition dans le menu Mode du calque Reflet.

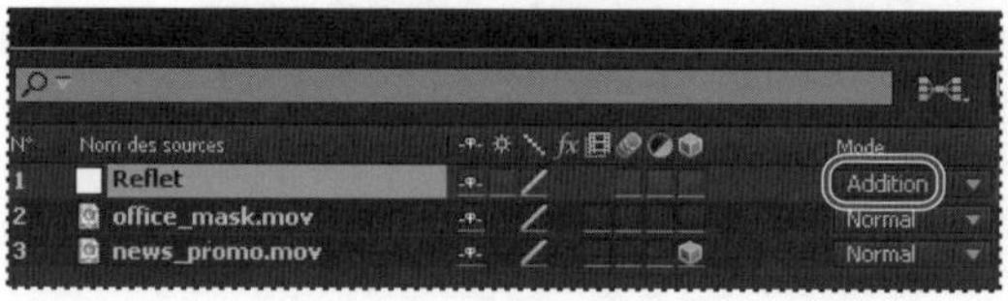

Le reflet de l'écran apparaît plus net et les couleurs situées en dessous sont renforcées.

3. Cliquez sur Fichier > Enregistrer.

Ajouter un calque de lumière 3D

Au lieu de créer la réflexion à l'aide d'un calque solide et d'un masque au contour progressif, vous auriez aussi pu utiliser un calque de lumière 3D pour générer un reflet réaliste. (Vous en apprendrez davantage sur les calques 3D dans les Leçons 10, 11 et 12.) Si vous le souhaitez, vous pouvez toutefois suivre ces étapes dès maintenant pour créer un calque de lumière 3D. Cet exercice est optionnel.

1. Désactivez l'affichage du calque Reflet en cliquant sur son bouton Vidéo.
2. Cliquez sur Calque > Créer > Lumière.
3. Cliquez sur OK pour accepter les valeurs par défaut de la boîte de dialogue Paramètres de lumière.
4. Le calque Lumière 1 étant sélectionné dans le panneau Montage, pressez la touche **P** pour afficher sa propriété Position. Ce paramètre contrôle la position de la source lumineuse dans la scène.
5. Donnez au paramètre Position les valeurs **260**, **–10**, **–350** pour placer la lumière au-dessus de l'écran et hors de la composition.
6. Sélectionnez le calque Lumière 1 dans le panneau Montage et pressez la touche **A** pour afficher sa propriété Point ciblé. Le point ciblé permet de définir la direction de la source lumineuse.
7. Donnez à la propriété Point ciblé les valeurs **135**, **200**, **0**.
8. Sélectionnez le calque news_promo.mov dans le panneau Montage et pressez deux fois la touche **A** rapidement pour afficher les propriétés de la catégorie Options Surface. Elles déterminent la façon dont un calque 3D interagit avec l'ombre et la lumière, ce qui est essentiel pour obtenir des effets réalistes dans les animations 3D.
9. Augmentez à **75 %** la valeur de la propriété Intensité spéculaire et à **50 %** la valeur de la propriété Brillance spéculaire.
10. Réduisez la valeur Métal à **50 %**. Cette propriété détermine à quel point les couleurs du calque reflètent la lumière. Comme le calque contient beaucoup de couleur bleu sombre, peu de lumière est reflétée. Étant donné que l'on cherche à simuler une vitre devant le calque, le fait de réduire cette valeur pousse le reflet à adopter la même couleur que la lumière.
11. Cachez les propriétés du calque news_promo.mov.

Vous avez créé le même effet en utilisant un calque de lumière 3D.

Création d'un effet de vignettage

Le vignettage est un effet classique dans les compositions vidéo. Il permet souvent de simuler les variations de lumière dues à la lentille de l'objectif. Cela permet de créer un rendu intéressant qui concentre l'attention du spectateur sur un point précis.

1. Zoomez en arrière pour afficher la totalité de l'image.

2. Cliquez sur Calque > Créer > Solide.

3. Dans la boîte de dialogue Réglage uni, nommez le calque **Vignette**, cliquez sur le bouton Créer taille de la composition, choisissez le noir comme couleur (R = 0, V = 0 et B = 0) et cliquez sur OK.

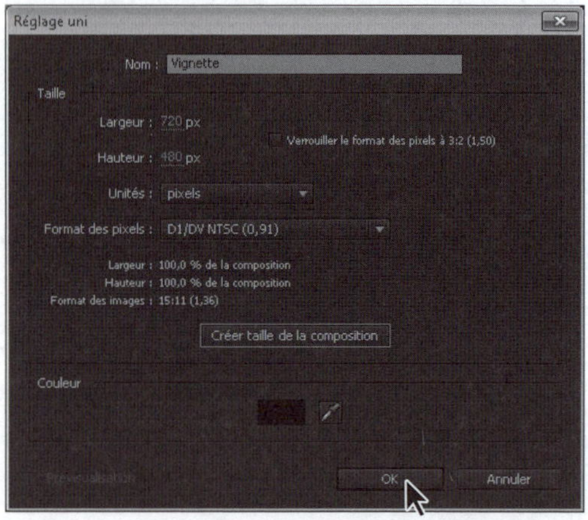

En plus de l'outil Plume, After Effects dispose d'outils permettant de créer aisément des masques rectangulaires ou elliptiques.

4. Dans le panneau Outils, sélectionnez l'outil Ellipse (◯) caché sous l'outil Rectangle (▭).

5. Dans le panneau Composition, placez le curseur en forme de croix sur le coin supérieur gauche de l'image. Cliquez et faites glisser sur le coin opposé pour créer une forme elliptique remplissant l'image. Si nécessaire, ajustez la forme et la position du masque avec l'outil Sélection.

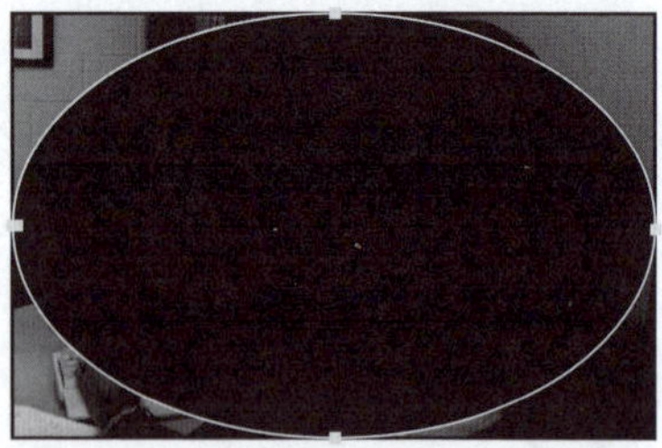

6. Cliquez sur le triangle à gauche de la propriété Masque 1 du calque Vignette pour afficher toutes les propriétés de masque de ce calque.

7. Choisissez Soustraction dans le menu Mode de Masque 1.

8. Augmentez le contour progressif du calque à **200, 200** pixels.

Les outils Rectangle et Ellipse

L'outil Rectangle, comme son nom l'indique, permet de créer un rectangle, mais aussi un carré. L'outil Ellipse permet de créer un cercle ou un ovale. Vous pouvez tracer des masques à l'aide de ces outils dans les panneaux Composition et Calque.

Si vous souhaitez que le masque soit parfaitement carré ou rond, tracez-le tout en maintenant la touche Maj enfoncée. Pour créer un masque depuis le centre, appuyez sur la touche Ctrl (Windows) ou Cmd (Mac OS) après avoir commencé à faire glisser la souris. Pour créer un masque parfaitement carré ou circulaire depuis le centre, appuyez sur Ctrl+Maj ou Cmd+Maj après avoir commencé à faire glisser la souris.

Attention : si vous utilisez ces outils sans sélectionner de calque, vous tracez une forme et non un masque.

Votre composition doit maintenant ressembler à la figure suivante.

Même avec un contour progressif aussi marqué, l'effet de vignette est trop prononcé. Vous pouvez l'atténuer en ajustant la propriété Expansion de masque. Cette propriété représente la contraction ou la dilatation en pixels du contour du masque d'origine.

9. Donnez à la propriété Expansion de masque la valeur **90** pixels.

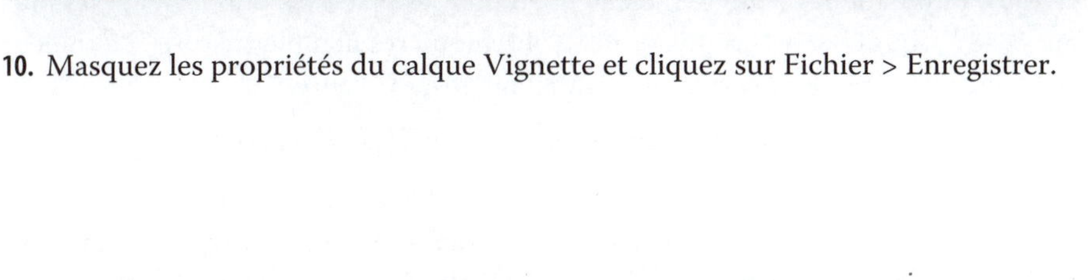

10. Masquez les propriétés du calque Vignette et cliquez sur Fichier > Enregistrer.

Astuces pour la création de masques

Si vous avez déjà travaillé avec Adobe Illustrator, Photoshop ou des programmes similaires, vous êtes sans doute habitué aux masques et aux courbes de Bézier. Dans le cas contraire, voici quelques conseils qui vous permettront d'être plus efficace.

- Utilisez le moins de sommets possible.
- Comme vous l'avez vu dans cette leçon, vous pouvez fermer un masque en cliquant sur le premier sommet. Il est aussi possible d'ouvrir un masque fermé. Pour cela, cliquez sur un des segments du masque et puis sur Calque > Tracés de masque et de forme, puis désélectionnez l'option Fermé.
- Pour ajouter des points à un tracé ouvert, appuyez sur la touche Ctrl (Windows) ou Cmd (Mac OS) et cliquez sur le dernier point du tracé avec l'outil Plume pour le sélectionner. Vous pouvez ensuite continuer à ajouter des points.

Ajustement des couleurs

La séquence est assez réaliste, mais les couleurs du calque office_mask.mov sont un peu ternes. Vous allez les renforcer pour mettre en valeur cette partie de l'image.

1. Sélectionnez le calque office_mask.mov dans le panneau Montage.
2. Cliquez sur Effet > Correction colorimétrique > Niveaux automatiques. Cet effet paramètre automatiquement les tons clairs et foncés en définissant en blanc les pixels les plus clairs et en noir les plus foncés, et ce pour chaque couche de couleur, puis redistribue proportionnellement les valeurs intermédiaires. Étant donné qu'il règle chaque couche de couleur individuellement, il peut supprimer ou introduire des dominantes de couleur.

Pourquoi appliquer cet effet ? Parfois, les caméras vidéo favorisent une couleur donnée, ce qui a tendance à refroidir l'image (bleutée) ou à la réchauffer (plus rouge). L'effet Niveaux automatiques définit en blanc et en noir les pixels les plus clairs et les plus foncés de chaque couche, ce qui permet d'obtenir un résultat plus naturel. La couleur du calque office_mask.mov devrait maintenant être meilleure.

3. Cliquez sur Fichier > Enregistrer pour sauvegarder le projet terminé.

Au long de cette leçon, vous avez travaillé avec les différents outils de masquage pour masquer, afficher ou ajuster des parties de la composition afin d'intégrer un métrage dans la prise de vues principale. Avec les images clés, les masques constituent une des fonctions les plus employées dans After Effects.

Si vous le souhaitez, vous pouvez lancer une prévisualisation ou procéder au rendu et à l'exportation de la séquence en vous référant aux instructions de la Leçon 14.

Créer un cache avec l'outil Roto-pinceau

La *rotoscopie* désigne le fait de dessiner ou de peindre sur les images d'un film. Cette technique, couramment employée pour effectuer le suivi d'un objet, utilise le tracé comme un masque afin de le séparer de l'arrière-plan et de pouvoir ainsi travailler sur cet objet indépendamment. Ce processus est généralement très long et très fastidieux mais l'outil Roto-pinceau le facilite grandement.

L'outil Roto-pinceau permet de définir les éléments au premier plan et à l'arrière-plan, avant qu'After Effects ne crée le cache et ne procède au suivi du mouvement de ce dernier dans le temps. Le processus de rotie se réalise en quatre grandes étapes : définir la bordure de segmentation dans une image de base, améliorer la bordure de segmentation sur l'étendue initiale, ajouter de nouvelles images de base si nécessaire et affiner le cache.

Créer une image de base

Vous devez commencer par peindre sur une image de base afin de créer une bordure de segmentation entre le premier plan et à l'arrière-plan.

1. Activez l'outil Roto-pinceau Dans le panneau Outils, puis définissez la taille de la brosse adaptée pour votre image.
2. Double-cliquez sur le calque dans le panneau Montage pour l'ouvrir dans le panneau Calque, où vous utilisez l'outil Roto-pinceau.
3. Peignez des traits verts sur l'objet au premier plan, en commençant par son centre. Il n'est pas nécessaire de définir une bordure de segmentation précise.

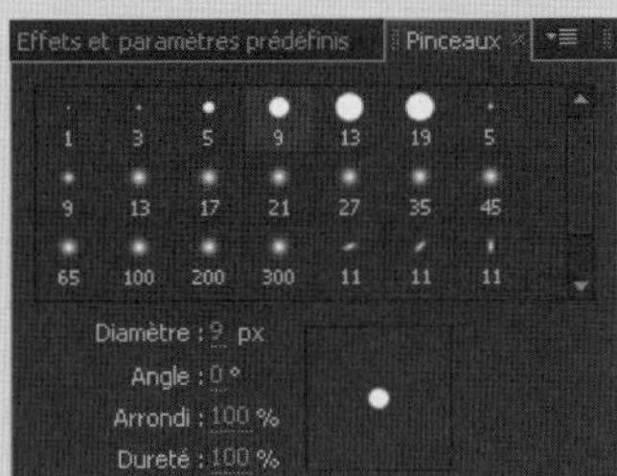

After Effects indique le contour de l'objet par un contour de couleur magenta.

4. Pour affiner ce contour, peignez des traits verts supplémentaires sur l'objet au premier plan. Pour exclure des zones du cache, maintenez la touche Alt ou Option enfoncée afin de peindre des traits rouges qui indiquent que ces zones appartiennent à l'arrière-plan.

Améliorer la bordure de segmentation

Lorsque vous créez la bordure de segmentation séparant le premier plan et l'arrière-plan sur l'image de base, After Effects applique cette bordure de segmentation sur 20 images. Utilisez l'outil Roto-pinceau pour améliorer le cache sur certaines ou sur chacune de ces images si nécessaire.

Ajouter de nouvelles images de base

Le nombre d'images concerné augmente au fur et à mesure et vous pouvez aussi modifier cette étendue manuellement. Cependant, le temps nécessaire à After Effects pour propager, ou calculer, la bordure de segmentation sur chaque image augmente au fur et à mesure que vous vous éloignez de l'image de base. Si la scène change de manière significative, il peut alors être plus efficace de créer plusieurs images de base.

1. Placez-vous sur une image qui n'est pas incorporée dans l'étendue du Roto-pinceau.
2. Utilisez l'outil Roto-pinceau pour définir la bordure de segmentation sur cette image.
3. Pressez la touche 1 pour reculer d'une image et améliorez la bordure de segmentation. Continuez à reculer dans le temps et à ajuster la bordure de segmentation jusqu'à atteindre le début de l'étendue précédente.
4. Avancez ensuite image par image depuis l'image de base en améliorant la bordure de segmentation.

Geler le cache

Au fur et à mesure que vous avancez dans la séquence, After Effects met en cache la bordure de segmentation. Pour que ces données restent accessibles, vous pouvez les geler en cliquant sur le bouton Geler situé dans le coin inférieur droit du panneau Calque. Une fois la segmentation gelée, vous ne pouvez plus la modifier à moins de la déverrouiller. Il est donc préférable d'affiner autant que possible la bordure de segmentation au préalable.

Affiner le cache

Il arrive que l'outil Roto-pinceau ne parvienne pas à séparer certaines zones de l'objet au premier plan de l'arrière-plan. Vous pouvez alors modifier le cache en peignant directement sur la couche alpha de chaque image.

Révisions

Questions

1. Qu'est-ce qu'un masque ?
2. Citez deux techniques permettant de modifier la forme d'un masque.
3. À quoi servent les poignées directrices ?
4. Quelle est la différence entre un masque ouvert et un masque fermé ?
5. Quelle est l'utilité de l'outil Contour progressif du masque ?

Réponses

1. Un masque dans After Effects est un tracé employé pour modifier les effets et les propriétés d'un calque. Les masques sont le plus souvent utilisés pour modifier la couche alpha d'un calque. Ils sont composés de segments et de sommets.
2. On peut ajuster la forme d'un masque en faisant glisser ses sommets ou ses segments.
3. Les poignées directrices permettent de contrôler la forme et les angles d'une courbe de Bézier.
4. Un masque ouvert permet de contrôler des effets ou de positionner du texte. Il ne définit pas une zone de transparence. Un masque fermé définit une région qui affecte la couche alpha d'un calque et donc sa transparence.
5. L'outil Contour progressif du masque permet de faire varier la progressivité du contour sur différents points du masque. Pour cela, on clique sur le contour pour ajouter un sommet que l'on fait ensuite glisser.

Étirez et déformez les objets à l'écran avec les outils Marionnette. Que vous créiez des animations réalistes, des histoires fantastiques ou des œuvres d'art moderne, ces outils vous donnent encore plus de possibilités d'être imaginatif.

DÉFORMATION D'OBJETS AVEC LES OUTILS MARIONNETTE

8

Au cours de cette leçon, vous apprendrez à :

- placer des coins Déformation marionnette avec l'outil Coin marionnette ;
- définir les zones de recouvrement avec l'outil Recouvrement marionnette ;
- rigidifier certaines parties d'une image avec l'outil Empois marionnette ;
- animer la position des coins Déformation marionnette ;
- lisser le mouvement d'une animation ;
- enregistrer l'animation avec l'outil Dessin marionnette.

Cette leçon vous prendra environ une heure. Si vous ne l'avez pas déjà fait, copiez le dossier Lesson08 depuis le DVD-ROM *Adobe After Effects CS6 Classroom in a Book* sur votre disque dur. Au cours de cette leçon, vous ne modifierez pas les fichiers de départ. Si vous devez néanmoins revenir à la version d'origine du fichier, copiez-le de nouveau depuis le DVD-ROM.

Préparatifs

Les outils Marionnette d'Adobe After Effects permettent d'animer des déformations d'images et de créer un mouvement naturel, aussi bien sur des images pixellisées que sur des illustrations vectorielles. Trois d'entre eux ajoutent des coins à un objet pour définir quelles parties doivent être déformées, quelles parties doivent rester au premier plan et lesquelles doivent conserver une plus grande rigidité. Un outil supplémentaire, Dessin marionnette, permet d'enregistrer l'animation en temps réel. Au cours de cette leçon, vous allez vous servir des outils Marionnette pour animer un personnage qui glisse sur une peau de banane.

Vous allez commencer par visualiser la vidéo finale et créer le projet.

1. Assurez-vous que les fichiers suivants se trouvent sur votre disque dur dans le dossier AECS6_CIB/Lessons/Lesson08 ou bien copiez-les depuis le DVD-ROM *Adobe After Effects CS6 Classroom in a Book :*
   - dans le dossier Assets : backdrop.psd, banana.psd et man.psd ;
   - dans le dossier Sample_Movies : Lesson08.mov.
2. Ouvrez et lancez la lecture de la séquence d'exemple Lesson08.mov pour juger du résultat à atteindre en fin de leçon. Quittez ensuite le lecteur QuickTime. Supprimez le fichier d'exemple si la place est comptée sur votre disque dur.

En début de leçon, restaurez les paramètres d'application par défaut d'After Effects. (Reportez-vous à la section "Rétablissement des préférences par défaut" de l'Introduction.)

3. Lancez After Effects et appuyez immédiatement sur les touches Ctrl+Alt+Maj (Windows) ou Cmd+Option+Maj (Mac OS) pour restaurer les préférences par défaut. Cliquez sur OK pour confirmer la suppression du fichier de préférences. Cliquez ensuite sur Fermer dans l'écran de bienvenue.

After Effects ouvre un projet vide sans titre.

4. Cliquez sur Fichier > Enregistrer sous > Enregistrer sous.
5. Dans la boîte de dialogue Enregistrer sous, parcourez votre disque dur jusqu'au dossier AECS6_CIB/Lessons/Lesson08/Finished Project.
6. Nommez le projet **Leçon08_Final.aep** et cliquez sur Enregistrer.

Importer les métrages

Vous allez importer trois fichiers Adobe Photoshop que vous utiliserez pour créer la séquence.

1. Cliquez sur Fichier > Importer > Fichier.
2. Parcourez votre disque dur jusqu'au dossier AECS6_CIB/Lessons/Lesson08/Assets. Maintenez la touche Maj enfoncée et cliquez sur les fichiers backdrop.psd, banana.psd et man.psd pour les sélectionner. Cliquez ensuite sur Ouvrir. Les métrages s'affichent dans le panneau Projet.

3. Cliquez sur le bouton Créer un nouveau dossier au bas du panneau Projet.
4. Nommez le dossier **Actifs** et faites ensuite glisser les métrages dans ce dossier.
5. Cliquez sur le triangle à côté du nom du dossier Actifs pour afficher son contenu.

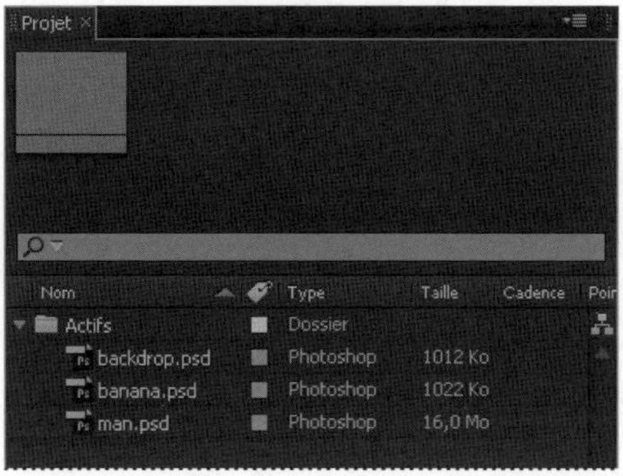

Créer la composition

Comme pour tout nouveau projet, vous devez créer une nouvelle composition :

1. Cliquez sur Composition > Nouvelle composition.
2. Nommez la composition **Homme qui marche**.
3. Sélectionnez NTSC DV dans le menu déroulant Paramètre prédéfini. Vous configurez ainsi automatiquement la largeur, la hauteur, le format des pixels et la cadence de la composition.
4. Dans le champ Durée, saisissez **500** pour définir une durée de cinq secondes, puis cliquez sur OK.

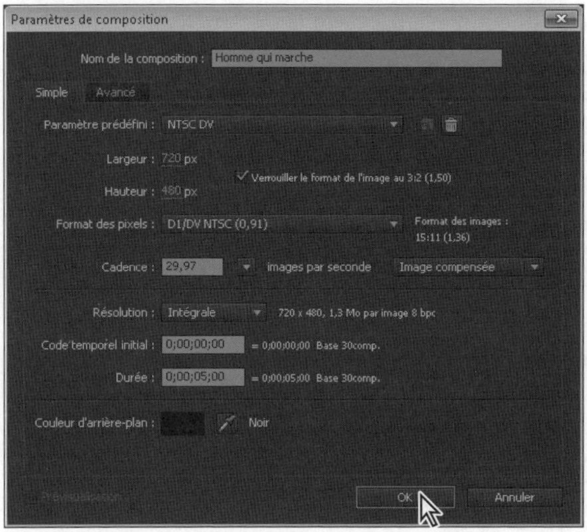

After Effects ouvre la nouvelle composition dans les panneaux Composition et Montage.

Ajouter l'arrière-plan

Comme il est plus simple d'animer un personnage dans son contexte, vous allez commencer par ajouter l'arrière-plan de la composition.

1. Appuyez sur la touche Origine ou déplacez l'Indicateur d'instant courant au début de l'échelle de temps.
2. Faites glisser le fichier backdrop.psd dans le panneau Montage.
3. Verrouillez ce calque pour éviter qu'il soit modifié accidentellement.

Redimensionner un objet

Vous allez à présent ajouter la peau de banane. La taille de l'image étant trop importante, vous devez la redimensionner.

1. Faites glisser le fichier banana.psd depuis le panneau Projet en haut de la pile des calques du panneau Montage.

2. Sélectionnez le calque banana.psd dans le panneau Montage et pressez la touche **S** pour afficher sa propriété Échelle.
3. Donnez à la propriété Échelle une valeur de **15 %**.

4. Pressez la touche **P** pour afficher la propriété Position du calque.
5. Donnez à la propriété Position les valeurs **160, 420**. La peau de banane se positionne sur le côté gauche de la composition.

6. Cachez les propriétés du calque banana.psd.

Ajouter le personnage

Le personnage est le dernier élément à ajouter dans cette scène. Vous allez l'intégrer à la composition, puis vous modifierez sa taille et sa position.

● **Note :** Dans le dessin original, le personnage a déjà glissé sur la peau de banane et il est en train de tomber. Pour que l'animation soit plus facile à réaliser, le personnage a été modifié afin qu'il se tienne plus droit. Il n'est pas toujours nécessaire (ou possible) de modifier ainsi l'élément que vous voulez animer, mais il est parfois plus simple de procéder à quelques ajustements avant de créer l'animation.

1. Faites glisser le fichier man.psd depuis le panneau Projet au sommet de la pile des calques dans le panneau Montage.
2. Sélectionnez le calque man.psd dans le panneau Montage, puis pressez la touche **S** pour afficher sa propriété Échelle.
3. Donnez à la propriété Échelle une valeur de **15 %**.
4. Pressez la touche **P** pour afficher la propriété Position du calque et donnez à la propriété Position les valeurs **575, 300**.

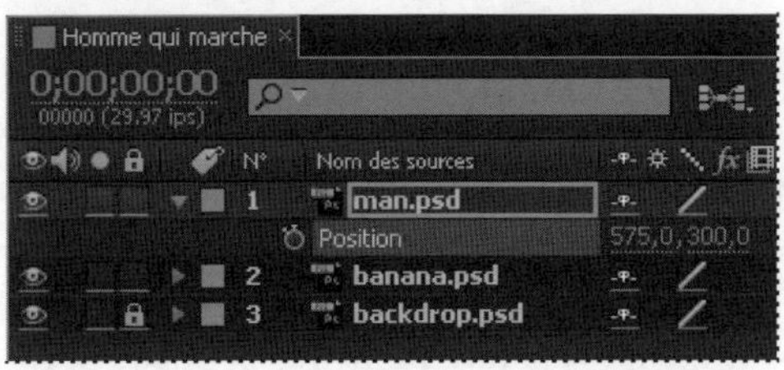

5. Appuyez de nouveau sur la touche **P** pour cacher la propriété Position de ce calque.
6. Cliquez sur Fichier > Enregistrer pour sauvegarder votre projet.

À propos des outils Marionnette

Les outils Marionnette transforment les images pixellisées et les illustrations vectorielles en marionnettes virtuelles. Lorsque vous déplacez une chaîne de la marionnette, la partie du corps attachée à cette chaîne bouge. Tirez vers le haut la chaîne attachée à une main, et la main se lève. Les outils Marionnette indiquent l'emplacement de ces chaînes à l'aide de coins.

L'effet Marionnette déforme une partie d'image en fonction de la position des coins que vous placez et déplacez. Ces coins définissent les parties de l'image à déplacer, celles qui doivent rester en place et celles qui doivent se trouver au premier plan en cas de recouvrement.

Chaque outil Marionnette est employé pour placer et modifier un des trois types de coin disponibles :

- L'outil Coin marionnette () permet de placer et de déplacer des coins de déformation, et donc de déformer le calque.
- L'outil Recouvrement marionnette () place des coins de recouvrement désignant les parties d'une image à afficher au premier plan lorsque deux zones se recouvrent.
- L'outil Empois marionnette () place des coins d'empois qui rendent les parties de l'image plus résistantes à une distorsion.

Dès que vous placez le premier coin, la zone située à l'intérieur d'un contour est automatiquement divisée en filet de triangles. Chaque partie de ce filet est associée aux pixels de l'image, si bien que ces derniers se déplacent avec le filet. Lorsque vous animez un coin de déformation, la déformation est plus importante dans la zone la plus proche du coin, mais la rigidité générale du filet est conservée autant que possible. Si vous animez, par exemple, un coin de déformation situé dans la main d'un personnage, la main et le bras seront déformés mais le reste du personnage ne changera pas.

● **Note :** Le filet est calculé sur l'image où vous appliquez le coin de déformation. Si vous ajoutez des coins à un autre moment dans l'échelle de temps, ils se placent en fonction de la position originale du filet.

Ajout de coins de déformation

Les coins Déformation marionnette forment le composant principal de l'effet Marionnette. Leur emplacement et la façon dont vous les disposez déterminent la manière dont les objets bougent ensuite à l'écran. Vous allez placer des coins de déformation, puis vous afficherez le filet qu'After Effects crée pour définir la zone d'influence de chaque coin.

Lorsque vous sélectionnez l'outil Coin marionnette, le panneau Outils affiche les options de l'outil Marionnette. Chaque coin dispose de ses propriétés dans le panneau Montage, et After Effects crée automatiquement une image clé initiale pour chaque coin.

1. Sélectionnez l'outil Coin marionnette (📌) dans le panneau Outils.

2. Dans le panneau Composition, placez un coin Déformation marionnette sur le poignet droit du personnage. Si nécessaire, faites un zoom avant pour mieux visualiser le personnage. Un rond jaune représentant le coin de déformation s'affiche dans le panneau Composition.

● **Note :** Attention ! Comme le personnage est de face, son bras droit est situé à gauche dans l'image. Nous faisons ici référence à sa droite et non à la vôtre.

Si vous utilisiez maintenant l'outil Sélection (↖) pour déformer le coin Déformation marionnette, le personnage entier se déplacerait. Vous devez placer d'autres coins pour que les autres parties du filet conservent leur position.

3. Avec l'outil Coin marionnette, placez un autre coin Déformation marionnette près du poignet gauche du personnage.

Vous pouvez maintenant déplacer la main droite avec l'outil Sélection. Plus vous placez de coins, plus la zone sur laquelle chacun d'entre eux agit est réduite et donc déformée. Si vous avez fait des essais, appuyez sur les touches Ctrl+Z (Windows) ou Cmd+Z (Mac OS) pour annuler toutes les déformations.

4. Placez des coins Déformation marionnette supplémentaires près des chevilles gauche et droite du personnage, sur son torse (près du bas de sa cravate) et sur son front.
5. Dans le panneau Montage, affichez les propriétés de Filet 1 > Déformation. Chacun des coins de déformation que vous avez placés apparaît sur la liste. Pour plus de clarté, vous allez maintenant les renommer.
6. Sélectionnez Coin marionnette 1, appuyez sur la touche Entrée (Windows) ou Retour (Mac OS) et renommez ce coin **Bras droit**. Appuyez de nouveau sur la touche Entrée ou Retour pour valider le nouveau nom.
7. Renommez les autres coins (Coin marionnette 2 à 6) comme suit : **Bras gauche**, **Jambe droite**, **Jambe gauche**, **Buste** et **Tête**.

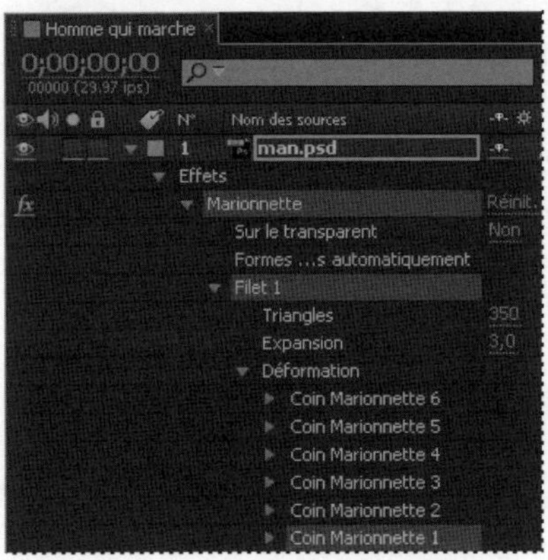

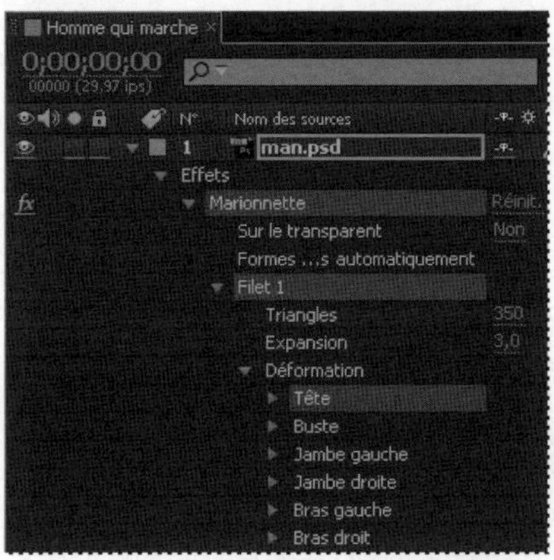

8. Activez l'option Filet : Afficher du panneau Outils pour visualiser le filet de déformation.

9. Donnez à la propriété Triangles du panneau Outils la valeur **300**. Ce paramètre définit le nombre de triangles que le filet contient. Plus cette valeur est élevée et plus l'animation sera fluide, mais le temps nécessaire à son rendu sera long.

▶ **Astuce :** Vous pouvez agrandir la taille du filet au-delà des limites du calque afin de garantir que tous les traits seront bien compris dans le filet. Pour cela, augmentez la valeur de la propriété Expansion dans le panneau Outils.

Définition des zones de recouvrement

● **Note :** Vous devez sélectionner l'option Filet : Afficher séparément pour chaque outil Marionnette. Vous pouvez placer des coins sans afficher le filet, mais son utilisation lors de cette leçon vous permettra de mieux comprendre le fonctionnement des outils Marionnette.

Lorsqu'un être humain marche, ses bras se balancent. Par conséquent, des parties du bras droit et de la jambe droite de notre personnage se trouveront à certains moments derrière d'autres parties de son corps au cours de son déplacement. Vous allez employer l'outil Recouvrement marionnette pour définir quelles zones doivent être au premier plan lorsqu'elles se superposent avec d'autres zones.

1. Sélectionnez l'outil Recouvrement marionnette () caché sous l'outil Coin marionnette dans le panneau Outils.

2. Activez l'option Filet : Afficher du panneau Outils pour visualiser le filet de déformation.

▶ **Astuce :** Si le filet ne s'affiche pas lorsque vous cliquez sur l'option Filet : Afficher, cliquez en dehors du tracé de la forme dans le panneau Composition.

3. Zoomez puis servez-vous de l'outil Main () pour déplacer le personnage dans le panneau Composition et ainsi mieux voir son buste et ses jambes. Sélectionnez ensuite de nouveau l'outil Recouvrement marionnette.

4. Dans la zone d'options du panneau Outils, donnez à la propriété Devant une valeur de **100 %**. Cette valeur définit la distance de l'élément par rapport au spectateur. Ainsi, les parties du corps que vous allez sélectionner resteront au premier plan.

5. Cliquez sur les intersections du filet pour placer des coins Recouvrement marionnette sur le côté droit du buste et sur la jambe gauche du personnage, car ces deux zones doivent rester au premier plan. Lorsque vous ajoutez un coin, vous pouvez ajuster la valeur de sa propriété Extension dans la zone d'options du panneau Outils. Cette propriété définit la zone d'influence du coin Recouvrement marionnette, qui s'affiche dans une couleur plus claire dans le panneau Composition. Utilisez l'illustration suivante pour vous guider.

Conservation de la rigidité d'une zone

Lorsque le personnage marche, ses bras et ses jambes doivent bouger, mais son buste doit rester droit. Vous allez vous servir de l'outil Empois marionnette pour ajouter des coins Empois là où vous souhaitez que le corps du personnage reste rigide.

1. Sélectionnez l'outil Empois marionnette ( ) caché sous l'outil Recouvrement marionnette dans le panneau Outils.
2. Activez l'option Filet : Afficher du panneau Outils pour visualiser le filet de déformation.
3. Placez des coins Empois marionnette dans la moitié inférieure du buste, comme dans l'illustration ci-contre.

● **Note :** La propriété Quantité définit la rigidité de la zone. Plus sa valeur est élevée et plus la zone est rendue rigide. À l'inverse, vous utiliserez des valeurs négatives pour réduire la rigidité d'un autre coin.

4. Masquez les propriétés du calque man.psd dans le panneau Montage.
5. Cliquez sur Fichier > Enregistrer pour sauvegarder votre projet.

Animation de la position des coins

Les coins Déformation, Recouvrement et Empois marionnette sont à présent en place. Vous allez maintenant modifier la position des coins Déformation marionnette pour animer le personnage. Les coins Recouvrement marionnette forcent certaines zones à rester au premier plan, tandis que les coins Empois marionnette empêchent certaines zones en particulier (le buste, ici) d'être trop déformées.

Créer un cycle de marche

Le personnage doit commencer par traverser l'écran en marchant. Pour que l'effet soit réaliste, gardez à l'esprit que la trajectoire des membres ne doit pas être linéaire. Vous allez donc donner un mouvement ondulatoire aux positions des coins Déformation. Cependant, les valeurs varieront un peu afin que chaque pas soit différent et que la marche du personnage soit relativement naturelle.

1. Sélectionnez le calque man.psd dans le panneau Montage, puis pressez la touche **U** pour afficher toutes les images clés de ce calque.
2. Appuyez sur la touche Origine ou déplacez l'Indicateur d'instant courant au début de l'échelle de temps.

La technique d'étirement et d'écrasement

Au cours du déplacement du personnage, son corps s'étire et se déforme. Cette technique d'animation classique, connue sous le terme anglais de *squash and stretch*, ajoute du réalisme et du poids aux objets. Il s'agit d'une exagération du mouvement lorsqu'un objet animé entre en contact avec un objet fixe, comme le sol. Lorsque cette technique est employée correctement, le volume du personnage ne varie pas.

Pour comprendre le principe du *squash and stretch*, il suffit de regarder l'animation d'une balle qui rebondit. Lorsque la balle entre en contact avec le sol, elle s'aplatit en partie ou s'écrase. Lors du rebond, elle s'étire.

Pour visualiser la mise en œuvre de cette technique, ouvrez le projet Squash_and_stretch.aep situé dans le dossier Lesson08/End_Project.

3. Dans le panneau Montage, modifiez la position des coins Déformation marionnette de la façon suivante :

   - Tête : **845, 295** ;
   - Buste : **821,5, 1210** ;
   - Jambe gauche : **1000,5, 1734** ;
   - Jambe droite : **580,5, 1734** ;
   - Bras gauche : **1384,5, 1214,7** ;
   - Bras droit : **478,5, 1108.**

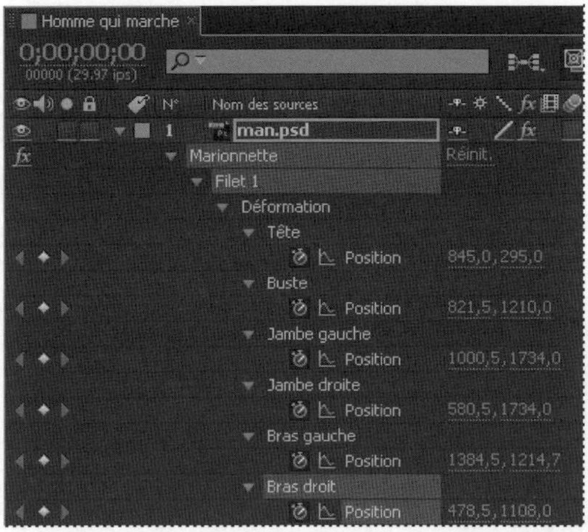

● **Note :** After Effects crée automatiquement des images clés lorsque vous placez des coins Déformation marionnette. Vous n'avez donc pas besoin de cliquer sur l'icône Chronomètre de chaque coin avant de définir sa position initiale.

4. Pour compléter le cycle de marche, modifiez la position des coins Déformation marionnette à différents instants, comme indiqué au tableau suivant, même si ces valeurs représentent la position courante d'un coin.

TEMPS	TÊTE	BUSTE	JAMBE GAUCHE	JAMBE DROITE	BRAS GAUCHE	BRAS DROIT
0:07	593, 214	570,5, 1095	604, 1614,5			
0:15	314, 291,7	312,5, 1212	118,5, 1748,3	Ajouter une image clé (◈)	886,5, 1208	–325,5, 1214,7
0:23	–6, 217	375, 1098,3		352,5, 1618,6		
1:00	–286, 295	–253,5, 1217	Ajouter une image clé (◈)	–561,5, 1734	–121,5, 1234,7	Ajouter une image clé (◈)
1:07	–614, 218,3	–530, 1094	–70,3, 1628,8			
1:15	–883, 300,7	–803,5, 1213,3	–1003,5, 1728,7	Ajouter une image clé (◈)	Ajouter une image clé (◈)	–1309,5, 1101,3
1:23	–1153, 212,7	–1055,5, 1099,7	–789,3, 1609,4			
2:00	–1412, 319,3	–1283,5, 1213	–1003,4, 1728,7	–1545,5, 1740,7	–1147,5, 1241,3	Ajouter une image clé (◈)
2:08	–1622, 246	–1505,5, 1099,7	–996, 1617	–1926,5, 1677,1		

▶ **Astuce :** Le panneau Montage mesure le temps en secondes et en images, en fonction de la cadence (i/s). Ainsi, 1:15 équivaut à une seconde et 15 images. À une cadence de 29,97 i/s, 1:15 correspond à l'image 45 de la composition.

Animer une glissade

Le personnage marche sur la peau de banane, perd l'équilibre et tombe. Le mouvement de la chute se déroule plus rapidement que la marche. Pour surprendre le spectateur, vous allez faire chuter le personnage en dehors de l'écran.

1. Cliquez sur Fichier > Enregistrer pour sauvegarder votre travail.
2. Placez l'Indicateur d'instant courant à 2:11, puis modifiez la position du coin Jambe gauche à **–2281, 1495,3**.
3. À 2:15, donnez aux coins Déformation marionnette les valeurs suivantes :
   - Tête : **–1298, 532,7** ;
   - Buste : **–1667,5, 1246,3** ;
   - Jambe gauche : **–2398,3, 1282,7** ;
   - Jambe droite : **–2277,5, 874** ;
   - Bras gauche : **–1219,5, 1768** ;
   - Bras droit : **–1753,3, 454,7**.
4. À 2:20, donnez aux coins Déformation marionnette les valeurs suivantes pour que le personnage tombe en dehors de l'écran :
   - Tête : **–1094, 2452,7** ;
   - Buste : **–1643,5, 3219,7** ;
   - Jambe gauche : **–2329,5, 2682** ;
   - Jambe droite : **–2169,5, 2234** ;
   - Bras gauche : **–1189,5, 3088** ;
   - Bras droit : **–1597,5, 2654,7**.
5. Masquez les propriétés du calque man.psd et enregistrez votre projet.

Déplacer un objet

Bien sûr, lorsque le personnage glisse sur la peau de banane, cette dernière bouge en même temps. Elle doit glisser sous les pieds du personnage et s'envoler hors de l'image. Pour cela, vous n'avez pas besoin d'ajouter de coins de déformation, car vous allez déplacer l'intégralité du calque en modifiant ses propriétés Position et Rotation.

1. Placez l'Indicateur d'instant courant à 2:00.
2. Sélectionnez le calque banana.psd dans le panneau Montage puis pressez la touche **P** pour afficher sa propriété Position.

3. Appuyez sur les touches Maj+**R** pour afficher également la propriété Rotation du calque.

▶ **Astuce :** Pour afficher plusieurs propriétés d'un calque en même temps, maintenez la touche Maj enfoncée lorsque vous utilisez le raccourci clavier qui correspond à la propriété supplémentaire.

4. Cliquez sur le Chronomètre des propriétés Position et Rotation pour créer les images clés initiales.

5. Allez à 2:06. Donnez à la propriété Position les valeurs **80**, **246** et à la propriété Rotation la valeur **19**°.

6. À 2:15, donnez à la propriété Position les valeurs **–59**, **361** pour que la peau de banane sorte complètement de l'image par la gauche.

7. Toujours à 2:15, donnez à la propriété Rotation la valeur **42**° pour que la peau de banane continue légèrement à tourner sur elle-même lorsqu'elle quitte l'écran.

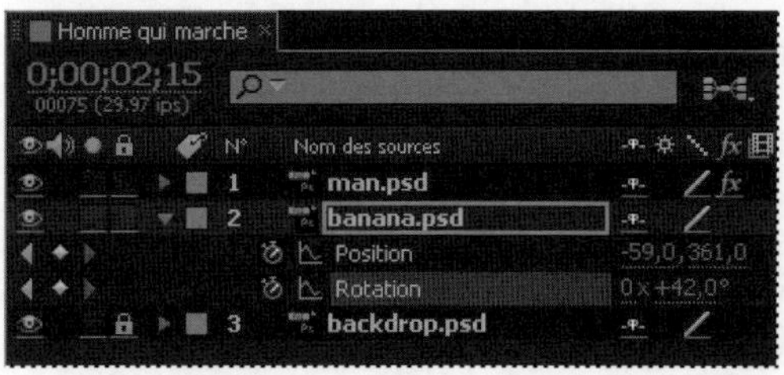

8. Choisissez Ajuster jusqu'à 100 % dans le menu Zoom au bas du panneau Composition afin de voir l'animation dans son ensemble. Lancez ensuite une prévisualisation RAM de l'animation. Si nécessaire, ajustez la propriété Position des coins de déformation dans le panneau Montage. Cliquez ensuite sur Fichier > Enregistrer.

Info plus : Lisser le mouvement

Le personnage de cette animation marche, mais son mouvement est plutôt raide. Vous pouvez utiliser les fonctionnalités des images clés Lissage de vitesse et Déplacement dans le temps pour le rendre plus fluide. Le lissage a été décrit dans les leçons précédentes. Grâce aux options Lissage à l'approche, Lissage à l'éloignement et Lissage de vitesse, vous ajusterez la vitesse d'un objet.

La fonctionnalité Déplacement dans le temps crée un mouvement fluide sur plusieurs images clés d'un seul geste. Les images ne sont alors plus liées à un instant particulier ; leur vitesse et leur emplacement dépendent des images clés situées autour d'elles. Pour créer cet effet, cliquez du bouton droit (Windows) ou cliquez en maintenant la touche Ctrl enfoncée (Mac OS) sur une image clé, puis choisissez Déplacement dans le temps dans le menu contextuel des images clés.

● **Note :** Le Déplacement dans le temps ne peut être appliqué ni sur la première image clé, ni sur la dernière.

Continuez à tester les options Lissage de vitesse et Déplacement dans le temps, en commençant avec des positions d'images clés correspondant à celles de la figure suivante.

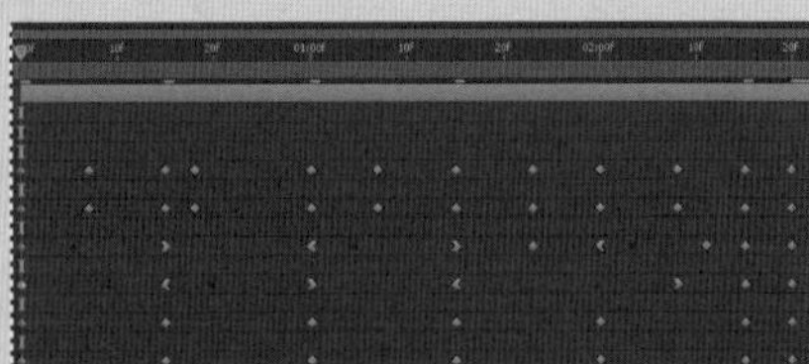

Enregistrement de l'animation

Vous avez créé une animation en modifiant la position de chaque coin à chaque image clé, mais vous avez sans doute trouvé ce procédé lent et fastidieux. Si vous deviez créer une animation plus longue, vous seriez rapidement fatigué de devoir modifier les valeurs à chaque image clé. Heureusement, l'outil Dessin marionnette va vous permettre de modifier la position des objets en temps réel. After Effects lance l'enregistrement de l'animation dès que vous commencez à déplacer un coin, puis l'arrête lorsque vous relâchez le bouton de la souris. La composition avance dans le temps au cours de l'enregistrement. Lorsque celui-ci s'arrête, l'Indicateur d'instant courant revient à l'instant où vous avez commencé l'enregistrement, si bien que vous pouvez ensuite enregistrer la trajectoire d'un autre coin de déformation pour les mêmes images.

Vous allez essayer cette méthode d'animation pour recréer la glissade du personnage avec l'outil Dessin marionnette.

1. Cliquez sur Fichier > Enregistrer sous > Enregistrer sous, nommez le projet **EbaucheMouvement.aep** et enregistrez-le dans le fichier Lesson08/Finished_Project.
2. Supprimez toutes les images clés du calque man.psd situées après 2:08 pour ne conserver que la partie de l'animation au cours de laquelle le personnage marche.
3. Déplacez l'Indicateur d'instant courant à 2:08.
4. Activez l'outil Coin marionnette (▶) dans le panneau Outils.
5. Dans le panneau Montage, affichez les propriétés du calque man.psd. Cliquez sur la catégorie Effets > Marionnette pour afficher les coins dans le panneau Composition.
6. Cliquez sur un coin de déformation dans le panneau Composition pour le sélectionner, puis appuyez sur la touche Ctrl (Windows) ou Cmd (Mac OS) pour activer l'outil Dessin Marionnette (le curseur prend l'apparence d'une flèche accompagnée d'un chronomètre).
7. Maintenez la touche Ctrl ou Cmd enfoncée et faites glisser le coin vers une nouvelle position. Relâchez le bouton de la souris lorsque vous avez terminé. L'Indicateur d'instant courant revient à 2:08.
8. Maintenez la touche Ctrl ou Cmd enfoncée et déplacez un autre coin de déformation. Utilisez le contour du personnage qui s'affiche pour vous guider.
9. Continuez à déplacer les coins de déformation avec l'outil Dessin marionnette jusqu'à ce que vous soyez satisfait du mouvement.
10. Lancez ensuite une prévisualisation RAM pour visualiser l'animation.

▶ **Astuce :** Par défaut, la lecture se déroule à la vitesse où l'animation a été enregistrée. Pour modifier la vitesse de la lecture, cliquez sur Options d'enregistrement dans le panneau Outils, puis changez la valeur Vitesse avant de commencer l'enregistrement.

Vous avez créé une animation réaliste en employant tous les outils Marionnette. Souvenez-vous que vous pouvez vous servir de ces outils pour déformer et manipuler de nombreux types d'objets et pas seulement des illustrations. Et méfiez-vous des peaux de banane !

Révisions

Questions

1. Quelle est la différence entre l'outil Coin marionnette et l'outil Recouvrement marionnette ?
2. Quand doit-on employer l'outil Empois marionnette ?
3. Comment rendre une animation plus fluide ?
4. Décrivez deux méthodes pour animer la position des coins de déformation.

Réponses

1. L'outil Coin marionnette crée des coins Déformation marionnette qui définissent la position d'une partie de l'image lorsque celle-ci est déformée. L'outil Recouvrement marionnette crée des coins de recouvrement marionnette qui déterminent quelles parties d'un objet doivent rester au premier plan lorsque deux zones se superposent.
2. L'outil Empois marionnette sert à ajouter des coins Empois marionnette sur les zones qui doivent rester plus rigides au cours de la déformation du reste de l'objet.
3. Pour rendre une animation plus fluide, on peut recourir aux fonctionnalités Lissage de vitesse ou Déplacement dans le temps, ou augmenter le nombre de triangles que contient le filet de déformation. Mais cela augmente aussi le temps nécessaire au rendu de l'animation.
4. Pour animer manuellement la position des coins de déformation, on doit modifier les valeurs de leur propriété Position dans le panneau Montage. Pour animer plus rapidement la position des coins de déformation, on emploie l'outil Dessin marionnette. Pour cela, il suffit d'activer l'outil Coin marionnette et de déplacer les coins de déformation dans le temps en maintenant la touche Ctrl ou Cmd enfoncée.

La plupart des prises de vues nécessitent des retouches colorimétriques plus ou moins importantes. Avec After Effects, vous pouvez très rapidement transformer une prise terne et sans vie en une séquence nette aux couleurs éclatantes.

CORRECTIONS COLORIMÉTRIQUES 9

Au cours de cette leçon, vous apprendrez à :

- utiliser l'effet Niveaux pour corriger les couleurs d'une prise de vues ;
- remplacer le ciel par un autre ;
- créer un décalage de couleurs avec l'effet Niveaux automatiques ;
- corriger une plage de couleurs avec Synthetic Aperture Color Finesse 3 ;
- appliquer l'effet Filtre Photo pour réchauffer certaines parties d'une image ;
- supprimer des éléments indésirables avec l'outil Cloner.

Cette leçon vous prendra environ une heure. Si vous ne l'avez pas déjà fait, copiez le dossier Lesson09 depuis le DVD-ROM *Adobe After Effects CS6 Classroom in a Book* sur votre disque dur. Au cours de cette leçon, vous ne modifierez pas les fichiers de départ. Si vous devez néanmoins revenir à la version d'origine du fichier, copiez-le de nouveau depuis le DVD-ROM.

Préparatifs

Les corrections colorimétriques permettent d'altérer ou d'adapter les couleurs d'une prise de vue. Elles peuvent vous aider pour différents buts : optimiser les sources, attirer l'attention sur un élément clé d'une séquence, corriger des erreurs de balance des blancs et d'exposition, contrôler l'homogénéité des teintes entre deux plans, ou créer une palette de couleurs offrant un rendu particulier pour répondre aux attentes du metteur en scène. Au cours de cette leçon, vous allez améliorer les couleurs d'une séquence vidéo tournée sans que la balance des blancs soit correctement réglée. Vous utiliserez différents effets de correction colorimétrique pour nettoyer et améliorer l'image. Pour finir, vous supprimerez des éléments indésirables dans la séquence grâce à l'outil Cloner.

Vous allez commencer par visualiser la vidéo finale et créer le projet.

1. Assurez-vous que les fichiers suivants se trouvent sur votre disque dur dans le dossier AECS6_CIB/Lessons/Lesson09 ou bien copiez-les depuis le DVD-ROM *Adobe After Effects CS6 Classroom in a Book :*
   - dans le dossier Assets : Albertson_Hall.mov, storm_clouds.jpg ;
   - dans le dossier Sample_Movies : Lesson09.mov.
2. Ouvrez et lancez la lecture de la séquence d'exemple Lesson09.mov pour juger du résultat à atteindre en fin de leçon. Quittez ensuite le lecteur QuickTime. Supprimez le fichier d'exemple si l'espace est compté sur votre disque dur.

● **Note :** Vous utiliserez dans cette leçon l'effet SA Color Finesse 3, qui nécessite un numéro d'enregistrement. Si vous ouvrez le fichier Lesson09_End, vous serez peut-être invité à saisir ce numéro d'enregistrement.

En début de leçon, restaurez les paramètres d'application par défaut d'After Effects. (Reportez-vous à la section "Rétablissement des préférences par défaut" de l'Introduction.)

3. Lancez After Effects et appuyez immédiatement sur les touches Ctrl+Alt+Maj (Windows) ou Cmd+Option+Maj (Mac OS) pour restaurer les préférences par défaut. Cliquez sur OK pour confirmer la suppression du fichier de préférences. Cliquez ensuite sur Fermer dans l'écran de bienvenue.

After Effects ouvre un projet vide sans titre.

4. Cliquez sur Fichier > Enregistrer sous > Enregistrer sous.
5. Dans la boîte de dialogue Enregistrer sous, parcourez votre disque dur jusqu'au dossier AECS6_CIB/Lessons/Lesson09/Finished Project.
6. Nommez le projet **Leçon09_Final.aep** et cliquez sur Enregistrer.

Importer les métrages

Pour cette leçon, vous devez importer deux métrages.

1. Cliquez sur Fichier > Importer > Fichiers.
2. Parcourez votre disque dur jusqu'au dossier AECS6_CIB/Lessons/Lesson9/Assets. Tout en maintenant la touche Maj enfoncée, cliquez sur les fichiers Albertson_Hall.mov et storm_clouds.jpg pour les sélectionner, puis cliquez sur Ouvrir.

3. Cliquez sur Fichier > Créer > Nouveau dossier ou sur le bouton Créer un nouveau dossier (■) situé au bas du panneau Projet.

4. Nommez le dossier **Films** et appuyez sur la touche Entrée ou Retour. Faites ensuite glisser le fichier Albertson_Hall.mov dans votre nouveau dossier.

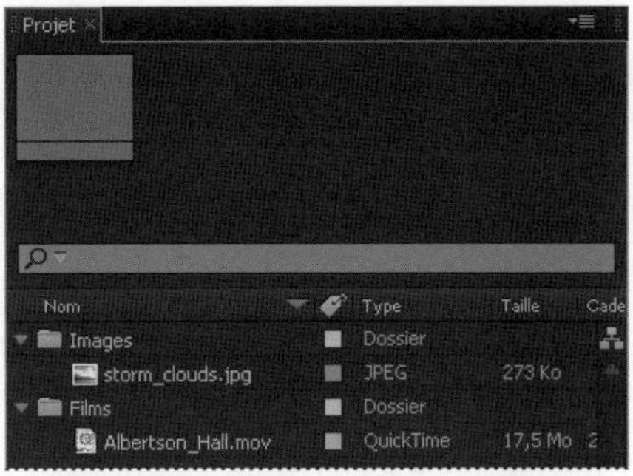

5. Créez un autre dossier, nommez-le **Images** et faites glisser le fichier storm_clouds.jpg dedans.

6. Cliquez sur les triangles à côté du nom des dossiers pour afficher leur contenu.

Créer la composition

Vous allez maintenant créer une nouvelle composition fondée sur le métrage Albertson_Hall.mov.

1. Faites glisser le métrage Albertson_Hall.mov sur le bouton Créer une nouvelle composition (▣), situé au bas du panneau Projet. After Effects crée une nouvelle composition du même nom que le fichier source et affiche le métrage dans les panneaux Montage et Composition.

2. (Facultatif) Cliquez sur Composition > Paramètres de composition pour contrôler la durée et la cadence de la composition. Il s'agit d'une composition NTSC DV d'une durée de cinq secondes environ. Cliquez sur Annuler pour fermer la boîte de dialogue Paramètres de composition.

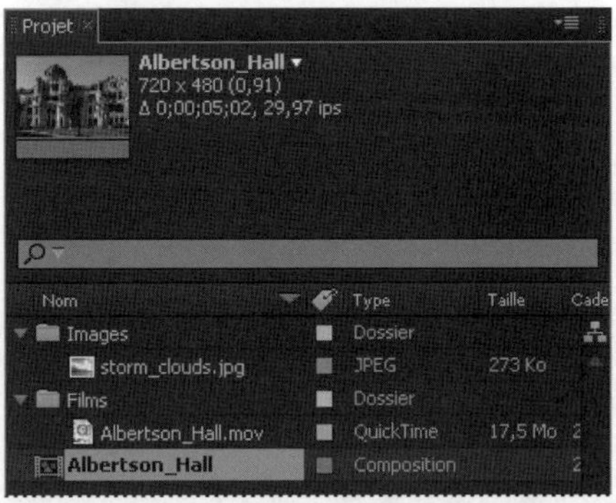

3. Faites glisser la composition Albertson_Hall sur une zone vide du panneau Projet pour l'extraire du dossier Films.

4. Déplacez l'Indicateur d'instant courant sur l'échelle de temps pour afficher une prévisualisation de la séquence. Comme vous pouvez le constater, l'image a une dominante colorée bleue. Vous allez commencer par corriger cela.

5. Cliquez sur Fichier > Enregistrer.

Prévisualiser un projet sur un moniteur vidéo

Si possible, effectuez vos corrections colorimétriques sur un moniteur vidéo et non sur votre écran d'ordinateur. La différence de gamma entre un moniteur vidéo et un écran d'ordinateur peut être importante. Une image équilibrée sur un écran informatique peut se révéler trop claire et délavée sur un moniteur vidéo.

After Effects permet d'afficher les compositions sur un moniteur vidéo par le biais du port FireWire (IEEE 1394) de l'ordinateur. Pour cela, vous pouvez vous servir d'un magnétoscope doté d'un port FireWire. Reliez le magnétoscope à l'ordinateur, puis le moniteur vidéo au magnétoscope *via* la sortie vidéo de ce dernier.

1. Le moniteur vidéo étant connecté à votre système informatique, lancez After Effects CS6.
2. En fonction de votre système d'exploitation, procédez de la façon suivante :
   - Sous Windows, cliquez sur Édition > Préférences > Prévisualisation vidéo, puis sélectionnez IEEE 1394 (compatible OHCI) dans le menu déroulant Périphérique de sortie.
   - Sous Mac OS, cliquez sur After Effects > Préférences > Prévisualisation vidéo et sélectionnez FireWire dans le menu déroulant Périphérique de sortie.
3. Dans le menu Mode de sortie (Windows et Mac OS), choisissez le format approprié pour votre configuration.
4. Pour afficher la composition sur laquelle vous travaillez, cochez les cases Prévisualisations, Miroir sur le moniteur de l'ordinateur, Interactions et Rendus. En sélectionnant toutes ces options, vous pourrez observer toutes les modifications apportées à la composition sur le moniteur vidéo.

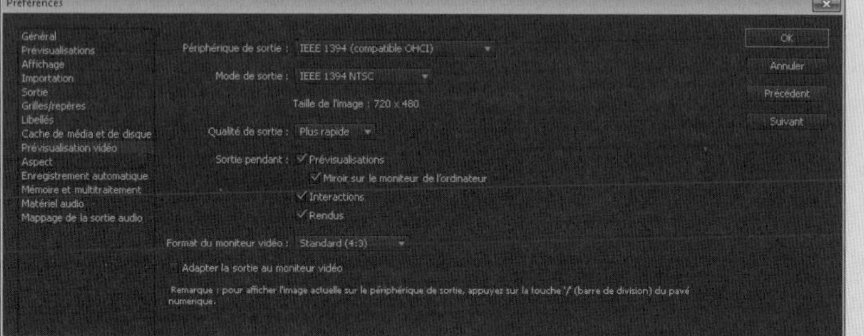

5. Cliquez sur OK pour fermer la boîte de dialogue Préférences.

Vérifiez toujours le calibrage de vos écrans (ordinateur et moniteur vidéo) avant d'effectuer des corrections colorimétriques. Pour plus d'informations sur le calibrage du moniteur, consultez l'Aide d'After Effects.

Réglage de la balance des couleurs

After Effects dispose de nombreux outils de correction colorimétrique. Certains peuvent donner de bons résultats en un seul clic, mais en comprenant comment ajuster manuellement les couleurs, vous pourrez ensuite obtenir plus facilement le résultat que vous souhaitez. Vous allez utiliser l'effet Niveaux pour obscurcir les ombres, supprimer la dominante colorée bleue et rendre l'image moins terne.

● **Note :** La suite Adobe Creative Suite Production propose un logiciel supplémentaire d'étalonnage des couleurs nommé SpeedGrade.

1. Appuyez sur la touche Origine ou déplacez l'Indicateur d'instant courant au début de l'échelle de temps.
2. Sélectionnez le calque Albertson_Hall dans le panneau Montage.

3. Appuyez sur la touche Entrée ou Retour, renommez le calque **Bâtiment** et appuyez de nouveau sur Entrée ou Retour pour valider.
4. Le calque Bâtiment sélectionné, cliquez sur Effet > Correction colorimétrique > Niveaux (options individuelles).

L'effet Niveaux (options individuelles), qui peut sembler intimidant à première vue, offre un excellent contrôle sur l'image. Il permet de redéfinir la couleur d'entrée ou les niveaux des couches alpha de la même façon que le réglage des niveaux dans Adobe Photoshop.

Le menu Couche détermine quelle couche est modifiée, tandis que l'histogramme indique le nombre de pixels et chaque valeur de luminance dans l'image. Lorsque la couche RVB est sélectionnée, vous pouvez ajuster la luminosité et le contraste de la totalité de l'image, ce qui est une bonne base de départ.

5. Assurez-vous que RVB est sélectionné dans le menu Couche (sous l'histogramme), puis cliquez sur le triange devant RVB pour afficher ses propriétés.
6. Donnez une valeur de **2** à la propriété Noir en entrée afin d'assombrir légèrement les ombres. Le curseur Noir en entrée de l'histogramme se déplace pour indiquer la nouvelle valeur.

7. Donnez à la propriété Gamma, qui définit les tons moyens, une valeur de **0,85** afin d'augmenter le contraste.

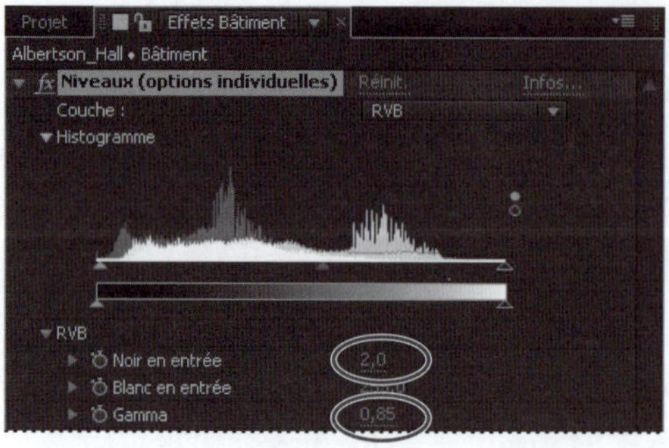

Pour corriger la dominante colorée bleue, vous devez tout d'abord préciser quelles zones de l'image doivent être grises (ou blanches ou noires). Dans cette séquence, le bâtiment est censé avoir une couleur neutre.

8. Placez le pointeur sur un mur du bâtiment et notez les valeurs RVB qui s'affichent dans le panneau Info. Celles-ci varient lorsque vous déplacez le pointeur.

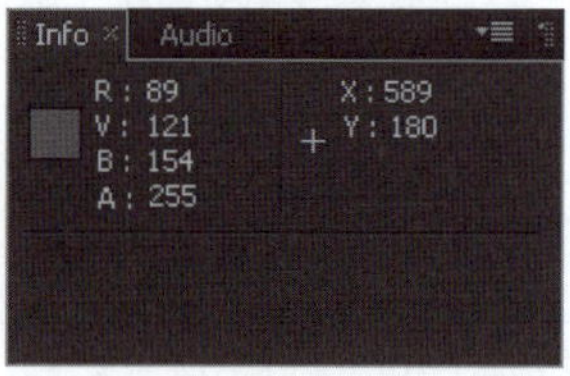

Les valeurs RVB près de la porte d'entrée sont R = 70, V = 95 et B = 125. Pour savoir quelles doivent être les valeurs appropriées, divisez 255 (la valeur RVB la plus élevée possible) par la valeur la plus élevée des pixels gris constatée, soit 255 divisé par 125 (la valeur de la couleur bleue près de la porte), ce qui donne 2.04. Pour égaliser les couleurs et supprimer la dominante colorée bleue, vous devez multiplier 2.04 par les valeurs rouge et verte originales (respectivement 70 et 95). Les nouvelles valeurs sont ainsi : R = 142,8 et V = 193,8.

9. Dans le panneau Effets, affichez les propriétés Rouge et Vert.

10. Donnez à la propriété Blanc en entrée (rouge) une valeur de **142,8** et à la propriété Blanc en entrée (vert) une valeur de **193,8**.

La dominante colorée disparaît et l'image devient beaucoup plus réaliste.

Les propriétés d'entrée de chaque couche augmentent la valeur, tandis que les propriétés de sortie la diminuent. Ainsi, réduire la valeur d'entrée du paramètre Blanc en entrée (rouge) a pour effet d'ajouter une teinte rouge aux zones les plus claires de l'image, tandis qu'augmenter Blanc en sortie (rouge) ajoute de la couleur rouge dans les ombres et les zones sombres.

En calculant les valeurs à utiliser comme indiqué, vous pouvez rapidement connaître les paramètres adéquats. Vous pouvez essayer différentes valeurs afin de trouver les mieux adaptées au métrage sur lequel vous travaillez.

11. Cachez les propriétés de l'effet Niveaux (options individuelles) dans le panneau Effets.

Remplacement de l'arrière-plan

Cette séquence a été tournée un jour sans nuages. Pour lui donner un aspect plus dramatique, vous allez remplacer le ciel par un autre contenant des nuages d'orage.

Effectuer le masquage d'une zone par plage de couleurs

L'effet Masquage par plage de couleurs permet de créer un cache à partir d'une plage de couleur définie. Cet effet de masquage se révèle particulièrement utile lorsque la couleur est éclairée de façon uniforme. La couleur du ciel dans l'image va du bleu clair au bleu foncé, ce qui en fait le candidat idéal pour l'utilisation de l'effet Masquage par plage de couleurs.

1. Appuyez sur la touche Origine ou déplacez l'Indicateur d'instant courant au début de l'échelle de temps.

2. Le calque Bâtiment étant sélectionné dans le panneau Montage, cliquez sur Effet > Masquage > Masquage par plage de couleurs.

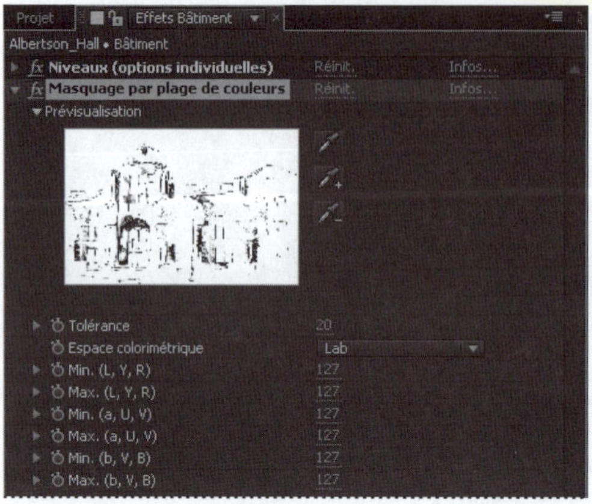

En modifiant la couleur de fond de la composition, vous détecterez plus facilement les erreurs dans le cache.

3. Cliquez sur Composition > Paramètres de composition. Cliquez sur l'échantillon de couleur Couleur d'arrière-plan et choisissez le rouge (R = **255**, V = **0** et B = **0**), puis cliquez sur OK pour fermer la boîte de dialogue.

● **Note :** Plutôt que de changer la couleur de fond, vous pouvez également cliquer sur le bouton Activer/désactiver la grille de transparence (▩) du panneau Composition pour afficher les zones transparentes de la composition.

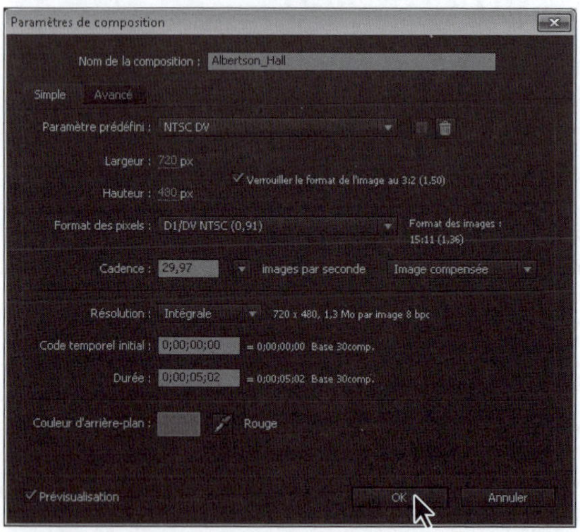

4. Dans le panneau Effets, choisissez RVB dans le menu de la propriété Espace colorimétrique.

5. Sélectionnez la pipette de sélection de couleur située à droite de la fenêtre de prévisualisation dans le panneau Effets. Cliquez ensuite dans le panneau Composition sur une teinte bleue dans le ciel pour l'échantillonner. La zone masquée s'affiche en rouge dans le panneau Composition et en noir dans la fenêtre de prévisualisation du panneau Effets.

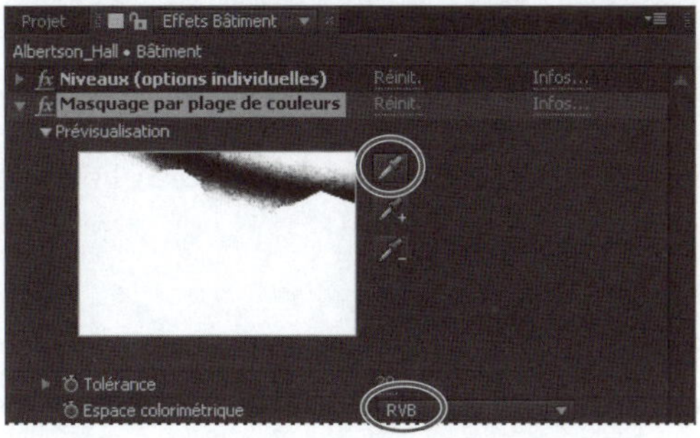

6. Sélectionnez Pipette + dans le panneau Effets, puis cliquez sur une autre zone du ciel dans le panneau Composition.

7. Répétez l'étape précédente jusqu'à ce que le ciel soit entièrement masqué.

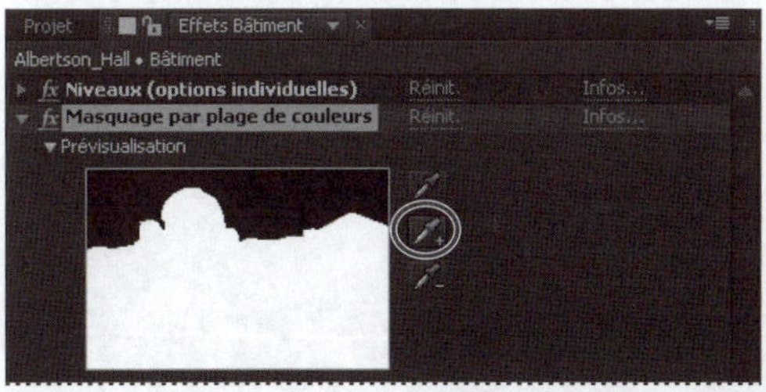

Même avec le ciel masqué, une légère frange de couleur subsiste autour du bâtiment. Vous pouvez la supprimer en réduisant le cache.

8. Cachez les propriétés de l'effet Masquage par plage de couleurs dans le panneau Effets.

9. Cliquez sur Effet > Cache > Dilaté-érodé répétitif.

10. Réduisez la valeur de la propriété Lissage géométrique 1 à **2** et augmentez celle de la propriété Lissage géométrique 2 à **2,5**.

11. Cachez les propriétés de l'effet Dilaté-érodé répétitif dans le panneau Effets et sauvegardez votre travail.

Ajouter un nouveau fond

Maintenant que le ciel original est masqué, vous êtes prêt à intégrer les nuages dans la scène.

1. Cliquez sur l'onglet Projet pour afficher le panneau du même nom. Faites ensuite glisser le fichier storm_clouds.jpg du panneau Projet dans le panneau Montage et placez-le sous le calque Bâtiment.
2. Sélectionnez le calque storm_clouds.jpg, pressez la touche Entrée ou Retour, renommez le calque **Nuages** et pressez de nouveau la touche Entrée ou Retour pour valider.

3. Cliquez sur le bouton Vidéo (●) du calque Bâtiment pour le rendre invisible. Vous pouvez maintenant voir le calque contenant les nuages dans son intégralité. Vous devez le redimensionner et le repositionner pour qu'il coïncide avec la zone de ciel de l'image.
4. Le calque Nuages étant sélectionné dans le panneau Montage, appuyez sur la touche **S** pour afficher sa propriété Échelle.
5. Diminuez les valeurs de la propriété Échelle à **60, 60 %**.

6. Assurez-vous que le calque Nuages est sélectionné dans le panneau Montage et appuyez sur la touche **P** pour afficher la propriété Position.

7. Donnez à la propriété Position les valeurs **360, 145**.

▶ **Astuce :** Si vous saisissez les valeurs, appuyez sur la touche Tabulation pour passer d'une valeur à l'autre.

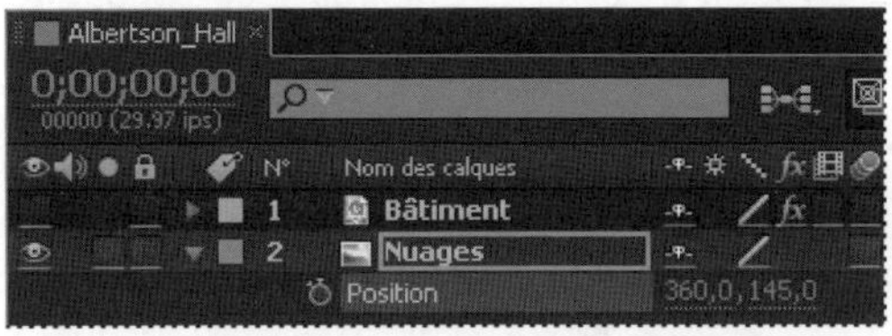

8. Appuyez sur la touche **P** pour cacher la propriété Position.

Corriger les couleurs des nuages

Même si ces nuages d'orage ont un aspect menaçant, le contraste et la dominante de couleur de cette image ne correspondent pas vraiment à ceux du bâtiment. Vous allez donc utiliser l'effet Niveaux automatiques pour corriger cela.

L'effet Niveaux automatiques paramètre automatiquement les tons clairs et foncés en définissant en blanc les pixels les plus clairs et en noir les pixels les plus foncés de chaque couche de couleur, puis redistribue les valeurs intermédiaires. Étant donné qu'il règle chaque couche de couleur individuellement, cet effet peut supprimer ou introduire une dominante de couleur. Dans notre exemple, avec les paramètres par défaut, l'effet Niveaux automatiques introduit une teinte bleutée qui renforce l'intensité des nuages.

1. Le calque Nuages étant sélectionné dans le panneau Montage, cliquez sur Effet > Correction colorimétrique > Niveaux automatiques.

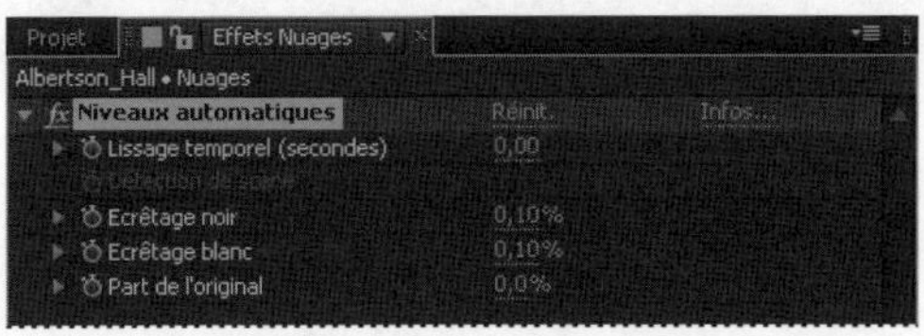

2. Cliquez sur le bouton Vidéo (●) du calque Bâtiment afin de le rendre visible.
3. Cliquez sur Fichier > Enregistrer pour sauvegarder votre travail.

Suppression des éléments superflus

Les couleurs sont maintenant bonnes, mais votre travail n'est pas encore tout à fait terminé. Le metteur en scène souhaite que vous supprimiez le réverbère situé devant la porte d'entrée du bâtiment, car il considère que cet élément risque de détourner l'attention du spectateur. Vous allez utiliser l'outil Tampon de duplication pour peindre sur cet élément superflu. Le clonage dans After Effects est comparable au clonage dans Photoshop, à la différence que vous pouvez l'effectuer sur toute l'échelle de temps et pas seulement sur une seule image.

Comme le réverbère ne bouge pas, il vous suffit de corriger une image et d'appliquer la correction à l'ensemble de la séquence.

1. Appuyez sur la touche Origine ou déplacez l'Indicateur d'instant courant au début de l'échelle de temps.
2. Double-cliquez sur le calque Bâtiment dans le panneau Montage pour l'ouvrir dans le panneau Calque. Vous pouvez uniquement peindre sur des calques individuels et non sur la composition dans son ensemble.

3. Zoomez dans l'image afin de visualiser les portes le mieux possible.

4. Sélectionnez l'outil Cloner (🖃) dans le panneau Outils.

L'outil Cloner prélève les pixels d'un calque source et les applique à un calque cible. Il peut s'agir du même calque que le calque source ou d'un autre calque dans la même composition.

Lorsque vous sélectionnez l'outil Cloner, After Effects ouvre les panneaux Pinceaux et Peinture.

5. Dans le panneau Pinceaux, sélectionnez la forme de pinceau dur rond 5 pixels.
6. Choisissez Constante dans le menu déroulant Durée du panneau Peinture. Avec le paramètre Constante, l'action de l'effet de duplication sera persistante à partir de l'instant courant. Comme vous commencez au début de la composition, les modifications s'appliqueront à toutes les images de la composition.

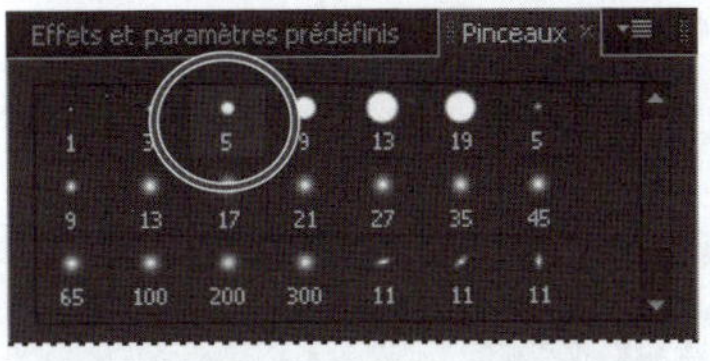

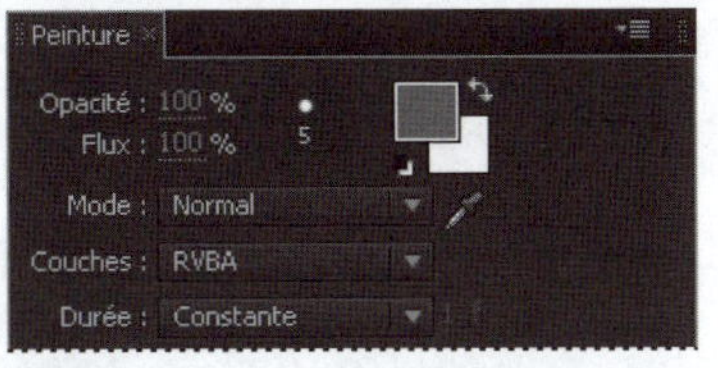

7. Dans le panneau Calque, placez le pointeur en haut et à droite du réverbère. Cliquez en maintenant la touche Alt (Windows) ou Option (Mac OS) enfoncée pour définir la source du clonage.
8. Cliquez sur le réverbère pour dupliquer cette zone. Continuez pour supprimer entièrement le réverbère.

▶ **Astuce :** Si vous faites une erreur, pressez les touches Ctrl+Z (Windows) ou Cmd+Z (Mac OS) pour annuler le dernier coup de pinceau, puis recommencez.

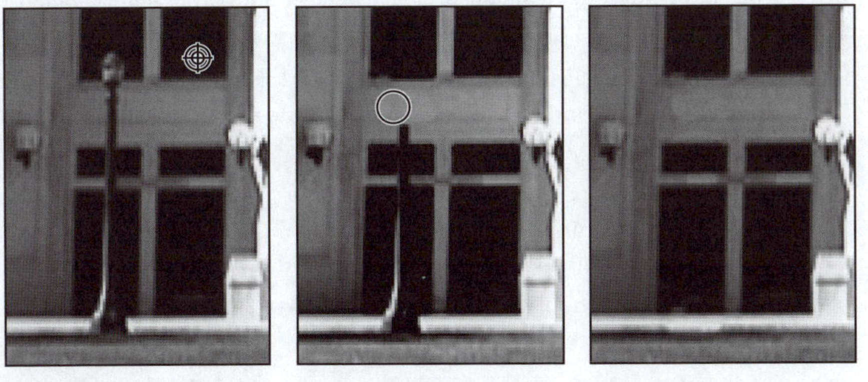

9. Lorsque le réverbère a totalement disparu, activez l'outil Sélection, puis fermez le panneau Calque pour revenir dans le panneau Composition.
10. Cachez les propriétés du calque Bâtiment dans le panneau Montage.

Correction d'une plage de couleurs

● **Note :** Le filtre Synthetic Aperture Color Finesse 3 est un plug-in de correction colorimétrique très puissant. Une fois que vous connaîtrez son fonctionnement, vous pourrez l'utiliser pour effectuer un très grand nombre de corrections des couleurs.

Vous avez corrigé la couleur d'ensemble de la scène, mais vous pouvez également améliorer une zone en particulier. Dans cette séquence, la correction colorimétrique a modifié la teinte de la pelouse située devant le bâtiment. Pour que la pelouse redevienne verte, vous allez employer l'effet Synthetic Aperture Color Finesse 3, un plug-in tiers livré avec After Effects. Il permet d'isoler des plages de couleurs et de ne traiter que celles-ci.

L'effet Color Finesse 3 s'applique sur le calque original, en ignorant les autres effets. Comme vous avez déjà effectué certaines corrections colorimétriques, vous allez précomposer le calque afin d'intégrer les résultats des effets déjà appliqués.

1. Dans le panneau Montage, sélectionnez le calque Bâtiment puis pressez Ctrl+D (Windows) ou Cmd+D (Mac OS) pour le dupliquer.

2. Le calque dupliqué (Bâtiment 2) étant sélectionné, cliquez sur Calque > Précomposition.

3. Dans la boîte de dialogue Précomposition, nommez la nouvelle composition **Amélioration pelouse**, activez l'option Transférer tous les attributs dans une nouvelle composition, puis cliquez sur OK.

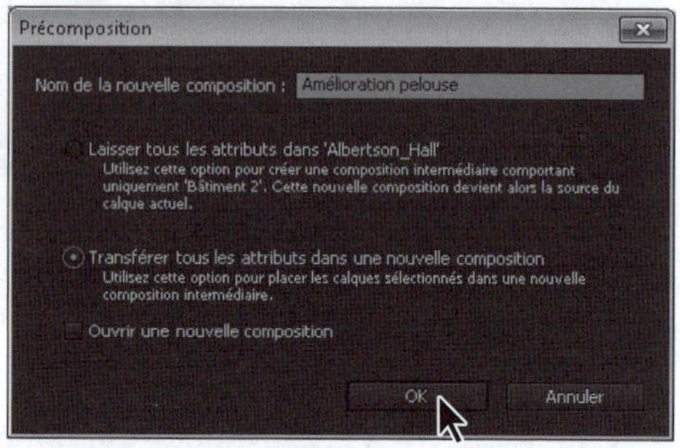

Vous avez créé le calque précomposé, si bien que vous conservez les effets de correction colorimétrique que vous avez appliqués auparavant. En revanche, pour éviter tout problème avec la duplication des pixels que vous avez réalisée pour supprimer le réverbère, vous devez masquer la pelouse. Ce masque garantira que seule la pelouse sera affectée par l'effet.

4. Le calque Amélioration pelouse étant sélectionné dans le panneau Montage, activez l'outil Plume (✒) dans le panneau Outils. Cliquez ensuite autour de la pelouse pour créer un masque.

5. Le calque Amélioration pelouse toujours sélectionné, pressez la touche **F** pour afficher la propriété Contour progressif du masque. Donnez-lui les valeurs **2, 2** pixels. Le masque se fond ainsi mieux dans le reste de l'image.

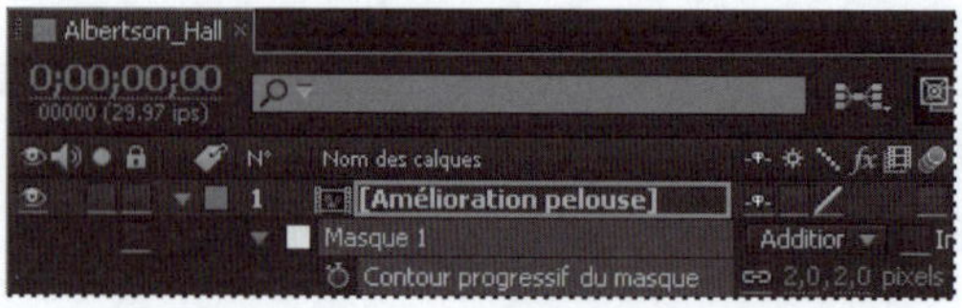

6. Pressez de nouveau la touche **F** pour cacher la propriété Contour progressif du masque.

Vous êtes prêt à utiliser l'effet Color Finesse 3

7. Le calque Amélioration pelouse toujours sélectionné, cliquez sur Effet > Synthetic Aperture > SA Color Finesse 3.

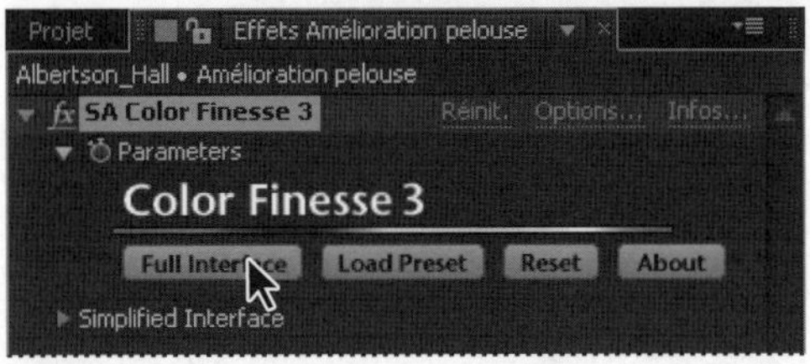

8. Dans la section SA Color Finesse 3 du panneau Effets, cliquez sur le bouton Full Interface.

SA Color Finesse 3 s'ouvre dans sa propre fenêtre.

9. Activez l'option de l'onglet Secondary pour activer la correction colorimétrique secondaire.

● **Note :** Le filtre Synthetic Aperture Color Finesse 3 peut nécessiter que vous entriez un numéro de série. Si vous ne le faites pas, un logo Synthetic Aperture sera incrusté dans la séquence sur laquelle vous utilisez l'effet.

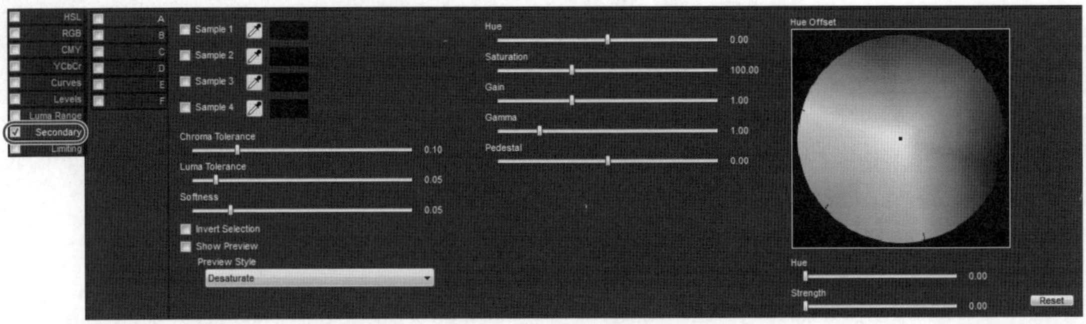

SA Color Finesse 3 permet de réaliser jusqu'à six corrections colorimétriques secondaires. Cependant, vous n'en effectuerez qu'une pour ce projet.

10. Activez l'option de l'onglet A pour entamer la correction colorimétrique.

11. À l'aide des quatre pipettes Sample, cliquez dans la pelouse pour échantillonner quatre variantes de vert, du vert clair au vert foncé. Zoomez dans l'image si nécessaire pour sélectionner plus facilement des teintes différentes.

Même si les quatre teintes ne suffisent pas à couvrir toute la plage tonale de l'arbre, SA Color Finesse 3 offre des contrôles permettant d'affiner la sélection des couleurs.

12. Toujours dans l'onglet A, choisissez Mask dans le menu Preview Style, puis sélectionnez Show Preview. Vous pouvez maintenant voir les zones sélectionnées et celles qui sont masquées (en rouge).

13. Ajustez la position des curseurs Chroma Tolerance, Luma Tolerance et Softness jusqu'à ce que tout soit sélectionné. Ne vous inquiétez pas si des arbres ou des arbustes sont également sélectionnés, car le masque que vous avez créé auparavant vous garantit que ces zones ne seront pas modifiées dans la composition finale.

14. Augmentez la valeur du paramètre Saturation à **150.**

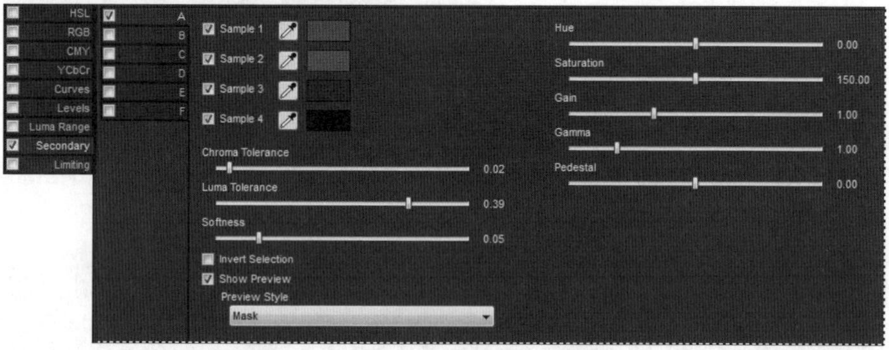

15. Désélectionnez l'option Show Preview, puis cliquez sur OK pour appliquer les corrections et fermer la fenêtre de SA Color Finesse 3.

16. Cliquez sur Fichier > Enregistrer pour sauvegarder votre projet.

● **Note :** Pour en savoir plus sur SA Color Finesse 3, cliquez dans l'interface du plug-in sur Help > View Color Finesse User's Guide ou Help > View Color Finesse Online Knowledge Base .

Réchauffement des couleurs avec l'effet Filtre Photo

Pour finir, vous allez utiliser l'effet Filtre Photo afin de réchauffer les couleurs de l'ensemble de l'image et la rendre plus attrayante.

L'effet Filtre Photo équivaut à placer un filtre de couleur devant l'objectif de la caméra pour régler la balance et la température des couleurs de la lumière qui vient frapper la lentille, exposant ainsi le film. Vous pouvez choisir une couleur prédéfinie à appliquer à une image pour en ajuster la teinte. Vous pouvez également définir une couleur personnalisée à l'aide du sélecteur de couleurs ou de l'outil Pipette.

Pour appliquer l'effet de réchauffement à tous les éléments d'une prise de vue, vous allez appliquer l'effet Filtre photo à un calque d'effets.

1. Cliquez dans une zone vierge du panneau Montage pour désélectionner tous les calques.
2. Cliquez sur Calque > Créer > Calque d'effets. Le nouveau calque d'effets doit se trouver au sommet de la pile des calques.
3. Le calque d'effets étant sélectionné dans le panneau Montage, cliquez sur Effet > Correction colorimétrique > Filtre Photo.
4. Dans le panneau Effets, choisissez Filtre réchauffant (81) dans le menu Filtre.

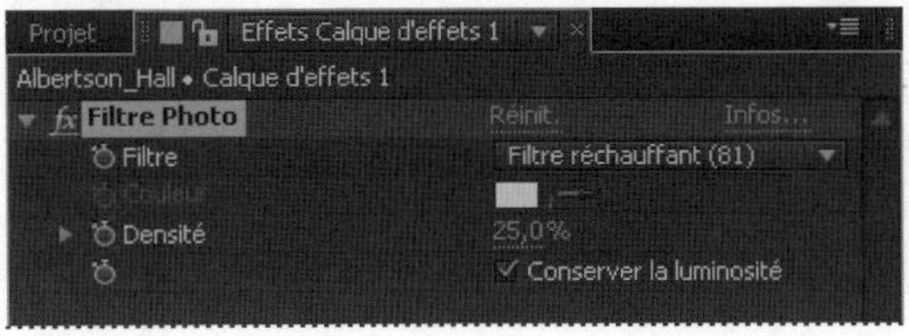

5. Cliquez sur Fichier > Enregistrer.

Si vous souhaitez procéder au rendu de cette composition, suivez les instructions de la Leçon 14.

Félicitations ! Vous avez transformé la couleur de cette composition et supprimé un élément superflu.

Révisions

Questions

1. Pourquoi peut-il être intéressant de corriger la colorimétrie d'une prise de vue ?
2. Quelle est la fonction de l'effet SA Color Finesse 3 ?
3. Quel effet employer pour réchauffer les couleurs d'une image ?
4. Comment cloner une zone de l'image sur toute la durée de la composition ?

Réponses

1. Les corrections colorimétriques permettent d'optimiser le matériel source, d'attirer l'attention sur un élément clé d'une séquence, de corriger des erreurs de balance des blancs et d'exposition, de contrôler l'homogénéité des teintes entre deux plans, ou de créer une palette de couleurs offrant un rendu particulier pour répondre aux attentes du metteur en scène.
2. SA Color Finesse 3 est un plug-in tiers installé avec After Effects CS6. Il dispose de nombreux effets de correction colorimétrique et permet notamment d'isoler une plage de couleur à améliorer. SA Color Finesse 3 agit sur le calque original et ignore tous les autres effets déjà appliqués au calque.
3. L'effet Filtre Photo est utilisé pour réchauffer les teintes d'une image. Il équivaut à placer un filtre de couleur devant l'objectif de la caméra pour régler la balance et la température des couleurs. On se sert de Filtre réchauffant dans le panneau Effets pour réchauffer les couleurs d'une image.
4. Pour s'assurer que la duplication se déroule tout au long de la durée de la composition, il faut déplacer l'Indicateur d'instant courant au début de l'échelle de temps, puis choisir Constante dans le menu Durée du panneau Peinture.

Le simple fait d'activer une option dans le panneau Montage d'After Effects permet de transformer un calque 2D en calque 3D, ce qui ouvre la voie vers une foule de nouvelles possibilités de création.

CONSTRUCTION D'OBJETS 3D

10

Au cours de cette leçon, vous apprendrez à :

- créer une forme 3D à partir d'un calque solide ;
- créer du texte 3D à l'aide des expressions ;
- observer une scène 3D depuis plusieurs points de vue ;
- créer un calque repère pour faciliter le positionnement des éléments ;
- contrôler le mode d'animation d'un calque en déplaçant son point d'ancrage ;
- faire pivoter et positionner les calques sur les axes x, y et z.

Cette leçon vous prendra environ une heure et demie. Si vous ne l'avez pas déjà fait, copiez le dossier Lesson10 depuis le DVD-ROM *Adobe After Effects CS6 Classroom in a Book* sur votre disque dur. Au cours de cette leçon, vous ne modifierez pas les fichiers de départ. Si vous devez néanmoins revenir à la version d'origine du fichier, copiez-le de nouveau depuis le DVD-ROM.

Préparatifs

After Effects est en mesure de gérer des calques en deux dimensions (x, y) comme en trois dimensions (x, y, z). À cette étape du livre, vous n'avez quasiment travaillé qu'avec des calques en deux dimensions. Lorsque vous déclarez un calque en 3D, After Effects lui ajoute un troisième axe, z, permettant d'en contrôler la profondeur. En combinant ce paramètre avec différentes lumières et différents angles de vue, vous pouvez concevoir des projets 3D animés capables de restituer toute la gamme naturelle des mouvements, des éclairages et des ombres, et créer des effets de focalisation.

Cette leçon vous propose d'explorer les techniques élémentaires de création et de contrôle des calques 3D. Vous irez plus loin, au cours de la leçon suivante, en ajoutant des lumières, des effets et d'autres éléments pour animer les objets et parachever la composition qui sert de projet : une vidéo promotionnelle pour un livre.

Vous allez commencer par visualiser la vidéo finale et créer le projet.

1. Assurez-vous que les fichiers suivants se trouvent dans le dossier AECS6_CIB/ Lessons/Lesson10 sur votre disque dur ou copiez-les depuis le DVD-ROM *Adobe After Effects CS6 Classroom in a Book*.
   - dans le dossier Assets : AEBack.jpg, AEFront.jpg, AESpine.jpg ;
   - dans le dossier Sample_Movies : Lesson10.mov.
2. Ouvrez et lancez la lecture de la séquence d'exemple Lesson10.mov pour juger du résultat à atteindre en fin de leçon. Quittez ensuite le lecteur QuickTime. Supprimez le fichier d'exemple si la place est comptée sur le disque dur.

En début de leçon, restaurez les paramètres d'application par défaut d'After Effects. (Reportez-vous à la section "Rétablissement des préférences par défaut" de l'Introduction.)

3. Lancez After Effects et appuyez immédiatement sur Ctrl+Alt+Maj (Windows) ou Cmd+Option+Maj (Mac OS) pour restaurer les préférences par défaut. Cliquez sur OK pour confirmer la suppression du fichier de préférences. Cliquez ensuite sur Fermer dans l'écran de bienvenue.

After Effects ouvre un projet vide sans titre.

4. Cliquez sur Fichier > Enregistrer sous > Enregistrer sous.
5. Dans la boîte d'enregistrement de projet, parcourez votre disque dur jusqu'au dossier AECS6_CIB/ Lessons/Lesson10/Finished_Project.
6. Donnez au projet le nom **Leçon10_Final.aep** et cliquez sur Enregistrer.

Créer la composition

L'animation de cette leçon contient une représentation 3D d'un livre sur After Effects CS6. Vous allez commencer par créer la composition pour modéliser le premier objet.

1. Cliquez sur le bouton Créer une nouvelle composition (▣), situé au bas du panneau Projet.

2. Dans la boîte de dialogue Paramètres de composition, nommez la composition **Livre** et choisissez NTSC DV dans le menu Paramètre prédéfini.

3. Sélectionnez Pixels carrés dans le menu Format des pixels, car c'est l'unité des éléments graphiques avec lesquels vous travaillerez.

4. Définissez une durée de **10:00**, assurez-vous que la couleur d'arrière-plan est le noir, puis cliquez sur OK.

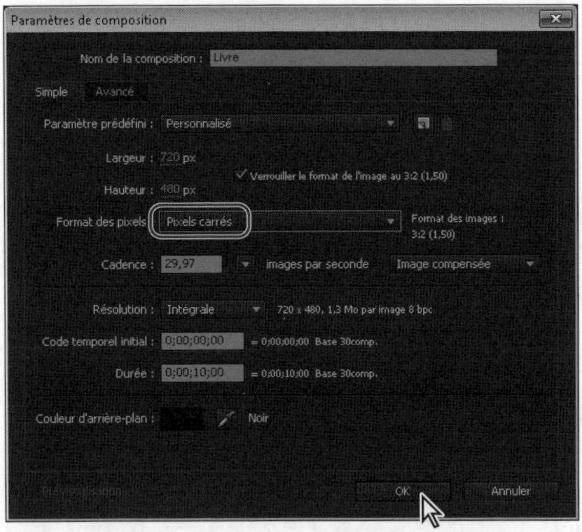

Importer les métrages

Pour ce projet, vous devez importer trois fichiers Photoshop : des images pour la couverture et pour la tranche du livre.

1. Double-cliquez dans une zone vierge du panneau Projet.

2. Dans la boîte de dialogue Importer fichier, parcourez votre disque dur jusqu'au dossier AECS6_CIB/Lessons/Lesson10/Assets.

3. Maintenez la touche Maj enfoncée et cliquez sur les fichiers AEBack.jpg, AEFront.jpg, AESpine.jpg pour les sélectionner. Cliquez ensuite sur Ouvrir.

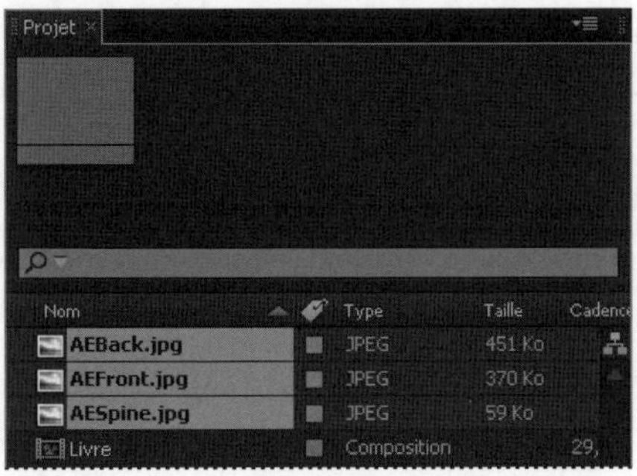

Création d'un objet 3D

Pour placer le livre dans un espace 3D, vous devez créer l'objet 3D. Vous allez réaliser cela pièce par pièce. À l'origine, chaque calque est plat et ne compte que deux dimensions : x (largeur) et y (hauteur). Il ne peut donc être déplacé que sur ces deux axes. Mais pour pouvoir déplacer un calque dans un espace en trois dimensions, il vous suffit de cliquer sur son bouton 3D. Vous pouvez alors manipuler l'objet sur l'axe z (profondeur).

Avant de créer le livre, vous devez créer l'environnement afin de vous aider à gérer la perspective.

Créer le sol 3D

Un calque grille, servant de sol dans l'espace 3D, vous aidera à conserver la perspective.

1. Cliquez dans le panneau Montage pour l'activer.
2. Cliquez sur Calque > Créer > Solide.
3. Dans la boîte de dialogue Réglage uni, nommez le calque **Grille 3D**.
4. Entrez **800** dans les champs Largeur et Hauteur, puis cliquez sur OK pour créer le calque.

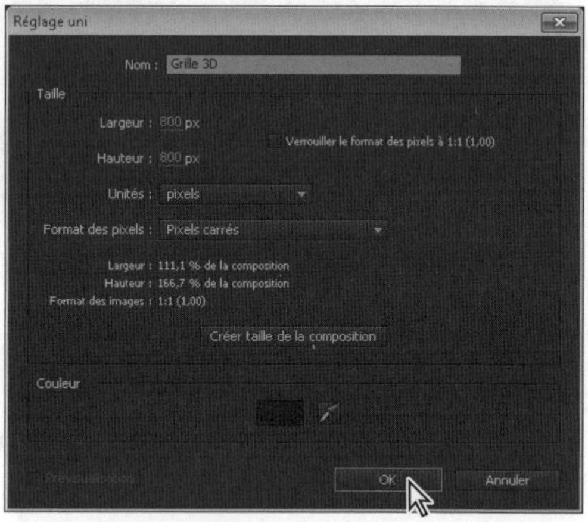

5. Le calque Grille 3D étant sélectionné dans le panneau Montage, cliquez sur Effet > Génération > Grille.

Le panneau Effets affiche les propriétés de la grille. Vous pouvez personnaliser la grille si vous le souhaitez, mais les paramètres par défaut conviennent pour cette leçon. La grille vous aide uniquement à visualiser les objets en perspective au cours de votre travail.

6. Dans le panneau Montage, affichez les propriétés Transformer du calque Grille 3D. Sa propriété Position a pour valeurs 360, 240, soit le centre de la composition. Chaque fois que vous ajouterez un nouvel élément dans le panneau Montage, son point d'ancrage se trouvera sur ce point central.

7. Dans le panneau Montage toujours, activez l'option Calque 3D (◉) du calque Grille 3D pour ajouter une troisième dimension au calque.

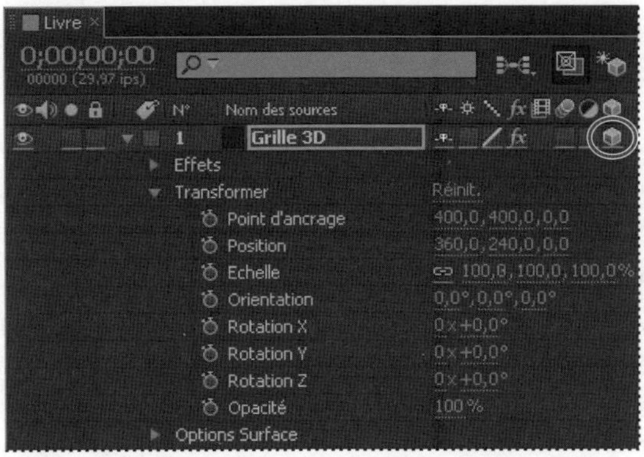

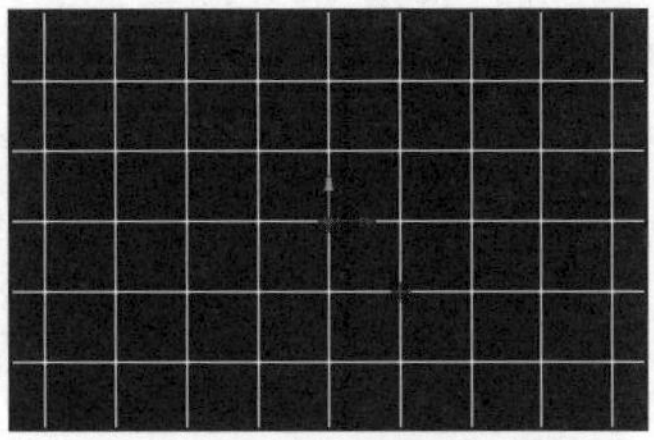

Une valeur supplémentaire (z) apparaît pour quatre propriétés du groupe Transformer (Point d'ancrage, Position, Échelle et Orientation), ainsi que trois nouvelles propriétés de rotation 3D. Un nouveau groupe de propriétés apparaît enfin en bas, Options Surface.

● **Note :** Le groupe de propriétés Options Surface détermine les conditions d'interaction du calque avec la lumière. Vous utiliserez ce groupe de propriétés à la leçon suivante.

Un axe 3D coloré s'affiche également sur le point d'ancrage du calque dans le panneau Composition. La flèche rouge contrôle l'axe x, la flèche verte l'axe y et la flèche bleue l'axe z. Pour le moment, l'axe z se trouve à l'intersection des axes x et y. La lettre *x*, *y* ou *z*, apparaît lorsque vous placez le pointeur sur l'axe correspondant. Lorsque vous déplacez ou faites pivoter un axe alors que le pointeur se trouve sur l'un de ces axes, le mouvement du calque est contraint sur cet axe seulement.

8. Dans le panneau Montage, donnez à la propriété Rotation X une valeur de **90°**. La grille semble disparaître mais, ne vous inquiétez pas, ce n'est pas le cas.

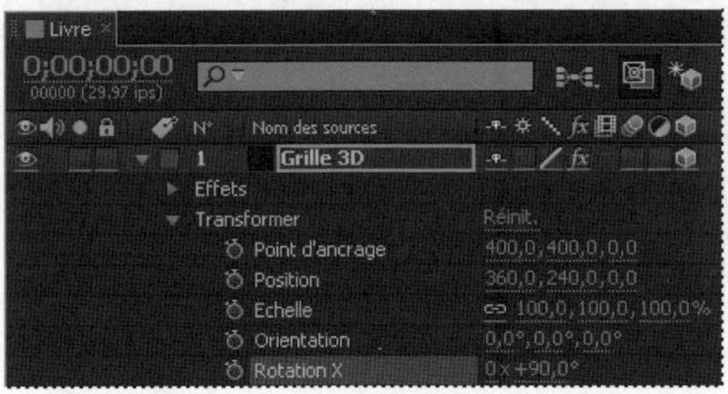

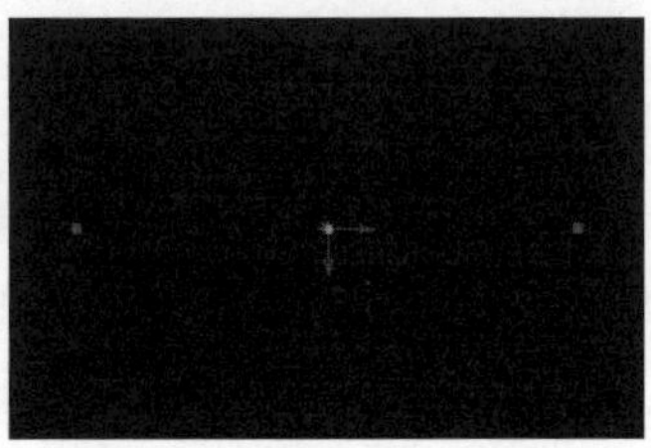

Utiliser les vues 3D

Dans certains cas, l'apparence des calques 3D peut être trompeuse. Un calque peut, par exemple, sembler plus petit sur son axe x ou y alors qu'il n'effectue en fait qu'un déplacement sur son axe z. La vue par défaut dans le panneau Composition ne suffit donc pas toujours. Le menu Sélectionner la disposition des vues, situé au bas du panneau Composition, permet de diviser le panneau pour afficher plusieurs vues afin de visualiser la même image sous plusieurs angles. Vous choisissez les points de vue dans le menu Vue 3D situé à gauche du précédent.

1. Cliquez sur le menu déroulant Sélectionner la disposition des vues situé au bas du panneau Composition et choisissez 2 vues – horizontal. La partie gauche du panneau Composition affiche la vue Haut et la partie droite affiche celle qui était en vigueur par défaut (Caméra active).
2. Cliquez dans la partie gauche du panneau Composition pour activer la vue Haut. Des triangles orange s'affichent aux angles de la vue active.
3. Choisissez Vue personnalisée 1 dans le menu déroulant Vue 3D au bas du panneau.

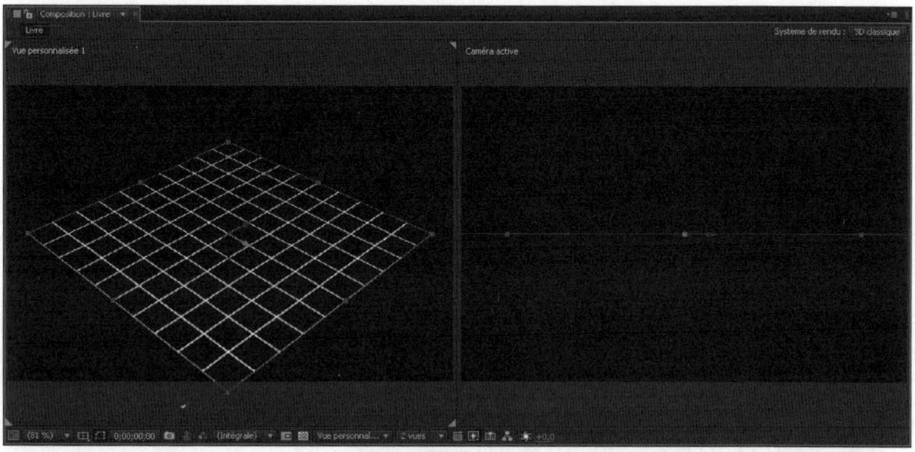

La fenêtre Vue personnalisée 1 de gauche vous permet de constater que la grille est bien un objet 3D.

4. Cachez les propriétés du calque Grille 3D dans le panneau montage.
5. Cliquez sur Fichier > Enregistrer pour sauvegarder votre travail.

Créer un calque repère

Les calques repères vous aident à positionner et à éditer les éléments dans le panneau Composition. Vous pouvez les utiliser comme référence visuelle ou temporelle, pour caler une séquence sur un élément sonore ou même pour y placer vos commentaires. Dans ce projet, le calque Grille 3D vous servira à placer les objets, mais vous ne procéderez pas à son rendu. Vous allez le convertir en calque repère et le verrouiller afin qu'il conserve la même position.

1. Dans le panneau Montage, sélectionnez le calque Grille 3D puis cliquez sur Calque > Calque repère. Une grille de couleur cyan s'affiche devant le nom du calque dans le panneau Montage pour indiquer qu'il s'agit d'un calque repère.
2. Dans le panneau Montage, cliquez sur le bouton Verrouiller (🔒) du calque Grille 3D.

Ajouter la première face de l'objet

Maintenant que la grille en place est définie comme calque repère, vous pouvez commencer à créer le livre. Vous allez débuter par la couverture.

1. Cliquez sur l'onglet Projet pour activer ce panneau, puis cliquez dans une zone vide de ce panneau pour désélectionner tous les éléments. Faites ensuite glisser l'élément AEFront.jpg dans le panneau Montage et placez-le au sommet de la pile des calques et donc au-dessus du calque Grille 3D.
2. Activez l'option Calque 3D (⬢) du calque AEFront.jpg.

La taille de la couverture du livre est beaucoup plus importante que celle de la composition et traverse la grille. Vous redimensionnerez le calque AEFront.jpg plus tard, une fois que vous aurez créé le livre entier. Mais vous allez repositionner la couverture maintenant, afin qu'elle repose sur le sol symbolisé par la grille. Pour cela, vous devez modifier la propriété Point d'ancrage du calque.

3. Le calque AEFront.jpg étant sélectionné dans le panneau Montage, pressez la touche **A** pour afficher sa propriété Point d'ancrage.

Pour l'instant, le point d'ancrage du calque AEFront.jpg se trouve au centre du livre. Or, il doit être au bas de la couverture afin de correspondre au point d'ancrage situé au centre de la grille. Puisque la valeur de l'axe y se trouve au centre, elle est par conséquent à mi-chemin de son bord supérieur et de son bord inférieur. Il vous suffit donc de multiplier cette valeur par 2 pour définir la nouvelle position du point d'ancrage.

● **Note :** Les valeurs positives déplacent l'objet sur la droite sur l'axe x, vers le bas sur l'axe y et l'éloignent de la caméra active sur l'axe z.

4. Cliquez sur la valeur de l'axe y (la valeur du centre) et ajoutez ***2** à celle-ci, afin qu'elle indique **617*2**. Pressez ensuite la touche Entrée ou Retour pour valider le calcul. Le calque se déplace pour se positionner sur la grille.

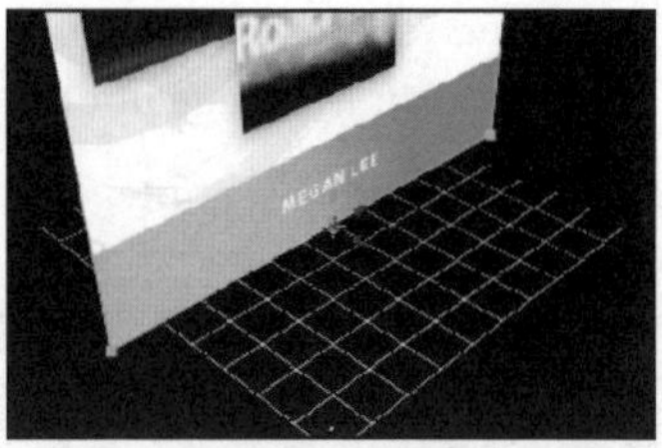

Importer des images 3D depuis Adobe Photoshop Extended

Adobe Photoshop Extended permet d'importer et de manipuler des modèles 3D dans plusieurs formats courants. Vous manipulez ces modèles 3D dans Photoshop Extended, puis vous enregistrez une ou plusieurs images en tant que fichiers PSD pour les importer ensuite dans After Effects.

Vous pouvez aussi faire appel à la fonctionnalité Point de fuite de Photoshop Extended pour créer des images 3D et utiliser ensuite la commande Exporter vers After Effects (.vpe) dans le menu de la boîte de dialogue de ce filtre afin d'obtenir un ensemble de fichiers PNG (un pour chaque plan) et un fichier VPE (*Vanishing Point Exchange*), qui décrit la géométrie de la scène. Les informations du fichier VPE que vous importez dans After Effects sont utilisées pour recréer la scène sous la forme d'une composition contenant un calque de caméra et un calque 3D dont la perspective est corrigée pour chaque fichier PNG.

Positionner des éléments 3D

Lorsque vous créez un objet 3D, vous devez positionner les calques 3D les uns par rapport aux autres. Vous allez placer la tranche du livre en déplaçant son point d'ancrage et ajuster la couverture.

1. Faites glisser l'élément AESpine.jpg du panneau Projet dans le panneau Montage et placez-le au sommet de la pile des calques.
2. Activez l'option Calque 3D (◉) du calque AESpine.jpg.
3. Cliquez en maintenant la touche Ctrl (Windows) ou Cmd (Mac OS) sur le triangle précédant le nom du calque AESpine.jpg pour afficher toutes ses propriétés Transformer.

4. Cliquez sur la valeur de l'axe y (la valeur centrale) de la propriété Point d'ancrage, et ajoutez ***2** à celle-ci, afin qu'elle indique **617*2**. Pressez ensuite la touche Entrée ou Retour pour valider le calcul.

Comme pour la couverture, le déplacement du point d'ancrage permet de poser la tranche sur le sol de l'espace 3D. En revanche, elle est orientée dans la même direction que la couverture et vous devez donc la faire pivoter.

5. Donnez à la propriété Rotation Y du calque AESpine.jpg une valeur de **+90**.

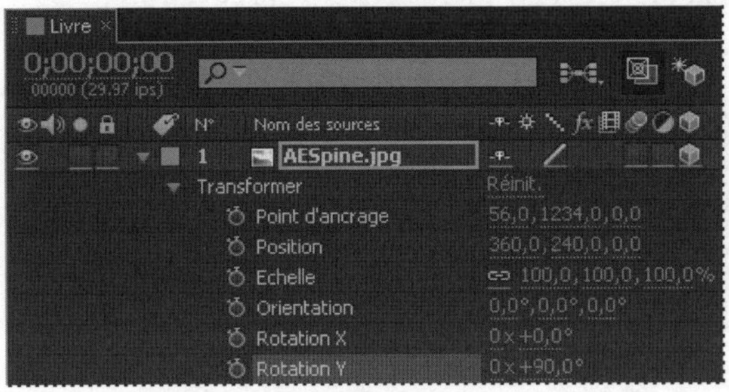

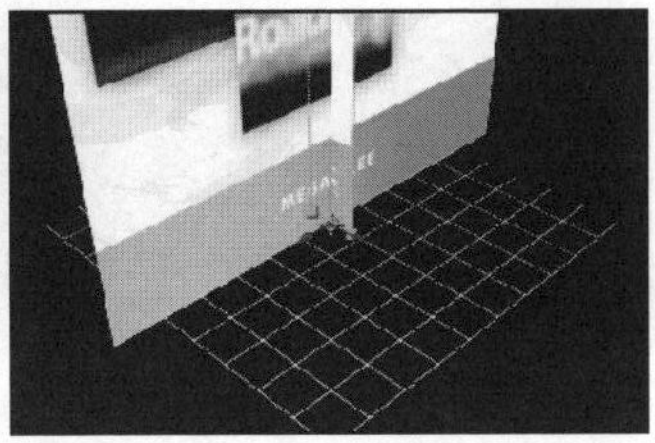

À présent, la tranche est correctement orientée. Mais elle se trouve toujours au centre de la couverture. Pour la déplacer, vous utiliserez la même astuce mathématique que pour placer la couverture sur le sol.

6. Sélectionnez l'élément AEFront.jpg dans le panneau Projet et notez sa largeur. Elle est égale à 1 000 pixels exactement.

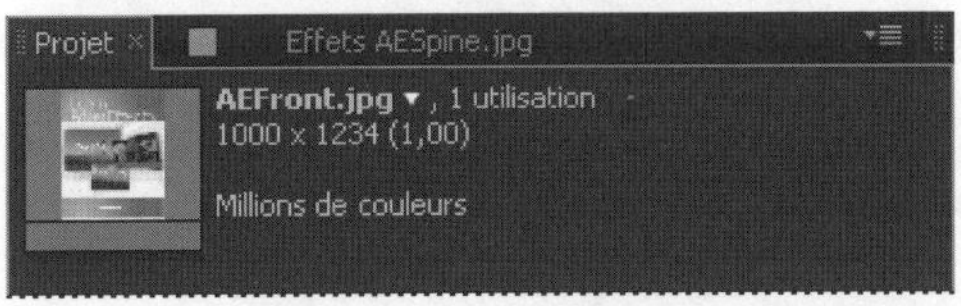

Le calque AESpine.jpg se trouve au centre du calque AEFront.jpg. Par conséquent, déplacer la tranche de 500 pixels vers la gauche permettra de l'aligner correctement. Pour déplacer un calque vers la gauche sur l'axe x, il vous suffit de soustraire le nombre de pixels.

7. Dans le panneau Montage, cliquez sur la valeur de l'axe x (la première valeur) de la propriété Position du calque AESpine.jpg et enlevez **–500** à la valeur actuelle, afin que la valeur inique **360,0–500** ou **-–140**. Pressez ensuite la touche Entrée ou Retour.

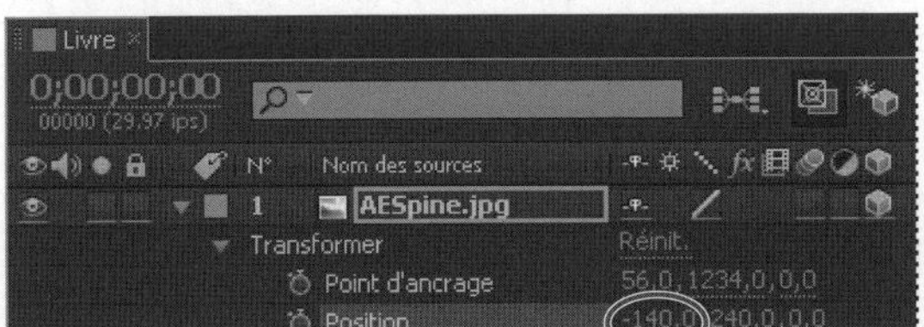

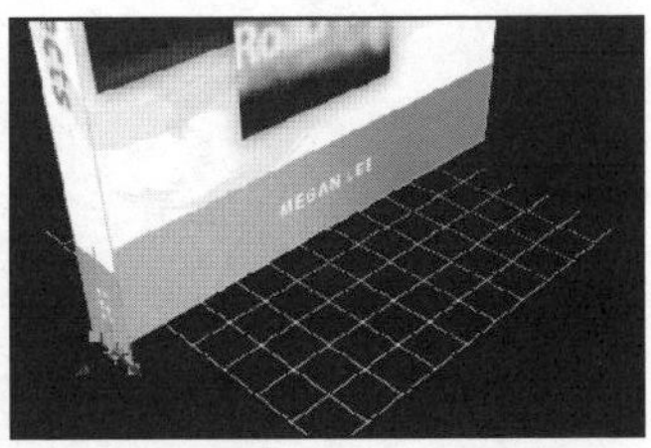

La tranche se place à la gauche de la couverture. Elle est proche de cette dernière, mais elle dépasse de l'épaisseur de la couverture. Vous allez donc déplacer le calque AEFront.jpg vers l'avant pour corriger cela.

8. Sélectionnez le calque AEFront.jpg dans le panneau Montage, puis pressez la touche **P** pour afficher sa propriété Position.

9. Cliquez sur la valeur de l'axe z (la dernière valeur) de la propriété Position du calque AEFront.jpg dans le panneau Montage et donnez-lui une valeur de **–56**. Une valeur négative sur l'axe z déplace le calque vers la caméra active (vers l'avant).

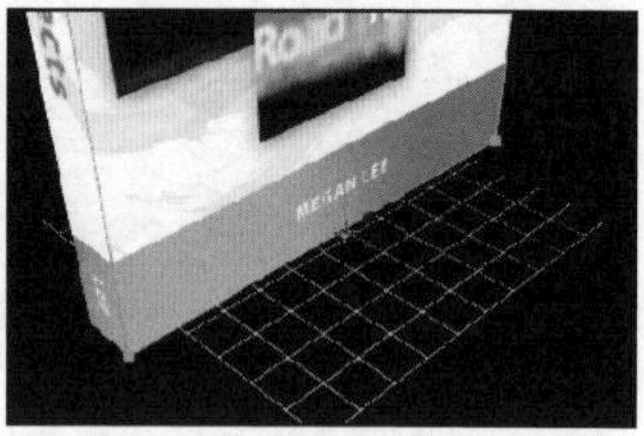

10. Fermez toutes les propriétés des calques AESpine.jpg et AEFront.jpg dans le panneau Montage.

Remplacer un élément 3D par un autre

Plutôt que de répéter toutes ces étapes pour placer le dos du livre, vous allez dupliquer la couverture et la remplacer par l'image du dos.

1. Sélectionnez le calque AEFront.jpg dans le panneau Montage, puis appuyez sur les touches Ctrl+D (Windows) ou Cmd+D (Mac OS) pour le dupliquer.

2. Le calque dupliqué étant sélectionné, appuyez sur la touche **P** pour afficher sa propriété Position.

3. Donnez à l'axe z une valeur de **+56** pour rapprocher le calque de la caméra active. Comme il s'agit du dos du livre, le calque doit se trouver derrière la tranche, dont la largeur est de 112 pixels.

4. Cliquez sur nêtre de droite dans le panneau Composition, puis sélectionnez Vue personnalisée 3 dans le menu déroulant Vue 3D afin d'afficher les faces avant et arrière du livre.

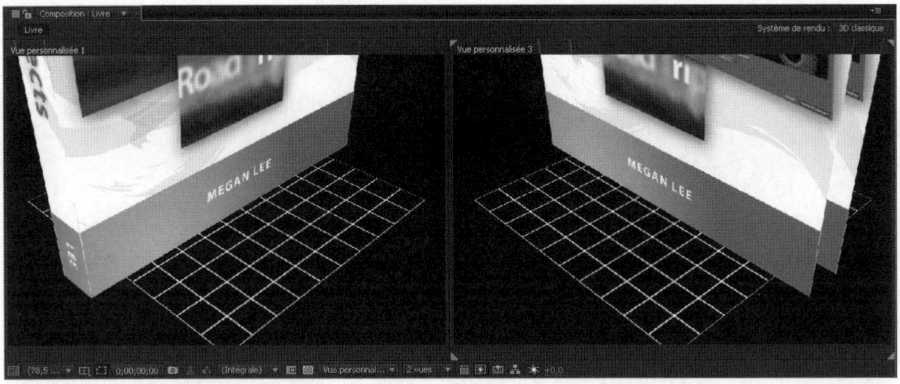

5. Le calque dupliqué étant toujours sélectionné dans le panneau Montage, appuyez sur la touche **R** pour afficher ses propriétés Orientation et Rotation. Donnez à la propriété Rotation Y la valeur **180°**. La rotation entraîne le basculement du calque.

6. Le calque dupliqué étant toujours sélectionné, pressez la touche Alt (Windows) ou Option (Mac OS) et faites glisser l'élément AEBack.jpg du panneau Projet sur le calque dupliqué. After Effects remplace l'image de la couverture du livre par celle du dos et renomme le calque AEBack.jpg.

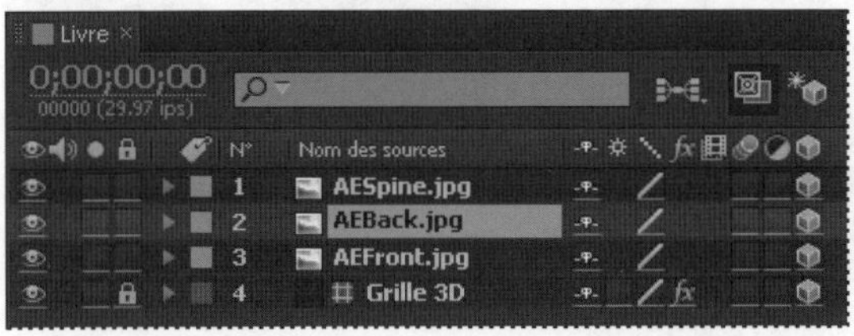

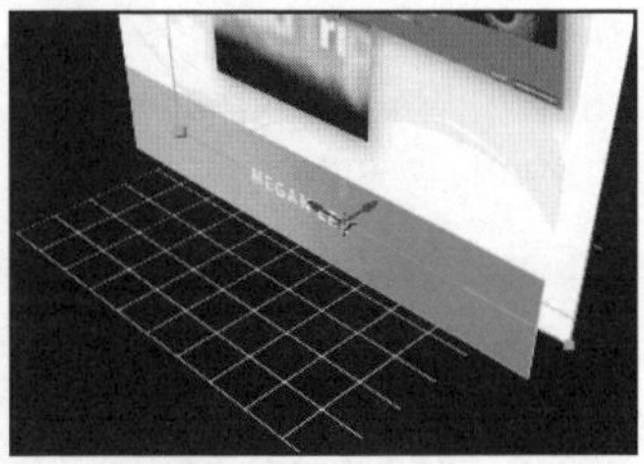

Ajuster les vues avec les outils caméra

Par définition, les objets 3D peuvent être vus depuis plusieurs angles. Vous pouvez ajuster la vue de la caméra pour visualiser l'objet depuis différents points afin de repérer ses défauts, de le repositionner et d'évaluer votre projet.

1. Dans le panneau Outils, sélectionnez l'outil Caméra Approche Z () caché sous l'outil Caméra unifiée (). Il vous permet de zoomer vers l'avant et l'arrière sur une vue de la composition.

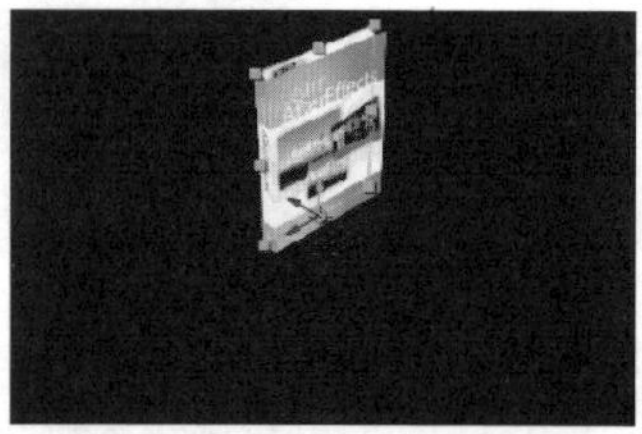

2. Cliquez dans la vue de gauche (Vue personnalisée 1) dans le panneau Composition pour vous assurer qu'elle est active. Cliquez et faites glisser le pointeur vers le haut ou le bas pour agrandir ou réduire la taille d'affichage de la scène et visualiser le livre dans son ensemble. Il est possible que vous deviez cliquer et faire glisser le pointeur plusieurs fois.

3. Dans le panneau Outils, sélectionnez l'outil Orbite caméra arrière () caché sous l'outil Caméra Approche Z. Il fait pivoter la vue 3D courante en déplaçant la caméra autour du point de vue.
4. Faites-le glisser sur la gauche ou la droite de la fenêtre afin d'afficher le dos du livre. Lorsque vous utilisez l'outil Orbite caméra arrière, souvenez-vous que vous faites pivoter la vue et non l'objet lui-même.

5. Faites glisser l'outil Orbite caméra arrière de nouveau pour afficher la couverture du livre.
6. Dans le panneau Outils, activez l'outil Sélection () puis cliquez sur Fichier > Enregistrer pour sauvegarder votre travail.

Ajouter des calques solides à un objet 3D

Vous avez assemblé la couverture, le dos et la reliure du livre. Mais il manque toujours la partie supérieure et la partie droite (la tranche des pages). Comme ces faces ne nécessitent pas de contenu particulier, vous pouvez les créer à l'aide de calques solides.

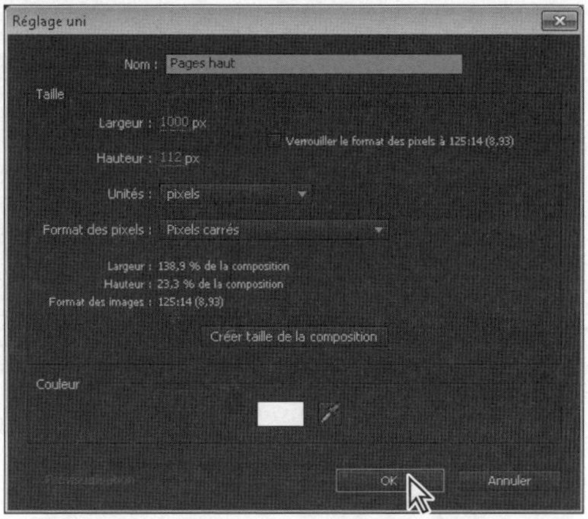

1. Cliquez dans le panneau Montage, puis appuyez sur Ctrl+Y (Windows) ou Cmd+Y (Mac OS) pour créer un nouveau calque solide.
2. Dans la boîte de dialogue Réglage uni, nommez le calque **Pages haut**, donnez-lui une largeur de **1000** pixels (afin de correspondre à la hauteur de la couverture) et une hauteur de **112** pixels (soit la largeur de la tranche).
3. Activez l'outil Pipette de la boîte de dialogue Couleur unie, puis cliquez sur une zone blanche de la couverture du livre pour l'échantillonner. Cliquez ensuite sur OK pour créer le calque.
4. Activez l'option Calque 3D (⊛) pour le calque Pages Haut.
5. Pressez la touche **R** pour afficher ses propriétés Rotation et donnez à la propriété Rotation X une valeur de **90°**.
6. Pressez la touche **P** pour afficher ses propriétés Position. Cliquez sur la valeur de l'axe y et entrez **240–1234**. Pressez ensuite la touche Entrée ou Retour pour valider ce calcul.

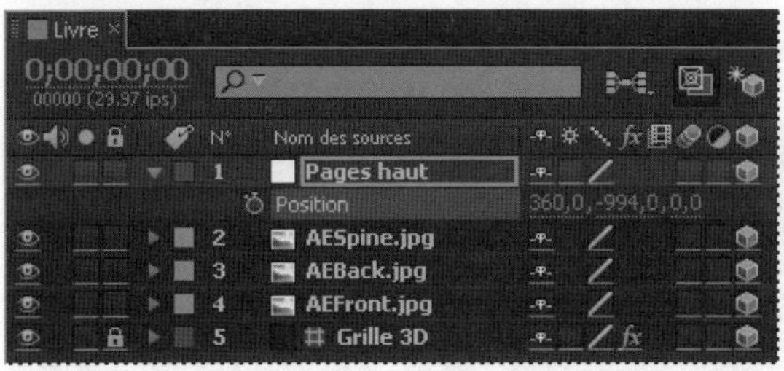

Pourquoi ces chiffres ? Simplement parce que la position du solide sur l'axe y était égale à 240, et que vous deviez le déplacer vers le haut pour le placer au sommet du lire, qui se trouve à 1 234 pixels.

7. Appuyez sur Ctrl+Y (Windows) ou Cmd+Y (Mac OS) pour créer un autre calque solide pour la partie droite du livre et donc représenter la tranche des pages visibles à l'opposé de la reliure.

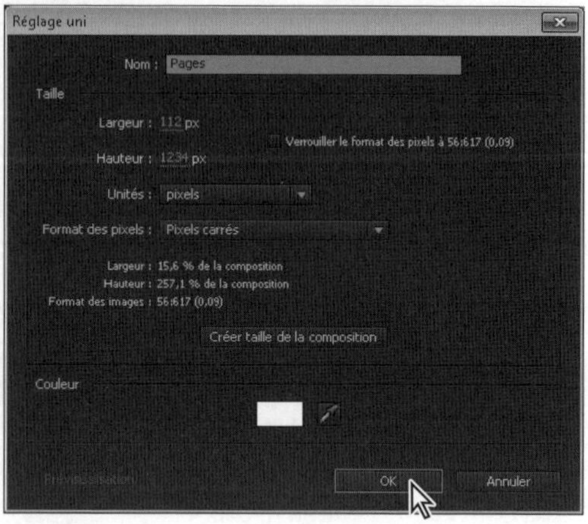

8. Dans la boîte de dialogue Réglage uni, nommez le calque **Pages**, donnez-lui une largeur de **112** pixels (la largeur de la reliure) et une hauteur de **1234** pixels (la hauteur de la couverture). Assurez-vous que le calque est blanc, puis cliquez sur OK.

9. Activez l'option Calque 3D (◉) pour le calque Pages.

Le calque Pages doit se trouver sur le côté droit du livre. Vous allez donc modifier ses propriétés Point d'ancrage, Rotation et Position afin de le positionner correctement.

10. Cliquez en maintenant la touche Ctrl (Windows) ou Cmd (Mac OS) enfoncée sur le triangle situé devant le nom du calque Pages afin d'afficher toutes ses propriétés Transformer.

11. Donnez à l'axe y de la propriété Point d'ancrage une valeur de **1234** (pour placer le calque sur le sol virtuel), donnez à la propriété Rotation Y une valeur de **90°** pour faire pivoter le calque sur la droite et donnez à l'axe x de la propriété Position la valeur **360+500** pour déplacer le calque sur le côté droit du livre.

● **Note :** Dans ce projet, il est fort peu probable que le bas du livre soit visible. Mais si vous souhaitez ajouter cet élément, dupliquez le calque Pages Haut et modifiez sa position.

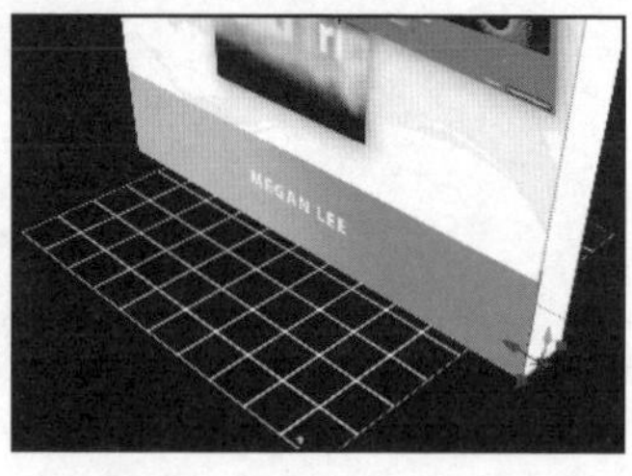

12. Le panneau Montage étant actif, appuyez sur Ctrl+A (Windows) ou Cmd+A (Mac OS) pour sélectionner tous les calques. Pressez ensuite la touche **U** pour cacher toutes les propriétés de tous les calques.

▶ **Astuce :** Pressez plusieurs fois la touche U pour afficher et cacher successivement les propriétés des calques sélectionnés.

Utilisation d'un objet nul

Un objet nul est un calque invisible qui dispose de toutes les propriétés d'un calque visible, si bien qu'il peut être le parent de n'importe quel calque de la composition. Vous allez créer un objet nul pour diminuer la taille de l'objet 3D. Si vous redimensionniez chaque calque individuellement, vous devriez ensuite les repositionner. Par contre, en affiliant tous les calques à un seul calque nul, il vous suffit de modifier la taille de celui-ci pour qu'ils soient tous redimensionnés à la fois tout en conservant leurs relations.

1. Le panneau Montage étant activé, cliquez sur Calque > Créer > Objet nul. After Effects nomme le calque Nul 1.
2. Activez l'option Calque 3D (◉) pour le calque Nul 1 afin qu'il dispose de trois dimensions.

L'objet nul se place au point d'origine de la composition, au centre de la grille. Bien que vous puissiez le voir dans le panneau Composition, il s'agit d'un calque invisible. La représentation graphique de cet objet vous permet de savoir où il se trouve lorsque vous l'utilisez.

3. Sélectionnez le calque Pages dans le panneau Montage puis cliquez en maintenant la touche Maj enfoncée sur le calque AEFront.jpg pour le sélectionner ainsi que tous les calques se trouvant entre les deux (seuls les calques Grille 3D et Nul 1 ne doivent pas être sélectionnés).
4. Choisissez 1. Nul 1 dans le menu Parent du calque Pages. Ce choix s'applique automatiquement à tous les calques sélectionnés.

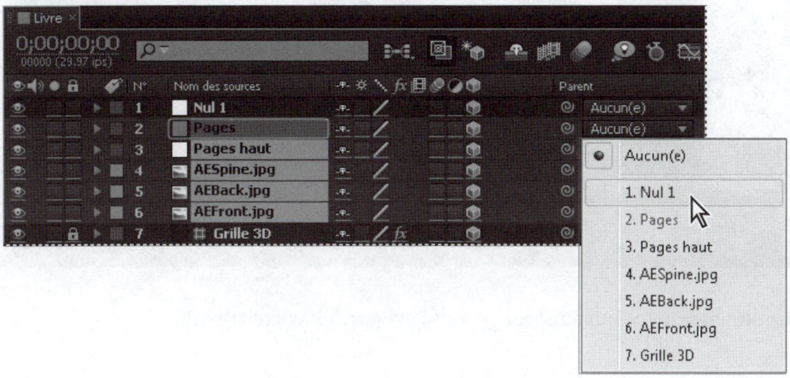

Comme les calques contenant les éléments de l'objet 3D sont maintenant apparentés au calque Nul 1, toute modification apportée à l'objet nul les affecte également.

5. Sélectionnez le calque Nul 1 dans le panneau Montage et pressez la touche **S** pour afficher sa propriété Échelle. Donnez ensuite à cette propriété les valeurs **20, 20, 20 %**.

● **Note :** Les valeurs de la propriété Échelle étant liées, il vous suffit d'entrer une seule fois la valeur pour modifier les trois axes.

Le livre entier est à présent plus petit et chacun des éléments conserve sa relation aux autres.

6. Sélectionnez l'outil Caméra Approche Z (icône) caché sous l'outil Orbite caméra arrière (icône) dans le panneau Outils. Faites ensuite glisser le pointeur sur la droite dans la fenêtre de gauche du panneau Composition pour zoomer et ainsi mieux voir le livre.

7. Sélectionnez la vue de droite dans le panneau Composition pour l'activer. Choisissez ensuite Caméra active dans le menu déroulant Vue 3D situé au bas du panneau.

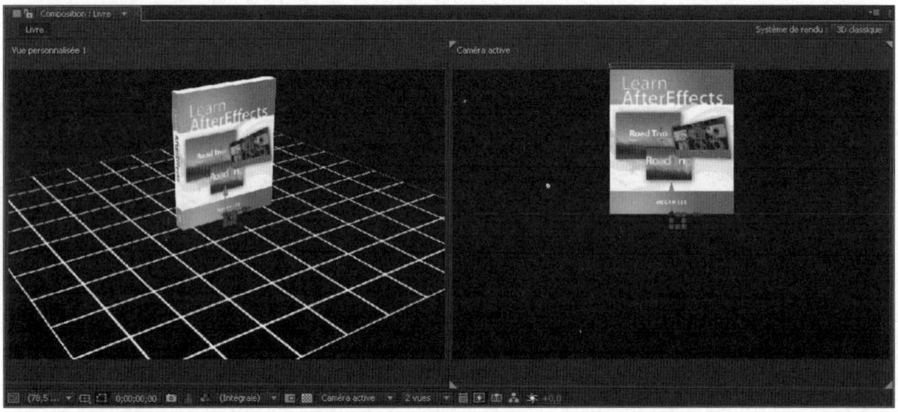

8. Cliquez sur Fichier > Enregistrer pour sauvegarder votre travail.

Le texte 3D

Vous pouvez créer du texte 3D dans After Effects de la même manière que vous le faites pour les autres objets 3D. Vous allez ainsi rendre le texte visuellement plus intéressant en lui ajoutant de la profondeur à l'aide des expressions. Si votre système prend en charge la fonctionnalité de rendu 3D avec lancer de rayon d'After Effects CS6, vous pouvez aussi extruder le texte en suivant les étapes de l'encadré "Extruder du texte 3D" plus loin dans cette leçon.

Créer la composition

Vous allez créer une nouvelle composition pour le texte en commençant comme précédemment par créer une grille pour représenter le sol dans l'espace et vous aider à conserver la perspective.

1. Cliquez sur le bouton Créer une nouvelle composition (▣) au bas du panneau Projet.
2. Dans la boîte de dialogue Paramètres de composition, nommez cette composition **Texte 3D**, puis choisissez NTSC DV dans le menu Paramètre prédéfini. Cliquez ensuite sur OK pour fermer la boîte de dialogue et créer la composition.
3. Appuyez sur Ctrl+Y (Windows) ou Cmd+Y (Mac OS) pour créer un nouveau calque solide.
4. Dans la boîte de dialogue Réglage uni, nommez le calque **Grille 3D**, donnez-lui une valeur de Hauteur et de Largeur de **800** pixels, puis cliquez sur OK.
5. Le calque Grille 3D étant sélectionné dans le panneau Montage, cliquez sur Effet > Génération > Grille.
6. Activez l'option Calque 3D (◈) du calque Grille 3D.
7. Le calque Grille 3D étant sélectionné dans le panneau Montage, pressez la touche **R** pour afficher sa propriété Rotation. Donnez à la propriété Rotation X une valeur de **90**° puis cachez la propriété Rotation (touche **R**).

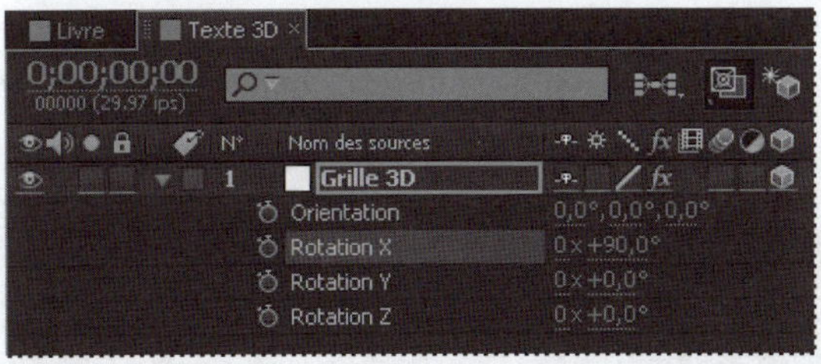

▶ **Astuce :** Si vous prévoyez de travailler avec des objets 3D à l'avenir, enregistrez cette composition pour l'utiliser comme base de vos projets. Vous disposerez ainsi d'une grille 3D déjà en place.

8. Cliquez sur Calque > Calque repère puis verrouillez le calque Grille 3D.

La grille que vous avez créée vous servira de guide lors de votre travail sur le texte 3D, mais ne sera pas rendue lors de l'exportation de votre projet.

Créer du texte 3D

Maintenant que la grille est en place, vous êtes prêt à créer le texte. Vous allez tout d'abord saisir le texte, puis vous convertirez le calque en calque 3D.

1. Sélectionnez l'outil Écriture horizontale (T) dans le panneau Outils. After Effects ouvre les panneaux Caractère et Paragraphe.

2. Dans le panneau Caractère :
   - Choisissez la famille de polices Myriad Pro.
   - Choisissez le style de police Bold.
   - Sélectionnez le blanc comme couleur de police.
   - Sélectionnez Aucune pour la couleur du contour.
   - Donnez à la police une taille de **120** pixels.
3. Dans le panneau Paragraphe, sélectionnez l'option d'alignement Centrer le texte.

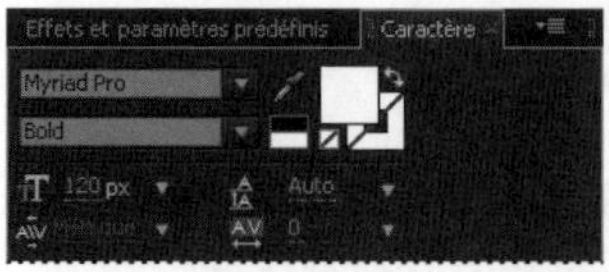

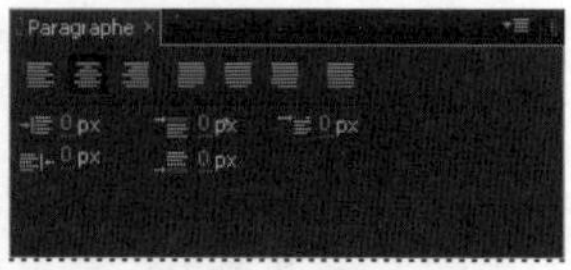

4. Cliquez dans une des vues du panneau Composition et tapez **AECS6**. Cliquez ensuite dans une zone vierge du panneau Montage pour désactiver l'outil Écriture horizontale.
5. Activez l'option Calque 3D (⊛) du calque Grille 3D.
6. Le calque AECS6 étant sélectionné dans le panneau Montage, pressez la touche **P** pour afficher sa propriété Position.
7. Cliquez du bouton droit (Windows) ou en maintenant la touche Ctrl enfoncée (Mac OS) sur le nom de la propriété Position et choisissez Réinitialiser dans le menu contextuel. Le texte se place au centre de la grille.

Donner de la profondeur au texte à l'aide des expressions

Ce texte possède trois dimensions, dont l'une d'elles – l'axe z – a une largeur d'un pixel. Vous allez dupliquer ce calque et le décaler d'un pixel pour ajouter de la profondeur au texte.

● **Note :** Cette technique permet d'obtenir une extrusion dans certaines vues mais peut ne pas fournir de bons résultats sous certains angles lorsque vous faites pivoter le texte. Pour créer une véritable extrusion de texte, reportez-vous à l'encadré "Extruder du texte 3D".

1. Sélectionnez le calque AECS6 dans le panneau Montage, puis cliquez sur Édition > Dupliquer.

Un nouveau calque, nommé AECS7, est créé dans le panneau Montage. Le calque dupliqué est ainsi nommé car After Effects incrémente la numérotation du nom du calque à partir d'AECS6. Le contenu du calque reste lui inchangé.

2. Double-cliquez sur le calque AECS6 original dans le panneau Montage pour sélectionner son contenu.

3. Dans le panneau Paragraphe, donnez au texte la couleur bleue (R = **19**, V = **125** et B = **245**), puis cliquez dans une zone vierge du panneau Montage pour désactiver l'outil Écriture horizontale.

Le texte dans le panneau Composition s'affiche toujours en blanc car le calque AECS7 est placé devant le calque AECS6.

4. Maintenez la touche Alt (Windows) ou Option (Mac OS) enfoncée et cliquez sur l'icône Chronomètre de la propriété Position du calque AECS6.

● **Note :** Lorsque vous modifiez une expression, tous les aperçus sont suspendus. Une barre rouge s'affiche au bas des panneaux jusqu'à ce que vous quittiez le mode d'édition du texte.

After Effects affiche les mots *transform.position* dans le champ expression de l'échelle de temps. Les expressions permettent d'établir des relations entre les propriétés des calques et d'utiliser les images clés d'une propriété pour animer un autre calque de façon dynamique. Pour en savoir plus sur les expressions, reportez-vous à l'encadré “Les expressions” à la Leçon 6.

5. Tapez **thisComp.layer(index-1).transform.position+[0,0,1]** pour remplacer *transform.position* dans le champ expression.

6. Cliquez dans une zone vierge du panneau Montage pour valider cette expression.

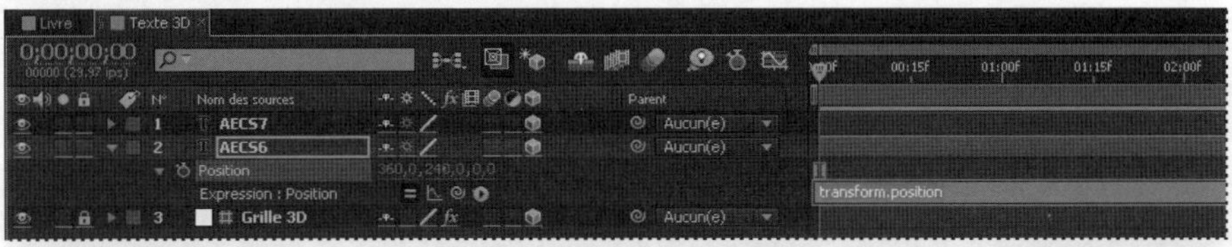

L'expression que vous avez saisie indique à After Effects de changer d'un pixel la valeur de l'axe z de la propriété Position sur le calque situé immédiatement au-dessus. Elle se décompose comme suit : *thisCompLayer* fait référence à cette composition, *index-1* au calque situé juste au-dessus du calque courant, *transform.position* indique de changer la propriété Position et *+[0,0,1]* de le décaler d'un pixel sur l'axe z.

Vous n'avez pas besoin de mémoriser cette expression ni d'apprendre le langage JavaScript utilisé dans les expressions. Vous pouvez adapter et modifier des expressions simples en fonction de vos besoins. Vous pouvez également utiliser l'icône de sélection d'expression, comme vous l'avez fait à la Leçon 6 pour créer des relations entre les propriétés des calques.

7. Sélectionnez l'outil Orbite caméra arrière (◉) et faites-le glisser dans la vue gauche du panneau Composition afin de voir l'arrière du texte. Le texte est bleu derrière et blanc devant. Mais il n'a encore qu'une largeur de 2 pixels.

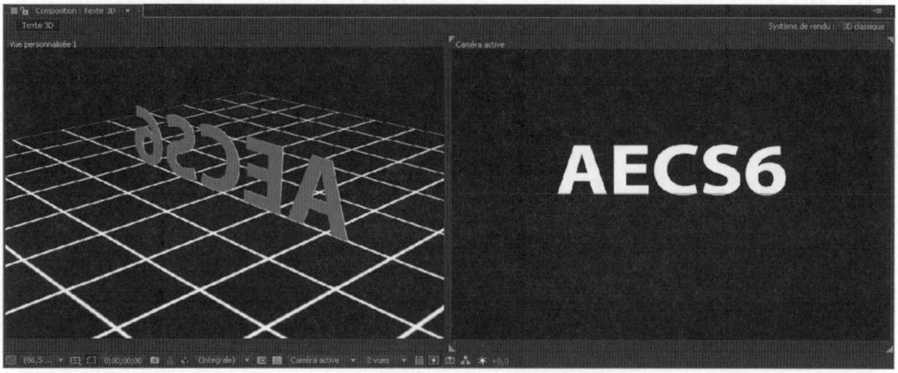

8. Sélectionnez le calque le calque AECS6 original dans le panneau Montage, puis appuyez sur Ctrl+D (Windows) ou Cmd+D (Mac OS) 19 fois pour créer 19 calques supplémentaires.

9. Utilisez l'outil Orbite caméra arrière pour déplacer la caméra autour de l'objet. Le texte possède à présent une plus grande profondeur, car vous avez copié l'expression sur chacun des 19 calques. Le calque à l'avant est blanc et tous les autres sont bleus. Pour visualiser encore plus clairement l'effet, choisissez Vue personnalisée 3 pour la fenêtre de droite.

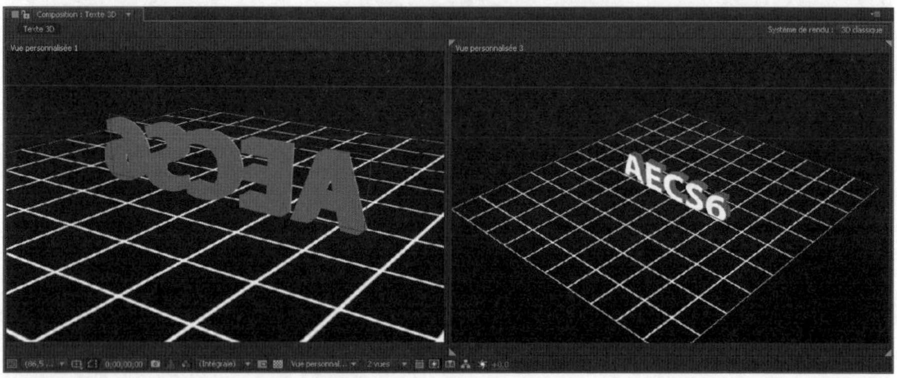

10. Cliquez sur Fichier > Enregistrer pour sauvegarder votre travail.

Info plus : Extruder du texte 3D

Si votre système prend en charge le mode rendu 3D avec lancer de rayon , vous pouvez extruder du texte 3D dans After Effects CS6. Le texte extrudé dispose de propriétés supplémentaires offrant un plus grand contrôle sur l'effet 3D.

1. Créez une nouvelle composition en suivant les indications des sections "Créer la composition" et "Créer du texte 3D" de cette leçon, mais nommez la nouvelle composition **Texte extrudé**.
2. Cliquez sur Composition > Paramètres de composition.
3. Dans la boîte de dialogue Paramètres de composition, cliquez sur l'onglet Avancé. Choisissez ensuite 3D avec lancer de rayon dans le menu déroulant Système de rendu, puis cliquez sur OK pour fermer la boîte de dialogue. Lisez les explications de la boîte de dialogue d'alerte qui s'affiche, puis cliquez sur OK.

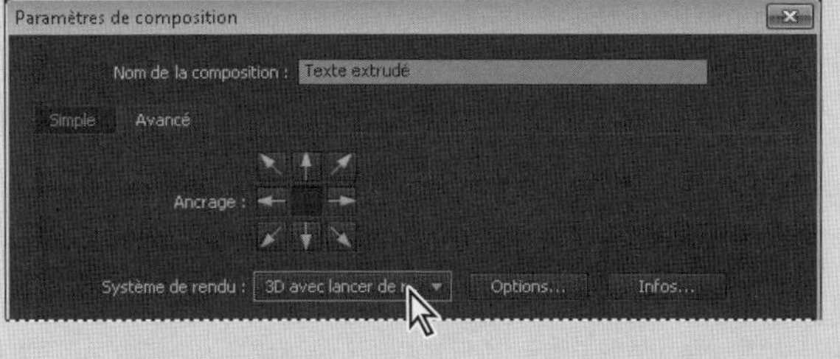

Maintenant que l'option 3D avec lancer de rayon est activée, vous pouvez extruder le texte.

4. Activez l'option Calque 3D du calque AECS6 si ce n'est pas déjà le cas.
5. Cliquez en maintenant la touche Ctrl (Windows) ou Cmd (Mac OS) sur le triangle précédant le nom du calque AECS6 pour afficher toutes ses propriétés.
6. Dans la catégorie Options de géométrie, choisissez Angulaire dans le menu déroulant de la propriété Style de biseau, donnez une valeur de **3** à la propriété Profondeur du biseau, une valeur de **60 %** à la propriété Profondeur du biseau du trou et une valeur de **20** à la propriété Profondeur d'extrusion.

Ces paramètres créent un objet 3D très basique sur lequel travailler. La propriété Profondeur du biseau du trou empêche que les espaces vides des lettres ne soient bouchés par l'effet de biseau. Lorsque vous extrudez du texte,vous devrez aussi souvent ajuster l'approche des caractères (l'espace entre chaque lettre) pour éviter que les lettres 3D ne se chevauchent.

7. Cliquez sur Calque > Créer > Lumière. Choisissez Concentrée dans le menu déroulant Type de lumière et sélectionnez une couleur jaune claire (R = **255**, V = **247**, B = **216**). Activez l'option Projeter une ombre, réduisez l'Intensité de l'ombre à **60 %** et augmentez la Diffusion de l'ombre à **10**. Cliquez ensuite sur OK.

Info plus : Extruder du texte 3D

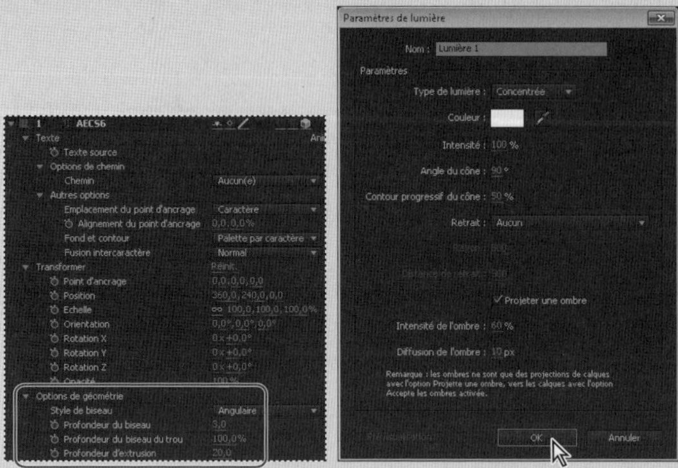

8. Sélectionnez le calque Lumière 1 dans le panneau Montage, puis pressez la touche **P** pour afficher sa propriété Position et donnez- lui les valeurs **110**, **55**, **-400** pour que le relief du texte soit davantage mis en valeur.
9. Cliquez sur le bouton Animer situé à droite de la catégorie de propriétés Texte du calque AECS6, puis choisissez Biseau > Couleur > RVB. Cliquez ensuite sur l'échantillon de couleur de la propriété Couleur du biseau, sous Animation 1 > Sélecteur de plage 1, et sélectionnez une couleur jaune dorée (R = **240**, V = **200**, B = **80**).
10. Cliquez sur le bouton Ajouter situé à droite de Animation 1 et choisissez Propriété > Biseau > Intensité spéculaire. Donnez ensuite une valeur de **100 %** à la propriété Intensité spéculaire du biseau.

Augmenter l'intensité spéculaire des arêtes du biseau permet de les mettre davantage en valeur.

Vous pouvez essayer les autres options du mode rendu 3D avec lancer de rayon dans After Effects. Une fois la Leçon 11 terminée, vous pouvez également ajouter votre texte 3D extrudé au projet pour voir la différence dans le projet final.

Création d'un fond pour l'animation 3D

Le livre et le texte sont prêts à être animés, mais ils doivent l'être devant un arrière-plan. Vous allez donc créer un environnement en deux dimensions pour ces objets 3D dans une nouvelle composition.

1. Cliquez sur l'onglet Projet, puis cliquez sur le bouton Créer une nouvelle composition (▣) au bas du panneau Projet.
2. Dans la boîte de dialogue Paramètres de composition, nommez cette composition **Comp Finale**, puis choisissez NTSC DV dans le menu Paramètre prédéfini. Cliquez sur l'onglet Avancé et choisissez 3D classique dans le menu déroulant Système de rendu, puis cliquez sur OK.
3. Choisissez 1 vue dans le menu déroulant Sélectionner la disposition des vues du panneau Composition.
4. Sélectionnez Vue personnalisée 1 dans le menu déroulant Vue 3D au bas du panneau Composition afin que vous puissiez voir le fond sous un angle différent et pas seulement de face.
5. Cliquez sur Calque > Créer > Solide.
6. Dans la boîte de dialogue Réglage uni, nommez le calque **Fond**, donnez-lui une Hauteur et une Largeur de **1000** pixels, puis cliquez sur OK.
7. Le calque Fond étant sélectionné dans le panneau Montage, cliquez sur Effet > Génération > Dégradé. Le calque devient un dégradé.
8. Dans le panneau Effets, donnez à la propriété Point de départ les valeurs **500, 500**. Choisissez un bleu clair (R = **36**, V = **195** et B = **254**) comme Couleur de départ et le noir (R = 0, V = 0 et B = 0) comme Couleur d'arrivée. Sélectionnez ensuite Radial dans le menu déroulant Type.

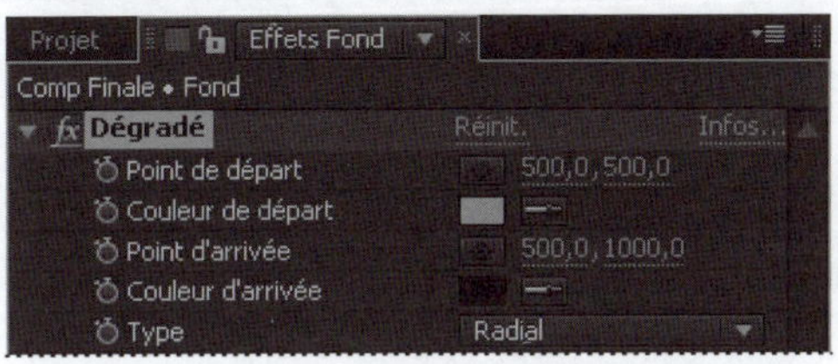

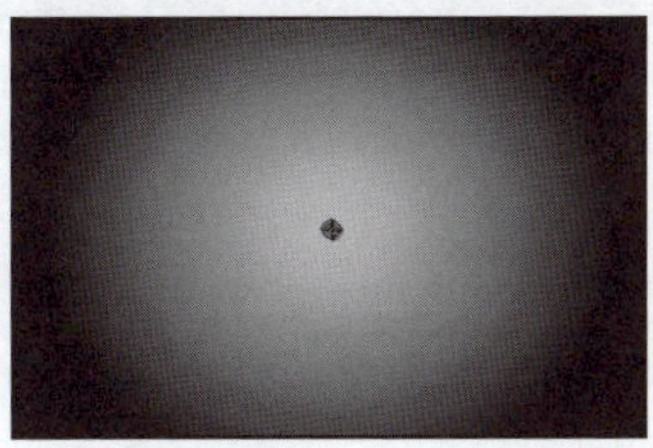

9. Activez le verrouillage du calque Fond afin d'éviter de le modifier par mégarde. Il est inutile de le convertir en calque 3D car il se trouvera à une distance infinie des objets 3D animés.
10. Appuyez sur Ctrl+Y (Windows) ou Cmd+Y (Mac OS) pour créer un nouveau calque solide.
11. Dans la boîte de dialogue Réglage uni, nommez-le **Sol**, vérifiez que les valeurs de Hauteur et de Largeur sont de **1000** pixels, puis cliquez sur OK.

12. Le calque Sol étant sélectionné dans le panneau Montage, cliquez sur Effet > Bruit et grain > Bruit fractal.

13. Dans le panneau Effets, choisissez Torsion dynamique dans le menu déroulant Type fractal.

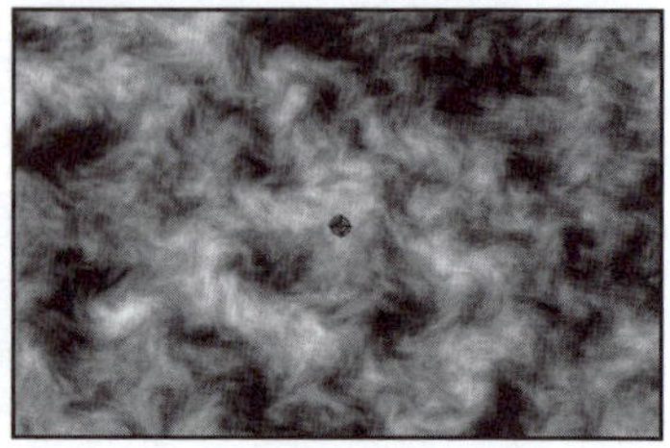

14. Activez l'option Calque 3D (◉) du calque Sol dans le panneau Montage.

15. Le calque Sol étant sélectionné, pressez la touche **R** pour afficher sa propriété Rotation, et donnez à la propriété Rotation X une valeur de **90**°.

16. Pressez la touche **S** pour afficher la propriété Échelle et donnez-lui les valeurs **1000, 1000, 1000**.

17. Cliquez sur le bouton Afficher/masquer options et modes au bas du panneau Montage pour afficher les calques dans le mode Colonnes.

▶ **Astuce :** Si le menu Mode du calque Sol ne s'affiche pas, cela signifie que vous utilisez le mode de rendu 3D avec lancer de rayon, car celui-ci ne prend pas en charge les modes de fusion. Cliquez sur Composition > Paramètres de composition, puis sur l'onglet Avancé, et choisissez 3D classique dans le menu déroulant Système de rendu.

18. Choisissez Incrustation dans le menu Mode du calque Sol.

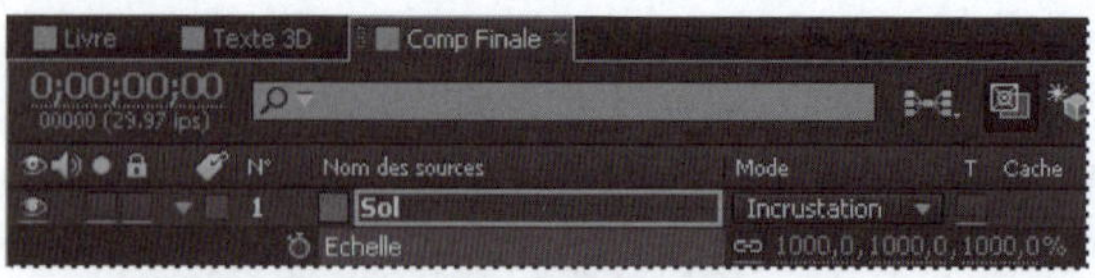

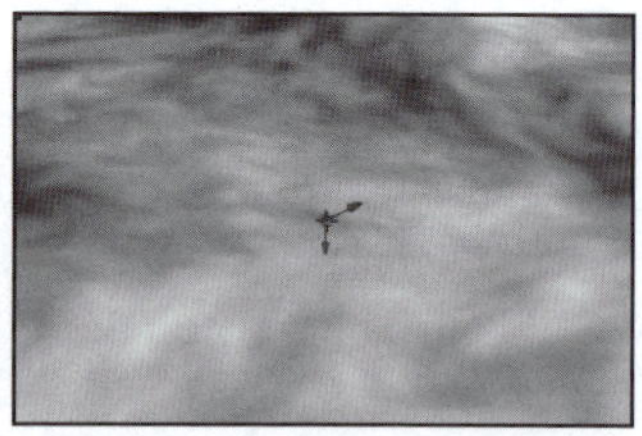

19. Pressez la touche **S** pour cacher la propriété Échelle, puis verrouillez le calque Sol.

Imbrication d'une composition 3D

Vous avez terminé l'environnement pour les objets 3D (le livre et le texte) que vous avez créés auparavant. Vous allez ajouter la composition Livre, qui comme son nom l'indique contient tous les éléments du livre, à la composition Comp finale, puis vous activerez l'option Réduire les transformations pour qu'elle se comporte comme un calque 3D.

1. Cliquez sur l'onglet Projet pour afficher ce panneau. Faites ensuite glisser la composition Livre depuis le panneau Projet dans le panneau Montage de la composition Comp finale, et placez-le au sommet de la pile des calques.

La composition Livre ne s'affiche pas car il ne s'agit pas encore d'un calque 3D.

2. Cliquez sur le bouton Afficher/masquer options et modes au bas du panneau Montage pour afficher les options des calques.

3. Activez l'option Calque 3D (◉) du calque Livre pour le convertir en calque 3D.

La composition Livre s'affiche dans le panneau Composition, mais seule la couverture de l'objet semble avoir été intégrée. Lorsque vous imbriquez une composition 3D dans une autre composition, vous devez activer l'option Réduire les transformations pour ce calque. Dans le cas contraire, la composition est considérée comme un calque 2D et n'interagit pas avec les calques 3D.

4. Activez l'option Réduire les transformations (☼) du calque Livre.

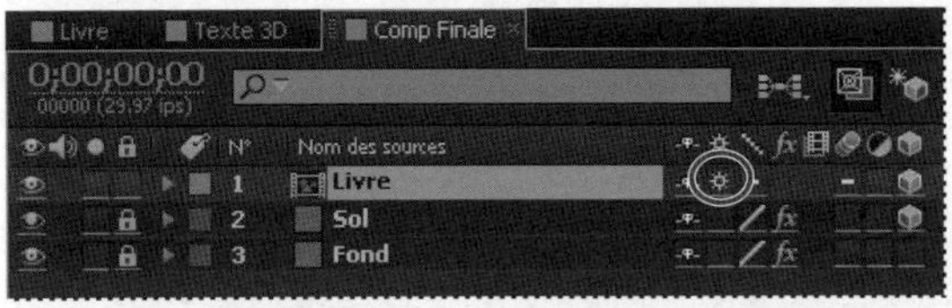

À présent, la totalité du livre apparaît comme vous l'avez créé. Si vous modifiez les valeurs de sa propriété Rotation, l'objet entier pivote et non chaque calque. Le calque repère n'est pas visible dans la composition imbriquée.

Ajout d'une caméra

Vous pouvez visualiser les calques 3D depuis plusieurs angles et distances grâce à des calques de caméra. Lorsque vous définissez une vue de caméra dans votre composition, vous voyez les calques par l'objectif de cette caméra. Vous avez le choix d'afficher la composition par la caméra active ou par une caméra spécifique. Si vous n'en avez pas encore créé, la caméra active est identique à la vue par défaut de la composition.

Pour le moment, vous avez principalement utilisé l'angle de la Vue personnalisée 1 pour afficher cette composition. Or, cet angle de vue ne tient pas compte des modes de fusion ni des calques 2D. En choisissant la vue Caméra active, vous ne pouvez alors plus voir la composition depuis un certain angle. Pour tout afficher comme vous le souhaitez, vous devez créer une caméra personnalisée.

1. Cliquez sur Calque > Créer > Caméra.

2. Dans la boîte de dialogue Paramètres de la caméra, acceptez toutes les valeurs proposées, y compris le nom Caméra 1 et le paramètre prédéfini de focale 50 mm, puis cliquez sur OK.

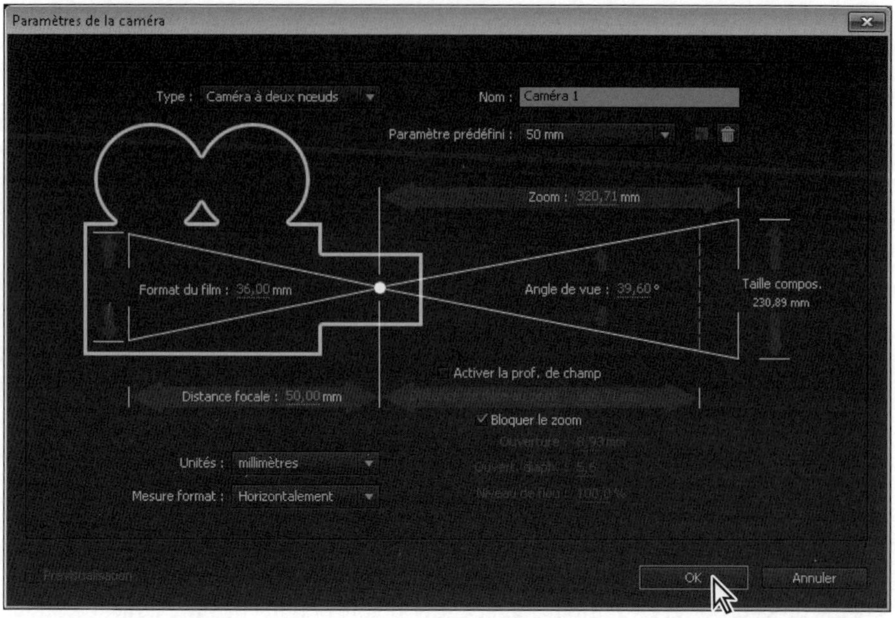

Le calque Caméra 1 apparaît au sommet de la pile des calques du panneau Montage (son nom est précédé d'une icône de caméra). Le panneau Composition est mis à jour pour montrer la nouvelle perspective de ce calque. La vue ne semble pourtant pas changer car le paramètre prédéfini de 50 mm pour la focale de l'objectif est le même que celui de la vue Caméra active par défaut.

3. Choisissez 2 vues – horizontal dans le menu déroulant Sélectionner la disposition des vues au bas du panneau Composition. Dans le menu Vue 3D, choisissez la vue Droite pour la fenêtre de gauche et la vue Caméra active pour la fenêtre de droite.

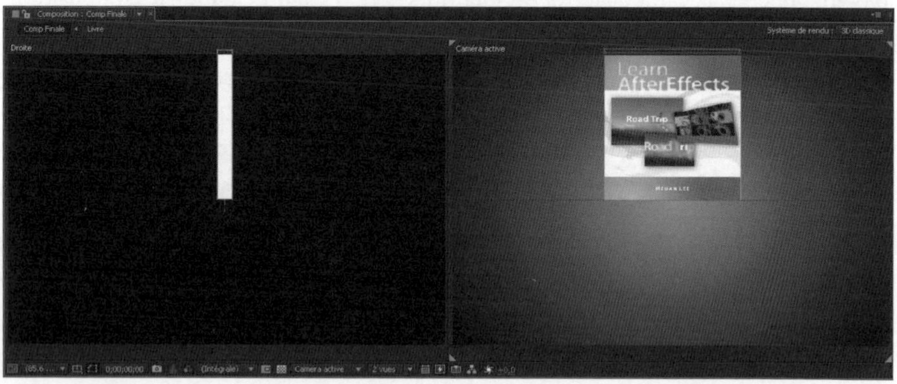

Définir le point ciblé de la caméra

Les calques de caméra possèdent un *point ciblé* qui détermine l'orientation de la caméra. Par défaut, il se trouve au centre de la composition. Vous allez régler ce calque de caméra pour qu'il vise les calques Livre et Sol depuis un angle en particulier.

1. Affichez les propriétés Transformer du calque Caméra 1 dans le panneau Montage.
2. Tout en surveillant la vue Droite dans la fenêtre de gauche du panneau Composition, faites glisser le pointeur sur la valeur de l'axe y de la propriété Point ciblé vers la gauche dans le panneau Montage, jusqu'à ce que l'icône du point ciblé (⌖) dans le panneau Composition se trouve au centre du livre. La valeur à obtenir est 123. Saisissez-la manuellement si vous préférez.
3. Dans le panneau Montage, donnez une valeur de **602** à l'axe x de la propriété Point ciblé et une valeur de **157** à l'axe z.

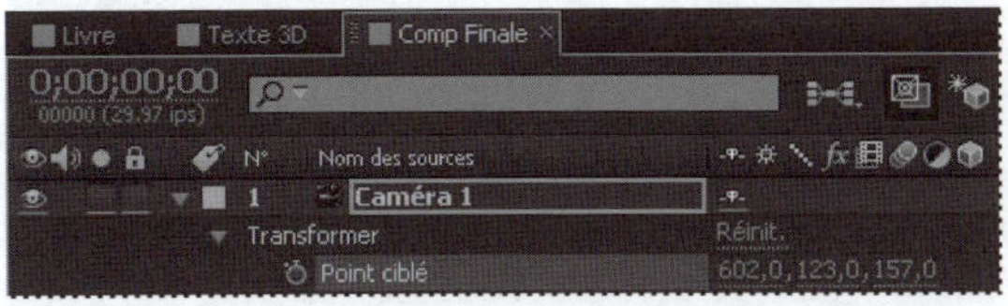

Cette perspective semble un peu plus intéressante, mais la caméra coupe le plan du calque Sol. La propriété Point ciblé détermine ce que la caméra vise, mais son placement est contrôlé par sa propriété Position.

4. Donnez à la propriété Position du calque Caméra 1 les valeurs suivantes : **27, 132, –640**.

L'aspect du livre est bien meilleur dans la vue Caméra active (à droite).

5. Fermez toutes les propriétés du calque Caméra 1 et cliquez sur Fichier > Enregistrer.

Finalisation de la scène

Vous pouvez maintenant ajouter la composition Texte 3D que vous avez créée plus tôt dans cette leçon. Comme pour la composition Livre, vous allez devoir activer les options Calque 3D et Réduire les transformations pour qu'elle se comporte comme un véritable objet 3D.

1. Faites glisser la composition Texte 3D du panneau Projet dans le panneau Montage, et placez-la directement sous le calque Caméra 1.
2. Activez les options Calque 3D (⬢) et Réduire les transformations (✲) pour le calque Texte 3D.

3. Dans le panneau Composition, choisissez 1 vue dans le menu Sélectionner la disposition des vues et Caméra active dans le menu déroulant Vue 3D.
4. Le calque Texte 3D étant sélectionné dans le panneau Montage, pressez la touche **R** pour afficher sa propriété Rotation. Donnez à la propriété Rotation Y une valeur de **60**°.
5. Pressez la touche **P** pour afficher la propriété Position du calque et donnez-lui les valeurs suivantes : **762, 240, 100**.

6. Fermez toutes les propriétés ouvertes dans le panneau Montage et cliquez sur Fichier > Enregistrer.

Vous avez créé des objets 3D et les avez assemblés dans un espace virtuel. À la leçon suivante, vous continuerez à travailler sur le même projet. Vous ajouterez des lumières, ajusterez les propriétés des surfaces et animerez la caméra pour créer la séquence finale.

Les rotations 3D

Deux techniques sont envisageables pour ajuster la rotation 3D : vous pouvez soit changer les valeurs de la propriété Orientation du calque, soit modifier les valeurs des propriétés Rotation X, Y et Z. L'outil Rotation permet de changer chacune de ces valeurs.

Lorsque vous animez une des valeurs Orientation d'un calque 3D, le calque se déplace en suivant le chemin de rotation le plus court dans l'espace 3D, ce qui donne des rotations naturelles et prévisibles. Vous pouvez lisser la trajectoire en changeant le mode d'interpolation spatiale des images clés en Auto Bézier.

Lorsque vous animez une des valeurs X, Y et Z de la propriété Rotation d'un calque 3D, le calque pivote autour de cet axe en particulier. Vous pouvez ajuster le nombre de rotations et l'angle de la rotation ainsi qu'ajouter des images clés à la rotation sur chaque axe individuellement. En animant ces propriétés, vous disposez d'une plus grande liberté et d'un contrôle plus précis sur le mouvement grâce aux images clés et aux expressions qu'en animant la propriété Orientation, mais le mouvement peut être moins prévisible. Les propriétés Rotation sont donc surtout utiles lorsqu'un objet doit effectuer plusieurs révolutions autour d'un seul axe.

Révisions

Questions

1. En quoi un calque est-il affecté par l'activation de son option Calque 3D ?
2. Pourquoi est-il capital de pouvoir afficher sous plusieurs vues une composition comprenant des calques 3D ?
3. En quoi se distingue la modification des valeurs de Point d'ancrage d'un calque dans le panneau Montage ?
4. Qu'est-ce qu'un calque de caméra ?

Réponses

1. Lorsqu'on active l'option Calque 3D d'un calque dans le panneau Montage, After Effects lui ajoute un troisième axe, l'axe z. On peut alors déplacer et faire pivoter ce calque en trois dimensions. En outre, le calque est doté de nouvelles propriétés spécifiques des calques 3D, comme le groupe de propriétés Options Surface.
2. L'aspect des calques 3D peut être trompeur selon l'affichage sélectionné dans le panneau Composition. En activant une vue 3D supplémentaire, on peut mieux voir la position relative de chaque calque 3D par rapport aux autres calques de la composition.
3. Lorsqu'on modifie les valeurs de Point d'ancrage dans le panneau Montage, le calque se déplace dans le panneau Composition même si ses valeurs de Position ne changent pas.
4. Un calque de caméra permet de visualiser les calques 3D d'After Effects depuis plusieurs angles et distances. Lorsqu'on définit une vue de caméra dans la composition, les calques s'affichent comme si on les observait à travers l'objectif de cette caméra. Il est possible de visualiser la composition depuis la Caméra active ou depuis une caméra personnalisée. Si aucune caméra personnalisée n'est créée, la vue Caméra active est identique à la vue par défaut de la composition.

Au cours de la leçon précédente, vous avez créé des objets 3D que vous avez positionnés dans un espace virtuel. Pour compléter la composition, vous allez ajouter des lumières, animer les objets et les caméras, et utiliser des calques de réglage.

LES FONCTIONNALITÉS 3D

11

Au cours de cette leçon, vous apprendrez à :

- animer les objets 3D ;
- ajouter des réflexions sur les objets 3D ;
- utiliser un calque d'effets pour rendre flous plusieurs calques ;
- animer un calque de caméra ;
- créer et positionner des calques de lumière ;
- utiliser l'effet Volet linéaire pour révéler les objets dans la composition.

Cette leçon vous prendra environ une heure. Si vous ne l'avez pas déjà fait, copiez le dossier Lesson11 depuis le DVD-ROM *Adobe After Effects CS6 Classroom in a Book* sur votre disque dur. Au cours de cette leçon, vous ne modifierez pas les fichiers de départ. Si vous devez néanmoins revenir à la version d'origine du fichier, copiez-le de nouveau depuis le DVD-ROM.

Préparatifs

Cette leçon reprend là où la précédente s'est arrêtée. Au cours de la Leçon 10, vous avez construit la première partie d'une animation promotionnelle pour un livre. Pour l'instant, la représentation du livre 3D et le texte 3D ont été disposés dans l'espace 3D. Vous allez ici compléter ce projet en ajoutant des sources de lumière, des réflexions, des effets et d'autres éléments. En procédant ainsi, vous apprendrez comment exploiter les fonctions 3D complémentaires d'After Effects.

Vous pouvez utiliser le projet Lesson_11.aep fourni avec cet ouvrage ou celui que vous avez enregistré à la fin de la Leçon 10, si vous avez suivi les exercices de celle-ci. Les deux fichiers doivent être identiques, à l'exception du nom des calques du fichier Lesson11_Start.aep, en anglais.

1. Assurez-vous que les fichiers suivants se trouvent sur votre disque dur dans le dossier AECS6_CIB/Lessons/Lesson11 ou bien copiez-les depuis le DVD-ROM *Adobe After Effects CS6 Classroom in a Book* :
   - dans le dossier Assets : AEBack.jpg, AEFront.jpg, AESpine.jpg, brush.psd ;
   - dans le dossier Sample_Movies : Lesson11.mov ;
   - dans le dossier Start_Project_File : Lesson11_Start.aep.
2. Ouvrez et lancez la lecture de la séquence d'exemple Lesson11.mov pour juger du résultat à atteindre en fin de leçon. Quittez ensuite le lecteur QuickTime. Supprimez le fichier d'exemple si la place est comptée sur le disque dur.

En début de leçon, restaurez les paramètres d'application par défaut d'After Effects. (Reportez-vous à la section "Rétablissement des préférences par défaut" de l'Introduction.)

3. Lancez After Effects et appuyez immédiatement sur Ctrl+Alt+Maj (Windows) ou Cmd+Option+Maj (Mac OS) pour restaurer les préférences par défaut. Cliquez sur OK pour confirmer la suppression du fichier de préférences. Cliquez ensuite sur Fermer dans l'écran de bienvenue.
4. Cliquez sur Fichier > Ouvrir un projet.
5. Choisissez l'une des deux procédures suivantes (la première de préférence, car nous utiliserons les noms des calques français) :
   - Parcourez votre disque dur jusqu'au dossier AECS6_CIB/Lessons/Lesson10/Finished_Project, sélectionnez le fichier Leçon10_Final.aep et cliquez sur Ouvrir.
   - Parcourez votre disque dur jusqu'au dossier AECS6_CIB/Lessons/Lesson11/Start_Project_File. Sélectionnez le fichier Lesson11_Start.aep et cliquez sur Ouvrir.
6. Cliquez sur Fichier > Importer, puis parcourez votre disque dur jusqu'au dossier AECS6_CIB/Lessons/Lesson11/Assets.
7. Sélectionnez le fichier brush.psd et cliquez sur Ouvrir.

8. Dans la boîte de dialogue brush.psd, sélectionnez Métrage dans le menu Importer sous, activez l'option Calques fusionnés et cliquez sur OK.

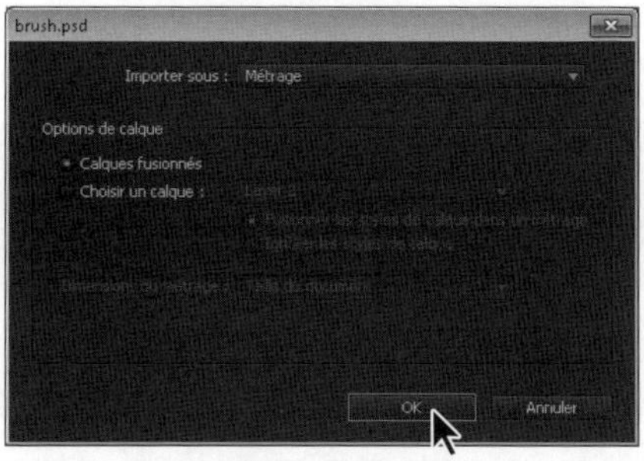

9. Cliquez sur Fichier > Enregistrer sous > Enregistrer sous.
10. Parcourez votre disque dur jusqu'au dossier AECS6_CIB/Lessons/Lesson11/Finished_Project. Nommez le fichier de projet **Leçon11_Final.aep** et cliquez sur Enregistrer.

Animation d'objets 3D

Les objets 3D peuvent être animés sur les axes x, y et z. Vous animerez ici le calque Texte 3D pour rendre la composition plus dynamique.

1. Cliquez sur l'onglet Comp finale dans le panneau Montage si nécessaire.
2. Déplacez l'Indicateur d'instant courant à 0:15.
3. Sélectionnez le calque Texte 3D dans le panneau Montage, puis pressez la touche **P** pour afficher sa propriété Position.
4. Cliquez sur l'icône Chronomètre (⏱) de la propriété Position pour définir une première image clé.

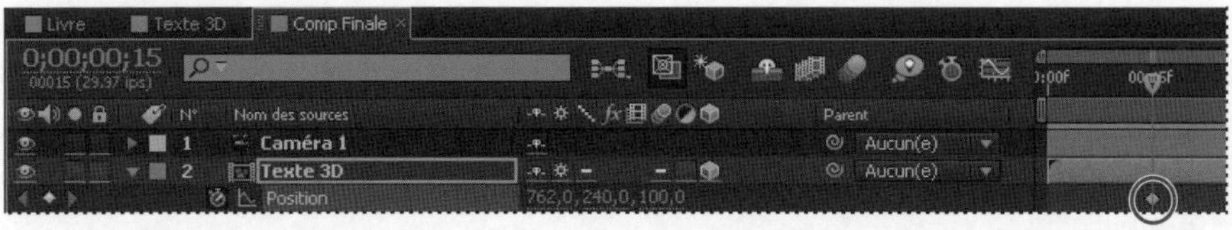

5. Appuyez sur la touche Origine ou déplacez l'Indicateur d'instant courant au début de l'échelle de temps.
6. Dans le panneau Composition, cliquez sur l'axe x (la flèche rouge) de l'axe 3D et faites glisser le calque vers la droite jusqu'à ce qu'il soit entièrement invisible.

Lorsque vous ne sélectionnez qu'un seul axe dans le panneau Composition, les mouvements du calque sont contraints sur cet axe.

7. Déplacez l'Indicateur d'instant courant de 0:00 à 0:15 pour voir l'entrée du texte dans l'image. Cette apparition est trop abrupte ; vous devez lisser cette transition.
8. Cliquez sur le nom de la propriété Position pour sélectionner toutes les images clés Position du calque Texte 3D.
9. Cliquez sur Animation > Assistant d'images clés > Lissage de vitesse.

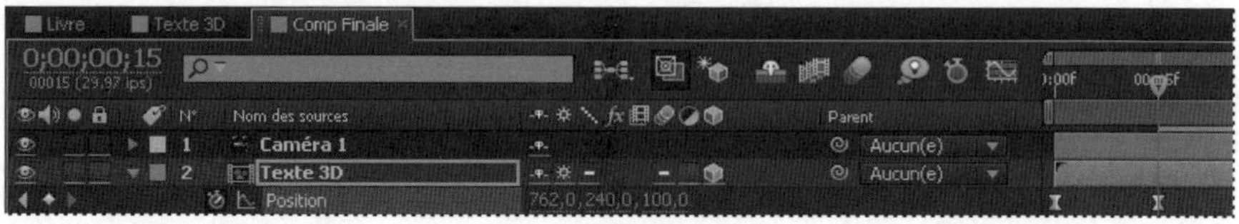

10. Pressez la touche **P** pour cacher la propriété Position du calque.

Ajout de reflets aux objets 3D

Dans la réalité, les objets projettent des reflets sous certaines conditions d'éclairage. Ces reflets ajoutent de la profondeur et améliorent l'aspect des objets. After Effects ne peut pas vraiment projeter de reflets sur les surfaces, mais vous pouvez les ajouter en dupliquant les calques et en appliquant un effet de flou.

Créer un reflet simple

Par définition, un reflet est la réflexion d'une image sur un objet, de la même manière que dans un miroir. Il est légèrement déformé, en fonction de la source d'éclairage. Vous allez dupliquer des objets pour créer un reflet simple.

1. Placez-vous à 0:15, si l'Indicateur d'instant courant ne s'y trouve pas déjà, afin de visualiser le texte.
2. Sélectionnez le calque Texte 3D dans le panneau Montage, puis pressez les touches Ctrl+D (Windows) ou Cmd+D (Mac OS) pour le dupliquer.
3. Sélectionnez le calque dupliqué, pressez la touche Entrée ou Retour, puis renommez-le **Reflet Texte 3D**. Validez en appuyant de nouveau sur Entrée ou Retour.
4. Déplacez le calque Reflet Texte 3D sous le calque Sol dans le panneau Montage.

Le calque dupliqué occupe la même position que le calque Texte 3D original. Vous allez donc le faire pivoter pour créer le reflet.

5. Le calque Reflet Texte 3D étant sélectionné dans le panneau Montage, cliquez sur Calque > Géométrie > Basculer verticalement.

6. Pressez la touche **T** pour afficher la propriété Opacité et diminuez sa valeur à **30 %**. Cachez ensuite la propriété Opacité (touche **T**).

Vous avez créé un reflet pour le texte. Vous allez maintenant reproduire le même effet pour le livre.

7. Sélectionnez le calque Livre dans le panneau Montage, puis pressez les touches Ctrl+D (Windows) ou Cmd+D (Mac OS) pour le dupliquer.

8. Renommez le calque dupliqué **Reflet Livre**, puis déplacez-le sous le calque Sol dans le panneau Montage.

9. Le calque Reflet Livre étant sélectionné dans le panneau Montage, pressez la touche **S** pour afficher sa propriété Échelle, cliquez sur l'icône Activer/désactiver les contraintes (⚭) pour supprimer le lien entre les valeurs, puis donnez à l'axe y une valeur de **–100 %**.

10. Pressez la touche **T** pour afficher la propriété Opacité du calque et diminuez sa valeur à **30 %**. Cachez ensuite la propriété Opacité (touche **T**).

Ajouter un calque d'effets

Un reflet simple donne déjà de bons résultats, mais un léger flou le rendrait plus réaliste. Pour créer cet effet de flou, vous allez utiliser un calque d'effets. Les effets appliqués sur un calque d'effets se répercutent sur tous les calques situés en dessous de lui.

1. Cliquez sur Calque > Créer > Calque d'effets. After Effects ajoute un nouveau calque d'effets au sommet de la pile des calques.

2. Déplacez le calque Calque d'effets 1 sous le calque Sol dans le panneau Montage.

En déplaçant le calque d'effets sous le calque Sol, vous n'affectez que les calques de reflets et le calque Fond.

3. Le calque Calque d'effets 1 étant sélectionné dans le panneau Montage, cliquez sur Effets > Netteté > Flou directionnel.
4. Dans le panneau Effets, donnez à la propriété Distance une valeur de **20**. Conservez la valeur par défaut de la propriété Angle, puisque le reflet est perpendiculaire aux objets.

5. Verrouillez le calque Calque d'effets 1 afin d'éviter de le modifier par mégarde.
6. Cliquez sur Fichier > Enregistrer pour sauvegarder votre travail.

Animation d'une caméra

Au cours de la Leçon 10, vous avez créé un calque de caméra, Caméra 1. Jusqu'à présent, cette caméra est immobile. Vous allez maintenant l'animer afin qu'elle se rapproche peu à peu des objets 3D au cours de la séquence.

1. Placez-vous à 4:00 dans le panneau Montage. Le mouvement de la caméra s'arrêtera à cet instant, après qu'elle se sera rapprochée du sujet.
2. Sélectionnez le calque Caméra 1 dans le panneau Montage, puis pressez la touche **P** pour afficher sa propriété Position.

3. Maintenez la touche Maj enfoncée et pressez la touche **A** pour afficher également la propriété Point ciblé du calque Caméra 1.

4. Cliquez sur l'icône Chronomètre des propriétés Position et Point ciblé pour créer une image clé pour chacune d'elles.

Vous avez ajouté les images clés à la fin du mouvement de la caméra. Plutôt que de commencer ce mouvement au début de l'échelle de temps, il débutera à 0:10, afin que les spectateurs disposent d'un certain temps pour s'orienter avant que la caméra ne commence à zoomer sur l'image.

5. Placez-vous à 0:10 dans le panneau Montage.

6. Donnez à la propriété Point ciblé les valeurs **360**, **240**, **0** et à la propriété Position les valeurs **–185**, **132**, **–3000**. La caméra s'éloigne alors des objets et le livre s'affiche au centre de l'image.

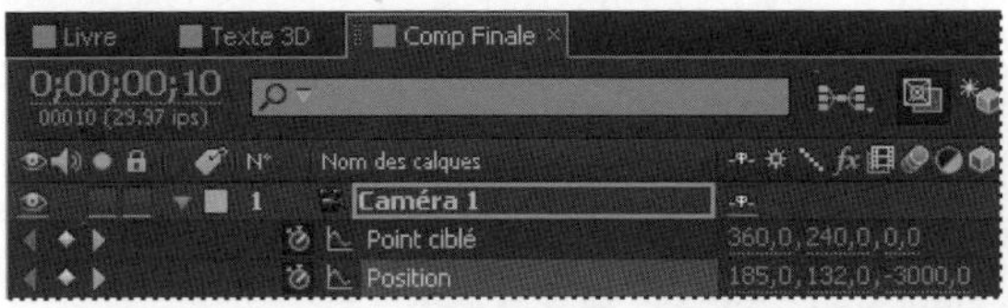

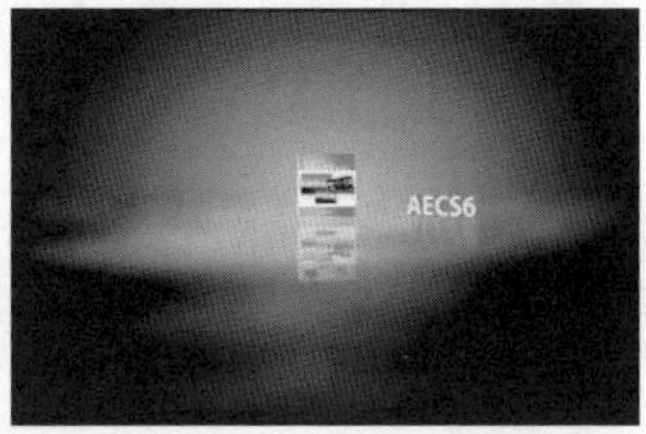

7. Maintenez la touche Maj enfoncée et cliquez sur les noms des propriétés Position et Point ciblé pour sélectionner toutes les images clés de ce calque. Cliquez ensuite sur Animation > Assistant d'images clés > Lissage de vitesse.

8. Appuyez sur la barre d'espacement pour lancer une prévisualisation de votre travail et, de nouveau, pour stopper la lecture.

9. Cachez les propriétés du calque Caméra 1.

Ajustement de l'animation du calque

Vous avez animé, il y a peu, le texte 3D afin qu'il apparaisse à 0:15. Mais à présent que le livre est centré dans l'image au début de la séquence, l'apparition du texte sera beaucoup plus efficace si elle survient plus tard.

1. Placez-vous à 3:23 dans l'échelle de temps. À cet instant, la caméra atteint sa position finale, si bien qu'il y aura un léger chevauchement entre son mouvement et l'apparition du texte.

2. Sélectionnez le calque Texte 3D dans le panneau Montage, pressez la touche Ctrl (Windows) ou Cmd (Mac OS) et sélectionnez également le calque Reflet Texte 3D.

3. Pressez la touche ù pour déplacer le point d'entrée de ces deux calques à l'instant courant.

4. Appuyez sur la touche Origine ou déplacez l'Indicateur d'instant courant au début de l'échelle de temps. Lancez une prévisualisation de l'animation en appuyant sur la barre d'espacement. Arrêtez la lecture en appuyant de nouveau la barre d'espacement.

Utilisation de lumières 3D

L'aspect de la composition est satisfaisant. L'ajout de lumières lui donnera plus de profondeur et la rendra encore plus intéressante.

Créer un calque de lumière

Dans After Effects, une lumière est un type spécial de calque qui projette de la lumière sur d'autres calques. Il existe quatre sortes de lumières : Parallèle, Concentrée, Ponctuelle et Ambiante. Chacune dispose d'un jeu de propriétés. Les lumières visent par défaut un point appelé *point ciblé*, de la même façon que les calques de caméra.

1. Appuyez sur la touche Origine ou déplacez l'Indicateur d'instant courant au début de l'échelle de temps.
2. Cliquez sur Calque > Créer > Lumière.
3. Dans la boîte de dialogue Paramètres de lumière :
   - Attribuez au calque le nom **Spot**.
   - Pour Type de lumière, choisissez Concentrée.
   - Sélectionnez une Couleur jaune très claire (R = **255**, V = **255** et B = **230**).
   - Réglez l'Intensité à **100 %** et l'Angle du cône à **90°**.

- Assurez-vous que la valeur de Contour progressif du cône est à **50 %**.
- Activez l'option Projeter une ombre.
- Assurez-vous que l'option Intensité de l'ombre est définie à **100 %** et donnez à l'option Diffusion de l'ombre une valeur de **20** pixels.
- Cliquez sur OK pour créer le calque de lumière.

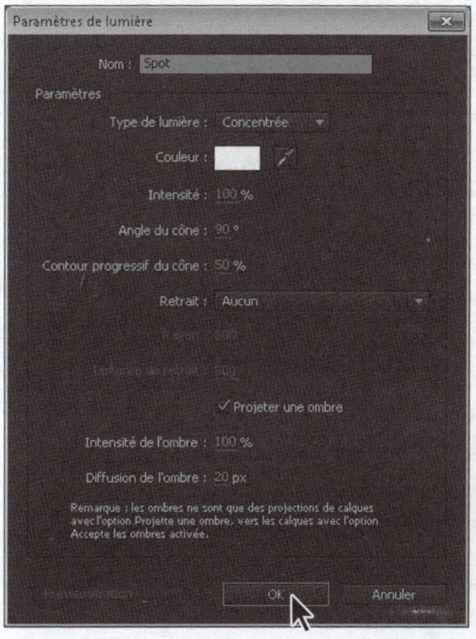

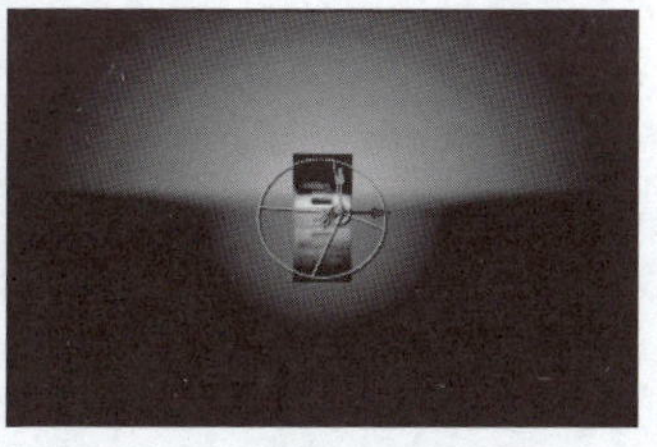

Le calque de lumière est représenté par une icône d'ampoule (💡) dans le panneau Montage, et le point ciblé apparaît dans le panneau Composition sous la forme d'un réticule (⌖).

Positionner la source lumineuse

Le point ciblé de la lumière se trouve au centre de la composition, ce qui correspond à l'emplacement du livre. Vous n'avez donc pas besoin de l'ajuster, il vous suffit de déplacer la source lumineuse. Cependant, si vous faisiez glisser les axes dans le panneau Composition, le point ciblé de la lumière serait également modifié. Vous allez donc modifier la position du calque Spot dans le panneau Montage.

1. Placez-vous à 5:00 dans le panneau Montage.

2. Choisissez 2 vues – horizontal dans le menu déroulant Sélectionner la disposition des vues au bas du panneau Composition. Cliquez ensuite dans la vue gauche pour l'activer et choisissez Haut dans le menu Vue 3D (le volet droit doit indiquer Caméra active).

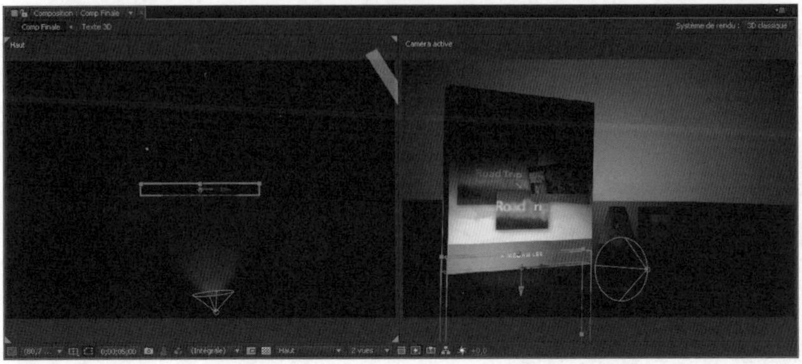

La lumière sera effective pendant toute la composition, mais nous travaillons à 5:00 pour mieux voir comment elle agit sur les autres objets dans la scène.

3. Sélectionnez le calque Spot dans le panneau Montage et appuyez sur la touche **P** pour afficher sa propriété Position.

4. Tout en surveillant les vues Haut et Caméra active dans le panneau Composition, modifiez la valeur de l'axe y (la valeur centrale) de la propriété Position dans le panneau Montage jusqu'à ce que le cône de lumière se trouve à **–105**, soit loin au-dessus de la composition.

5. Donnez à l'axe x de la propriété Position la valeur **–102** et à l'axe z la valeur **–208**. La valeur négative de l'axe z fait que la lumière s'éloigne du spectateur dans l'espace 3D.

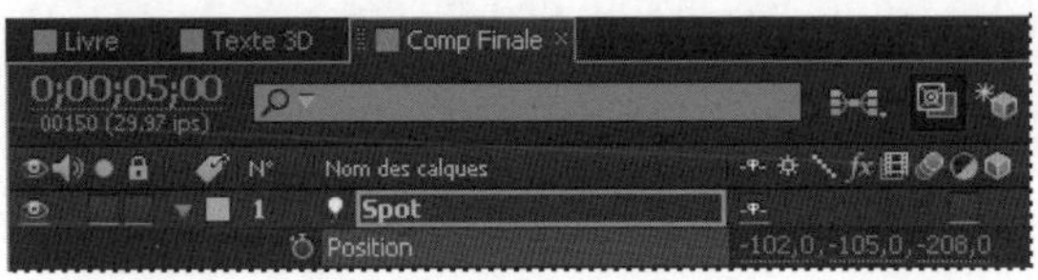

6. Cachez la propriété Position du calque Spot dans le panneau Montage.

7. Sélectionnez 1 vue dans le menu déroulant Sélectionner la disposition des vues au bas du panneau Composition et assurez-vous que la vue Caméra active est sélectionnée dans le menu déroulant Vue 3D.

8. Pressez la touche F2 pour désélectionner tous les calques dans le panneau Montage, appuyez sur la touche Origine, puis sur la barre d'espacement pour lancer une prévisualisation manuelle de l'animation éclairée. Appuyez de nouveau sur la barre d'espacement pour stopper la lecture. Cliquez ensuite sur Fichier > Enregistrer pour sauvegarder votre travail.

Ajouter une lumière ambiante

L'image est un peu trop sombre. Vous allez donc ajouter une lumière ambiante afin d'éclairer davantage la scène.

1. Cliquez sur Calque > Créer > Lumière.
2. Dans la boîte de dialogue Paramètres de lumière :
   - Nommez le calque **Lumière ambiante**.
   - Choisissez Ambiante dans le menu Type de lumière.
   - Choisissez une Couleur bleu clair (R = **180**, V = **233** et B = **255**).
   - Réglez Intensité à **50 %**.
   - Cliquez sur OK pour créer le calque de lumière.

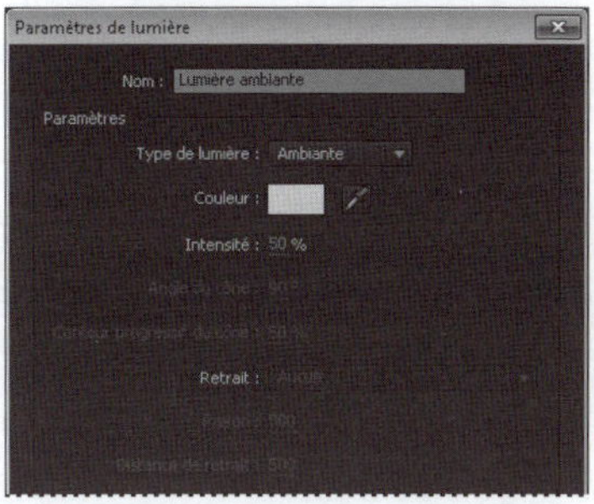

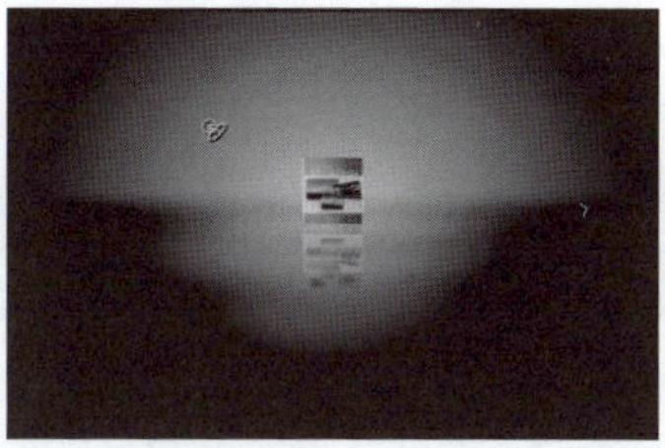

Animer les lumières

Les lumières ne doivent pas nécessairement rester immobiles. Vous allez animer le spot de lumière, afin que cette source lumineuse vacille pendant une seconde, puis diminue d'intensité sur 15 images pour se fondre avec la lumière ambiante.

1. Placez-vous à 3:15.
2. Sélectionnez le calque Lumière ambiante dans le panneau Montage, puis pressez la touche **T** pour afficher sa propriété Intensité.
3. Cliquez sur l'icône Chronomètre (⏱) de la propriété Intensité pour ajouter une image clé.
4. Placez-vous à 3:00 et réduisez la valeur d'Intensité à **0 %**.

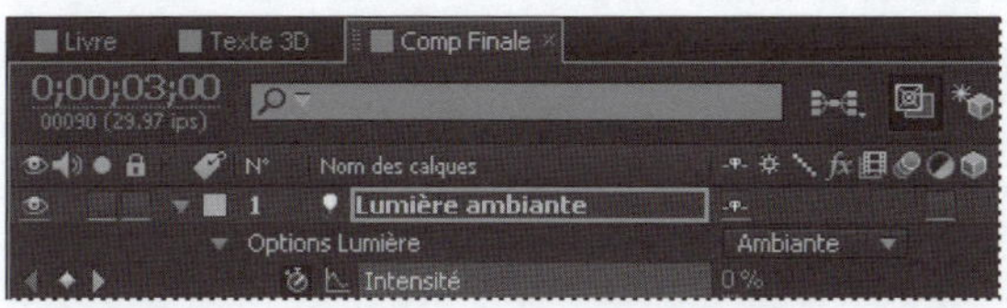

5. Pressez la touche **T** pour cacher la propriété Intensité du calque.

6. Sélectionnez le calque Spot dans le panneau Montage, puis pressez la touche **T** pour afficher sa propriété Intensité.
7. Placez-vous à 3:15 et cliquez sur l'icône Chronomètre de la propriété Intensité pour ajouter une image clé.
8. Placez-vous à 3:00 et réduisez la valeur d'Intensité à **0 %**.
9. Ajoutez des images clés supplémentaires pour la propriété Intensité du calque Spot de la façon suivante :
   - à 2:28 : **100 %**.
   - à 2:26 : **0 %**.
   - à 2:24 : **100 %**.
   - à 2:21 : **0 %**.
   - à 2:18 : **100 %**.
   - à 2:15 : **0 %**.

10. Pressez la touche **T** pour cacher la propriété Intensité du calque.
11. Appuyez sur la touche Origine ou déplacez l'Indicateur d'instant courant au début de l'échelle de temps. Pressez ensuite la touche F2 pour désélectionner tous les calques, puis appuyez sur la barre d'espacement pour lancer une prévisualisation manuelle de la composition.

Lorsque les lumières sont éteintes au début de la séquence, le livre est rétro éclairé par l'effet Dégradé du calque Fond, ce qui rend le début de l'animation plus intéressante.

Ajout d'effets

After Effects dispose de nombreuses options pour les effets spéciaux que vous pouvez utiliser aussi bien dans les scènes 2D que 3D. Vous allez animer quelques traits de pinceaux dans cette scène pour améliorer son aspect.

Ajuster les propriétés Options Surface

Les propriétés Options Surface définissent la manière dont les calques 3D interagissent avec les lumières et les ombres. Vous allez ajouter un calque qui ne sera pas affecté par les lumières présentes dans la composition.

1. Pressez la touche Origine ou déplacez l'Indicateur d'instant courant au début de l'échelle de temps.

2. Cliquez sur l'onglet Projet. Faites ensuite glisser l'élément brush.psd du panneau Projet dans le panneau Montage, et placez-le au sommet de la pile des calques.

3. Activez l'option Calque 3D (⊛) pour le calque brush.psd afin de le convertir en calque 3D.

Le calque se place au centre de la composition, mais devient invisible. Il est en effet affecté par les lumières de la scène.

4. Sélectionnez le calque brush.psd dans le panneau Montage, puis pressez la touche **AA** pour afficher sa propriété Options surface.

5. Cliquez deux fois sur la valeur de la propriété Accepte les ombres (actuellement Oui) pour la définir sur Non.

6. Cliquez une fois sur la valeur de la propriété Utilise les lumières (actuellement Oui) pour la définir sur Non.

7. Pressez la touche **P** pour afficher la propriété Position du calque brush.psd, et donnez-lui les valeurs **–6, 308, –2200**. Le calque s'approche très près de la caméra.

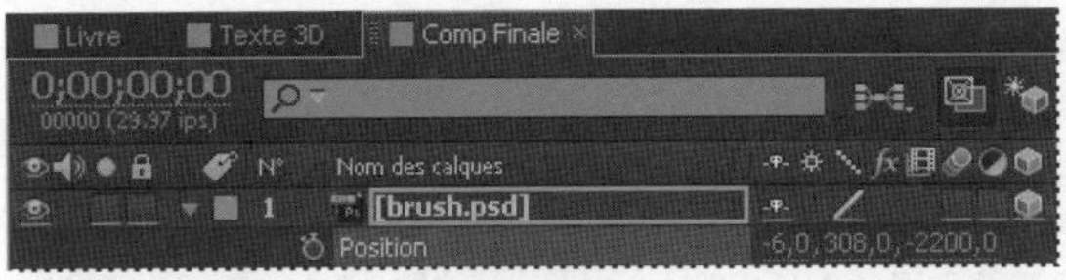

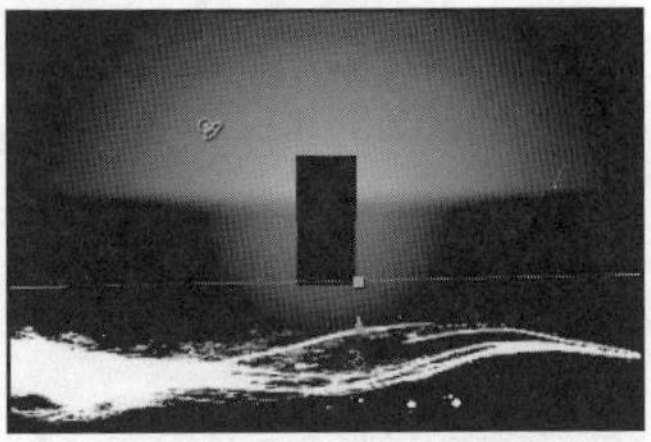

Ajouter un effet de transition

Pour l'instant, le trait de pinceau est visible tout au long de la composition. Vous allez ajouter un effet de transition pour modifier la manière dont ce trait s'affiche dans la scène.

1. Le calque brush.psd étant sélectionné, cliquez sur Effet > Transitions > Volet linéaire.

2. Dans le panneau Effets, donnez à la propriété Pourcentage une valeur de **100 %**, à la propriété Angle une valeur de **–90°** et à la propriété Contour progressif une valeur de **50**.

3. Cliquez ensuite sur le Chronomètre de la propriété Pourcentage pour créer une image clé initiale.

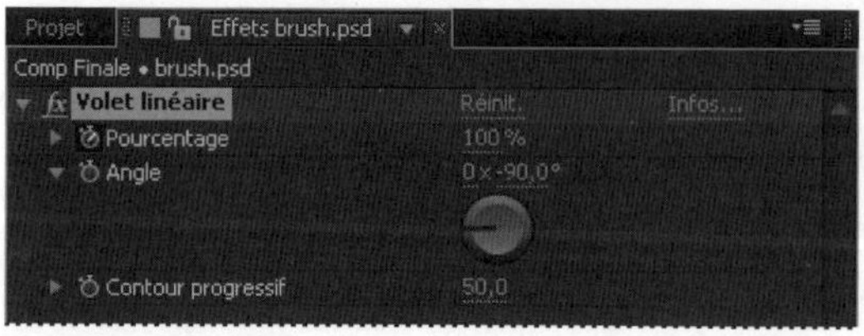

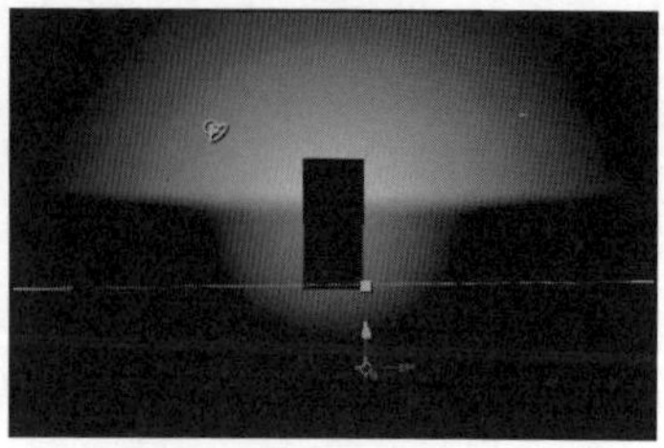

4. Placez-vous à 0:15.
5. Donnez à la propriété Pourcentage une valeur de **0 %**. Le trait du pinceau s'affichera de la gauche vers la droite à l'écran.

6. Cachez toutes les propriétés du calque brush.psd dans le panneau Montage.
7. Sélectionnez le calque brush.psd, puis pressez les touches Ctrl+D (Windows) ou Cmd+D (Mac OS) pour le dupliquer.
8. Le calque dupliqué étant sélectionné, pressez la touche **P** pour afficher sa propriété Position, puis donnez-lui comme nouvelles valeurs **–238**, **383**, **–523**.

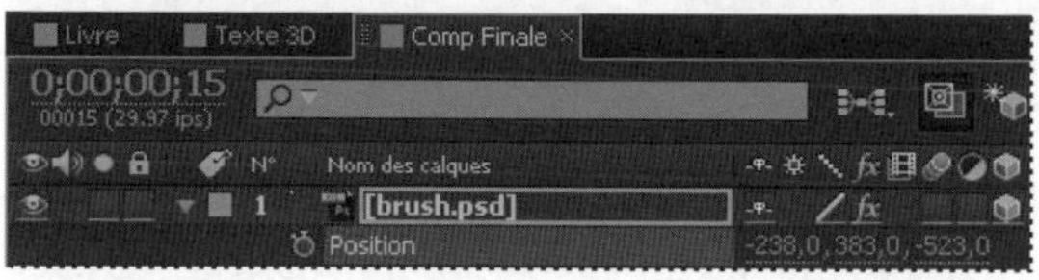

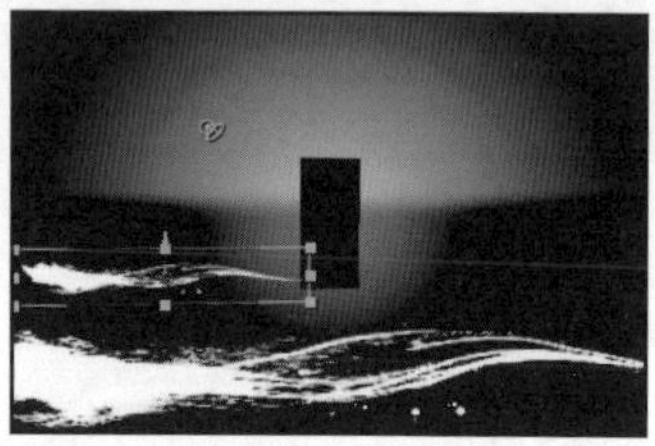

9. Pressez la touche **P** pour cacher la propriété Position du calque.

Il y a maintenant deux traits de pinceaux à l'écran, un au premier plan et l'autre situé plus loin en arrière. Vous allez créer deux traits de pinceaux supplémentaires, en les faisant pivoter horizontalement pour qu'ils apparaissent depuis la droite.

10. Sélectionnez le calque brush.psd situé le plus bas dans la pile des calques (le calque original), puis pressez les touches Ctrl+D (Windows) ou Cmd+D (Mac OS) pour le dupliquer.

11. Le calque brush.psd central étant sélectionné, pressez la touche **S** pour afficher sa propriété Échelle.

12. Cliquez sur l'icône Activer/Désactiver les contraintes (⚭) pour supprimer le lien entre les valeurs, puis donnez aux axes x et y une valeur de **–100 %**.

13. Pressez la touche **P** pour afficher la propriété Position du calque, puis donnez-lui comme nouvelles valeurs **239**, **320**, **–1680**. Appuyez de nouveau sur la touche **P** pour cacher la propriété Position.

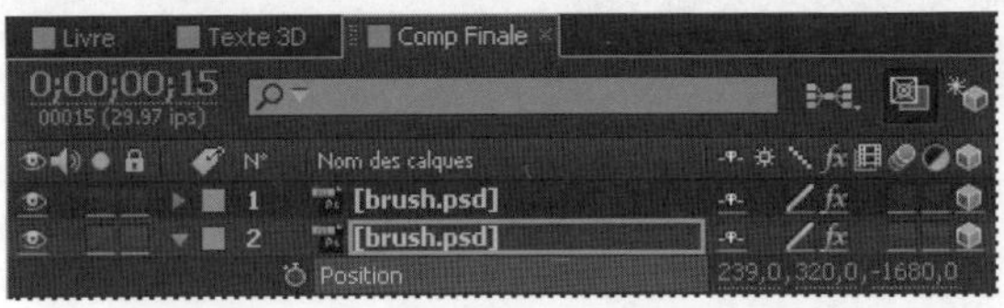

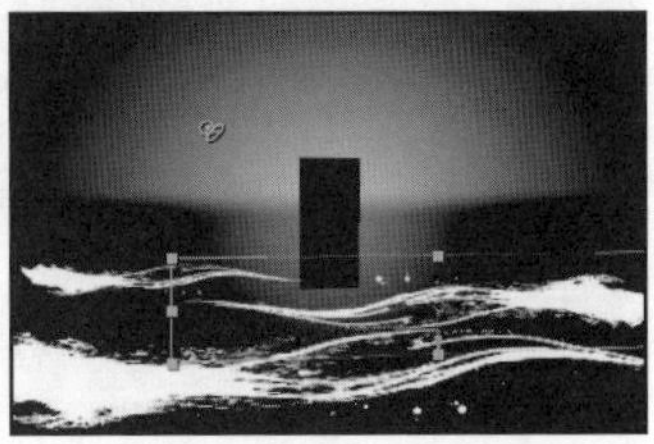

14. Le calque brush.psd central étant sélectionné, pressez les touches Ctrl+D (Windows) ou Cmd+D (Mac OS) pour le dupliquer.

15. Déplacez ce dernier calque dupliqué au sommet de la pile des calques.

16. Le premier calque étant sélectionné, pressez la touche **P** pour afficher sa propriété Position et donnez-lui comme nouvelles valeurs **840**, **360**, **–400**.

17. Cachez toutes les propriétés du calque puis cliquez sur Fichier > Enregistrer.

Ajuster la durée des calques

Pour le moment, les traits de pinceaux apparaissent tous au même moment. Vous allez donc les décaler afin qu'ils entrent en scène de façon décalée.

1. Placez-vous à 0:10.
2. Sélectionnez le troisième calque brush.psd à partir du sommet de la pile des calques, puis pressez la touche ù pour déplacer le point d'entrée de ce calque à l'instant courant.
3. Placez-vous à 0:20.
4. Sélectionnez le deuxième calque brush.psd à partir du sommet de la pile des calques, puis pressez la touche ù pour déplacer le point d'entrée de ce calque à l'instant courant.
5. Placez-vous à 0:30.
6. Sélectionnez le calque brush.psd situé au sommet de la pile des calques, puis pressez la touche ù pour déplacer le point d'entrée de ce calque à l'instant courant.

7. Appuyez sur la barre d'espacement pour lancer une prévisualisation RAM de la composition pour juger du résultat. Appuyez de nouveau pour stopper la lecture.
8. Cliquez sur Fichier > Enregistrer.

Ajout d'un flou de bougé

Les objets en mouvement ont tendance à être flous. Vous allez ajouter un flou de bougé à tous les calques afin de rendre la composition dans son ensemble plus réaliste et intéressante. Pour les compositions 3D cependant, vous devez également appliquer ce flou à leurs calques séparément.

● **Note :** Le calcul du flou de bougé sollicite beaucoup le processeur. C'est pourquoi cet exercice est optionnel.

1. Cliquez sur le bouton Appliquer le flou de bougé (◎) en haut du panneau Montage.
2. Activez l'option Flou de mouvement (◎) pour chaque calque dans le panneau Montage.

Lorsque l'option Réduire les transformations est activée, After Effects utilise les paramètres à l'intérieur de la composition originale pour définir si le flou de bougé doit être appliqué ou non. Vous allez ouvrir les compositions 3D pour appliquer un flou de mouvement à leurs calques.

3. Sélectionnez l'onglet Livre dans le panneau Montage pour ouvrir cette composition.
4. Activez l'option Flou de mouvement pour chacun de ses calques.

● **Note :** Pour modifier un paramètre sur tous les calques d'une composition, sélectionnez-les tous (Ctrl+A [Windows] ou Cmd+A [Mac OS]), puis activez l'option souhaitée pour le premier calque.

5. Cliquez sur l'onglet Texte 3D dans le panneau Montage et activez l'option Flou de mouvement pour chacun des calques de cette composition.

Prévisualisation de l'ensemble de l'animation

Félicitations ! Vous venez de terminer l'animation 3D en deux parties de ce livre. Vous avez amplement mérité de visualiser votre animation en entier.

1. Cliquez sur l'onglet Comp finale dans le panneau Montage.
2. Appuyez sur la touche F2 ou cliquez dans une zone vierge du panneau Montage pour désélectionner tous les calques.
3. Appuyez sur la touche Origine ou déplacez l'Indicateur d'instant courant au début de l'échelle de temps.
4. Lancez une prévisualisation RAM de la composition complète.
5. Cliquez sur Fichier > Enregistrer pour sauvegarder votre projet.

Si vous voulez réaliser un rendu de la séquence, reportez-vous à la Leçon 14 pour en savoir plus.

Révisions

Questions

1. Comment animer un calque 3D ?
2. Comment sont gérées les lumières 3D dans After Effects ?
3. Qu'est-ce qu'un point ciblé ?

Réponses

1. Animer un calque 3D s'effectue de la même façon que l'animation d'un calque 2D, à la différence près que son contenu peut être déplacé sur trois axes : l'axe x, l'axe y et l'axe z. L'animation des autres propriétés Transformer, des effets et des autres paramètres est possible, exactement comme pour un calque 2D.
2. Dans After Effects, une lumière est un type spécial de calque qui projette de la lumière sur d'autres calques. Il existe quatre sortes de calques de lumière : Parallèle, Concentrée, Point et Ambiante. Toutes quatre comprennent des paramètres réglables.
3. Les calques de caméra et de lumière sont dotés d'une propriété pour spécifier le point dans la composition qu'ils visent. Par défaut, ce point ciblé est au départ placé sur le centre de la composition, et la caméra ou la lumière pointe d'office vers ce point. On peut modifier ce comportement en choisissant Calque > Géométrie > Orientation automatique. Il est évidemment possible de déplacer le point ciblé à tout moment.

Le nouvel effet Suivi de la caméra 3D analyse un métrage en deux dimensions pour créer une caméra 3D qui corresponde à l'originale. Vous pouvez utiliser ces données pour ajouter des objets 3D qui se fondent de façon réaliste dans la scène.

L'EFFET SUIVI DE LA CAMÉRA 3D

12

Au cours de cette leçon, vous apprendrez à :

- utiliser le Suivi de la caméra 3D ;
- ajouter une caméra et du texte dans le suivi d'une scène ;
- créer des ombres réalistes pour les nouveaux éléments 3D ;
- verrouiller des éléments sur un plan en utilisant des objets nuls ;
- ajuster les propriétés de la caméra en fonction des métrages ;
- supprimer les déformations de l'obturateur déroulant sur les vidéos des appareils photo numériques.

Cette leçon vous prendra environ une heure et demie. Si vous ne l'avez pas déjà fait, copiez le dossier Lesson12 depuis le DVD-ROM *Adobe After Effects CS6 Classroom in a Book* sur votre disque dur. Au cours de cette leçon, vous ne modifierez pas les fichiers de départ. Si vous devez néanmoins revenir à la version d'origine du fichier, copiez-le de nouveau depuis le DVD-ROM.

À propos de l'effet Suivi de la caméra 3D

Le nouvel effet Suivi de la camra 3D analyse automatiquement le mouvement dans un métrage 2D, reconnaît la position et le type d'objectif utilisés par la caméra réelle qui a filmé cette scène et utilise ces données pour créer une nouvelle caméra 3D correspondante dans After Effects. Cet effet place aussi des points de suivi 3D sur le métrage 2D, ce qui vous permet de facilement attacher de nouveaux ces 3D à la séquence originale.

Ces nouveaux calques 3D adoptent le même mouvement et la même perspective que le métrage original. L'effet Suivi de la caméra 3D vous aide même à créer des "captages d'ombres", si bien que les calques 3D que vous ajoutez ensuite peuvent sembler projeter des ombres et des reflets réalistes sur le métrage existant.

L'effet Suivi de la caméra 3D effectue l'analyse en arrière-plan et vous pouvez donc travailler sur d'autres compositions pendant ce temps.

Préparatifs

Dans cette leçon, vous allez créer un générique pour une émission de télévision fictive qui estime la valeur des objets de consommation courante. Vous allez commencer par importer le métrage et procéder à son suivi avec l'effet Suivi de la caméra 3D, puis vous ajouterez des éléments de texte en 3D qui s'intégreront parfaitement à la scène. Enfin, vous animerez ce texte, ajouterez une bande sonore et améliorerez le métrage pour terminer ce générique.

1. Assurez-vous que les fichiers suivants se trouvent sur votre disque dur dans le dossier AECS6_CIB/Lessons/Lesson12 ou bien copiez-les depuis le DVD-ROM *Adobe After Effects CS6 Classroom in a Book* :
   - dans le dossier Assets : DesktopC.mov, Treasures_Music.aif et Treasures_Title.psd ;
   - dans le dossier Sample_Movies : Lesson12.mov ;
2. Ouvrez et lancez la lecture de la séquence d'exemple Lesson12.mov pour juger du résultat à atteindre en fin de leçon. Quittez ensuite le lecteur QuickTime. Supprimez le fichier d'exemple si la place est comptée sur le disque dur.

En début de leçon, restaurez les paramètres d'application par défaut d'After Effects. (Reportez-vous à la section "Rétablissement des préférences par défaut" de l'Introduction.)

3. Lancez After Effects et appuyez immédiatement sur Ctrl+Alt+Maj (Windows) ou Cmd+Option+Maj (Mac OS) pour restaurer les préférences par défaut. Cliquez sur OK pour confirmer la suppression du fichier de préférences. Cliquez ensuite sur Fermer dans l'écran de bienvenue.

After Effects ouvre un projet vide sans titre.

4. Cliquez sur Fichier > Enregistrer sous > Enregistrer sous.

5. Parcourez votre disque dur jusqu'au dossier AECS6_CIB/Lessons/Lesson12/Finished_Project. Nommez le fichier de projet **Leçon12_Final.aep** et cliquez sur Enregistrer.

Importer les métrages

Pour cette leçon, vous devez importer trois métrages.

1. Cliquez sur Fichier > Importer > Fichier.
2. Dans la boîte de dialogue Importer fichier, parcourez votre disque dur jusqu'au dossier AECS6_CIB/Lessons/Lesson12/Assets. Maintenez la touche Maj enfoncée et cliquez sur les fichiers DesktopC.mov, Treasures_Music.aif et Treasures_Title.psd pour les sélectionner, puis cliquez sur Ouvrir.
3. Cliquez sur Fichier > Créer > Nouveau dossier ou sur le bouton Créer un nouveau dossier (■) situé au bas du panneau Projet.
4. Nommez le dossier **Métrages** et appuyez sur la touche Entrée ou Retour pour valider. Faites ensuite glisser les éléments DesktopC.mov et Treasures_Title.psd dans le dossier Métrages.
5. Créez un autre dossier, nommez-le **Audio** et faites glisser l'élément Treasures_Music.aif dedans.
6. Cliquez sur les triangles à côté du nom des dossiers pour afficher leur contenu.

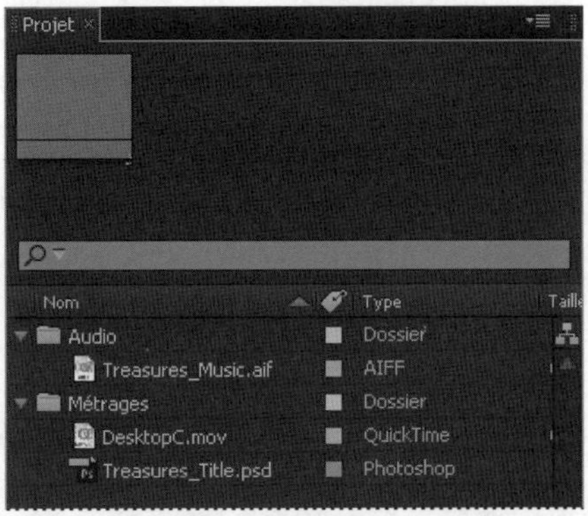

Créer la composition

Vous allez maintenant créer une nouvelle composition fondée sur la durée et les dimensions du métrage DesktopC.mov.

1. Faites glisser le métrage DesktopC.mov sur le bouton Créer une nouvelle composition (■), situé au bas du panneau Projet. After Effects crée une nouvelle composition du même nom que le fichier source et affiche le métrage dans les panneaux Montage et Composition.

2. Faites glisser la composition DesktopC sur une zone vide du panneau Projet pour l'extraire du dossier Métrages.
3. Déplacez l'Indicateur d'instant courant sur l'échelle de temps pour afficher une prévisualisation de la séquence. La caméra tourne autour du bureau et des objets disposés dessus. Vous allez créer une animation dans laquelle s'afficheront des étiquettes indiquant le nom et le prix en dollars de ces objets. Vous ajouterez également une bande sonore.
4. Cliquez sur Fichier > Enregistrer.

Corriger les déformations de l'obturateur déroulant

Les appareils photo numériques avec capteurs CMOS, y compris les appareils reflex numériques dotés d'options vidéo, sont de plus en plus couramment utilisés pour filmer, qu'il s'agisse de films, de publicités ou d'émissions télévisées. Or ces appareils enregistrent l'image vidéo non pas en une seule fois mais par ligne de balayage. En raison du temps de latence entre chaque ligne de balayage, toutes les parties de l'image ne sont pas enregistrées exactement au même moment. Si l'appareil photo bouge ou si le sujet est en mouvement, l'obturateur déroulant peut alors provoquer des déformations, les immeubles sembler pencher ou les images étirées.

Le nouvel effet Réparation obturateur déroulant essaie de corriger ce problème automatiquement. Pour l'utiliser, sélectionnez le calque qui présente ce défaut dans le panneau Montage, puis cliquez sur Effet > Déformation > Réparation obturateur déroulant.

En raison de la déformation de l'obturateur déroulant, les piliers de cet édifice semblent pencher.

Après application de l'effet, l'immeuble semble beaucoup plus stable.

Les paramètres par défaut de l'effet Réparation obturateur déroulant suffisent généralement à corriger le problème, mais vous pouvez avoir à changer la Direction du balayage ou la Méthode d'analyse en fonction de la séquence.

Lorsque vous utilisez l'effet Réparation obturateur déroulant sur un métrage, créez ensuite une précomposition avant d'appliquer l'effet Suivi de la caméra 3D.

Suivi du métrage

À présent que le métrage 2D est en place, vous allez laisser After Effects effectuer un suivi et interpoler l'emplacement de la caméra 3D

1. Cliquez sur l'icône Audio du calque DesktopC.mov dans le panneau Montage pour couper la bande son. Vous ajouterez la bande sonore plus tard et vous ne devez pas conserver les bruits ambiants de cette séquence.
2. Cliquez du bouton droit (Windows) ou en maintenant la touche Ctrl enfoncée (Mac OS) sur le calque DesktopC.mov dans le panneau Montage et choisissez Approche caméra.

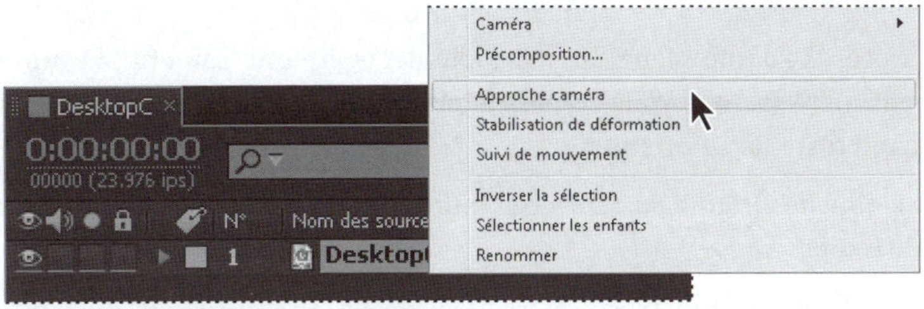

After Effects ouvre le panneau Effets et affiche la progression de l'analyse de la séquence en arrière-plan. Lorsque cette analyse est terminée, plusieurs points de suivi apparaissent dans le panneau Composition. Leurs tailles respectives indiquent à quelle distance ils se trouvent de la caméra virtuelle ; les points les plus gros sont les plus proches et les plus petits les plus éloignés.

L'analyse par défaut du métrage donne souvent des résultats satisfaisants, mais vous pouvez aussi effectuer une analyse plus approfondie pour améliorer la position de la caméra.

3. Dans le panneau Effets, affichez les propriétés de la catégorie Réglages avancés, puis activez l'option Analyse détaillée.

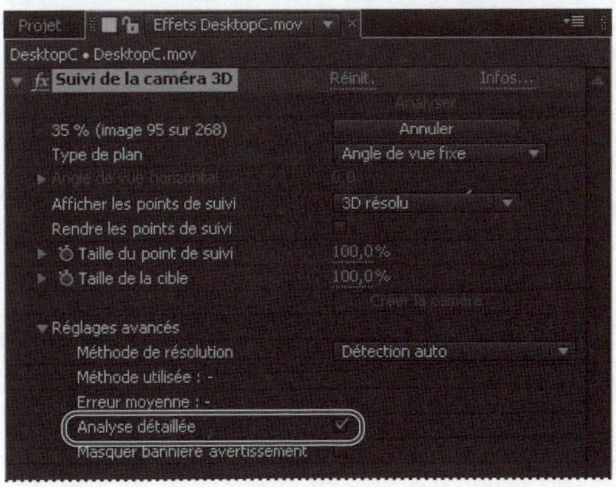

After Effects analyse de nouveau la séquence. Si votre système est peu puissant mais que vous pensiez devoir lancer une analyse détaillée, vous pouvez rendre le processus plus rapide en activant l'option Analyse détaillée lorsque l'effet Suivi de la caméra 3D effectue l'analyse initiale. L'analyse détaillée peut prendre plusieurs minutes, selon votre système. Comme elle se déroule en arrière-plan, vous pouvez travailler sur d'autres aspects de votre projet pendant ce temps.

4. Lorsque l'analyse est terminée, cliquez sur Fichier > Enregistrer pour sauvegarder votre travail.

Création d'une caméra et du texte de base

● **Note :** Vous pouvez également ajouter une caméra en cliquant sur le bouton Créer la caméra dans le panneau Effets.

● **Note :** S'il est difficile de voir le plan en raison de la taille de la cible, pressez la touche Alt ou Option pour redimensionner la cible lorsque vous faites glisser le pointeur depuis le centre de celle-ci.

Vous disposez à présent d'une scène 3D mais elle nécessite une caméra 3D. Vous allez ajouter une caméra lorsque vous créerez le premier élément textuel, puis vous ajouterez un second texte lié au premier.

1. Appuyez sur la touche Origine ou déplacez l'Indicateur d'instant courant au début de l'échelle de temps.
2. Dans le panneau Composition, placez le pointeur de la souris au-dessus du centre du disque posé sur le bureau, jusqu'à ce que la cible qui s'affiche soit sur le même plan et dans la même perspective (si vous ne voyez pas les points de suivi et de cible, cliquez sur l'effet Suivi de la caméra 3D dans le panneau Effets pour l'activer).

Lorsque vous placez le pointeur de la souris entre trois points de suivi (ou plus) proches qui peuvent définir un plan, un triangle semi-transparent s'affiche entre ces points. De plus, une cible rouge indique l'orientation du plan dans l'espace 3D.

3. Cliquez du bouton droit (Windows) ou en maintenant la touche Ctrl enfoncée (Mac OS) sur le plan et choisissez Créer texte et caméra.

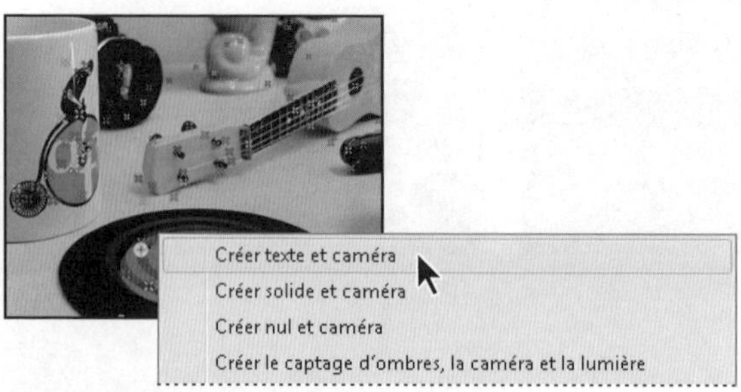

After Effects affiche un élément de texte de grande taille posé à plat sur le bureau dans le panneau Composition. Deux nouveaux calques ont également été créés dans le panneau Montage : Texte et Caméra de suivi 3D. L'option Calque 3D est activée pour le calque Texte, mais le calque DesktopC reste en 2D. En effet, seuls les éléments de texte ont besoin d'être positionnés dans un espace 3D, il n'y a aucune raison de convertir la séquence de fond en calque 3D.

4. Déplacez l'Indicateur d'instant courant sur l'échelle de temps. Le texte conserve sa position par rapport au disque, en suivant le mouvement de la caméra. Ramenez l'Indicateur d'instant courant au début de l'échelle de temps.
5. Double-cliquez sur le calque Texte dans le panneau Montage pour ouvrir les panneaux Caractère et Paragraphe.
6. Dans le panneau Paragraphe, sélectionnez l'option d'alignement Centrer le texte. Dans le panneau Caractère, choisissez une famille de polices sans serif comme Arial Narrow. Donnez-lui une taille de **20** pixels, une Largeur de contour de **1** pixel et choisissez Remplissage sur contour dans le menu déroulant. Assurez-vous que la couleur du fond est le blanc et la couleur de remplissage le noir (les couleurs par défaut).

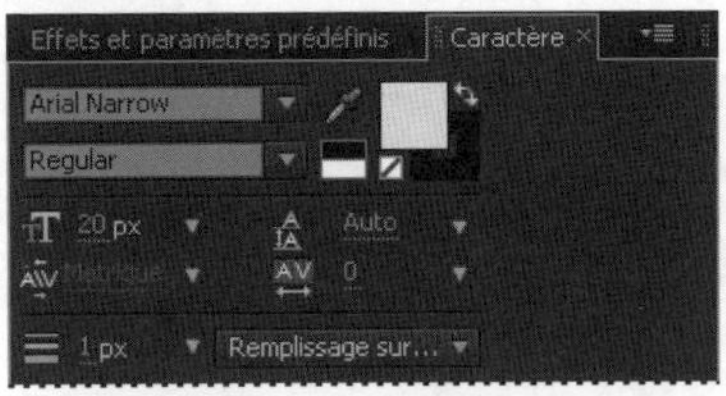

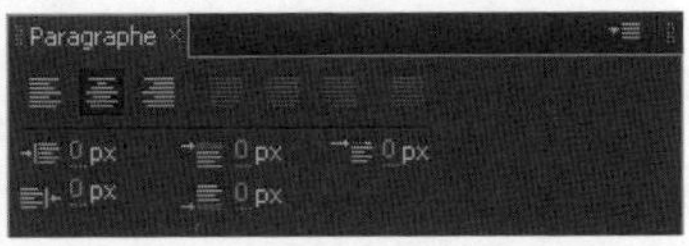

7. Cliquez sur le calque Texte dans le panneau Montage, puis pressez la touche **S** pour afficher sa propriété Échelle. Réduisez ensuite la taille du calque à **2500 %**.

L'apparence du texte est bonne, mais il doit être placé verticalement. Vous allez donc modifier sa position dans l'espace, puis vous le remplacerez par le prix de l'objet.

8. Le calque Texte étant toujours sélectionné dans le panneau Montage, pressez la touche **R** pour afficher sa propriété Rotation. Modifiez ensuite les valeurs de la propriété Orientation de la façon suivante : **26,1**, **19,3**, **355,7** degrés.

● **Note :** Vous pouvez également utiliser l'outil Rotation pour ajuster la position du texte sur chaque axe dans le panneau Composition plutôt que de saisir les valeurs.

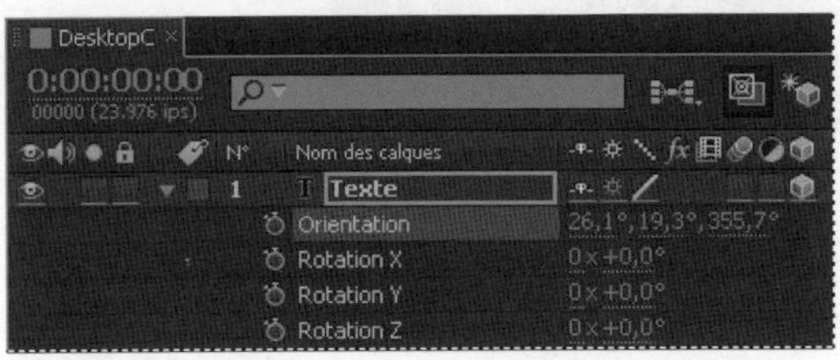

9. Double-cliquez sur le calque Texte dans le panneau Montage pour l'activer dans le panneau Composition. Lorsque le texte peut être édité, il est encadré d'un masque de couleur rouge clair.

10. Le texte étant sélectionné dans le panneau Composition, tapez **$35.00** pour le remplacer.

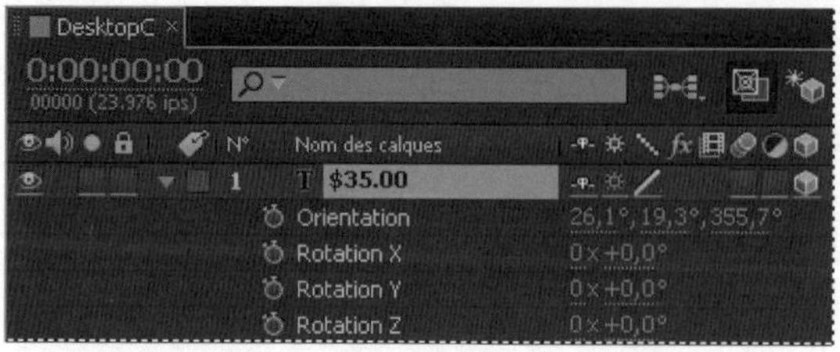

Vous devez maintenant ajouter une étiquette qui indique le nom de l'objet et celle-ci doit suivre le même mouvement que le prix. Pour cela, vous allez dupliquer le calque et créer une relation de filiation entre les deux.

11. Sélectionnez le calque $35.00 dans le panneau Montage, puis appuyez sur les touches Ctrl+D (Windows) ou Cmd+D (Mac OS) pour le dupliquer.

12. Double-cliquez sur le calque $35.2 et saisissez **HENDRIX 45 RPM** en majuscules dans le panneau Composition.

La taille de ce texte est trop importante ; elle est identique à celle du calque indiquant le prix. Vous allez créer une relation de filiation avec le calque $35.00 puis vous le redimensionnerez.

13. Sélectionnez le calque HENDRIX 45 RPM dans le panneau Montage, puis pressez la touche **P** pour afficher sa propriété Position. Faites ensuite glisser le sélecteur d'expression de ce calque sur le nom du calque $35.00.

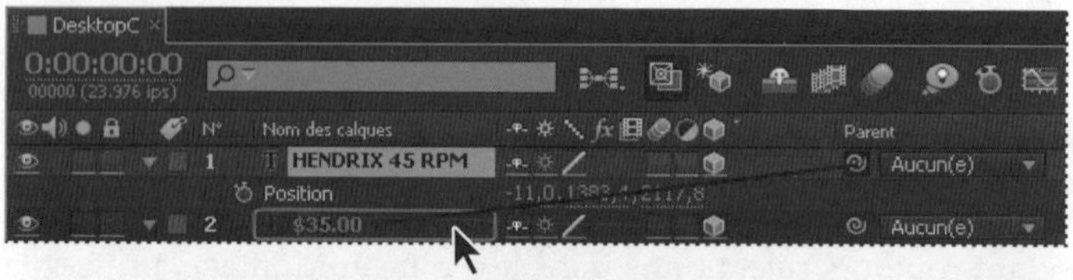

Les valeurs de la propriété Position du calque HENDRIX 45 RPM changent pour 0, 0, 0 car sa position dépend maintenant de son calque parent. En revanche, ce calque doit s'afficher au-dessus du calque $35.00 et non devant lui.

14. Donnez à l'axe y de la propriété Position la valeur **-18** pour déplacer le calque HENDRIX 45 RPM au-dessus du prix.

15. Le calque HENDRIX 45 RPM étant sélectionné, pressez la touche **S** pour afficher sa propriété Échelle, puis donnez-lui les valeurs suivantes : **37,4, 37,4, 37,4 %**.

16. Cliquez sur Fichier > Enregistrer pour sauvegarder votre travail.

Création d'ombres réalistes

Vous avez créé et positionné vos premiers éléments de texte, mais contrairement aux objets 3D, ils ne projettent aucune ombre. Vous allez donc créer un captage d'ombres et une lumière pour ajouter un effet de profondeur dans la vidéo.

1. Appuyez sur la touche Origine ou déplacez l'Indicateur d'instant courant au début de l'échelle de temps.
2. Sélectionnez la propriété Suivi de la caméra 3D du calque DesktopC.mov dans le panneau Montage (si la propriété n'est pas visible, pressez la touche **E** du clavier pour l'afficher).
3. Activez l'outil Sélection dans le panneau Outils. Placez le pointeur dans le panneau Composition jusqu'à ce que vous trouviez le même plan que vous avez utilisé pour le calque de texte.
4. Cliquez du bouton droit (Windows) ou en maintenant la touche Ctrl enfoncée (Mac OS) sur la cible et choisissez Créer le captage d'ombres et la lumière.

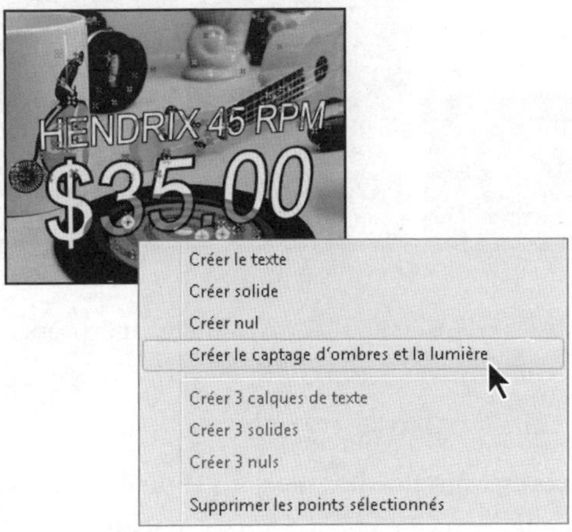

After Effects ajoute une source de lumière dans la scène, avec les paramètres par défaut. Une ombre apparaît derrière le texte dans le panneau Composition. Vous devez cependant repositionner cette lumière pour qu'elle corresponde à l'éclairage du métrage source. Le calque Captage d'ombres 1 qu'After Effects a ajouté dans le panneau Montage est un calque de forme dont les options de surface sont définies pour accepter uniquement les ombres de la scène.

5. Sélectionnez le calque Lumière 1 dans le panneau Montage, puis pressez la touche **P** pour afficher sa propriété Position.

6. Donnez à la propriété Position les valeurs suivantes pour repositionner la lumière : **1145,8, 800, 1200**.

▶ **Astuce :** Dans un projet réel, l'idéal est de travailler avec un éclairage sur le même plan que celui utilisé pour filmer la scène 2D originale. Le but est que les lumières 3D correspondent aussi précisément que possible à celle de la source.

7. Cliquez sur Calque > Paramètres de lumière. Vous pouvez modifier l'intensité, la couleur et d'autres attributs de la lumière dans la boîte de dialogue Paramètres de lumière.

8. Nommez le calque **Lumière clé**, choisissez Ponctuelle dans le menu déroulant Type de lumière et sélectionnez une couleur grise très légèrement rouge (R = 232, V = 214, B = 213) pour qu'elle corresponde à la couleur chaude de la lumière dans la pièce. Changez ensuite l'Intensité de l'ombre à **15 %** et la Diffusion de l'ombre à **100 px** et cliquez sur OK.

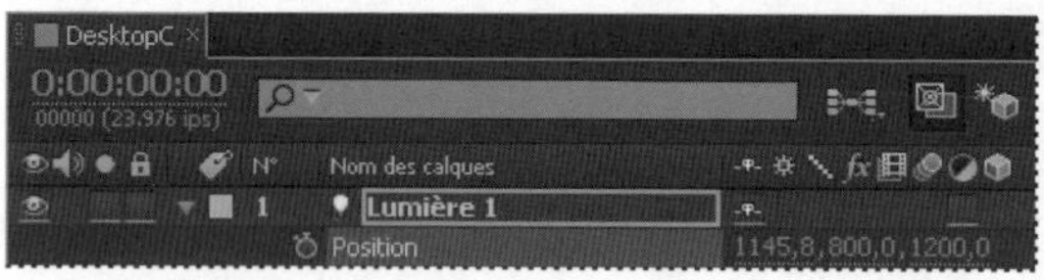

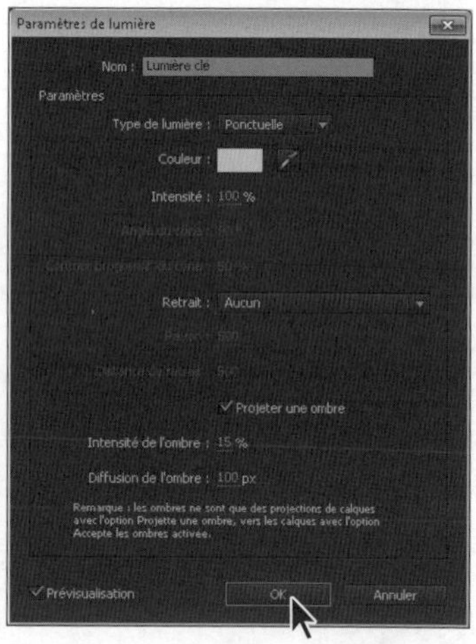

9. Sélectionnez le calque Captage d'ombres 1 dans le panneau Montage, puis pressez la touch **S** pour afficher sa propriété Échelle.

10. Augmentez la valeur de la propriété Échelle à **340 %**.

Redimensionner le calque Captage d'ombres 1 modifie la zone dans laquelle peuvent apparaître les ombres projetées par la lumière créée en même temps que lui.

Ajout d'une lumière ambiante

Les réglages de la lumière que vous venez d"effectuer améliorent l'aspect de l'ombre, mais le texte apparaît maintenant en noir. Vous allez ajouter une lumière ambiante pour corriger cela. Contrairement à une lumière ponctuelle, une lumière ambiante crée un éclairage plus diffus dans la scène.

1. Cliquez sur Calque > Créer > Lumière.
2. Nommez le calque **Lumière ambiante**, choisissez Ambiante dans le menu déroulant Type de lumière et réduisez son Intensité à **80 %**. La couleur de la lumière doit être la même que celle que vous avez définie pour la lumière ponctuelle.
3. Cliquez suk OK pour ajouter cette lumière.
4. Cachez les propriétés de tous les calques dans le panneau Montage, à l'exception de celles du calque DesktopC.mov.

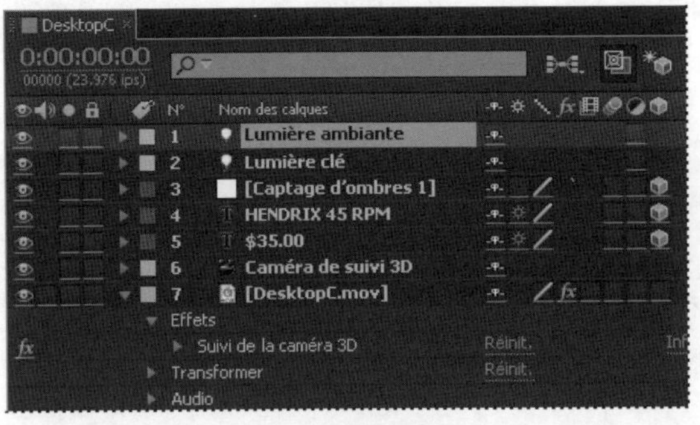

Création d'éléments textuels supplémentaires

Maintenant que vous avez créé l'étiquette pour le disque de Hendrix, vous devez effectuer la même chose pour l'appareil photo, la statuette, le couteau suisse et le ukulélé. Mais comme chaque objet se trouve à un endroit différent sur la table, vous allez utiliser les valeurs d'orientation et d'échelle indiquées dans le tableau suivant. Il sera également plus facile de créer chaque étiquette sur le bon plan à différents moments.

▶ **Astuce :** Si l'un des objets 3D est caché par un objet de l'arrière-plan, dupliquez le calque de fond et placez-le au sommet de la pile des calques. Créez ensuite des masques autour des objets concernés. Vous devrez animer ces masques dans le temps, mais cela sera invisible si vous procédez avec précaution.

OBJET	POSITION SUR L'ÉCHELLE DE TEMPS (ÉTAPE 1)	ORIENTATION (ÉTAPE 5)	PRIX (ÉTAPE 6)	ÉCHELLE DU PRIX (ÉTAPE 7)	ÉTIQUETTE
Appareil photo	3:00	18,2, 353,8, 355,0	$298.00	3000	35MM CAMERA
Statuette	5:00	20,8, 353,6, 355	$612.00	2000	GOLD STATUE
Couteau	7:00	20,7, 20,2, 353,4	$75.00	2500	POCKET KNIFE
Ukulélé	9:00	1,2, 349, 352	$500.00	3000	1942 UKULELE

1. Déplacez l'Indicateur d'instant courant sur l'échelle de temps pour atteindre le moment où vous avez une meilleure vue de l'objet.
2. Dans le panneau Montage, sélectionnez la propriété Suivi de la caméra 3D du calque DesktopC.mov pour l'activer (si la propriété n'est pas visible, pressez la touche **E** pour l'afficher).
3. Assurez-vous que l'outil Sélection est activé. Placez ensuite le pointeur dans le panneau Composition sur l'objet de façon que la cible rouge soit parallèle à l'avant de cet objet.
4. Cliquez du bouton droit (Windows) ou en maintenant la touche Ctrl enfoncée (Mac OS) sur le plan et choisissez Créer le texte.
5. Sélectionnez le calque Texte dans le panneau Montage, puis pressez la touche **R** pour afficher sa propriété Rotation. Modifiez ensuite les valeurs de la propriété Orientation.
6. Double-cliquez sur le calque Texte pour pouvoir l'éditer, puis saisissez le prix de l'objet dans le panneau Composition.
7. Sélectionnez le calque du prix dans le panneau Montage, puis pressez la touche **S** pour afficher sa propriété Échelle. Modifiez ces valeurs.
8. Le calque du prix étant sélectionné, appuyez sur les touches Ctrl+D (Windows) ou Cmd+D (Mac OS) pour le dupliquer.
9. Double-cliquez sur le calque dupliqué dans le panneau Montage et renommez-le dans le panneau Composition.
10. Sélectionnez le calque indiquant le nom de l'objet dans le panneau Montage, puis pressez la touche **P** pour afficher sa propriété Position. Faites ensuite glisser le sélecteur d'expression de ce calque (par exemple : 35MM CAMERA) sur le nom du calque indiquant le prix correspondant (par exemple : $298.00).

● **Note :** Si vous verrouillez la touche Maj lorsque vous saisissez le nom des objets, assurez-vous de la déverrouiller ensuite. Dans le cas contraire, vous obtiendrez des résultats inattendus et After Effects ne pourra pas mettre à jour le nom de ce calque.

11. Donnez la valeur **–18** à l'axe y de la propriété Position pour le calque qui indique le nom de l'objet pour le placer au-dessus du prix correspondant.

12. Sélectionnez le calque portant le nom de l'objet de nouveau, puis pressez la touche **S** pour afficher sa propriété Échelle. Modifiez ces valeurs de la façon suivante : **50, 50, 50 %**.

13. Cachez les propriétés des calques que vous venez de créer.

14. Répétez les étapes 1 à 13 précédentes pour créer les étiquettes des autres objets, en utilisant les valeurs indiquées dans le tableau.

Une fois terminé, l'aspect des étiquettes est bon, mais elles se chevauchent parfois, ce qui les rend difficiles à lire. Vous allez ajuster les étiquettes pour la statuette et le ukélélé.

15. Sélectionnez le calque $500.00 dans le panneau Montage, puis pressez la touche **P** pour afficher sa propriété Position. Modifiez ensuite ces valeurs de la façon suivante : **2678,3, 907,3, 3340,7**.

16. Sélectionnez le calque $6120.00 dans le panneau Montage, puis pressez la touche **P** pour afficher sa propriété Position. Modifiez ensuite ces valeurs de la façon suivante : **1534,8, 1680,1, 1811,9**.

Verrouillage d'un calque sur un plan avec un objet nul

Le nom de l'émission doit être posé à plat sur la table et utiliser le même plan que celui sur lequel vous avez attaché les étiquettes pour le disque. Vous allez donc utiliser un objet nul pour attacher le texte contenant le nom de l'émission à ce plan. Il s'agit d'un fichier Photoshop.

1. Appuyez sur la touche Origine ou déplacez l'Indicateur d'instant courant au début de l'échelle de temps.
2. Sélectionnez la propriété Suivi de la caméra 3D du calque DesktopC.mov dans le panneau Montage (si la propriété n'est pas visible, pressez la touche **E** du clavier pour l'afficher).
3. Activez l'outil Sélection dans le panneau Outils. Placez le pointeur dans le panneau Composition jusqu'à ce que la cible soit bien à plat sur le disque.
4. Cliquez du bouton droit (Windows) ou en maintenant la touche Ctrl enfoncée (Mac OS) sur la cible et choisissez Créer nul.

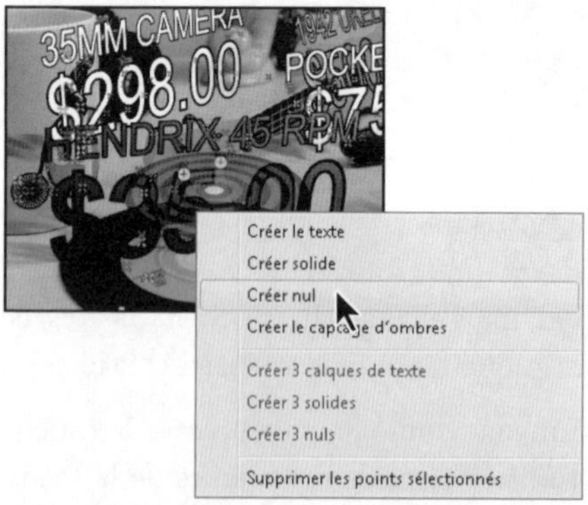

After Effects ajoute un calque Suivi nul 1 au sommet de la pile des calques du panneau Montage. Comme nous savons que le disque se trouve sur le même plan que le bureau, nous pouvons utiliser cet objet nul pour positionner le titre de l'émission sur la zone libre de tout objet du bureau ; il effectuera un mouvement correct par rapport aux autres éléments et à la caméra.

5. Sélectionnez le calque Suivi nul 1 dans le panneau Montage, puis appuyez sur la touche Entrée ou Retour et renommez-le **Nul Bureau**. Pressez de nouveau la touche Entrée ou Retour pour valider.
6. Faites glisser l'élément Treasures_Title.psd du panneau Projet au panneau Montage, en le plaçant au-dessus du calque Nul Bureau.

7. Faites glisser le sélecteur d'expression du calque Treasures_Title.psd sur le nom du calque Nul Bureau pour que ce dernier devienne son parent.

▶ **Astuce :** Plutôt que d'utiliser le sélecteur d'expression, vous pouvez aussi choisir 2.Nul Bureau dans le menu Parent du calque Treasures_Title.psd.

8. Activez l'option Calque 3D du calque Treasures_Title.psd.

Comme le calque du titre est l'enfant de l'objet nul, il se plaque automatiquement à plat sur le bureau lorsque vous le convertissez en calque 3D.

9. Déplacez l'Indicateur d'instant courant à la fin de l'échelle de temps afin de voir la position du titre.

Vous devez le déplacer sur la zone libre du bureau, puis le faire pivoter et le redimensionner.

10. Sélectionnez le calque Treasures_Title.psd dans le panneau Montage et appuyez sur la touche **P** pour afficher sa propriété Position, puis modifiez ces valeurs de la façon suivante : **3532,4**, **-2432,6**, **184,8**.

11. Pressez la touche **R** pour afficher la propriété Rotation du calque, puis donnez une valeur de **300** degrés à la propriété Rotation Z.

12. Pressez la touche **S** pour afficher la propriété Échelle du calque, puis augmentez cette valeur à **450 %**.

13. Cliquez sur le bouton Afficher/masquer options et modes au bas du panneau Montage. Choisissez Luminosité dans le menu Mode du calque Treasures_Title.psd.

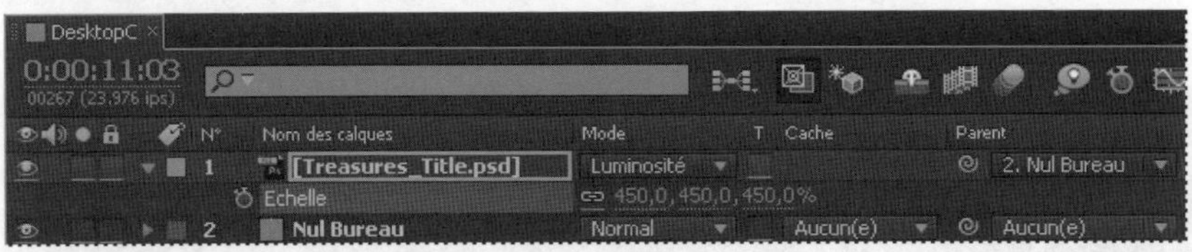

14. Cliquez de nouveau sur le bouton Afficher/masquer options et modes pour afficher les options des calques.

15. Cliquez sur Fichier > Enregistrer pour sauvegarder votre travail.

Animation du texte

Les éléments de texte en 3D, la caméra et les lumières sont termnées, mais vous pouvez rendre ce générique plus intéressant en animant l'apparition du texte et en la synchronisant avec un élément sonore. Vous allez ajouter une piste audio, puis vous animerez les étiquettes pour qu'elles s'affichent lorsque le son de caisse enregistreuse se fera entendre.

Animer les premiers éléments de texte

Vous allez animer l'étiquette du disque afin qu'elle s'affiche tôt dans la séquence, et que les chiffres du prix augmentent jusqu'à atteindre la somme exacte.

1. Faites glisser l'élément Treasures_Music.aif qui se trouve dans le dossier Audio du panneau Projet au bas de la pile des calques du panneau Montage.
2. Déplacez l'Indicateur d'instant courant au début de l'échelle de temps, puis lancez une prévisualisation RAM sur les premières secondes de la composition. Vous pouvez constater que le son de caisse enregistreuse survient régulièrement. Vous allez animer le texte pour qu'il s'affiche à ces moments.
3. Placez-vous à 1:00 et sélectionnez le calque $35.00. Appuyez sur la touche **S** pour afficher sa propriété Échelle, puis modifiez sa valeur à **0 %**. Cliquez sur l'icône Chronomètre (⏱) pour définir une première image clé.
4. Allez à 1:08 et donnez une valeur de **2800 %** à la propriété Échelle du calque $35.00 afin que la taille du texte soit plus importante que sa taille finale.
5. Placez-vous à 1:10 et réduisez la valeur de la propriété Échelle à **2500 %**, soit la taille finale du texte.

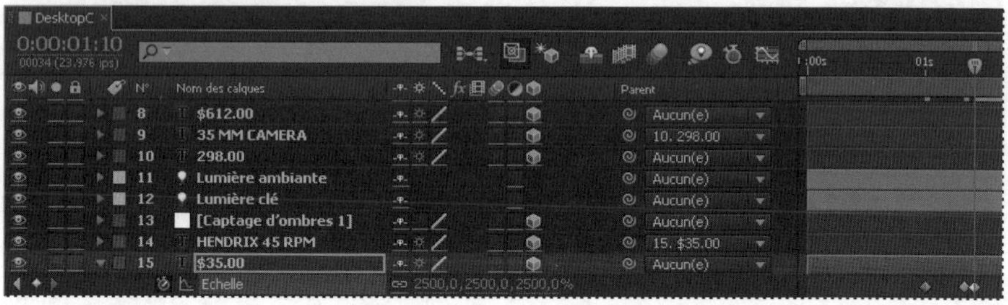

6. Placez-vous à 1:00 et appuyez sur la touche **S** pour cacher la propriété Échelle du calque $35.00, puis cliquez sur la flèche à gauche de son nom pour afficher toutes ses propriétés.

7. Cliquez sur le bouton Animer à droite de la catégorie Texte et choisissez Décalage de caractères dans le menu contextuel.

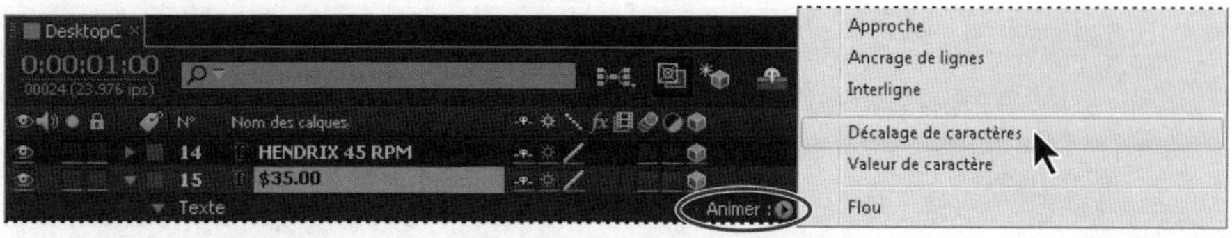

8. Affichez les propriétés de Sélecteur de plage 1 de la catégorie Animation 1. Cliquez ensuite sur le Chronomètre de la propriété Décalage pour définir une première image clé. Assurez-vous que la valeur est de **0**.

9. Créez une première image clé pour la propriété Décalage de caractère et assurez-vous que sa valeur est également de **0**.

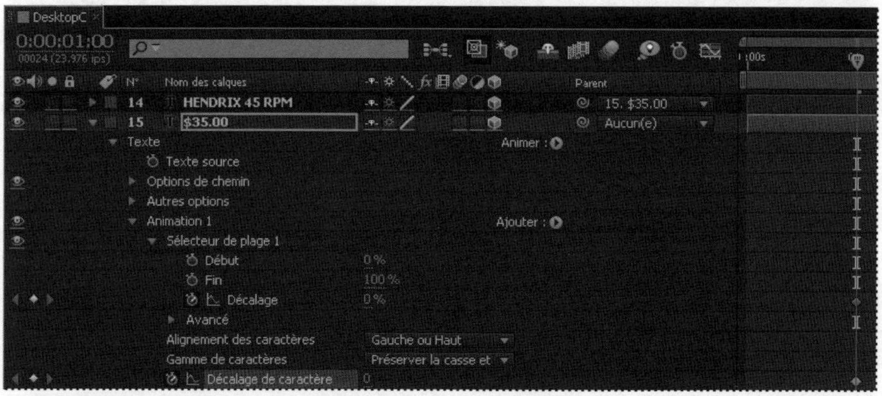

10. Placez-vous à 1:12 et donnez à la propriété Décalage une valeur de **-100 %**.

11. Cliquez sur le nom de la propriété Décalage pour sélectionner ses deux images clés. Cliquez ensuite du bouton droit (Windows) ou en maintenant la touche Ctrl enfoncée (Mac OS) sur une des images clés et choisissez Assistant d'image clé > Lissage de vitesse dans le menu contextuel.

12. Placez-vous à 1:17 et donnez à la propriété Décalage de caractère une valeur de **20**.
13. Lancez une prévisualisation RAM des deux premières secondes de la composition. Le texte apparaît en changeant de taille et le prix évolue avant d'atteindre la somme finale. La valeur de la propriété Décalage de caractère définit la manière dont les caractères évoluent avant que le texte final s'affiche.

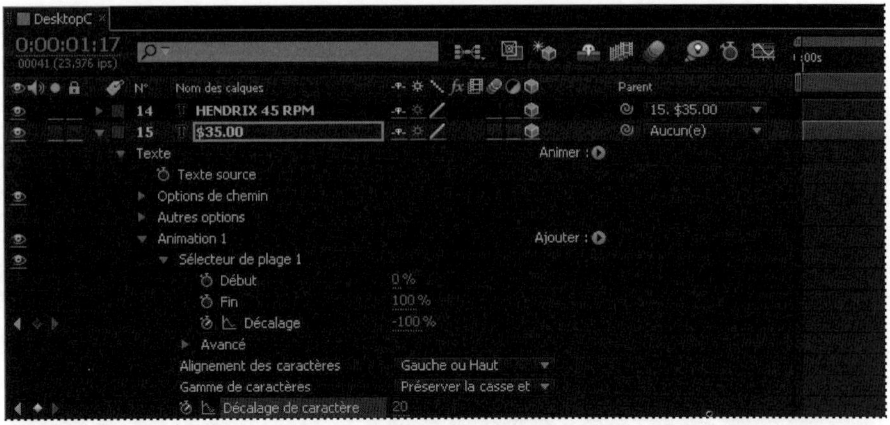

Copier l'animation sur les autres éléments de texte

Maintenant que vous avez animé l'étiquette du disque, vous pouvez copier cette animation sur les autres objets, en plaçant les images clés aux instants adéquats sur l'échelle de temps.

1. Sélectionnez le calque $35.00 et appuyez sur la touche **U** pour afficher toutes ses propriétés qui contiennent une image clé.
2. Tracez un rectangle de sélection autour des images clés dans le graphique temporel pour toutes les sélectionner.

3. Cliquez sur Édition > Copier pour copier les images clés et leurs valeurs.
4. Placez-vous à 3:00 et sélectionnez le calque $298.00. Appuyez sur Édition > Coller pour coller les images clés et leurs valeurs à cet instant.
5. Placez-vous à 5:00 et sélectionnez le calque $612.0. Appuyez sur Ctrl+V (Windows) ou Cmd+V (Mac OS) pour coller les images clés et leurs valeurs à cet instant.

6. Placez-vous à 7:00, sélectionnez le calque $75.00. Appuyez sur Ctrl+V (Windows) ou Cmd+V (Mac OS).
7. Placez-vous à 9:00, sélectionnez le calque $500.00 et appuyez sur Ctrl+V (Windows) ou Cmd+V (Mac OS).
8. Cachez les propriétés de tous les calques, puis cliquez sur Fichier > Enregistrer.

Ajustement de la profondeur de champ de la caméra

Le résultat est bon, mais vous pouvez encore l'améliorer en affinant l'intégration des éléments générés par l'ordinateur dans le métrage source. Pour cela, vous allez ajuster la profondeur de champ de la caméra 3D en utilisant les mêmes valeurs que celles de la caméra réelle qui a filmé le plan, afin que le texte le plus éloigné de l'objectif soit plus flou.

1. Sélectionnez le calque Caméra de suivi 3D dans le panneau Montage.
2. Cliquez sur Calque > Paramètres de la caméra.
3. Réglez les valeurs de la boîte de dialogue Paramètres de la caméra de la façon suivante, puis cliquez sur OK :
   - Sélectionnez l'option Activer la profondeur de champ.
   - Réglez la Distance de mise au point à **200** mm.
   - Donnez une valeur de **5,6** à la propriété Ouverture diaphragme.
   - Réglez la Distance focale à **27,2**.

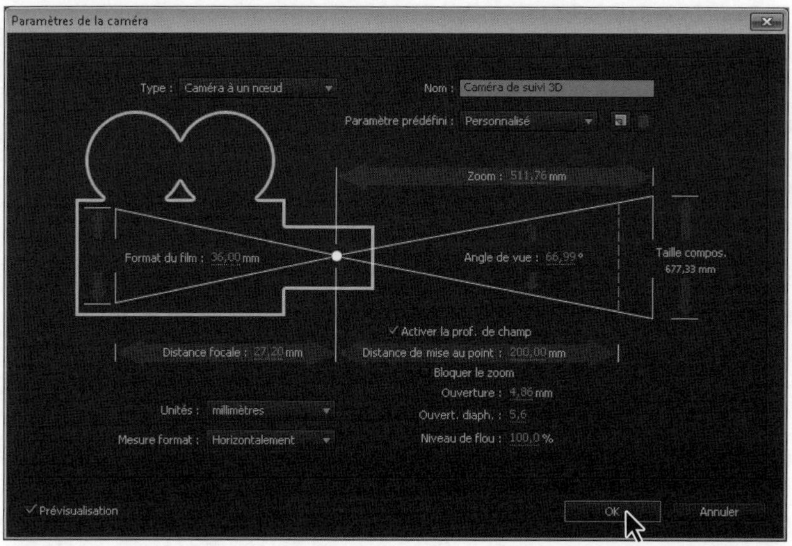

4. Sélectionnez tous les calques dans le panneau Montage sauf le calque audio. Activez l'option Flou de mouvement pour un calque ; elle est appliquée à tous les calques sélectionnés.
5. Cliquez sur le bouton Appliquer le flou de bougé en haut du panneau Montage pour activer le flou.
6. Cliquez sur Fichier > Enregistrer pour sauvegarder votre travail.

Rendu de la composition

Vous avez réalisé un travail assez complexe pour ajouter des éléments supplémentaires dans une scène filmée. Pour visualiser le résultat final, vous allez procéder au rendu de ce projet. Vous en apprendrez plus sur le rendu à la Leçon 14.

1. Cliquez sur Fenêtre > File d'attente de rendu pour ouvrir le panneau du même nom.
2. Faites glisser la composition DesktopC du panneau Projet dans le panneau File d'attente de rendu.
3. Cliquez sur le texte souligné et orange situé à droite de Paramètres de rendu. Choisissez ensuite Un demi dans le menu Résolution de la boîte de dialogue Paramètres de rendu, puis cliquez sur OK.
4. Cliquez sur le texte souligné et orange situé à droite de Module de sortie. Choisissez ensuite QuickTime dans le menu Format de la boîte de dialogue Paramètres du module de sortie.
5. Cliquez sur le bouton Options de format, réglez les paramètres de la boîte de dialogue Options QuickTime de la façon suivante, puis cliquez sur OK :
   - Choisissez H.264 dans le menu Codec vidéo.
   - Dans la section Réglages du débit, activez l'option Limiter le débit à.
   - Définissez la limite du débit à **800** kbits/s.
6. De retour dans la boîte de dialogue Paramètres du module de sortie, activez l'option Sortie audio, puis cliquez sur OK.
7. Cliquez sur le texte souligné et orange situé à droite de Destination, parcourez votre disque dur jusqu'au dossier Lesson12 et cliquez sur Enregistrer.
8. Cliquez sur le bouton Rendu situé en haut à droite du panneau File d'attente de rendu pour procéder au rendu de la composition.
9. Une fois le rendu terminé, ouvrez la vidéo dans QuickTime pour visualiser le résultat.

Révisions

Questions

1. Que fait l'effet Suivi de la caméra 3D ?
2. Comment faire pour que des éléments 3D ajoutés semblent avoir la même taille que les éléments filmés les plus éloignés de l'objectif ?
3. Est-il possible d'utiliser l'effet Suivi de la caméra 3D sur une vidéo réalisée avec un appareil photo numérique ?

Réponses

1. Le nouvel effet Suivi de la caméra 3D analyse automatiquement le mouvement d'un métrage 2D, extrait la position ainsi que le type d'objectif de la caméra réelle utilisée pour filmer cette scène et crée une nouvelle caméra 3D qui lui correspond dans After Effects. L'effet ajoute également des points de suivi 3D sur le métrage 2D pour pouvoir attacher facilement des calques 3D à celui-ci.
2. Pour donner l'illusion que la taille de l'objet diminue et semble donc plus éloigné de l'objectif, on ajuste sa propriété Échelle. La perspective de l'objet reste la même par rapport à l'ensemble de la composition.
3. Oui. Mais pour tout métrage provenant d'un appareil photo numérique, il est important d'évaluer en premier lieu si la séquence contient des déformations et des artefacts (tremblements, étirements) provoquées par l'obturateur déroulant Si cela est le cas, il faut alors utiliser l'effet Réparation obturateur déroulant avant d'appliquer l'effet Suivi de la caméra 3D.

After Effects CS6 propose des fonctions avancées de stabilisation et de suivi de mouvement, des effets sophistiqués et d'autres fonctions indispensables pour réaliser les productions les plus exigeantes.

TECHNIQUES D'ÉDITION AVANCÉES

13

Au cours de cette leçon, vous apprendrez à :

- stabiliser les mouvements involontaires de la caméra lors de la prise de vues ;
- utiliser le suivi de mouvement monopoint pour relier un objet d'un métrage à un objet d'un autre métrage ;
- réaliser un suivi multipoint avec le mode Perspective des quatre coins ;
- utiliser mocha d'Imagineer Systems pour créer un suivi de mouvement ;
- créer un système de particules ;
- appliquer l'effet Déformation temporelle pour créer des vidéos au ralenti.

Cette leçon vous prendra environ deux heures. Si vous ne l'avez pas déjà fait, copiez le dossier Lesson13 depuis le DVD-ROM *Adobe After Effects CS6 Classroom in a Book* sur votre disque dur. Au cours de cette leçon, vous ne modifierez pas les fichiers de départ. Si vous devez néanmoins revenir à la version d'origine du fichier, copiez-le de nouveau depuis le DVD-ROM.

Préparatifs

Au cours des leçons précédentes, vous vous êtes servi des principaux outils 2D et 3D pour produire des animations graphiques. Mais After Effects CS6 dispose également de fonctionnalités de stabilisation et de suivi de mouvement, d'outils de masquage sophistiqués, d'effets de déformation ; il offre la possibilité de modifier le déroulement d'un métrage grâce à l'effet Déformation temporelle, prend en charge les images HDR, permet le rendu en réseau, et bien plus encore. Au cours de cette leçon, vous allez voir comment utiliser l'effet Stabilisation de déformation pour stabiliser une séquence filmée caméra au poing, et comment attacher un objet précis à un autre afin de synchroniser leurs mouvements. Vous découvrirez ensuite la fonction de perspective des quatre coins pour suivre un objet en perspective. Pour finir, vous explorerez deux effets complexes d'After Effects CS6 : un générateur de système de particules et l'effet Déformation temporelle.

Au cours de cette leçon, vous utiliserez plusieurs projets. Vous allez donc commencer par tous les visualiser.

1. Assurez-vous que les fichiers suivants se trouvent sur votre disque dur dans le dossier AECS6_CIB/Lessons/Lesson13 ou bien copiez-les depuis le DVD-ROM *Adobe After Effects CS6 Classroom in a Book :*
   - dans le dossier Assets : flowers.mov, Group_Approac [DV].mov:, majorspoilers.mov, metronome.mov, mocha_tracking.mov, multipoint_tracking.mov ;
   - dans le dossier Sample_Movies : Lesson13_Multipoint.mov, Lesson_13_Particles.mov, Lesson_13_Stabilize.mov, Lesson13_Timewarp.mov et Lesson_13_Tracking.mov.
2. Ouvrez et lancez la lecture des vidéos d'exemple qui se trouvent dans le dossier Lesson13/Sample_Movies afin de voir les projets que vous allez créer dans cette leçon.
3. Quittez ensuite le lecteur QuickTime. Supprimez les fichiers d'exemple si la place est comptée sur votre disque dur.

● **Note :** Vous pouvez visionner ces exemples l'un après l'autre ou ne lire que celui qui correspond à l'exercice que vous vous préparez à commencer, si vous n'avez pas prévu de réaliser cette leçon d'une seule traite.

Utilisation de la Stabilisation de déformation

Si vous réalisez des prises de vues avec une caméra portable, il est fort probable que la séquence vidéo comprendra des mouvements indésirables. À moins que ces secousses ne soient intentionnelles, il peut être nécessaire de stabiliser le métrage.

La Stabilisation de déformation d'After Effects supprime automatiquement les mouvements superflus en redimensionnant et en déplaçant le calque pour compenser les déplacements involontaires.

Mise en route du projet

Lors du lancement d'After Effects, restaurez les paramètres. (Reportez-vous à la section "Rétablissement des préférences par défaut" de l'Introduction).

1. Lancez After Effects et appuyez immédiatement sur Ctrl+Alt+Maj (Windows) ou Cmd+Option+Maj (Mac OS) pour restaurer les préférences par défaut. Cliquez sur OK pour confirmer la suppression du fichier de préférences.
2. Cliquez sur Fermer dans l'écran de bienvenue.

After Effects ouvre un projet vide sans titre.

3. Cliquez sur Fichier > Enregistrer sous > Enregistrer sous.
4. Parcourez votre disque dur jusqu'au dossier AECS6_CIB/Lessons/Lesson13/Finished_Project.
5. Donnez au projet le nom **Leçon13_Stabilisation.aep** et cliquez sur Enregistrer.

Importer le métrage

Vous devez importer un métrage pour commencer ce projet.

1. Double-cliquez dans une zone vide du panneau Projet pour ouvrir la boîte de dialogue Importer fichier.
2. Parcourez votre disque dur jusqu'au dossier AECS6_CIB/Lessons/Lesson13/Assets. Sélectionnez le fichier flowers.mov et cliquez sur Ouvrir.

Créer la composition

Vous allez maintenant créer la composition.

1. Faites glisser le métrage flowers.mov sur le bouton Créer une nouvelle composition situé au bas du panneau Projet.

After Effects crée une nouvelle composition nommée flowers et ayant le même format de pixels, les mêmes dimensions, la même cadence et la même durée que le fichier source.

2. Cliquez sur le bouton Prévisualisation RAM du panneau Prévisualisation pour visualiser la séquence. Cette vidéo a été tournée avec une caméra de poing en fin d'après-midi. Une brise légère caresse la végétation et la caméra bouge de façon irrégulière.

Appliquer la Stabilisation de déformation

La Stabilisation de déformation s'applique immédiatement. Le processus se déroule en arrière-plan si bien que vous pouvez travailler sur d'autres compositions pendant son déroulement. La durée nécessaire à la stabilisation du plan dépend de la puissance de votre système. After Effects affiche une bande bleue pendant l'analyse du métrage, puis une bande orange lorsqu'il applique la stabilisation.

1. Sélectionnez le calque flowers.mov dans le panneau Montage, puis cliquez sur Animation > Stabilisation de déformation. La bande bleue s'affiche immédiatement sur l'image.
2. Lorsque la Stabilisation de déformation est terminée et que la bande orange a disparu, lancez une nouvelle prévisualisation RAM pour observer les changements.

3. Appuyez sur la barre d'espacement pour stopper la prévisualisation.

Les mouvements de la caméra n'ont pas disparu mais ils sont moins désordonnés qu'auparavant. La Stabilisation de déformation a déplacé et repositionné le métrage. Vous pouvez voir comment ces changements ont été appliqués dans le panneau Effets. Ainsi, l'échelle de l'image a été augmentée à 102,8 % afin de cacher les zones noires qui s'afficheraient aux bords de l'image lorsqu'elle est déplacée et stabilisée. Vous allez maintenant ajuster les paramètres de la Stabilisation de déformation.

Ajuster les propriétés de la Stabilisation de déformation

Vous allez modifier les propriétés de l'effet dans le panneau Effets pour stabiliser davantage ce plan.

1. Dans le panneau Effets, augmentez la valeur de la propriété Lissage à **75 %**.

L'effet Stabilisation de déformation commence immédiatement à stabiliser de nouveau la séquence. Il n'a pas besoin d'analyser le métrage car la première analyse est conservée en mémoire.

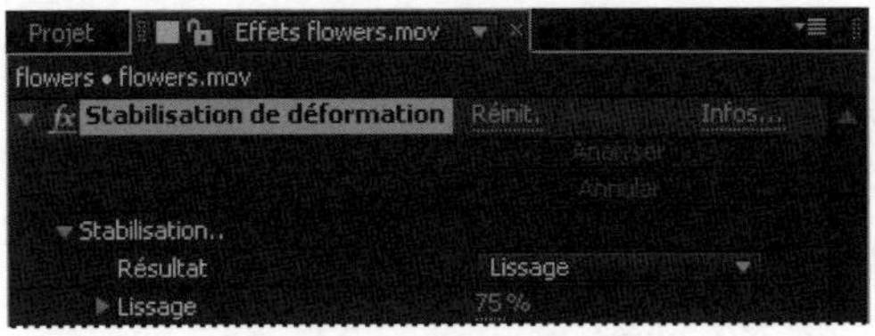

2. Lorsque la Stabilisation de déformation est terminée et que la bande orange a disparu, lancez une nouvelle prévisualisation RAM pour observer les changements.
3. Appuyez sur la barre d'espacement pour stopper la prévisualisation.

Le résultat est meilleur mais encore un peu saccadé. La propriété Échelle auto de l'effet Stabilisation de déformation a maintenant une valeur de 103,7 %, car le déplacement de l'image dans le cadre est plus important et elle doit donc être davantage recadrée pour éviter que des zones noires ne s'affichent autour d'elle.

Plutôt que d'augmenter de nouveau la quantité de lissage que l'effet Stabilisation de déformation applique à la séquence, vous allez cette fois modifier la façon dont il s'applique.

4. Choisissez Aucune animation dans le menu déroulant Résultat du panneau Effets. Avec ce paramètre, la Stabilisation de déformation essaie de verrouiller la position de la caméra. Cela nécessite que l'image soit encore plus redimensionnée. Lorsque l'option Aucune animation est sélectionnée, la propriété Lissage est désactivée et s'affiche en grisé.

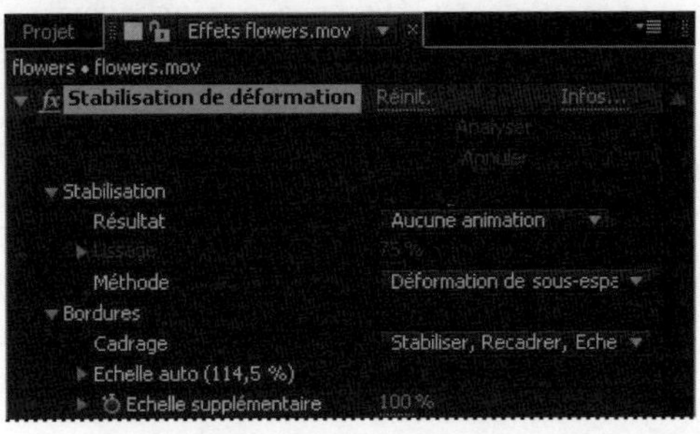

5. Lorsque la bande orange disparaît, lancez une nouvelle prévisualisation RAM. Appuyez sur la barre d'espacement pour stopper la prévisualisation.

La caméra reste à présent fixe, si bien que seul le mouvement des fleurs dans le vent est visible dans la séquence. Pour obtenir ce résultat, l'effet Stabilisation de déformation a redimensionné l'image à 114,5 %.

Affiner le résultat

L'analyse par défaut fonctionne bien la plupart du temps, mais il arrive parfois que vous deviez encore l'ajuster. Dans notre exemple, l'image se déforme légèrement à certains moments, en particulier vers la cinquième seconde. De nombreux spectateurs ne remarqueront pas ce problème, mais un œil attentif le verra. Vous allez donc modifier la méthode utilisée par l'effet Stabilisation de déformation pour supprimer cette déformation.

1. Choisissez Position, Échelle, Rotation dans le menu déroulant Méthode du panneau Effets.
2. Choisissez Stabiliser uniquement dans le menu déroulant Cadrage.
3. Augmentez la valeur de la propriété Échelle supplémentaire à **114 %**.

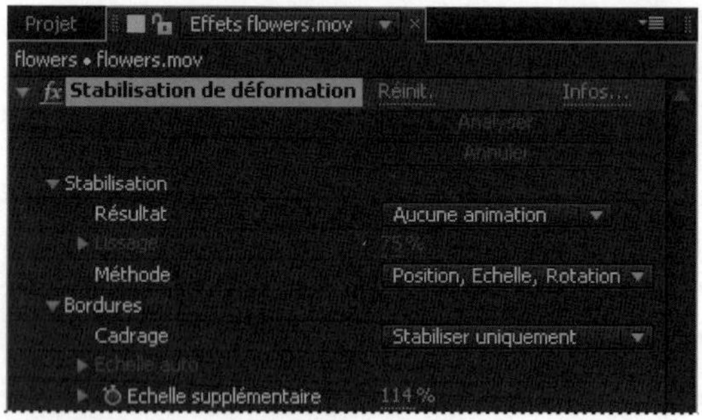

4. Lancez une nouvelle prévisualisation RAM. La position de la caméra reste parfaitement fixe et le seul mouvement est celui des fleurs dans le vent.
5. Appuyez sur la barre d'espacement pour stopper la prévisualisation.
6. Cliquez sur Fichier > Enregistrer pour sauvegarder votre travail.
7. Cliquez sur Fichier > Fermer le projet.

Comme vous venez de le voir, la stabilisation de mouvement n'est pas sans inconvénient. Pour compenser les mouvements et les rotations appliqués au calque, l'image a dû être redimensionnée, ce qui, à terme, peut entraîner une dégradation de sa qualité. Si vous avez absolument besoin de ce métrage dans une production, cela peut constituer le meilleur compromis.

Les paramètres de la Stabilisation de déformation

Ceci n'est qu'un résumé des possibilités de la Stabilisation de déformation. Pour en savoir plus et découvrir des astuces supplémentaires afin d'utiliser pleinement cet effet, consultez l'Aide d'After Effects.

- **Résultat :** contrôle le résultat attendu. L'option Lissage rend les mouvements de la caméra plus fluides mais ne les élimine pas. Elle utilise la valeur de la propriété Lissage pour contrôler le mouvement. L'option Aucune animation essaie de supprimer tout mouvement de la caméra.
- **Méthode :** définit l'opération la plus complexe que l'effet Stabilisation de déformation effectue pour stabiliser le métrage. L'option Position se base uniquement sur les données de position ; l'option Position, Échelle, Rotation utilise ces trois types de données ; l'option Perspective utilise un suivi des quatre coins de toute l'image ; l'option Déformation de sous-espace (par défaut) essaie de déformer diverses zones de l'image de façon différente pour stabiliser toute l'image.
- **Bordures :** ajuste la manière dont le mouvement des bords de l'image est traité et contrôle la façon dont ces bords apparaissent dans l'image stabilisée, en définissant si l'effet doit recadrer, redimensionner ou synthétiser les contours à partir des données des autres images de la séquence.
- **Échelle auto :** affiche la taille à laquelle l'image est automatiquement redimensionnée. Vous pouvez définir l'échelle maximum à utiliser.
- **Avancé :** permet de contrôler plus en détail la façon dont s'applique l'effet Stabilisation de déformation.

Utilisation du suivi monopoint

Étant donné le nombre croissant de productions vidéo qui incorporent des effets numériques, il est de plus en plus nécessaire de disposer de techniques simples pour synchroniser ces effets spéciaux sur les films ou les vidéos servant de fond. After Effects permet de réaliser de telles combinaisons grâce à sa capacité à effectuer le suivi de certaines zones du métrage et à répercuter ces mouvements sur d'autres calques. Ces calques peuvent contenir du texte, des effets, des images ou d'autres métrages. Le résultat visuel final s'adapte exactement aux mouvements du métrage d'origine.

Lorsque vous réalisez un suivi de mouvement dans une composition After Effects contenant plusieurs calques, le type de suivi par défaut, Transformer, effectue un suivi de la position et/ou de la rotation à appliquer à un autre calque. Dans le suivi de position, cette option crée un point de suivi et génère des images clés de position. Dans le suivi de rotation, cette option crée deux points de suivi et génère des images clés de rotation.

Dans cet exercice, vous procéderez au suivi d'un calque de forme placé sur le balancier d'un métronome. Cette opération sera particulièrement difficile car le cameraman a choisi de ne pas utiliser de trépied.

Mise en route du projet

Si vous avez terminé le premier projet de cette leçon et qu'After Effects soit ouvert, passez directement à l'étape 3. Dans le cas contraire, restaurez les paramètres par défaut de l'application (reportez-vous à la section "Rétablissement des préférences par défaut" de l'Introduction).

1. Lancez After Effects et appuyez immédiatement sur Ctrl+Alt+Maj (Windows) ou Cmd+Option+Maj (Mac OS) pour restaurer les préférences par défaut. Cliquez sur OK pour confirmer la suppression du fichier de préférences.
2. Cliquez sur Fermer dans l'écran de bienvenue.

After Effects ouvre un projet vide sans titre.

3. Cliquez sur Fichier > Enregistrer sous > Enregistrer sous.
4. Parcourez votre disque dur jusqu'au dossier AECS6_CIB/Lessons/Lesson13/Finished_Project.
5. Donnez au projet le nom **Leçon13_Suivi.aep** et cliquez sur Enregistrer.

Importer le métrage

Vous devez importer un métrage pour commencer ce projet.

1. Double-cliquez dans une zone vide du panneau Projet pour ouvrir la boîte de dialogue Importer fichier.
2. Parcourez votre disque dur jusqu'au dossier AECS6_CIB/Lessons/Lesson13/Assets, sélectionnez le fichier metronome.mov et cliquez sur Ouvrir.

Créer la composition

Vous allez maintenant créer la composition.

1. Faites glisser le métrage metronome.mov sur le bouton Créer une nouvelle composition situé au bas du panneau Projet.

After Effects crée une nouvelle composition nommée metronome et ayant le même format de pixels, les mêmes dimensions, la même cadence et la même durée que le fichier source.

2. Déplacez manuellement l'Indicateur d'instant courant sur l'échelle de temps pour visualiser la séquence.

Créer un calque de forme

Vous allez attacher une étoile au bout du balancier du métronome. Vous devez donc commencer par créer cette étoile à l'aide d'un calque de forme.

1. Pressez la touche Origine ou déplacez l'Indicateur d'instant courant au début de l'échelle de temps, puis cliquez dans une zone vierge du panneau Montage pour désélectionner le calque.
2. Activez l'outil Étoile (☆) caché sous l'outil Rectangle dans le panneau Outils.

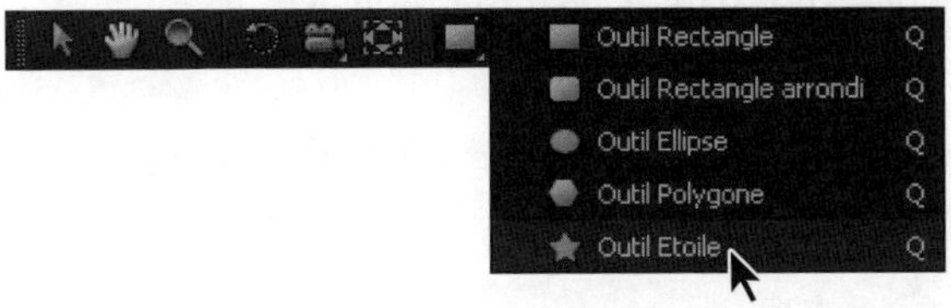

3. Cliquez sur l'échantillon de couleur Fond et sélectionnez un jaune clair (R = 220, V = 250 et B = 90, par exemple). Cliquez sur le mot Contour, sélectionnez Aucun dans la boîte de dialogue Options de contour et cliquez sur OK.
4. Tracez une étoile de petite taille dans le panneau Composition.

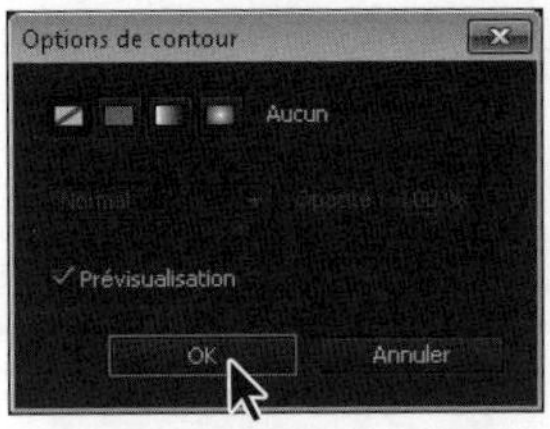

5. À l'aide de l'outil Sélection, placez l'étoile sur le contrepoids du balancier.
6. Sélectionnez le Calque de forme 1 dans le panneau Montage pour afficher son point d'ancrage. Si nécessaire, utilisez l'outil Déplacement arrière pour le repositionner au centre de l'étoile.

Positionner le point de suivi

After Effects procède au suivi du mouvement en faisant correspondre les pixels de la zone indiquée par le point de suivi dans une image aux pixels de chacune des images suivantes. Un point de suivi contient une zone ciblée, une zone de recherche et un point d'attache. After Effects affiche le point de suivi dans le panneau Calque lorsqu'il effectue le suivi.

Vous allez faire le suivi de la tête du métronome (le contrepoids au bout du balancier) en plaçant des indicateurs de point de suivi sur un autre calque que celui dont vous effectuez le suivi. La forme de l'étoile étant maintenant ajoutée à la composition Suivi, vous pouvez positionner le point de suivi.

1. Sélectionnez le calque metronome.mov dans le panneau Montage.
2. Cliquez sur Animation > Suivi de mouvement.
3. Le panneau Suivi s'ouvre alors et le calque sélectionné s'affiche dans le panneau Calque, avec un indicateur de Point de suivi 1 au centre de l'image.

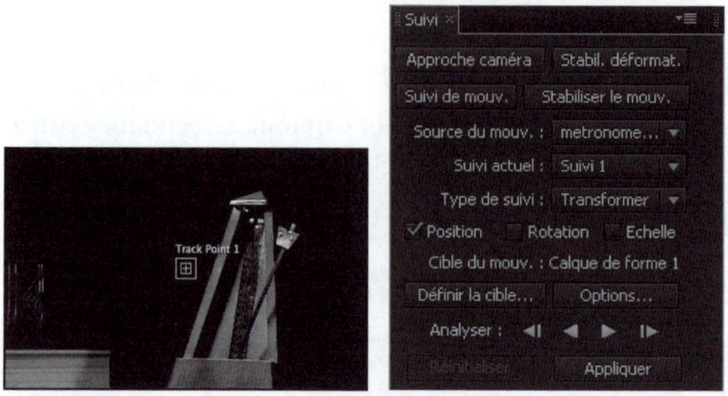

Notez les paramètres dans le panneau Suivi : metronome.mov est sélectionné dans le menu déroulant Source du mouvement, le Suivi actuel indique Suivi 1, et la Cible du mouvement est le calque Calque de forme 1, car After Effects choisit automatiquement pour cible le calque situé au-dessus du calque source dans la pile des calques.

Vous allez maintenant positionner le point de suivi.

4. Activez l'outil Sélection (↖) et déplacez l'indicateur du Point de suivi 1 depuis son centre (la zone ciblée) dans le panneau Calque pour le placer sur le contrepoids du métronome.
5. Augmentez la taille de la zone de recherche (le rectangle extérieur) pour qu'elle couvre entièrement la zone autour du contrepoids, puis ajustez la taille de la zone ciblée (le rectangle central) à celle du contrepoids.

● **Note :** Pour cet exercice, l'étoile doit suivre le mouvement du contrepoids. En revanche, si vous souhaitez qu'un objet se déplace en fonction des mouvements d'une zone ciblée mais sans qu'il la recouvre, vous devez bien évidemment positionner le point d'attache différemment.

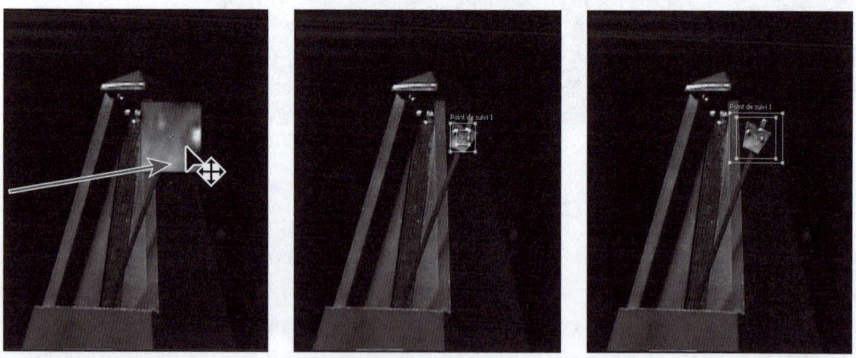

Déplacer et redimensionner les points de suivi

Lors de la configuration du suivi de mouvement, il est souvent nécessaire de réajuster les points de suivi en réglant la zone ciblée, la zone de recherche et le point d'attache. Vous pouvez redimensionner ou déplacer ces éléments individuellement ou par groupe en les faisant glisser à l'aide de l'outil Sélection, dont le pointeur se transforme selon la zone sélectionnée et l'action effectuée.

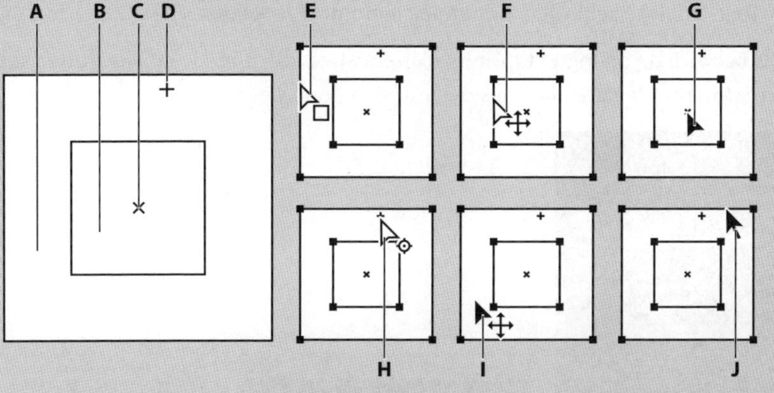

Composants du point de suivi (à gauche) et icônes du pointeur de l'outil Sélection (à droite).

A. Zone de recherche. **B.** Zone cible. **C.** Repère d'image clé. **D.** Point d'attache. **E.** Déplacement de la zone de recherche. **F.** Déplacement des deux zones. **G.** Déplacement du point de suivi entier. **H.** Déplacement du point d'attache. **I.** Déplacement du point de suivi entier. **J.** Redimensionnement de la zone.

- Pour activer ou désactiver l'agrandissement d'éléments, choisissez Agrandir la fonction pendant le glissement dans le menu du panneau Contrôles de suivi. Une coche apparaît en regard de l'option lorsqu'elle est activée.
- Pour déplacer uniquement la zone de recherche, faites-en glisser le bord avec l'outil Sélection. Le pointeur de déplacement de la zone de recherche () s'affiche.
- Pour déplacer ensemble la zone ciblée, la zone de recherche et le point d'attache, activez l'outil Sélection et faites glisser à l'intérieur la zone du point de suivi (en évitant les bords de la zone et le point d'attache). Le pointeur de déplacement du point de suivi () s'affiche.
- Pour déplacer uniquement le point d'attache avec l'outil Sélection, faites glisser le point d'attache. Le pointeur de déplacement du point d'attache () s'affiche.
- Pour redimensionner la zone ciblée ou de recherche, faites glisser une poignée d'angle.
- Pour déplacer ensemble la zone ciblée et la zone de recherche uniquement, faites glisser le bord de la zone ciblée ou, à l'aide de l'outil Sélection, appuyez sur la touche Alt (Windows) ou Option (Mac OS) tout en faisant glisser le pointeur à l'intérieur de la zone ciblée ou de recherche. Le pointeur de déplacement des deux zones () s'affiche.

Pour d'autres détails au sujet des points de suivi, consultez l'Aide d'After Effects.

Analyser et appliquer le suivi

Maintenant que les zones ciblées et de recherche sont définies, vous pouvez lancer l'analyse du suivi.

● **Note :** L'analyse du suivi peut être assez longue. Plus la taille de la zone ciblée et celle de la zone de recherche sont importantes et plus l'analyse du suivi par After Effects prendra du temps.

1. Cliquez sur le bouton Analyse vers l'avant (▶) dans le panneau Suivi. Observez la progression de l'analyse pour vous assurer que le point de suivi accompagne bien le contrepoids du balancier. Si ce n'est pas le cas, appuyez sur la barre d'espacement pour stopper l'analyse et repositionnez la zone ciblée (voir l'encadré "Contrôler le décrochage de zone").
2. Une fois l'analyse achevée, cliquez sur le bouton Appliquer.
3. Dans la boîte de dialogue Options d'application du suivi de cible, cliquez sur OK pour appliquer le suivi dans les deux dimensions x et y.

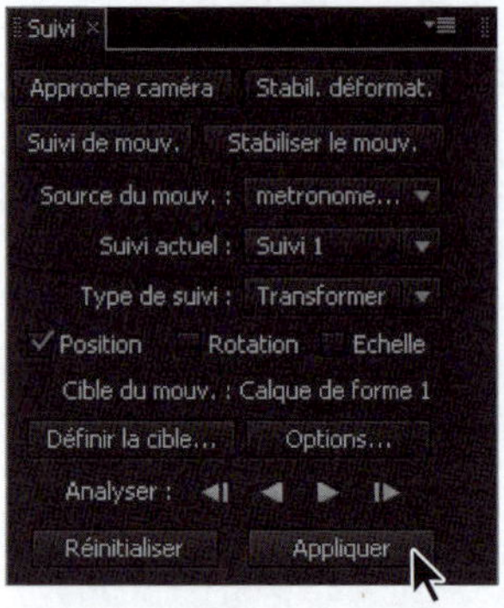

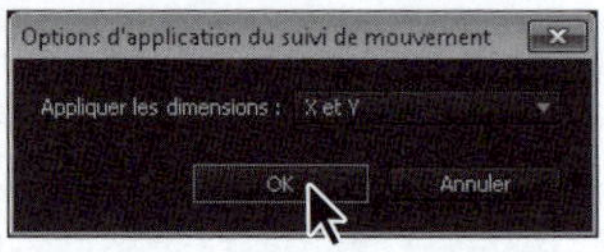

Contrôler le décrochage de zone

Lorsqu'une image se déplace dans un film, l'éclairage, les objets environnants et l'angle de l'objet changent, parfois à tel point que la zone ciblée distincte à l'origine n'est plus identifiable au niveau des sous-pixels. Il faut du temps pour apprendre à choisir une bonne zone ciblée. Même avec de l'expérience et des précautions, vous verrez souvent la zone ciblée décrocher de la zone souhaitée. Le réajustement de la zone ciblée et de la zone recherche, le réglage des options de suivi et les essais successifs sont le lot quotidien du travail de suivi vidéo numérique. Lorsque vous constatez un décrochage, essayez les techniques suivantes :

1. Arrêtez sur-le-champ l'analyse en appuyant sur la barre d'espacement.
2. Ramenez l'Indicateur d'instant courant au niveau du dernier moment de suivi correct. Pour le trouver, aidez-vous du panneau Calque.
3. Repositionnez et/ou redimensionnez la zone ciblée et la zone de recherche en faisant attention à ne pas déplacer par erreur le point d'attache. Si vous déplacez ce point d'attache, vous provoquerez un saut visible dans le calque à suivre.
4. Cliquez alors sur le bouton Analyse vers l'avant pour reprendre l'analyse.

Les données de suivi de mouvement sont ajoutées au panneau Montage. Comme vous pouvez le voir, les données de suivi se trouvent dans le calque metronome.mov, mais les résultats sont pourtant appliqués à la propriété Position du calque Calque de forme 1.

4. Lancez une prévisualisation RAM. L'étoile suit non seulement le balancier mais également les mouvements de la caméra.
5. Appuyez sur la barre d'espacement pour arrêter la lecture.
6. Cachez les propriétés des deux calques dans le panneau Montage, cliquez sur Fichier > Enregistrer puis sur Fichier > Fermer le projet.

Le suivi de mouvement d'un élément visuel sur un fond peut s'avérer très intéressant. Tant que vous disposez d'un élément assez stable, le suivi monopoint reste assez facile à réaliser.

Utilisation du suivi multipoint

After Effects propose deux types de suivis plus sophistiqués qui se basent sur plusieurs points de suivi : la parallèle des quatre coins et la perspective des quatre coins.

Lorsque vous utilisez l'option Parallèle des quatre coins, le suivi s'effectue simultanément sur trois points du métrage source. After Effects calcule la position d'un quatrième point pour conserver les lignes parallèles entre les points. Lorsque le mouvement de ces points est appliqué au calque cible, l'effet Quatre coins déforme le calque pour simuler l'inclinaison, les mises à l'échelle et les rotations, mais pas la perspective. Les lignes parallèles restent parallèles et les distances relatives sont préservées.

Lorsque vous utilisez l'option Perspective des quatre coins, le suivi s'effectue simultanément sur quatre points du métrage source. Lorsque vous appliquez l'effet Quatre coins au métrage cible, le mouvement des quatre coins est employé pour déformer le calque, simulant ainsi les changements de perspective.

Dans cet exercice, vous allez attacher une animation à l'écran d'un ordinateur en utilisant la perspective des quatre coins. Si vous n'avez pas encore visionné la vidéo de l'exercice terminé, faites-le maintenant.

Mise en route du projet

Commencez par démarrer After Effects et créez un nouveau projet.

1. S'il n'est pas déjà ouvert, lancez After Effects et appuyez immédiatement sur Ctrl+Alt+Maj (Windows) ou Cmd+Option+Maj (Mac OS) pour restaurer les préférences par défaut. Cliquez sur OK pour confirmer la suppression du fichier de préférences, puis cliquez sur Fermer dans l'écran de bienvenue.

After Effects ouvre un projet vide sans titre.

2. Cliquez sur Fichier > Enregistrer sous > Enregistrer sous.

3. Dans la boîte de dialogue Enregistrer sous, parcourez votre disque dur jusqu'au dossier AECS6_CIB/Lessons/Lesson13/Finished_Project.
4. Nommez le projet **Leçon13_Multipoint.aep** et cliquez sur Enregistrer.

Importer les métrages

Vous devez importer deux métrages pour cet exercice.

1. Double-cliquez dans une zone vide du panneau Projet pour ouvrir la boîte de dialogue Importer fichier.
2. Parcourez votre disque dur jusqu'au dossier AECS6_CIB/Lessons/Lesson13/Assets.
3. Maintenez la touche Ctrl (Windows) ou Cmd (Mac OS) enfoncée et cliquez sur les deux fichiers majorspoilers.mov et multipoint_tracking.mov pour les sélectionner, puis cliquez sur Ouvrir.

Créer la composition

Vous allez maintenant créer la nouvelle composition.

1. Appuyez sur les touches Ctrl+N (Windows) ou Cmd+N (Mac OS).
2. Dans la boîte de dialogue Paramètres de composition, saisissez **Suivi_Multipoint** dans le champ Nom de la composition.
3. Assurez-vous que le menu Paramètre prédéfini indique NTSC DV pour régler automatiquement la largeur, la hauteur, le format des pixels et la cadence de la composition.
4. Définissez une Durée de **7:05**, qui est la longueur du métrage majorspoilers.mov. Cliquez ensuite sur OK.

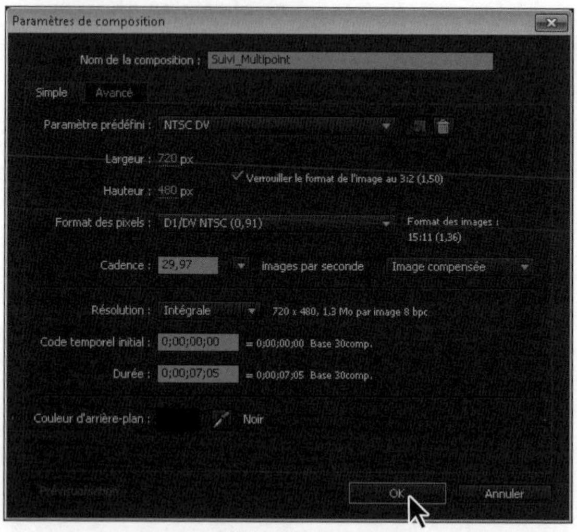

Vous allez maintenant ajouter les deux métrages au panneau Montage, l'un après l'autre.

5. Faites glisser le fichier multipoint_tracking.mov depuis le panneau Projet vers le panneau Montage. Il s'affiche automatiquement dans le panneau Composition.

6. Procédez à une prévisualisation manuelle du métrage. Vous constatez que le cadreur a beaucoup bougé, car il a réalisé ce plan caméra au poing. Comme vous allez placer le calque majorspoilers.mov sur l'écran de l'ordinateur, il sera assez facile de placer des marqueurs de suivi sur cette surface plane. Par défaut, le suivi s'effectue sur la luminance, et vous allez donc utiliser les zones autour de l'écran dans cette image qui offrent un fort contraste pour réaliser le suivi.

7. Appuyez sur la touche Origine ou déplacez l'Indicateur d'instant courant au début de l'échelle de temps.

8. Faites glisser le fichier majorspoilers.mov depuis le panneau Projet vers le panneau Montage et placez-le au sommet de la pile des calques.

9. Pour voir plus facilement la séquence vidéo lors du positionnement des marqueurs de suivi, désactivez l'option Vidéo du calque majorspoilers.mov dans le panneau Montage.

Positionner les points de suivi

Vous êtes maintenant prêt à ajouter les points de suivi sur le calque multipoint_tracking.mov.

1. Sélectionnez le calque multipoint_tracking.mov dans le panneau Montage.

2. Cliquez sur Fenêtre > Suivi pour ouvrir le panneau du même nom s'il ne l'est pas déjà.

3. Dans le panneau Suivi, sélectionnez multipoint_tracking.mov dans le menu Source du mouvement.

4. Sélectionnez de nouveau le calque multipoint_tracking.mov dans le panneau Montage, puis cliquez sur le bouton Suivi de mouvement du panneau Suivi. La séquence s'ouvre dans le panneau Calque avec un indicateur de point de suivi au centre. Cependant, vous avez besoin de quatre points de suivi pour attacher la séquence animée à l'écran de l'ordinateur.

5. Choisissez Perspective des quatre coins dans le menu Type de suivi du panneau Suivi. Trois autres indicateurs de points de suivi apparaissent dans le panneau Calque.

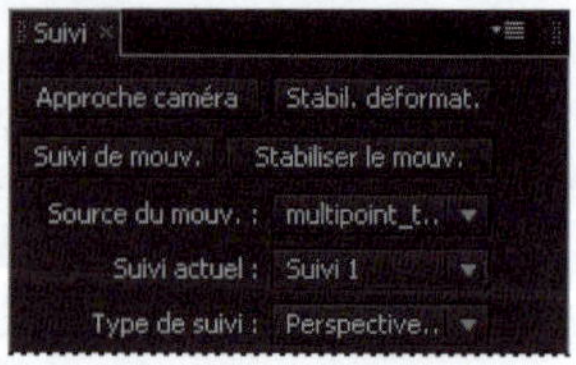

▶ **Astuce** : Reportez-vous à l'encadré intitulé "Déplacer et redimensionner les points de suivi" pour en savoir plus sur le déplacement des points de suivi.

▶ **Astuce** : Si nécessaire, zoomez sur l'image pour placer les points d'attache avec précision, puis zoomez en arrière quand vous avez fini.

6. Faites glisser tour à tour chaque point de suivi dans une zone à fort contraste de l'image. Les quatre coins de l'écran sont des zones offrant un contraste excellent. Servez-vous de la figure suivante comme exemple (comme les zones très contrastées correspondent à l'emplacement choisi pour le calque majorspoilers.mov, vous n'avez pas besoin de déplacer les points d'attache).

Appliquer le suivi multipoint

Vous pouvez à présent analyser les données et appliquer le suivi.

● **Note :** Si la composition ne s'affiche pas dans le panneau Composition, déplacez l'Indicateur d'instant courant du panneau Montage afin de réactualiser l'affichage.

1. Cliquez sur le bouton Analyse vers l'avant (▶) dans le panneau Suivi. Une fois l'analyse achevée, cliquez sur le bouton Appliquer pour calculer le suivi.
2. Observez les résultats dans le panneau Montage. Vous voyez les valeurs des images clés des propriétés Quatre coins et Position pour le calque majorspoilers et les données des points de suivi pour le calque motion_tracking.
3. Rendez de nouveau visible le calque majorspoilers, déplacez l'Indicateur d'instant courant au début de l'échelle de temps, puis lancez une prévisualisation RAM pour vérifier la qualité du suivi.
4. Appuyez sur la barre d'espacement pour arrêter la lecture.

Si le résultat ne vous semble pas probant, revenez au panneau Suivi, cliquez sur le bouton Réinitialiser et recommencez. Avec de la pratique, vous identifierez plus rapidement les zones ciblées adéquates.

5. Cachez les propriétés des calques dans le panneau Montage, puis cliquez sur Fichier > Enregistrer pour sauvegarder votre travail.
6. Cliquez sur Ficher > Fermer le projet.

Mocha pour After Effects

Dans la plupart des cas, mocha, d'Imagineer Systems, vous permet d'obtenir des résultats plus précis et de meilleure qualité lorsque vous effectuez un suivi de points dans une vidéo. Mocha est maintenant intégré dans After Effects. Pour effectuer un suivi avec mocha, cliquez sur Animation >Suivi dans mocha AE.

Mocha AE CS6 présente notamment l'avantage de vous permettre d'identifier les plans dans une vidéo qui coïncident avec les mouvements dont vous voulez réaliser le suivi. Plutôt que de se servir de zones ciblées, mocha AE CS6 utilise un suivi des plans et essaie de suivre le déplacement, la rotation et la mise à l'échelle d'un objet en se basant sur les mouvements d'un plan défini par l'utilisateur. Les plans fournissent plus de détails à l'ordinateur que ne le font les outils de suivi monopoint ou multipoint.

Lorsque vous utilisez Mocha AE CS6, vous devez identifier dans la vidéo les plans qui correspondent au mouvement dont vous effectuez le suivi. Ces plans ne sont pas obligatoirement des surfaces de meubles ou des murs. Si, par exemple, une personne salue avec la main, vous pouvez définir la position de ses membres supérieurs et inférieurs comme deux plans. Une fois le suivi des plans réalisé, vous pouvez exporter les données correspondantes pour les utiliser dans After Effects.

Mocha AE CS6 utilise deux technologies de splines différentes : les splines X et les splines de Bézier. Les premières peuvent mieux fonctionner pour établir un suivi, en particulier s'il s'agit d'un mouvement en perspective, mais les secondes fonctionnent bien également et présentent l'avantage d'être très utilisées.

Pour en savoir plus sur mocha dans After Effects, cliquez sur Help dans mocha.

Nous avons sauvegardé quelques données de suivi pour l'écran d'ordinateur dans mocha AE CS6 afin que vous puissiez vous en servir dans After Effects si vous le souhaitez. Suivez ces instructions :

1. Créez un nouveau projet dans After Effects et importez les fichiers majorspoilers.mov et mocha_tracking.mov situés dans le dossier Lesson13/Assets. Créez une nouvelle composition pour le fichier mocha_tracking.mov, puis faites glisser l'élément majorspoilers.mov au sommet de la pile des calques dans le panneau Montage.
2. Ouvrez le fichier mocha_data.txt (situé dans le dossier Lesson13/Optional_Mocha_Tutorial) dans un éditeur de texte comme WordPad ou TextEdit (n'utilisez pas NotePad sous Windows, car il ne conserve pas la mise en forme du texte de mocha, si bien qu'After Effects ne reconnaît pas le contenu du Presse-papiers). Cliquez sur Édition > Sélectionner tout puis Édition > Copier pour copier toutes les données.
3. Sélectionnez le calque majorspoilers.mov dans le panneau Montage et cliquez sur Édition > Coller. Toutes les données sont alors appliquées au calque.
4. Lancez une prévisualisation RAM pour voir le résultat.

Création d'une simulation de particules

After Effects comprend plusieurs effets capables de créer des simulations de particules. Deux d'entre eux, CC Particle Systems II et CC Particle World, se fondent sur le même moteur Cycore. Ils se distinguent d'abord par le fait que Particle World permet de déplacer les particules dans l'espace 3D, alors que le premier est limité à un calque 2D.

Dans cet exercice, vous allez apprendre à vous servir de l'effet CC Particle Systems II de façon à créer une supernova que l'on pourrait utiliser en introduction d'un programme vidéo scientifique ou comme fond animé. Si vous n'avez pas encore visionné la vidéo de l'exercice terminé, faites-le maintenant.

Mise en route du projet

Commencez par lancer After Effects, puis ouvrez un nouveau projet.

1. S'il n'est pas déjà ouvert, lancez After Effects et appuyez immédiatement sur Ctrl+Alt+Maj (Windows) ou Cmd+Option+Maj (Mac OS) enfoncées pour restaurer les préférences par défaut. Cliquez sur OK pour confirmer la suppression du fichier de préférences, puis fermez l'écran de bienvenue.

After Effects ouvre un projet vide sans titre.

2. Cliquez sur Fichier > Enregistrer sous > Enregistrer sous.
3. Dans la boîte de dialogue Enregistrer sous, naviguez jusqu'au dossier AECS6_CIB/Lessons/Lesson13/Finished_Project.
4. Nommez le projet **Leçon13_Particules.aep** et cliquez sur Enregistrer.

Créer la composition

Vous n'avez pas besoin d'importer de métrage pour cet exercice. En revanche, vous devez créer une composition.

1. Dans After Effects, appuyez sur les touches Ctrl+N (Windows) ou Cmd+N (Mac OS).
2. Dans la boîte de dialogue Paramètres de composition, saisissez **Supernova** dans le champ Nom de la composition.
3. Choisissez NTSC D1 dans le menu déroulant Paramètre prédéfini pour régler automatiquement la largeur, la hauteur, le format des pixels et la cadence de la composition.

4. Réglez la Durée sur **10:00** puis cliquez sur OK.

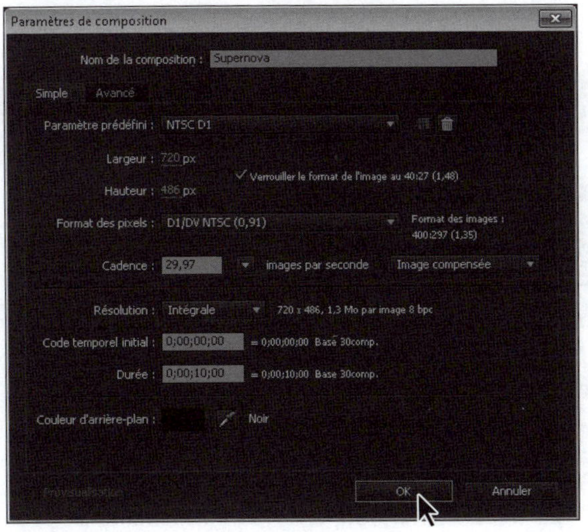

Créer un système de particules

Le système de particules va être appliqué à un calque solide que vous devez donc commencer par créer.

1. Cliquez sur Calque > Créer > Solide pour obtenir un nouveau calque solide.
2. Dans le champ Nom de la boîte de dialogue Réglage uni, saisissez **Particules**.
3. Cliquez sur le bouton Créer taille de la composition pour que les dimensions du calque coïncident avec celles de la composition, puis cliquez sur OK.

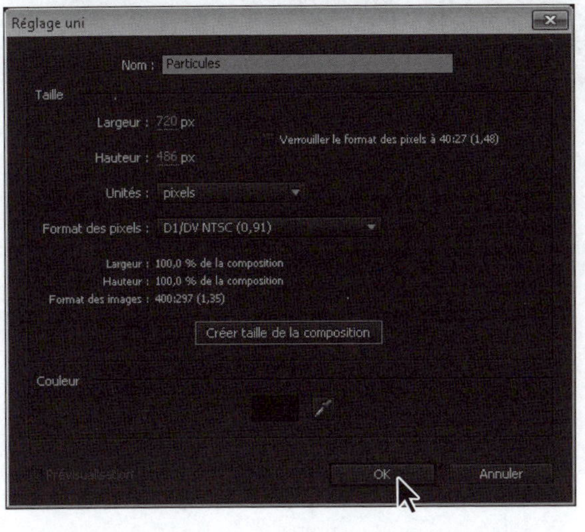

4. Le calque Particules étant sélectionné dans le panneau Montage, cliquez sur Effet > Simulation > CC Particle Systems II.
5. Placez-vous à 4:00 pour voir le système de particules.

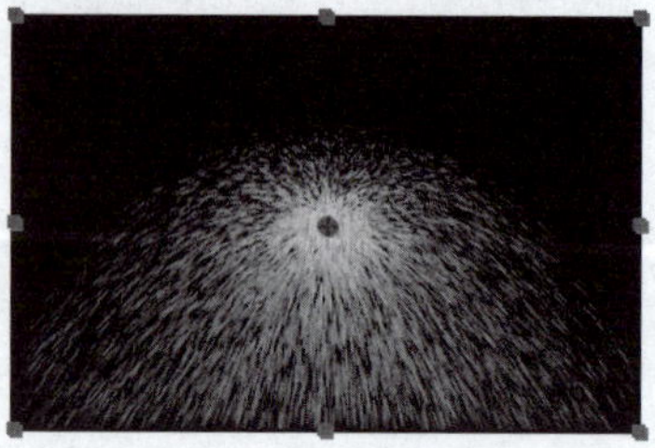

Un vaste flux de particules jaunes apparaît dans le panneau Composition.

Personnaliser l'effet de particules

Vous allez transformer ce flux de particules en une supernova en modifiant ses propriétés dans le panneau Effets.

1. Affichez les propriétés du groupe Physics dans le panneau Effets Particules. Le paramètre Explosive Animation convient à ce projet, sauf que les particules ne doivent pas retomber mais se disperser dans toutes les directions. Pour cela, donnez à la propriété Gravity une valeur de **0,0**.

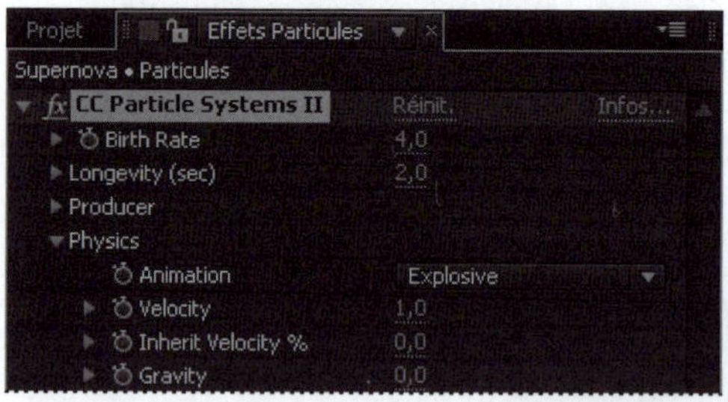

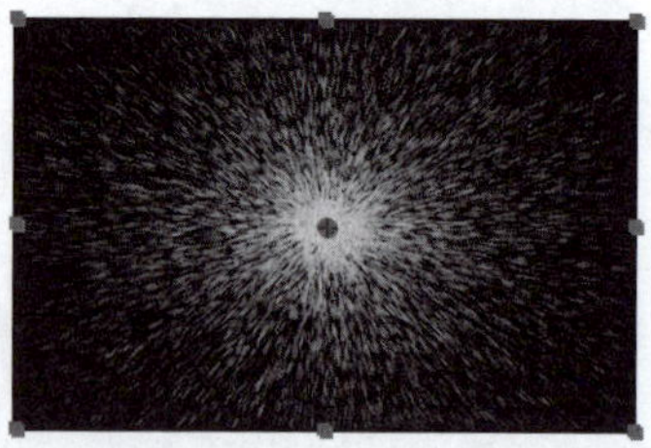

2. Refermez le groupe de propriétés Physics et ouvrez le groupe de propriétés Particle. Choisissez ensuite Faded Sphere dans le menu déroulant Particle Type.

À présent, les particules ressemblent à une galaxie. Mais vous pouvez encore améliorer leur aspect.

3. Réglez la valeur de Death Size à **1,50** et augmentez la valeur de Size Variation à **100,0 %**. Cela permet de faire varier la taille initiale des particules selon un schéma aléatoire.

4. Réduisez la valeur de la propriété Max Opacity à **55,0 %** pour que les particules soient semi-transparentes.

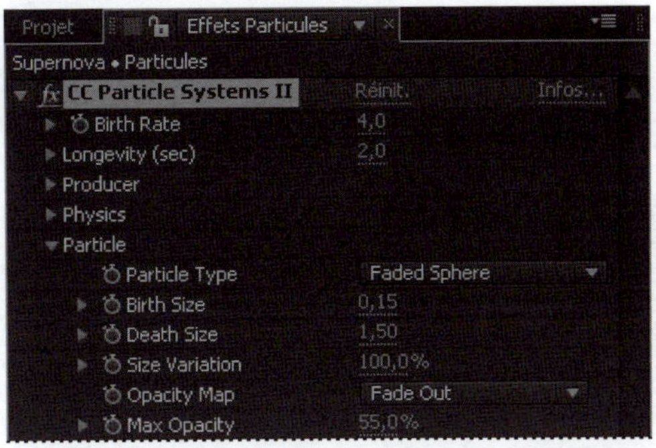

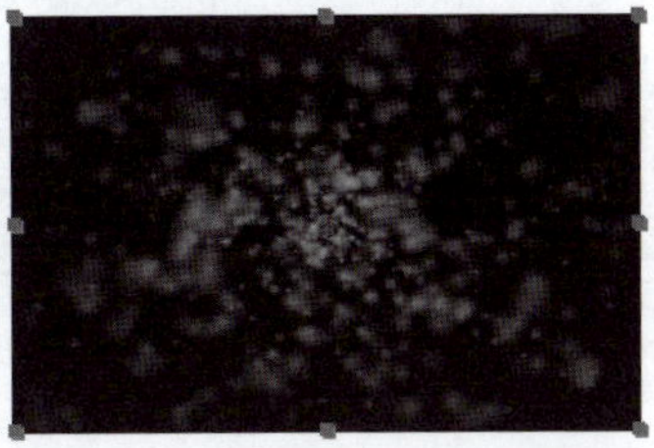

5. Cliquez sur l'échantillon de couleur Birth Color pour définir la couleur R = 255, V = **200** et B = **50** afin que les particules aient une teinte jaune lorsqu'elles sont émises. Cliquez ensuite sur OK.

6. Cliquez dans l'échantillon de couleur Death Color pour sélectionner la couleur R = 180, V = **180** et B = **180** afin que les particules prennent une teinte gris clair avant de disparaître. Cliquez ensuite sur OK.

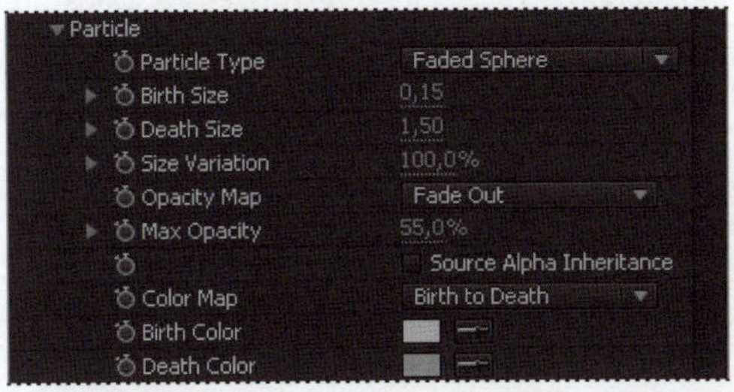

7. Pour empêcher les particules de rester trop longtemps présentes, réduisez le paramètre Longevity à **0,8** seconde.

● **Note :** Bien que les propriétés Longevity et Birth Rate se situent plus haut dans le panneau Effets, il est souvent préférable d'ajuster leurs valeurs *après* avoir réglé les autres propriétés.

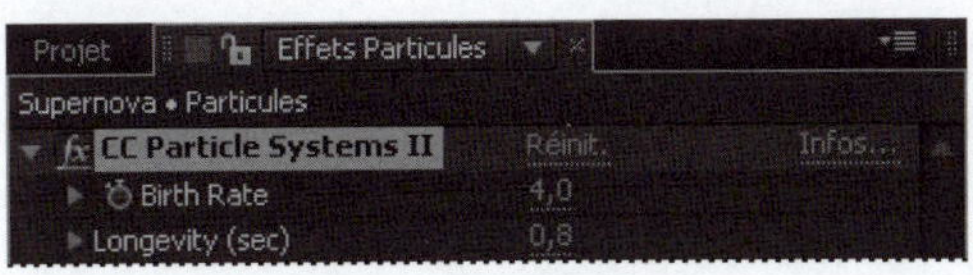

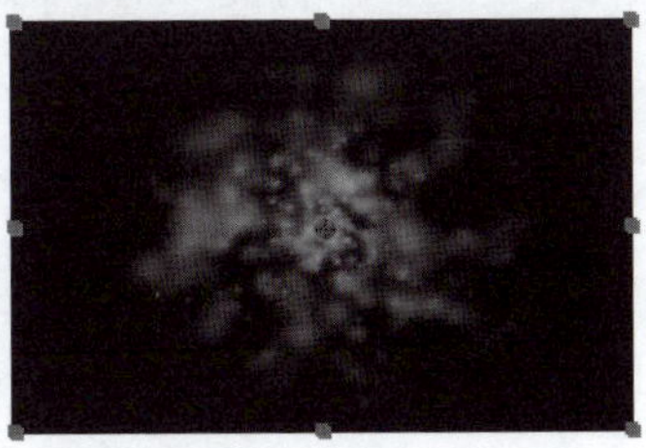

Le type de particule Faded Sphere adoucit l'aspect général, mais les particules sont encore trop nettes. Vous allez corriger ce problème en appliquant un flou au calque pour que les particules se mélangent davantage les unes avec les autres.

Les propriétés de l'effet Particle Systems II

Les systèmes de particules possèdent leur terminologie propre. Nous vous proposons une présentation des paramètres principaux dans l'ordre descendant dans lequel ils apparaissent dans le panneau Effets.

Birth Rate (rythme de création). Contrôle le nombre de particules générées par seconde. Cette valeur est arbitraire et ne correspond pas au nombre de particules effectivement générées. En revanche, plus cette valeur est grande, plus la concentration des particules est élevée.

Longevity (durée). Détermine la durée pendant laquelle chaque particule est visible.

Producer Position (position du générateur). Détermine le point source du générateur. Cette position est exprimée en coordonnées x, y. Toutes les particules en proviennent. Vous contrôlez la taille du générateur en réglant les rayons x et y. Plus ces valeurs sont grandes, plus la taille du point source sera importante. Une grande valeur pour x combinée avec une valeur nulle (zéro) pour y produit une ligne.

Velocity (rapidité). Contrôle la vitesse des particules. Plus la valeur est grande, plus les particules se déplacent vite.

Inherit Velocity % (pourcentage de rapidité héritée). Lorsque la position du générateur est animée, cette valeur détermine la proportion de vélocité qui est transmise aux particules. Une valeur négative fait se déplacer les particules en sens inverse.

Gravity (gravité). Plus la valeur est élevée, plus les particules tombent vite. Une valeur négative fait s'envoler les particules.

Resistance (résistance). Simule l'interaction des particules avec le fluide environnant (air ou eau) et son ralentissement dans le temps.

Direction. Détermine les directions des flux de particules. À combiner avec le type d'animation Direction.

Extra. Ajoute une part aléatoire dans les mouvements des particules.

Birth/Death Size (taille de création et de destruction). Contrôle la taille des particules à leur création et à leur destruction.

Opacity Map (opacité). Contrôle la variation d'opacité des particules au cours du temps.

Color Map (couleur). Est utilisé avec les couleurs des propriétés Birth color et Death color pour assombrir les particules au cours du temps.

8. Cachez les propriétés de l'effet CC Particle Systems II.
9. Cliquez sur Effet > Netteté > Flou accéléré.
10. Dans la section Flou accéléré du panneau Effets, donnez à la propriété Intensité une valeur de **10**, puis activez l'option Recopier les pixels du contour pour que les particules soient coupées sur les bords de l'image.

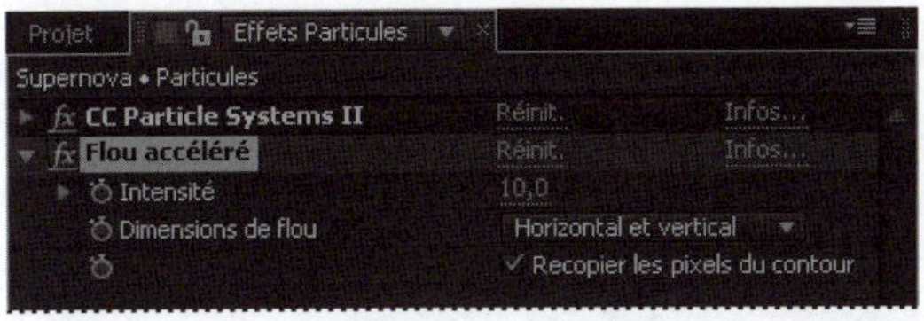

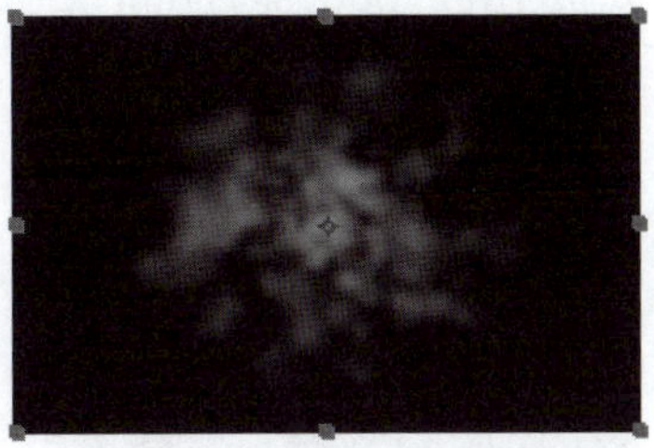

Créer le soleil

Vous allez maintenant créer un halo lumineux que vous placerez derrière les particules.

1. Placez-vous à 0:07.
2. Appuyez sur les touches Ctrl+Y (Windows) ou Cmd+Y (Mac OS) pour créer un nouveau calque solide.
3. Dans la boîte de dialogue Paramètres du solide, procédez de la façon suivante :

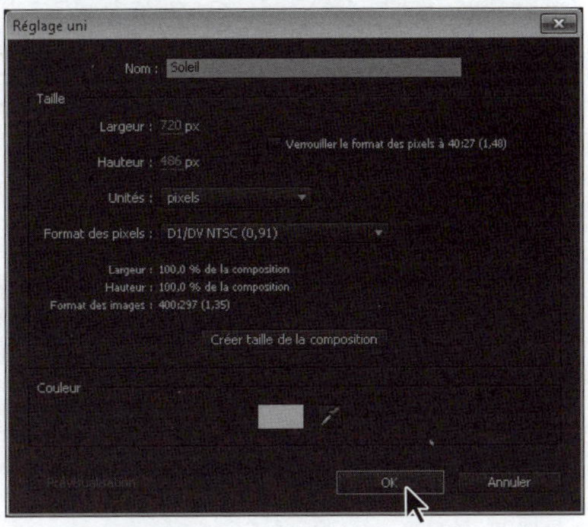

- Attribuez au calque le nom **Soleil**.
- Cliquez sur le bouton Créer taille de la composition pour que la taille du calque coïncide avec celle de la composition.
- Cliquez dans l'échantillon de couleur pour donner au calque la même teinte jaune que la propriété Birth Color des particules (R = **255**, V = **200** et B = **50**).
- Cliquez sur OK pour fermer la boîte de dialogue Paramètres du solide.

4. Faites glisser le calque Soleil sous le calque Particules dans le panneau Montage.
5. Activez l'outil Ellipse (◯) caché sous l'outil Rectangle (▢) ou l'outil Étoile (☆) dans le panneau Outils. Maintenez la touche Maj enfoncée et faites glisser le pointeur dans le panneau Composition pour tracer un cercle de 100 pixels de rayon environ, soit un quart de la largeur de la composition.
6. Activez l'outil Sélection (↖) et replacez la forme du masque au centre du panneau Composition.

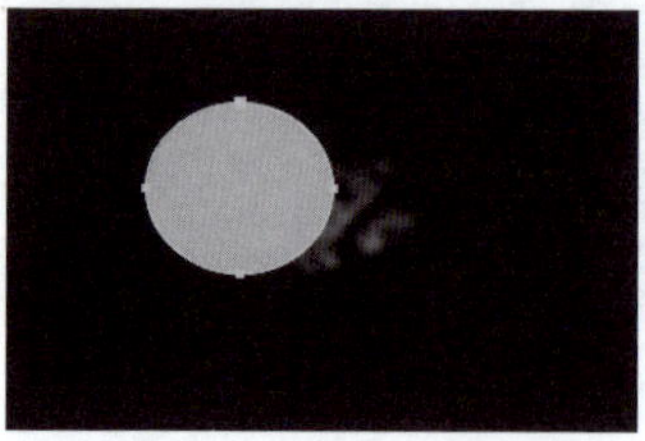

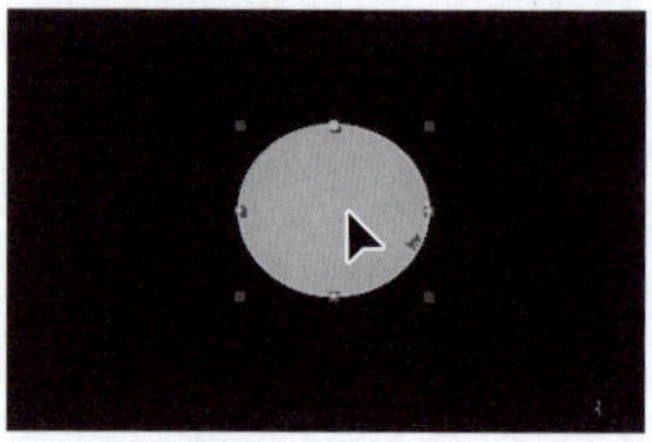

7. Le calque Soleil étant sélectionné dans le panneau Montage, appuyez sur la touche **F** pour afficher sa propriété Contour progressif du masque et augmentez les valeurs à **100**, **100** pixels.

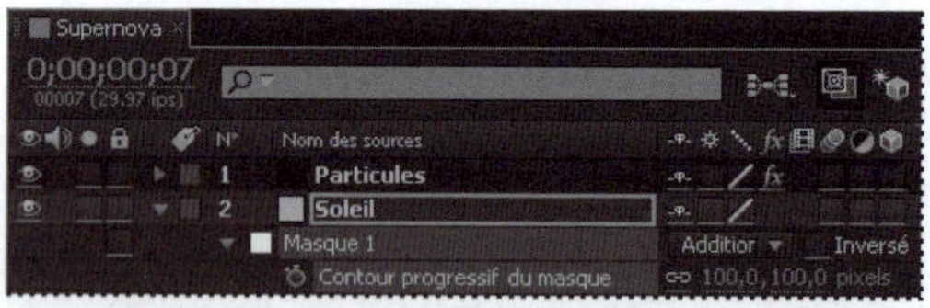

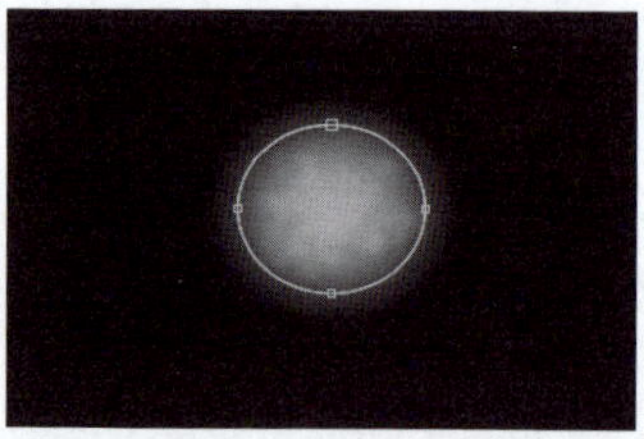

8. Appuyez sur les touches Alt+ù (Windows) ou Option+ù (Mac OS) pour placer le point d'entrée du calque à l'instant courant.

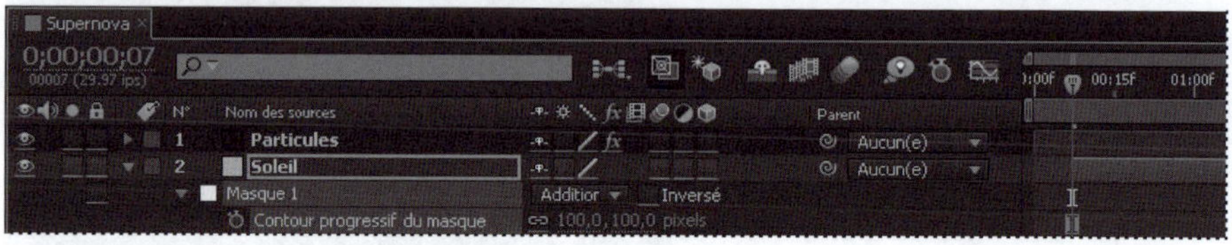

9. Cachez les propriétés du calque Soleil.

Éclairer les zones sombres

Le soleil étant une source de lumière considérable, il devrait illuminer les zones sombres autour de lui.

1. Assurez-vous que l'Indicateur d'instant courant est toujours à 0:07.
2. Appuyez sur les touches Ctrl+Y (Windows) ou Cmd+Y (Mac OS) pour créer un nouveau calque solide.

3. Dans la boîte de dialogue Réglages uni, nommez le calque **Fond**, cliquez sur le bouton Créer taille de la composition, puis validez par OK pour créer le calque.

4. Dans le panneau Montage, faites glisser le calque Fond au bas de la pile des calques.

5. Le calque Fond étant sélectionné dans le panneau Montage, cliquez sur Effet > Génération > Dégradé.

Cet effet crée un dégradé de couleurs qui fusionne avec l'image d'origine. Vous pouvez choisir un dégradé linéaire ou radial et faire varier dans le temps la position et les couleurs du dégradé. Les propriétés Point de départ et Point d'arrivée permettent de définir la position initiale et finale. La propriété Dispersion permet de disperser les couleurs du dégradé et d'éviter l'apparition de bandes de couleurs.

6. Dans la section Dégradé du panneau Effets, procédez de la façon suivante :

   - Changez les valeurs de Point de départ en **360, 240** et celles de Point d'arrivée en **360, 525.**
   - Sélectionnez Radial dans le menu déroulant Type.
   - Cliquez sur l'échantillon de couleur de la propriété Couleur de départ et choisissez un bleu foncé (par exemple R = **0**, V = **25** et B = **135**).
   - Pour la couleur d'arrivée, choisissez le noir (R = **0**, V = **0** et B = **0**).

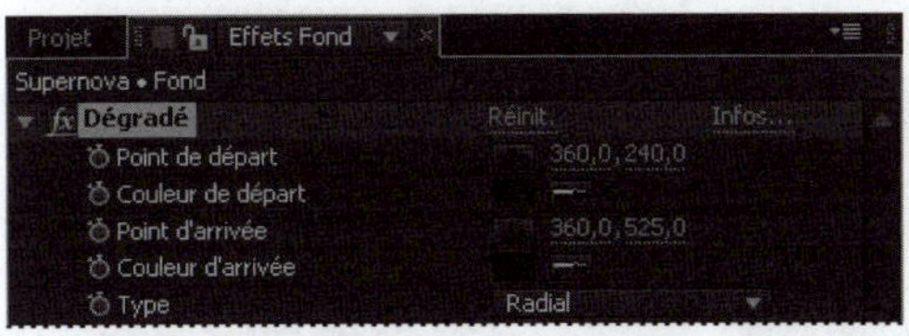

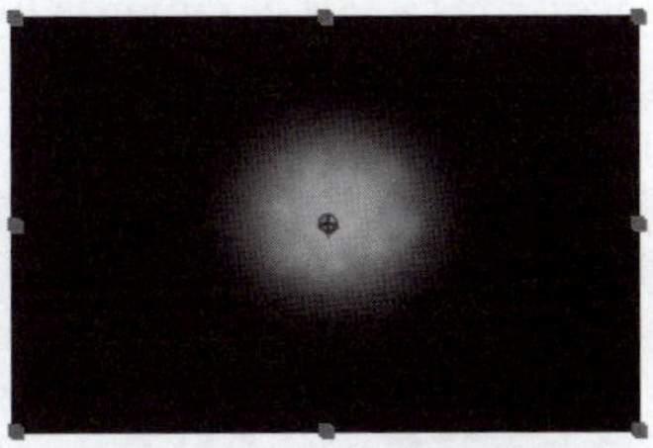

7. Appuyez sur les touches Alt+ù (Windows) ou Option+ù (Mac OS) pour placer le point d'entrée du calque à l'instant courant.

Ajouter un halo de lumière

Pour relier tous les éléments, vous allez ajouter un effet de halo afin de simuler une explosion.

1. Appuyez sur la touche Origine ou déplacez l'Indicateur d'instant courant au début de l'échelle de temps.

2. Appuyez sur Ctrl+Y (Windows) ou Cmd+Y (Mac OS) pour créer un nouveau calque solide.

3. Dans la boîte de dialogue Réglages uni, attribuez au calque le nom **Nova**, cliquez sur le bouton Créer taille de la composition, choisissez comme couleur le noir (R = **0**, V = **0** et B = **0**), puis cliquez sur OK. Le calque Nova devrait se trouver au sommet de la pile des calques dans le panneau Montage.

4. Le calque Nova étant sélectionné dans le panneau Montage, cliquez sur Effet > Génération > Lumière parasite.

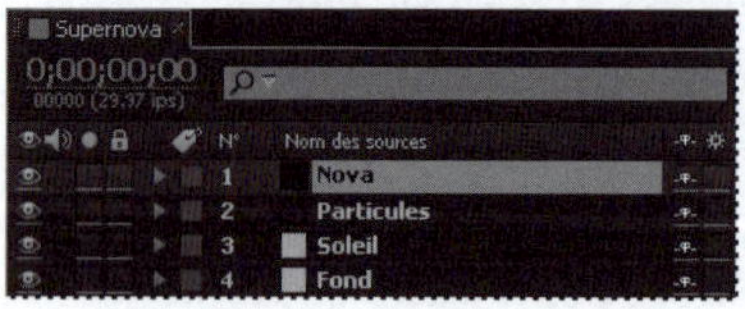

5. Dans la section Lumière parasite du panneau Effets, procédez ainsi :

   - Donnez à la propriété Centre de la source lumineuse les valeurs **360, 240**.
   - Assurez-vous que le menu déroulant Objectif indique 50-300 mm (zoom).
   - Réduisez la valeur Intensité de lumière parasite à **0 %**, puis cliquez sur l'icône Chronomètre (⏱) de la propriété Intensité de lumière parasite pour créer une première image clé.

6. Placez-vous à 0:10.
7. Augmentez la valeur Intensité de lumière parasite à **240 %**.
8. Placez-vous à 1:04 et ramenez Intensité de lumière parasite à **100 %**.

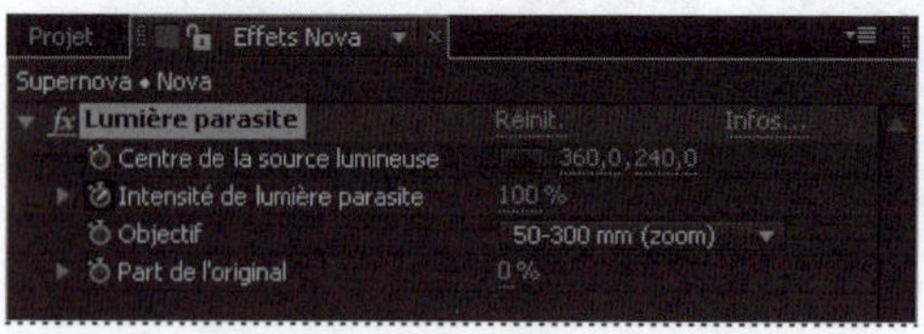

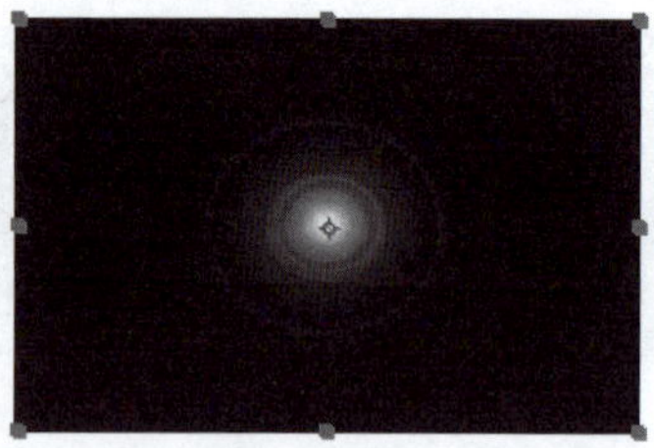

9. Le calque Nova étant sélectionné dans le panneau Montage, appuyez sur la touche **U** pour afficher sa propriété Lumière parasite.
10. Cliquez du bouton droit (Windows) ou cliquez en maintenant la touche Ctrl enfoncée (Mac OS) sur la dernière image clé de la propriété Intensité de lumière parasite et choisissez Assistant d'image clé > Lissage à l'approche.
11. De même, cliquez du bouton droit (Windows) ou cliquez en maintenant la touche Ctrl enfoncée (Mac OS) sur la première image clé et choisissez Assistant d'image clé > Lissage à l'éloignement.

Il vous reste à rendre visibles les calques situés derrière le calque Nova.

12. Appuyez sur la touche F2 pour désélectionner tous les calques. Cliquez sur Colonnes > Modes dans le menu local du panneau Montage, puis choisissez Écran dans le menu Mode du calque Nova.

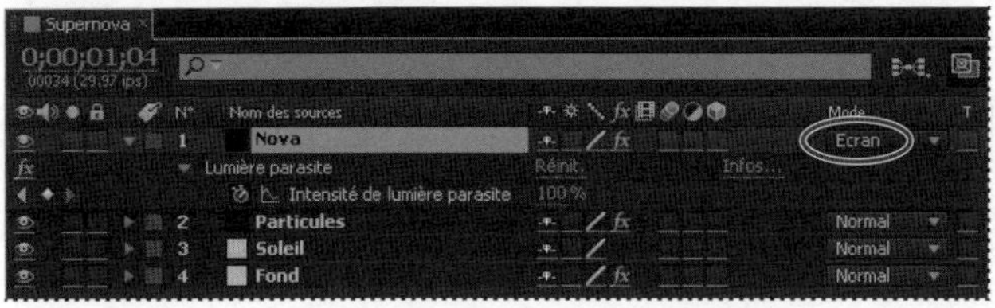

13. Lancez une prévisualisation RAM. Lorsque la lecture est finie, pressez la barre d'espacement.

14. Cliquez sur Fichier > Enregistrer puis sur Fichier > Fermer le projet.

Les métrages HDR

After Effects CS6 prend également en charge les couleurs HDR (*High Dynamic Range*).

La gamme dynamique (rapport entre les zones foncées et les zones claires) du monde physique est bien supérieure à l'étendue de la vision humaine et à la gamme des images imprimées ou affichées sur un moniteur. Mais tandis que la vue humaine peut s'adapter à des niveaux de luminosité très différents, la plupart des caméras et moniteurs d'ordinateurs peuvent uniquement capturer et reproduire une gamme dynamique limitée. Les photographes et les professionnels du cinéma et de l'imagerie numérique doivent choisir avec soin les éléments importants d'une scène du fait qu'ils travaillent avec une gamme dynamique limitée.

Les séquences HDR ouvrent de nombreuses possibilités : elles peuvent représenter une gamme dynamique très étendue grâce à l'utilisation des valeurs numériques à virgule flottante sur 32 bits. Les représentations numériques à virgule flottante permettent au même nombre de bits de décrire une gamme de valeurs bien plus étendue que celle des valeurs entières. Les valeurs HDR peuvent contenir des niveaux de luminosité très élevés (tels que ceux caractérisant une flamme de bougie ou le soleil), qui excèdent de beaucoup ceux tolérés par les modes 8 bpc (bits par couleur) ou 16 bpc (entiers). Les modes 8 bpc et 16 bpc à gamme dynamique plus réduite ne peuvent représenter les niveaux RVB qu'en noir et blanc, ce qui constitue une portion extrêmement faible de la gamme dynamique du monde réel.

Les images HDR sont surtout utilisées dans les films, les effets spéciaux, les travaux en 3D et certains travaux de photographie haut de gamme. After Effects CS6 prend en charge le format HDR de diverses façons. Vous pouvez par exemple créer des projets en 32 bpc pour travailler avec des métrages HDR et ajuster l'exposition, c'est-à-dire la quantité de lumière capturée, lorsque vous travaillez sur des images HDR dans After Effects. Pour en savoir plus sur la prise en charge des images HDR, consultez l'Aide d'After Effects.

La déformation temporelle

L'effet Déformation temporelle d'After Effects permet de contrôler avec précision toute une gamme de paramètres pour influer sur la vitesse de lecture d'un calque, avec notamment des méthodes d'interpolation, des flous de bougé et la découpe de l'image source pour supprimer des artefacts indésirables.

Dans cet exercice, vous allez appliquer l'effet Déformation temporelle pour modifier la vitesse de lecture d'un clip de manière à réaliser un ralenti efficace. Si vous n'avez pas encore visionné la vidéo de fin d'exercice, faites-le maintenant pour savoir à quoi vous allez aboutir.

Mise en route du projet

Commencez par démarrer After Effects et ouvrez un nouveau projet.

1. S'il n'est pas déjà ouvert, lancez After Effects et appuyez immédiatement sur Ctrl+Alt+Maj (Windows) ou Cmd+Option+Maj (Mac OS) pour restaurer les préférences par défaut. Cliquez sur OK pour confirmer la suppression du fichier de préférences, puis fermez l'écran de bienvenue.

After Effects ouvre un projet vide sans titre.

2. Cliquez sur Fichier > Enregistrer sous > Enregistrer sous.
3. Dans la boîte de dialogue Enregistrer sous, parcourez votre disque dur jusqu'au dossier AECS6_CIB/Lessons/Lesson13/Finished_Project.
4. Donnez au projet le nom **Leçon13_Déformation_temporelle.aep** et cliquez sur Enregistrer.

Importer le métrage et créer la composition

Vous devez importer un métrage pour cet exercice.

1. Double-cliquez dans une zone vide du panneau Projet pour ouvrir la boîte Importer fichier.
2. Parcourez votre disque dur jusqu'au dossier AECS6_CIB/Lessons/Lesson13/Assets, sélectionnez le fichier Group_Approach[DV].mov et cliquez sur Ouvrir.
3. Cliquez sur OK dans la boîte de dialogue Interpréter le métrage.

Vous allez à présent créer une composition basée sur le format des pixels et la durée de ce métrage.

4. Faites glisser le fichier Group_Approach[DV].mov sur le bouton Créer une nouvelle composition (▣) au bas du panneau Projet. After Effects crée une composition portant le nom du fichier source et l'affiche dans les panneaux Composition et Métrage.

5. Cliquez sur Fichier > Enregistrer.

Appliquer l'effet Déformation temporelle

Le métrage source montre un groupe de personnes s'approchant à une allure soutenue. À deux secondes environ du début, le réalisateur aimerait que le mouvement commence à ralentir de 10 %, puis qu'il accélère pour retrouver sa vitesse initiale à 7:00.

1. Le calque Group_Approach[DV] étant sélectionné dans le panneau Montage, cliquez sur Effet > Temporels > Déformation temporelle.

2. Dans la section Déformation temporelle du panneau Effets, choisissez Déplacement des pixels dans le menu déroulant Méthode. Ceci oblige l'effet de déformation temporelle à créer de nouvelles images en analysant les mouvements des pixels des images voisines pour créer des vecteurs de mouvement. Choisissez également Vitesse dans le menu Réglage de la durée afin de pouvoir contrôler le temps en pourcentage et non en indiquant des numéros d'image.

3. Placez-vous à 2:00.

4. Dans le panneau Effets, réglez la propriété Vitesse à **100**, puis cliquez sur son icône Chronomètre (⏱) pour insérer une image clé. Vous indiquez ainsi à l'effet Déformation temporelle de conserver la vitesse de lecture initiale pendant les deux premières secondes de la séquence.

5. Placez-vous à 5:00 et réduisez la valeur de Vitesse à **10**. After Effects insère une image clé.

6. Placez-vous à 7:00 et augmentez la valeur de Vitesse à **100**. After Effects insère une image clé.

● **Note :** Prenez patience car les calculs de la prévisualisation RAM peuvent demander un peu de temps. Cela dit, la lecture sera plus fidèle que si vous lanciez une prévisualisation manuelle en appuyant sur la barre d'espacement.

7. Appuyez sur la touche Origine ou déplacez l'Indicateur d'instant courant au début de l'échelle de temps, puis lancez une prévisualisation RAM.

Vous constatez que les changements de vitesse sont assez brutaux, alors qu'un rendu professionnel supposerait des transitions graduelles. En effet, les images clés sont linéaires et non incurvées. Vous allez donc corriger cela.

8. Appuyez sur la barre d'espacement pour arrêter la lecture lorsque vous êtes prêt.

9. Le calque Group_Approach[DV] étant sélectionné dans le panneau Montage, appuyez sur la touche **U** pour afficher la propriété Vitesse du groupe Déformation temporelle.

10. Cliquez sur le bouton Éditeur de graphiques (icône) dans le panneau Montage pour remplacer les barres de durée de l'échelle de temps par l'Éditeur de graphiques. Assurez-vous que la propriété Vitesse du calque Group_Approach[DV] est sélectionnée pour que son graphique s'affiche.

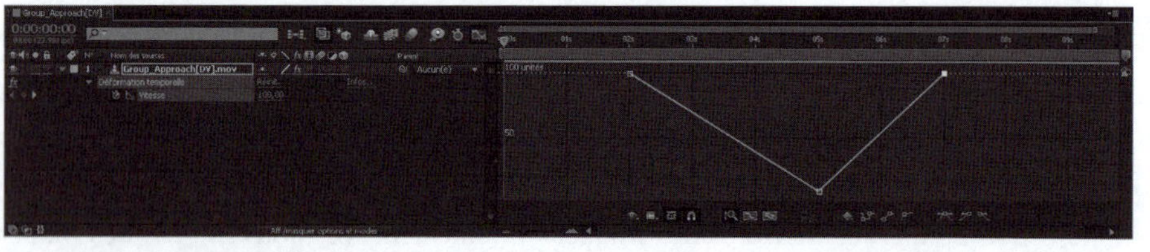

▶ **Astuce :** Masquez certaines colonnes du panneau Montage pour afficher plus d'icônes dans l'Éditeur de graphiques. Vous pouvez aussi appliquer un Lissage de vitesse en appuyant sur la touche F9.

11. Cliquez sur la première image clé de vitesse (à 2:00) pour la sélectionner, puis sur le bouton Lissage de vitesse (icône) au bas de l'Éditeur de graphiques. Vous lissez ainsi l'entrée et la sortie de l'image clé.

12. Répétez l'étape 11 pour les deux autres images clés de vitesse dans le graphique, à 5:00 et à 7:00.

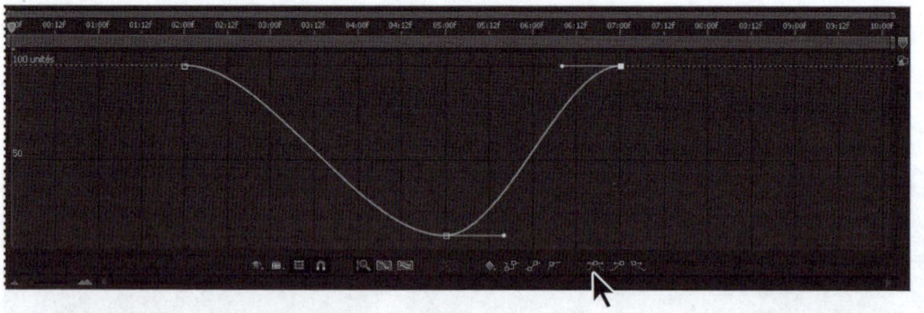

Le graphique est maintenant moins anguleux, mais vous pouvez encore l'affiner en manipulant les poignées de Bézier.

13. Utilisez les poignées de Bézier des images clés à 2:00 et à 5:00 pour ajuster la courbe afin qu'elle ait le même aspect que dans l'illustration suivante.

● **Note :** Pour plus de détails sur l'utilisation des poignées de Bézier, reportez-vous à la Leçon 7.

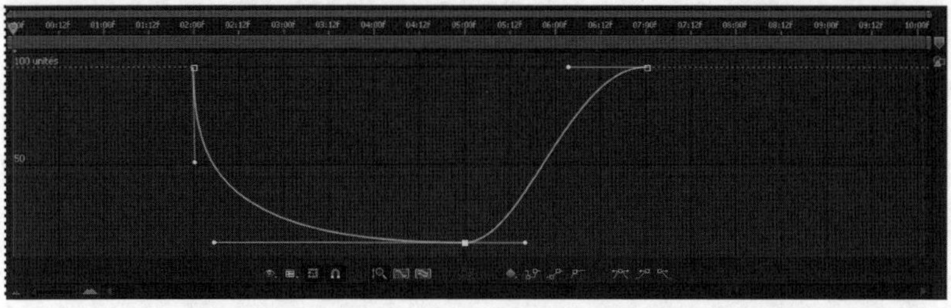

14. Relancez une prévisualisation RAM. L'effet de ralenti de la déformation temporelle offre maintenant un aspect professionnel.

15. Cliquez sur Fichier > Enregistrer pour sauvegarder votre projet, puis sur Fichier > Fermer le projet.

Vous venez de découvrir certaines des fonctions les plus avancées d'After Effects : la stabilisation et le suivi de mouvement, les systèmes de particules et l'effet Déformation temporelle. Pour générer le rendu de ces exemples et les exporter, reportez-vous à la leçon suivante, qui fournit toutes les instructions requises.

Révisions

Questions

1. Qu'est-ce que la Stabilisation de déformation et quand en a-t-on besoin ?
2. Pour quelle raison un décrochage peut-il se produire lors du suivi d'une image ?
3. À quoi correspond la propriété Birth rate dans un effet de particules ?
4. Quel résultat produit l'effet Déformation temporelle ?

Réponses

1. Lorsqu'on filme caméra au poing, il est souvent nécessaire de stabiliser le métrage pour éliminer les mouvements involontaires de la méra. L'effet Stabilisation de déformation d'After Effects analyse les déplacements horizontaux et verticaux ainsi que la rotation, et stabilise le métrage. Lors de la lecture, le mouvement paraît lissé dans la mesure où le calque se déplace lui-même de façon incrémentale pour compenser les déplacements involontaires. Vous pouvez modifier les paramètres de l'effet Stabilisation de déformation pour régler la façon dont il agit sur la séquence, la recadre et la redimensionne.
2. Lorsqu'une image se déplace dans un film, l'éclairage, les objets environnants et l'angle de l'objet changent, parfois à tel point que la zone ciblée distincte à l'origine n'est plus identifiable au niveau des sous-pixels. Il faut du temps pour apprendre à choisir une bonne zone ciblée. Même avec de l'expérience et des précautions, on verra souvent la zone ciblée décrocher de la zone souhaitée. Lorsqu'on réalise un suivi vidéo numérique, il est très fréquent de devoir réajuster la zone ciblée et la zone de recherche, de modifier les options de suivi et d'effectuer plusieurs essais successifs.
3. Le Birth rate d'un effet de particules détermine la fréquence à laquelle de nouvelles particules sont créées.
4. L'effet Déformation temporelle permet de contrôler avec précision un nombre important de paramètres lors du changement de la vitesse de lecture d'un calque. On peut notamment utiliser des méthodes d'interpolations et de flous pour éliminer les artefacts superflus.

Le succès de votre projet dépend de votre capacité à réaliser le travail dans le format dont vous avez besoin, que ce travail soit diffusé sur le Web ou à la télévision. Avec After Effects, vous pouvez créer des modèles pour gagner du temps, puis procéder au rendu final et à l'exportation d'une composition dans plusieurs formats et résolutions.

RENDU ET SORTIES 14

Au cours de cette leçon, vous apprendrez à :

- créer des modèles de paramètres de rendu ;
- créer des modèles de modules de sortie ;
- utiliser plusieurs modules de sortie ;
- sélectionner le mode de compression adéquat ;
- utiliser l'option Correction du format des pixels ;
- générer le rendu de l'animation finale en vue d'une diffusion télévisée ;
- réaliser une version de test d'une composition ;
- générer le rendu et exporter une version web de l'animation finale.

Le temps nécessaire à la réalisation de cette leçon dépend en partie de la puissance de votre processeur et de la quantité de RAM dont vous disposez pour réaliser le rendu. En dehors des temps de calcul, les exercices prendront moins d'une heure. Si vous ne l'avez pas déjà fait, copiez le dossier Lesson14 depuis le DVD-ROM *Adobe After Effects CS6 Classroom in a Book* sur votre disque dur. Au cours de cette leçon, vous ne modifierez pas les fichiers de départ. Si vous devez néanmoins revenir à la version d'origine du fichier, copiez-le de nouveau depuis le DVD-ROM.

Préparatifs

Cette leçon commence là où toutes les leçons précédentes se finissent : au moment de réaliser le rendu final de la composition. En vue de produire plusieurs versions de la même animation, vous allez découvrir les options disponibles dans le panneau File d'attente de rendu. Après avoir créé plusieurs modèles de paramètres de rendu et modèles de modules de sortie, vous sortirez une version destinée à la télévision et une version web de la vidéo finale. Le fichier projet de départ de cette leçon est en fait le fichier final de la Leçon 5.

1. Assurez-vous que les fichiers suivants se trouvent sur votre disque dur dans le dossier AECS6_CIB/Lessons/Lesson14 ou bien copiez-les depuis le DVD-ROM *Adobe After Effects CS6 Classroom in a Book* :
   - dans le dossier Assets : CarRide.psd, GordonsHead.mov, HeadShape.ffx, piano.wav, studer_Comcast.jpg, studer_Map.jpg, studer_music.jpg, studer_Puzzle.jpg et studer_Real_Guys.jpg ;
   - dans le dossier Start_Project_File : Lesson14_Start.aep ;
   - dans le dossier Sample_Movies : Lesson14_JPEG2000_Final.mov, Lesson14_MPEG4_Final.mov, Lesson14_NTSC_Final.mov.
2. Ouvrez et lancez la lecture des séquences d'exemple de cette leçon. Elles correspondent à plusieurs versions finales de qualité différente de l'animation que vous avez créée au cours de la Leçon 5. Quittez ensuite le lecteur QuickTime. Supprimez les fichiers d'exemple si la place est comptée sur le disque dur.

● **Note :** Le fichier Lesson14_NTSC_Final.mov est déjà prêt à être diffusé à la télévision. Du fait de son poids, il est possible que la lecture ne se déroule pas en temps réel dans le lecteur QuickTime.

Comme toujours en début de leçon, restaurez les paramètres d'application par défaut d'After Effects. (Reportez-vous à la section "Rétablissement des préférences par défaut" de l'Introduction.)

3. Lancez After Effects et appuyez immédiatement sur Ctrl+Alt+Maj (Windows) ou Cmd+Option+Maj (Mac OS) pour restaurer les préférences par défaut. Cliquez sur OK pour confirmer la suppression du fichier de préférences.
4. Cliquez sur Fichier > Ouvrir un projet.
5. Parcourez votre disque dur jusqu'au dossier AECS6_CIB/Lessons/Lesson14/Start_Project_File, sélectionnez le fichier Lesson14_Start.aep et cliquez sur Ouvrir.
6. Cliquez sur Fichier > Enregistrer sous > Enregistrer sous.
7. Dans la boîte de dialogue Enregistrer sous, naviguez jusqu'au dossier AECS6_CIB/Lessons/Lesson14/Finished_Project.
8. Nommez le projet **Leçon14_Final.aep** et cliquez sur Enregistrer.

9. Cliquez sur Fenêtre > File d'attente de rendu pour ouvrir le panneau File d'attente de rendu.

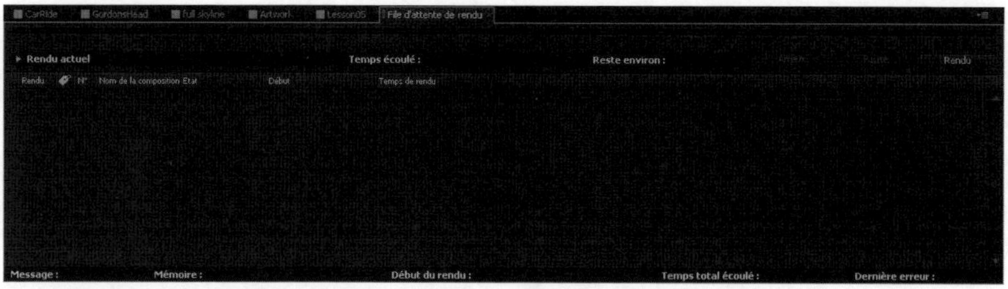

Création de modèles de rendu

Au cours des précédentes leçons, vous avez eu l'occasion de choisir certaines options de rendus et de modules de sortie pour générer le rendu de la composition. Dans cette leçon, vous allez créer des modèles pour les rendus et pour les modules de sortie, modèles qui permettront d'optimiser la configuration du rendu pour les éléments qui utilisent le même type de format de sortie. Une fois ces modèles définis, ils apparaîtront dans le menu approprié (Paramètres de rendu ou Module de sortie) du panneau File d'attente de rendu. Lorsque vous serez prêt à lancer le rendu d'un projet, il vous suffira de sélectionner le modèle correspondant au format de sortie requis pour que le modèle applique tous les paramètres qu'il contient.

Créer un modèle de paramètres de rendu en pleine résolution

Le premier modèle que vous allez créer est destiné à la sortie en résolution intégrale.

1. Cliquez sur Édition > Modèles > Paramètres de rendu pour ouvrir la boîte de dialogue Modèles de paramètres de rendu.

2. Dans la section Paramètres, cliquez sur le bouton Nouveau pour ouvrir la boîte de dialogue Paramètres de rendu.

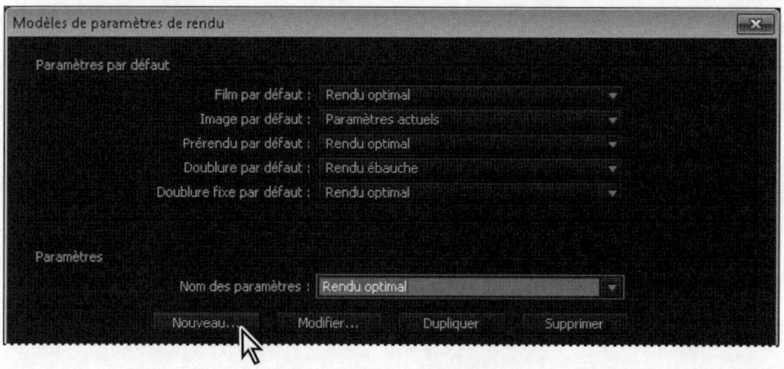

3. Dans la section Paramètres de rendu, sélectionnez Optimale dans le menu Qualité et Intégrale dans le menu Résolution.
4. Dans la section Échantillonnage temporel, procédez aux réglages suivants :
   - Dans le menu Interpolation, choisissez Activée pour les calques sélectionnés.
   - Dans le menu Flou de mouvement, sélectionnez Activé pour les calques sélectionnés.
   - Dans le menu Étendue temporelle, choisissez Longueur de la composition.
   - Dans la section Cadence, assurez-vous que l'option Utiliser la cadence de la composition est activée.
5. Cliquez sur OK pour revenir à la boîte de dialogue Modèles de paramètres de rendu.

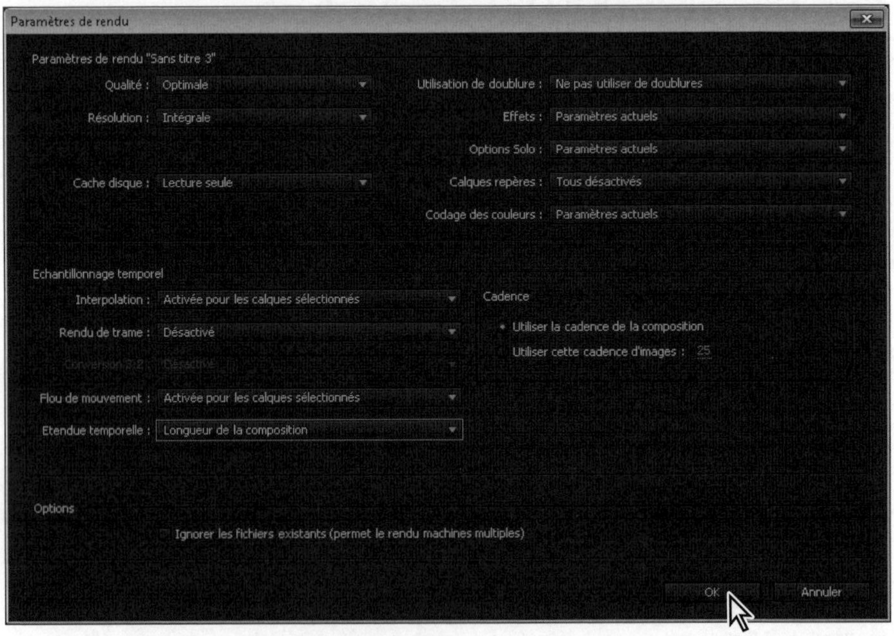

Tous les paramètres que vous avez sélectionnés s'affichent dans la partie inférieure de la boîte de dialogue. Si vous voulez effectuer des changements, cliquez sur le bouton Modifier et ajustez vos réglages.

6. Dans le champ Nom des paramètres, saisissez **Rendu Final_ResInt** (pour *résolution intégrale*).

7. Dans la section Paramètres par défaut, ouvrez le menu Film par défaut et choisissez Rendu Final_ResInt. Cliquez ensuite sur OK pour fermer la boîte de dialogue.

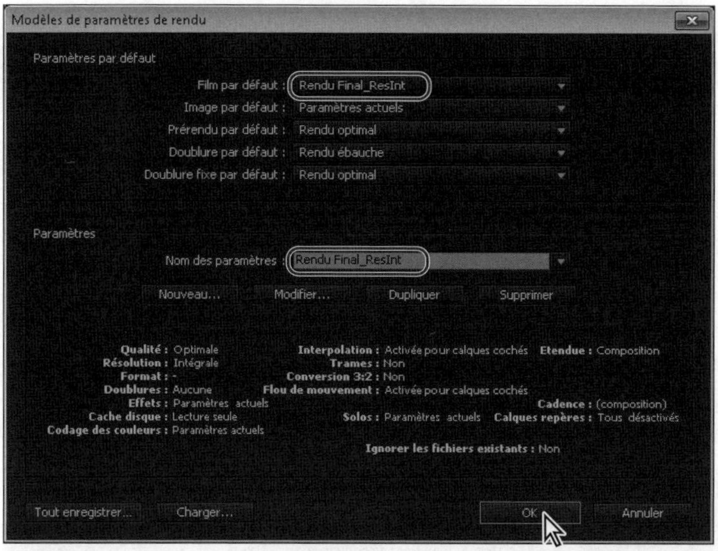

▶ **Astuce :** Si vous souhaitez réutiliser un modèle de paramètres de rendu sur un autre ordinateur, cliquez sur le bouton Tout enregistrer dans la boîte de dialogue Modèles de paramètres de rendu avant de la fermer à l'étape 7 (ou rouvrez cette boîte de dialogue en choisissant Édition > Modèles > Paramètres de rendu). Enregistrez le fichier, qui porte l'extension .ars sur votre disque dur, puis copiez ce fichier sur le disque dur de l'autre système. Cliquez ensuite sur Édition > Modèles > Paramètres de rendu, cliquez sur le bouton Charger et sélectionnez le fichier .ars pour charger les paramètres que vous avez enregistrés.

Rendu Final_ResInt est à présent l'option de rendu par défaut et apparaîtra dorénavant à la place de la mention Paramètres actuels lorsque vous ajouterez une composition au panneau File d'attente de rendu, en vue de générer une séquence vidéo (ce que vous ferez dans la suite de la leçon).

Créer un modèle de paramètres de rendu pour les tests de rendu

Vous allez maintenant créer un second modèle de rendu pour générer une version de test de la vidéo finale. Une version de test présente une taille plus réduite qu'une vidéo en résolution intégrale, si bien que son rendu se fait plus rapidement. Lorsque vous produisez des compositions complexes dont le rendu risque d'être très long, il est conseillé de générer d'abord une version de test en qualité moindre. Vous pouvez ainsi rapidement trouver les défauts restant à corriger avant de créer la version finale.

1. Cliquez sur Édition > Modèles > Paramètres de rendu pour ouvrir la boîte de dialogue Modèles de Paramètres de rendu.

2. Dans la section Paramètres, cliquez sur le bouton Nouveau pour ouvrir la boîte de dialogue Paramètres de rendu et créer un nouveau modèle.

3. Dans la section Paramètres de rendu, sélectionnez les paramètres suivants :

   - Optimale dans le menu Qualité.
   - Un tiers dans le menu Résolution, ce qui réduit d'un tiers les dimensions spatiales de la composition.

4. Dans la section Échantillonnage temporel, procédez aux réglages suivants :

   - Pour Interpolation, choisissez Paramètres actuels.
   - Pour Flou de mouvement, choisissez Paramètres actuels.
   - Pour Étendue temporelle, choisissez Longueur de la composition.

5. Dans la section Cadence, activez l'option Utiliser cette cadence d'images et saisissez **12** (images/seconde). Cliquez ensuite sur OK pour revenir à la boîte de dialogue Modèles de paramètres de rendu.

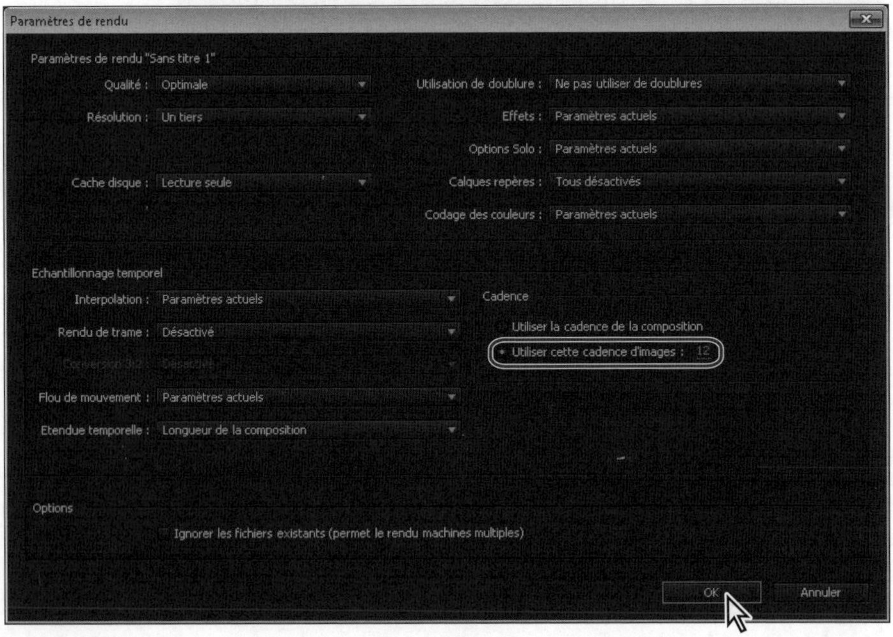

6. Dans le champ Nom des paramètres, saisissez **Test_BassRes** (pour *basse résolution*).

7. Vos paramètres apparaissent maintenant dans la partie inférieure de la boîte de dialogue. Si vous voulez réaliser des changements, cliquez sur le bouton Modifier et ajustez vos réglages. Cliquez ensuite sur OK.

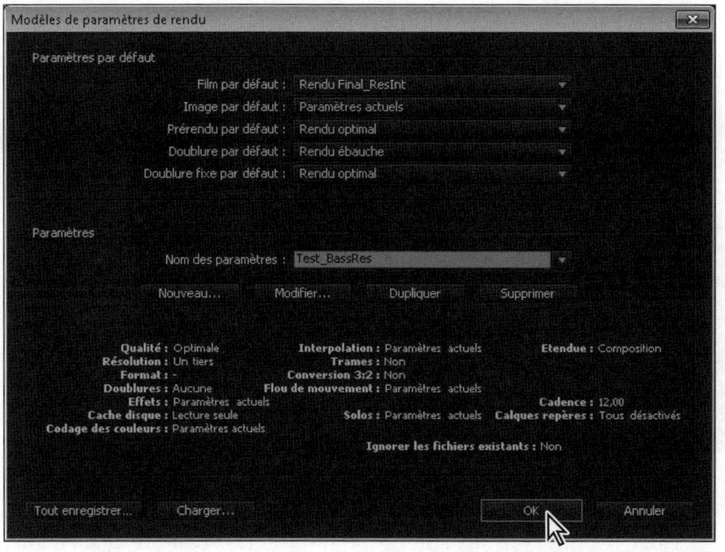

Le modèle **Test_BassRes** sera maintenant disponible dans le menu Paramètres de rendu du panneau File d'attente de rendu.

Vous avez créé deux modèles de paramètres de rendu, le premier pour les versions finales en résolution intégrale, et le second pour réaliser des tests en basse résolution.

Création de modèles de modules de sortie

Sur le même principe, vous allez maintenant créer des modèles de modules de sortie. Chaque modèle correspondra à une combinaison spécifique d'options, appropriée au type de sortie souhaité.

Créer un modèle de module de sortie pour les rendus destinés à la télévision

Le premier modèle de sortie que vous allez créer est destiné au rendu des projets destinés à la télévision et au format NTSC.

1. Cliquez sur Édition > Modèles > Module de sortie.
2. Dans la section Paramètres, cliquez sur le bouton Nouveau pour ouvrir la boîte de dialogue Paramètres du module de sortie.

3. Dans la section Module de sortie, procédez aux réglages suivants :
   - Dans le menu Format, choisissez QuickTime.
   - Dans le menu Action post-rendu, choisissez Importation.
4. Dans la section Sortie vidéo, cliquez sur le bouton Options de format.

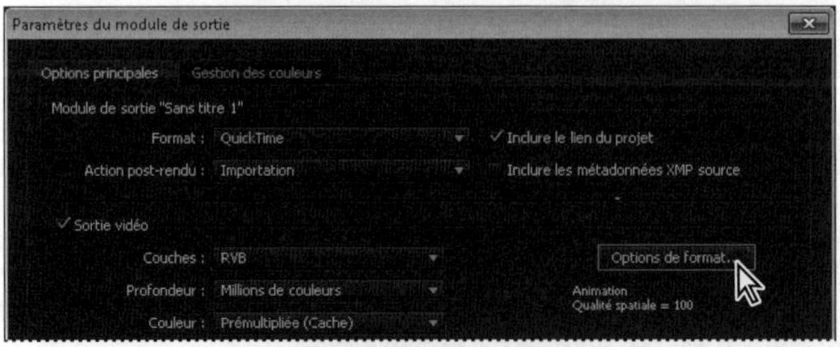

5. Dans la boîte de dialogue Options QuickTime, choisissez Animation dans le menu déroulant Codec vidéo. Cliquez ensuite sur OK pour fermer cette boîte de dialogue.

6. Vérifiez les paramètres dans la boîte de dialogue Paramètres du module de sortie. Assurez-vous notamment que le menu Couches indique RVB et que le menu Couleurs indique Millions de couleurs.

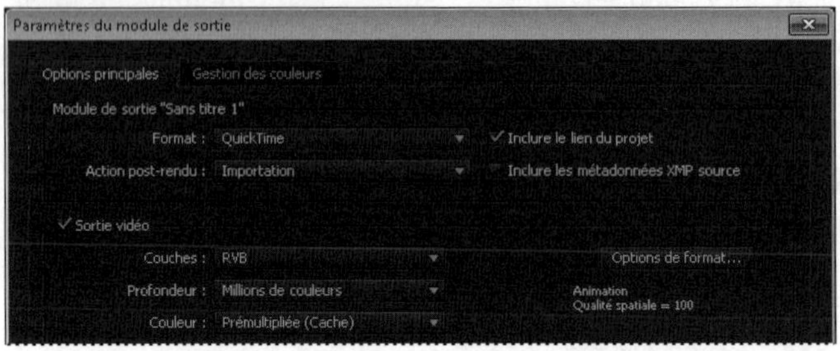

7. Activez l'option Sortie audio. Choisissez 44,100 kHz dans le premier menu déroulant, puis assurez-vous que les deux autres menus indiquent (de gauche à droite) : 16 bits et Stéréo.

8. Cliquez sur OK pour revenir à la boîte de dialogue Modèles de modules de sortie. Tous vos paramètres apparaissent dans la partie inférieure de la boîte de dialogue. Si vous voulez réaliser des changements, cliquez sur le bouton Modifier et ajustez vos réglages.
9. Dans le champ Nom des paramètres, saisissez **Rendu Final _QT_audio** (pour vous souvenir que ce modèle est conçu pour une séquence QuickTime avec audio).
10. Choisissez Rendu Final_QT_audio dans le menu Film par défaut de la section Paramètres par défaut. Cliquez ensuite sur OK.

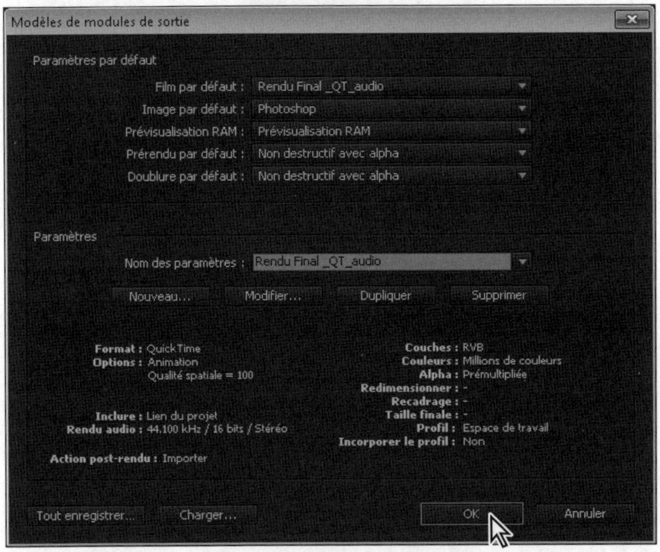

Le modèle Rendu Final_QT_audio est maintenant l'option par défaut dans le menu Module de sortie qui apparaîtra dorénavant à la place de la mention Sans perte lorsque vous ajouterez une composition au panneau File d'attente de rendu.

Créer un modèle de module de sortie en basse résolution

Vous allez créer un second modèle de module de sortie dont les paramètres seront définis pour produire des versions de test en basse résolution. Ces paramètres conviendront également pour une version destinée au Web.

1. Cliquez sur Édition > Modèles > Module de sortie pour ouvrir la boîte de dialogue Modèles de module de sortie.
2. Dans la section Paramètres, cliquez sur le bouton Nouveau pour créer un nouveau modèle.
3. Dans la boîte de dialogue Paramètres du module de sortie, choisissez QuickTime dans le menu Format.

▶ **Astuce :** Comme pour les modèles de paramètres de rendu, vous pouvez enregistrer des modèles de paramètres de sortie pour les utiliser sur d'autres ordinateurs. Cliquez sur le bouton Tout enregistrer dans la boîte de dialogue Modèles de modules de sortie. Enregistrez le fichier, qui porte l'extension .aom sur votre disque dur, puis copiez ce fichier sur le disque dur de l'autre système. Sur cet ordinateur, cliquez sur Édition > Modèles > Module de sortie, cliquez sur le bouton Charger et sélectionnez le fichier .aom pour charger les paramètres enregistrés.

4. Choisissez Importation dans le menu Action post-rendu et activez l'option Sortie audio au bas de la boîte de dialogue.
5. Cliquez sur le bouton Options de format de la section Sortie vidéo, puis procédez aux réglages suivants dans la boîte de dialogue Options QuickTime :
   - Choisissez Vidéo MPEG-4 dans le menu Codec vidéo. Ce compresseur détecte automatiquement la profondeur de couleurs.
   - Déplacez le curseur de Qualité sur **80**.
   - Dans la section Réglages avancés, activez l'option Image clé toutes les et saisissez **30** (images).
   - Dans la section Réglages du débit, activez l'option Limiter le débit et saisissez **150**(kKbit/s).

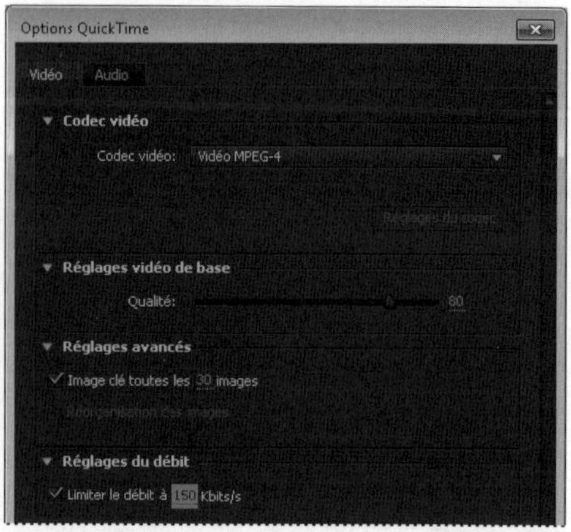

6. Cliquez sur l'onglet Audio, puis choisissez IMA 4:1 dans le menu Codec audio.

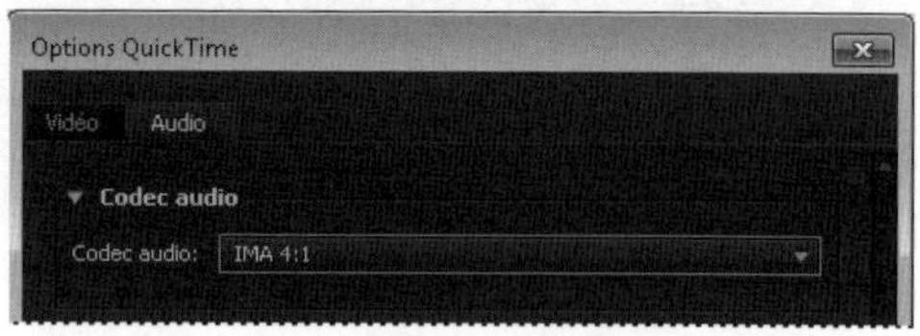

● **Note :** La compression IMA 4:1 est couramment utilisée pour compresser la bande sonore d'une vidéo destinée au Web ou à être lue sur l'ordinateur.

7. Cliquez sur OK pour quitter la boîte de dialogue Options QuickTime et revenir à la boîte de dialogue Paramètres du module de sortie.
8. Dans la section Sortie audio au bas de la boîte de dialogue, procédez aux réglages suivants :
   - Choisissez une fréquence de 22,050 kHz.
   - Sélectionnez le mode Stéréo.

9. Cliquez sur OK pour refermer la boîte de dialogue Paramètres du module de sortie.
10. Vérifiez les paramètres dans la partie inférieure de la boîte de dialogue Modèles de modules de sortie. Cliquez sur le bouton Modifier si vous devez effectuer des modifications.
11. Saisissez **Test_MPEG4** dans le champ Nom des paramètres, puis cliquez sur OK. Ce modèle devient disponible dans le menu Module de sortie du panneau File d'attente de rendu.

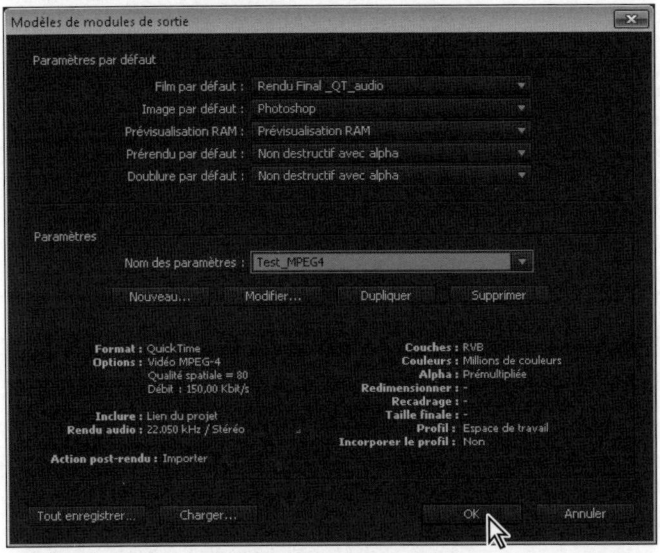

Comme vous vous y attendez sans doute, un taux de compression plus grand et une fréquence d'échantillonnage audio inférieure donnent un fichier plus compact, mais au détriment de la qualité. Toutefois, ce modèle à basse résolution est parfait pour créer des séquences vidéo de test ou des vidéos destinées à être diffusées sur le Web.

Rendus vers différents médias de sortie

Maintenant que vous avez créé des modèles de rendu et de sortie, vous pouvez les utiliser pour exporter plusieurs versions de la même composition.

Préparer la sortie d'un film de test

Vous allez tout d'abord créer une version de test en sélectionnant le modèle de paramètres de rendu Test_BassRes et le modèle de module de sortie Test_MPEG4 que vous avez créés.

La compression

La compression est essentielle pour réduire la taille des films et permettre leur stockage, leur transmission et leur lecture de manière efficace. Lorsque vous exportez ou que vous fournissez un fichier de film qui doit être lu sur un type d'appareil spécifique avec une certaine bande passante, vous choisissez un compresseur/décompresseur (également connu sous le nom d'encodeur/décodeur), ou *codec*, pour compresser les informations et générer un fichier qui peut être lu par ce type d'appareil avec cette bande passante.

Il existe une grande variété de codecs, aucun n'étant adapté à toutes les situations. Le codec le plus performant dans la compression d'un dessin animé, par exemple, sera peu efficace pour la compression de prises de vues réelles. Lors de la compression d'un film, vous pouvez effectuer des réglages précis pour obtenir la plus grande qualité de lecture possible sur un ordinateur, un équipement vidéo, le Web ou un lecteur de DVD. Suivant l'encodeur utilisé, vous pouvez réduire la taille des fichiers compressés en supprimant des artefacts interférant avec la compression, tels que des mouvements de caméra aléatoires et un grain de film excessif.

Le codec employé doit être accessible à tout votre public. Par exemple, si vous utilisez un codec matériel sur une carte d'acquisition, votre public doit disposer de cette même carte d'acquisition ou d'un codec logiciel qui l'émule.

Pour en savoir plus sur la compression et les codecs, consultez l'Aide d'After Effects.

1. Faites glisser la composition Lesson05 depuis le panneau Projet dans le panneau File d'attente de rendu.

▶ **Astuce :** Vous pouvez également sélectionner la composition Lesson05 dans le panneau Projet, puis cliquer sur Composition > Ajouter à la file d'attente de rendu.

Observez les paramètres par défaut des options Paramètre de rendu et Module de sortie. Vous devez les modifier et sélectionner vos modèles en basse résolution.

2. Choisissez Test_BassRes dans le menu Paramètres de rendu.

3. Choisissez Test_MPEG4 dans le menu Module de sortie.

4. Cliquez sur le texte orange et souligné "À définir" à droite du paramètre Destin. (Destination).

5. Dans la boîte de dialogue Destination vidéo, naviguez jusqu'au dossier AECS6_CIB/ Lessons/Lesson14, puis créez un nouveau dossier nommé **Rendus_Finaux**.

- Sous Windows, cliquez sur le bouton Créer un nouveau dossier, puis saisissez son nom.
- Sous Mac OS, cliquez sur le bouton Nouveau dossier, saisissez son nom, puis cliquez sur Créer.

6. Ouvrez le dossier Rendus_Finaux.

7. Nommez le fichier **Final_MPEG4.mov**, puis cliquez sur Enregistrer pour revenir au panneau File d'attente de rendu.

8. Cliquez sur Fichier > Enregistrer pour sauvegarder votre projet.

Vous avez encore quelques préparatifs à faire avant de générer le rendu. Laissez le panneau File d'attente de rendu ouvert pour le prochain exercice.

Générer un rendu avec plusieurs modules de sortie

Vous allez maintenant ajouter un autre module de sortie à cette file d'attente de rendu afin de pouvoir comparer les résultats obtenus avec deux modes de compression. Le nouveau module de sortie utilisera le mode de compression JPEG 2000.

● **Note :** Vous n'avez pas besoin de procéder au rendu d'une séquence plusieurs fois pour l'exporter dans différents formats avec les mêmes paramètres. Vous pouvez en effet exporter plusieurs versions de la même séquence en ajoutant des modules de sortie à un élément dans le panneau File d'attente de rendu.

1. La composition Lesson05 étant toujours sélectionnée dans le panneau File d'attente de rendu, cliquez sur Composition > Ajouter un module de sortie. Un second jeu d'options Module de sortie et Destination s'affiche sous le précédent.

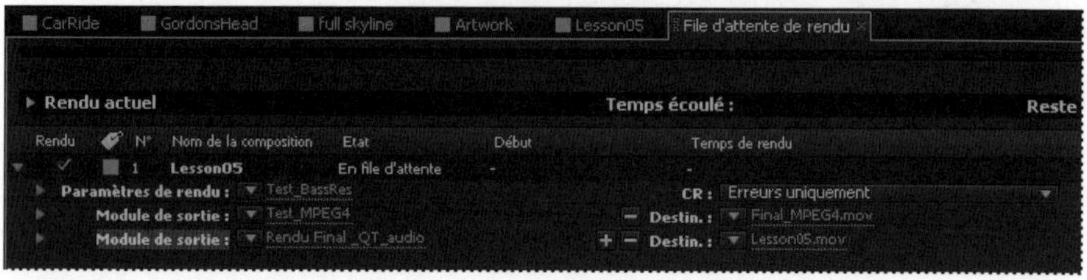

2. Choisissez Test_MPEG4 dans le deuxième menu Module de sortie.
3. Cliquez sur le texte orange et souligné "Test_MPEG4" pour ouvrir la boîte de dialogue Paramètres du module de sortie, puis cliquez sur le bouton Options de format de la section Sortie vidéo.
4. Choisissez JPEG 2000 dans le menu Codec vidéo de la boîte de dialogue Options QuickTime.

Conservez les autres paramètres par défaut du modèle Test_MPEG4, comme l'illustre la figure suivante.

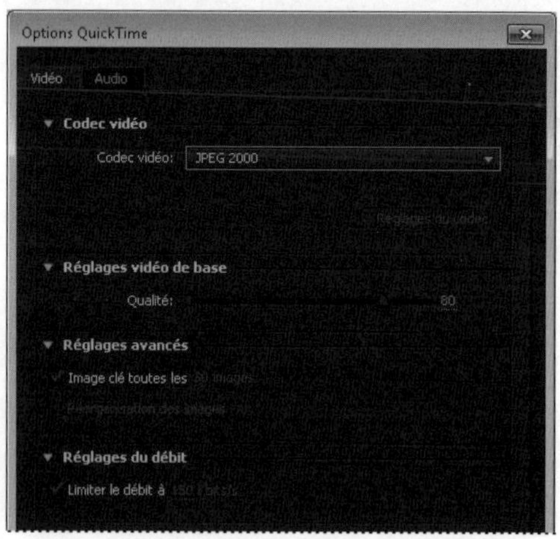

5. Cliquez sur OK pour fermer la boîte de dialogue Options QuickTime.
6. Cliquez de nouveau sur OK pour fermer la boîte de dialogue Paramètres du module de sortie.
7. À côté du paramètre Destination, cliquez sur les mots soulignés en orange, "Lesson05.mov", pour ouvrir la boîte de dialogue Destination vidéo.
8. Nommez le fichier **Final_JPEG2000.mov** et enregistrez-le dans le dossier AECS6_CIB/Rendus_Finaux.

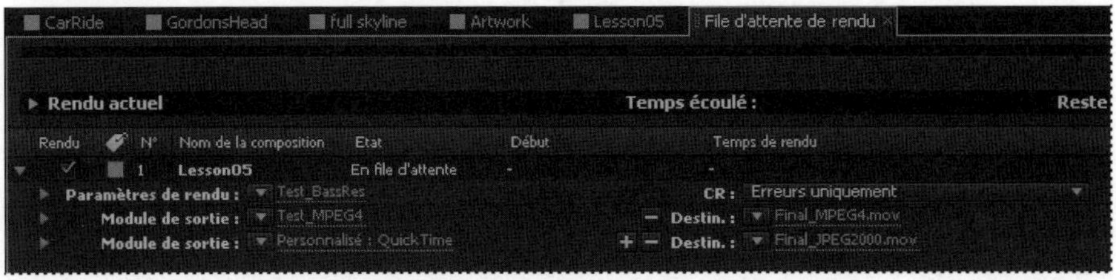

9. Cliquez sur Fichier > Enregistrer pour sauvegarder votre projet, puis cliquez sur le bouton Rendu dans le panneau File d'attente de rendu. After Effects génère un rendu pour les deux formats simultanément.

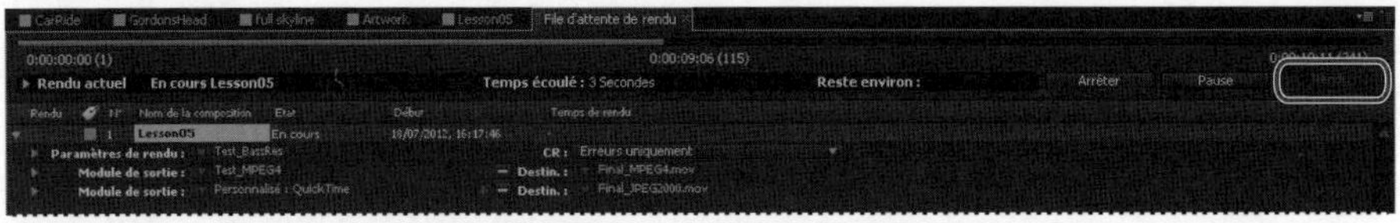

Une fois le rendu terminé, les deux fichiers vidéo Final_MPEG4.mov et Final_JPEG2000.mov s'affichent dans le panneau Projet.

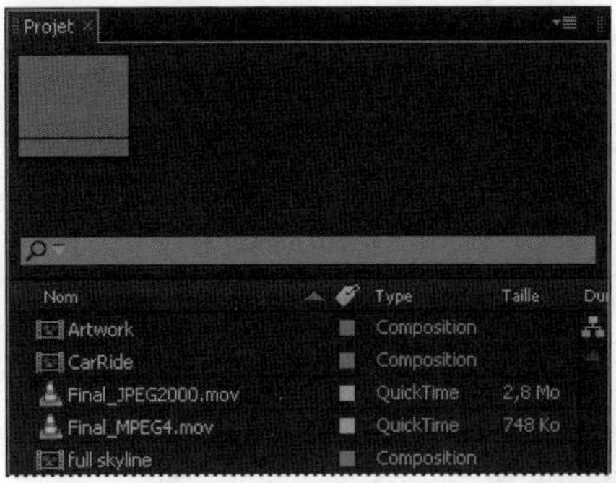

● **Note :** Vous pouvez encore réduire la taille de la vidéo avant de la poster sur un site web, soit pour créer un flux vidéo (streaming), soit pour réduire sa taille en tenant compte de la vitesse d'accès au Web de la majorité de vos futurs visiteurs. Utilisez à cet effet une application dédiée à la compression multimédia ou au nettoyage vidéo.

Double-cliquez sur chaque vidéo dans le panneau Projet pour l'ouvrir, puis lancez une prévisualisation RAM pour comparer les résultats. Sélectionnez ensuite le fichier qui offre le meilleur aspect dans l'Explorateur de fichiers ou le Finder et renommez-le **Final_Web.mov** (ne le renommez pas dans After Effects). Cette version est prête à être diffusée sur le Web aux futurs clients de Gordon Studer.

Si vous pensez devoir apporter encore quelques retouches à l'animation, rouvrez la composition et procédez aux ajustements, enregistrez votre travail et lancez un nouveau rendu de test avec les paramètres adéquats. Une fois satisfait de cette version de test, vous pouvez passer au rendu en résolution intégrale.

Préparer la composition pour une sortie en haute résolution

Vous allez maintenant préparer la composition finale pour créer un rendu en résolution intégrale. Cette animation a été conçue d'abord pour le format vidéo NTSC. Vous commencerez donc par créer une nouvelle composition dont les dimensions seront adaptées au format de livraison final.

1. Cliquez sur Composition > Nouvelle composition.
2. Dans la boîte de dialogue Paramètres de composition :
   - Saisissez **Comp Finale NTSC** dans le champ Nom.
   - Choisissez NTSC D1 dans le champ Paramètre prédéfini pour régler automatiquement les dimensions (720 × 486), le format des pixels (D1/DV NTSC) et la cadence (29,97).
   - Choisissez Intégrale dans le menu Résolution.
   - Saisissez **2000** dans le champ Durée, soit vingt secondes, puis cliquez sur OK.

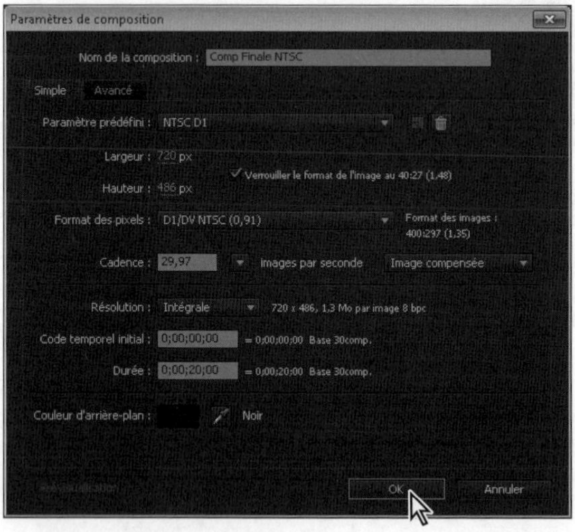

La nouvelle composition vide s'ouvre dans les panneaux Composition et Montage.

3. Dans le panneau Projet, faites glisser la composition Lesson05 sur la composition Comp Finale NTSC (qui la précède).

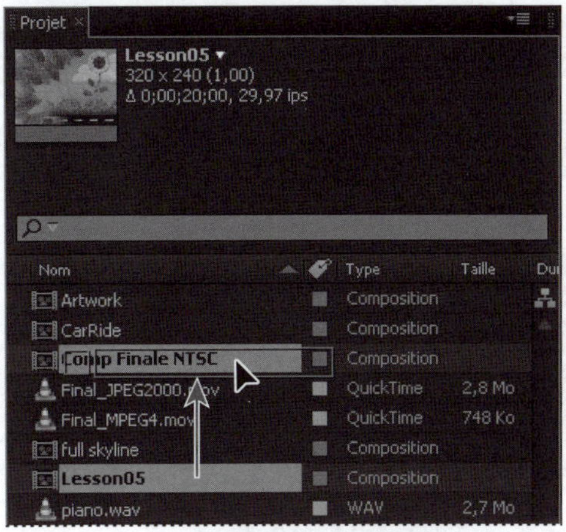

Corriger le format des pixels

Lors de la prévisualisation de cette animation, vous remarquez peut-être que les éléments visuels sont un peu plus larges qu'auparavant dans le panneau Composition. En effet, le format D1 NTSC utilise des pixels non carrés alors que votre écran informatique ne peut afficher que des pixels carrés. Les images du panneau Composition paraissent par conséquent étirées, sauf si vous activez une fonction appelée *Correction du format des pixels*. Cette correction déforme légèrement l'affichage de la composition pour la montrer telle qu'elle sera sur un moniteur vidéo. Par défaut, la fonction est inactive. Voici comment l'activer :

1. Placez-vous à 3:00 pour avoir dans le panneau Composition quelques éléments sous les yeux, et notamment le visage de Gordon Studer.
2. Ouvrez le menu du panneau Composition et choisissez Options d'affichage.
3. Dans la boîte de dialogue Options d'affichage, activez l'option Correction du format des pixels (dans la section Afficher), puis cliquez sur OK.

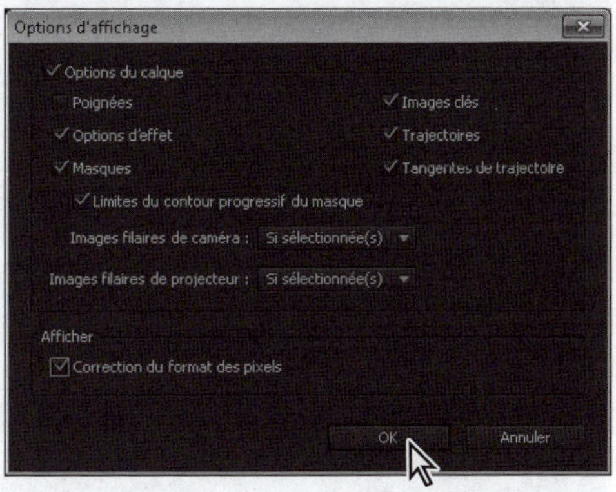

Le contenu du panneau Composition est réduit en largeur et s'affiche (avec un format de pixels différent) pour reproduire l'apparence qu'aura le métrage après un rendu, une copie sur cassette vidéo, puis un affichage sur un moniteur vidéo. Les calques du panneau Composition peuvent avoir un aspect quelque peu déformé dans ce mode d'affichage. Vous devez donc le désactiver pour afficher vos images sans crénelage (antialiasing). Notez que ce mode d'affichage n'affecte pas le rendu de la sortie finale.

● **Note :** Il est possible que vous deviez agrandir la largeur du panneau Composition pour voir tous les boutons.

4. Désactivez et réactivez plusieurs fois la correction du format des pixels en cliquant sur le bouton Activer/désactiver la correction du format des pixels (▤) situé au bas du panneau Composition.

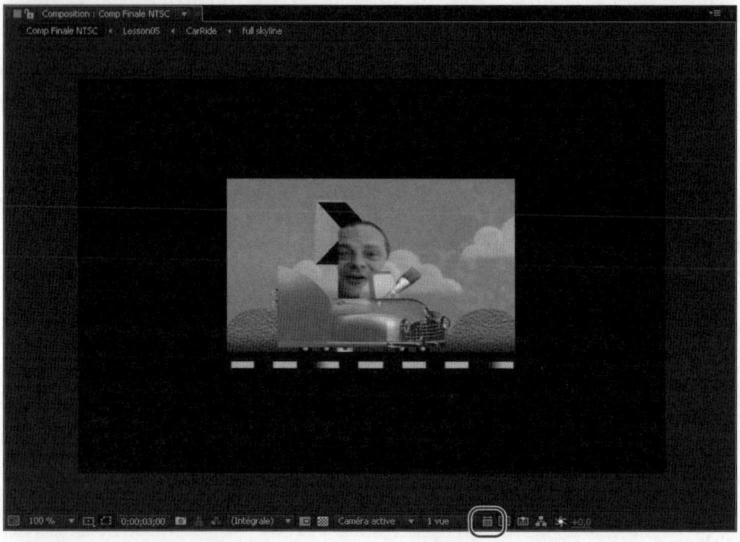

La correction du format des pixels vous permet donc de travailler sur une composition aux pixels non carrés tout en la visionnant dans les mêmes proportions que sur un moniteur vidéo.

Préparer les vidéos pour les périphériques mobiles

Dans After Effects, vous pouvez créer des vidéos destinées à être lues sur des périphériques mobiles, comme des téléphones mobiles et l'iPad d'Apple. Pour effectuer le rendu de la vidéo, ajoutez la composition dans la File d'attente de Adobe Media Encoder, puis choisissez le paramètre prédéfini adapté au périphérique concerné.

Pour un résultat optimal, vous devez tenir compte des limites des périphériques mobiles aussi bien lors de la prise de vues que dans After Effects. Pour l'affichage sur un écran de petite taille, prêtez particulièrement attention à l'éclairage et utilisez une cadence moins élevée. Pour en savoir plus, consultez l'Aide d'After Effects.

Lancer le rendu final pour une diffusion télévisée

Vous allez à présent procéder au rendu et créer la version finale de l'animation pour une diffusion télévisée au format NTSC. Selon la puissance de votre machine, le processus peut durer de quelques minutes, une demi-heure ou plus.

1. Cliquez sur l'onglet du panneau File d'attente de rendu pour l'amener au premier plan, puis cachez les détails du rendu de la composition Lesson05 afin de vous concentrer sur les rendus suivants.
2. Faites glisser la composition Comp Finale NTSC depuis le panneau Projet vers le panneau File d'attente de rendu, sous la composition Lesson05.
3. Cliquez sur le texte orange souligné "Comp Finale NTSC.mov" à droite du paramètre Destination pour ouvrir la boîte de dialogue Destination vidéo.
4. Nommez la vidéo **Final_NTSC.mov** (pour indiquer qu'elle est au format NTSC D1) et enregistrez-le dans le dossier AECS6_CIB/Rendus_Finaux. Cliquez sur Enregistrer pour revenir au panneau File d'attente de rendu.

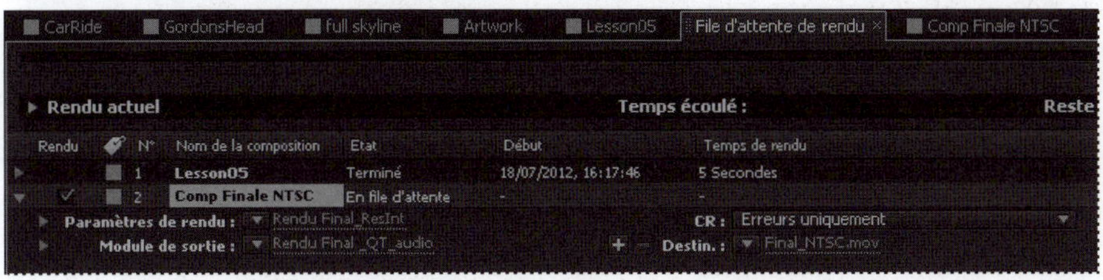

Le modèle de paramètres de rendu Rendu Final_resint est sélectionné sur la liste Paramètres de rendu et le modèle de module de sortie Rendu Final_QT_audio est sélectionné dans le menu Module de sortie, car vous les avez désignés comme modèles par défaut.

Le rendu de la composition est maintenant prêt à être effectué.

5. Enregistrez votre projet une fois de plus par mesure de précaution, puis cliquez sur le bouton Rendu.
6. Lorsque After Effects a terminé le rendu et la sortie du fichier, fermez le panneau File d'attente de rendu.
7. Dans le panneau Projet, double-cliquez sur Final_NTSC.mov pour l'ouvrir dans le panneau Métrage, puis lancez une prévisualisation RAM. Vous pouvez également lancer sa lecture dans l'Explorateur de fichiers ou le Finder.

● **Note :** Ce fichier vidéo est assez volumineux et il est possible qu'il ne puisse pas être lu en temps réel dans le lecteur QuickTime. Si votre système est doté d'une carte vidéo, pensez à sélectionner le compresseur et la taille d'image les mieux adaptés à cette carte dans la boîte de dialogue Options QuickTime. Importez le film dans votre logiciel de montage vidéo pour le visionner afin de profiter de votre configuration matérielle pour lire la vidéo en temps réel.

Pendant la lecture du film, comparez le résultat final au fichier NTSC d'exemple que vous avez visionné en début de leçon. Retouchez la composition si nécessaire, puis enregistrez le projet et lancez de nouveau le rendu.

Vous avez créé une version web et une version destinée à la télévision de l'animation finale.

Félicitations ! Vous venez de terminer toutes les leçons de ce livre.

Bien que ce livre soit conçu pour vous apprendre les bases d'After Effects, il ne couvre pas tous les sujets. Pour aller plus loin dans la maîtrise d'After Effects, reportez-vous à la liste des ressources données dans l'Introduction.

Révisions

Questions

1. Citez deux types de modèles et expliquez quand et pourquoi les utiliser.
2. Qu'est-ce que la compression et quels sont les principaux critères à prendre en compte dans ce domaine ?

Réponses

1. After Effects permet de créer deux types de modèles : des modèles de paramètres de rendu et des modèles de modules de sortie. Ces modèles permettent d'accélérer le paramétrage des rendus pour chaque format de livraison. Une fois qu'un modèle est défini, il apparaît dans le menu approprié du panneau File d'attente de rendu (Paramètres de rendu ou Module de sortie). Lorsqu'on est prêt à lancer le rendu, il suffit de sélectionner le modèle correspondant au format de livraison requis. Tous les paramètres de ce modèle sont alors appliqués.
2. La compression est essentielle pour réduire la taille des films et permettre ainsi leur stockage, leur transmission et leur lecture de manière efficace. Lorsqu'on exporte ou qu'on fournit un fichier de film pour qu'il soit lu sur un type d'appareil spécifique avec une certaine bande passante, on choisit un compresseur/décompresseur (également connu sous le nom d'encodeur/décodeur), ou codec, pour compresser les informations et générer un fichier qui peut être lu par ce type d'appareil avec cette bande passante. Il existe une grande variété de codecs, aucun n'étant adapté à toutes les situations. Le codec le plus performant dans la compression d'un dessin animé, par exemple, sera peu efficace pour la compression de prises de vues réelles. Lors de la compression d'un film, on peut effectuer des réglages précis pour obtenir la plus grande qualité de lecture possible sur un ordinateur, un équipement vidéo, le Web ou un lecteur de DVD. Suivant l'encodeur utilisé, on peut réduire la taille des fichiers compressés en supprimant les artefacts qui interfèrent avec la compression, comme les mouvements de caméra aléatoires ou un grain excessif.

À propos de la gestion des couleurs

Sans gestion des couleurs, la couleur des éléments peut varier lors des différentes phases de conception et de production. Autrement dit, la couleur dépend du périphérique sur lequel vous la produisez. Un système de gestion colorimétrique est donc conçu pour concilier les capacités colorimétriques des différents supports – caméras, scanners, moniteurs, téléviseurs – afin de garantir que la couleur reste identique tout au long de la réalisation d'un projet, mais aussi pour vous permettre de visualiser correctement les couleurs que vous avez choisi d'employer.

Le système de gestion des couleurs convertit les couleurs de l'espace colorimétrique utilisé par un périphérique – un appareil photo numérique, par exemple – dans l'espace colorimétrique d'un autre périphérique – un moniteur, par exemple. Les profils colorimétriques ICC, qui décrivent les couleurs disponibles pour chaque périphérique ou modèle de couleurs, sont employés par le système de gestion des couleurs (ou CMS, *Color Management System*) afin de reproduire les couleurs dans une gamme indépendante des périphériques.

Dans After Effects CS6, la gestion des couleurs vous permet de :

- visualiser une représentation fidèle des couleurs lorsque vous utilisez une lumière linéaire (gamma 1,0) ;
- reprendre des éléments dans des projets dont les conditions de sortie sont différentes ;
- concevoir et de réaliser des projets sur des ordinateurs différents ;
- gérer les métrages provenant de plusieurs sources ;
- assurer la reproduction fidèle des couleurs dans d'autres applications ;
- simuler différentes conditions de rendu sans altérer les valeurs des couleurs de vos projets.

La gestion des couleurs dans After Effects CS6

Pour activer la gestion des couleurs, cliquez sur Fichier > Paramètres du projet, puis sélectionnez un espace de travail colorimétrique dans le menu déroulant Espace de travail.

Pour assigner un profil colorimétrique à un métrage, sélectionnez ce métrage et cliquez sur Fichier > Interpréter métrage > Principal. Cliquez ensuite sur l'onglet Gestion des couleurs et sélectionnez un profil ICC.

Pour gérer les couleurs d'un fichier dont vous faites le rendu, cliquez sur l'onglet Gestion des couleurs dans la boîte de dialogue Paramètres du module de sortie, puis choisissez le profil ICC approprié.

Pour simuler le rendu, cliquez sur Affichage > Simuler la sortie > et sélectionnez un type de sortie.

Pour en savoir plus sur la gestion des couleurs dans After Effects CS6, les différents profils colorimétriques ICC et leur intégration dans un flux de production, consultez l'Aide d'After Effects.

INDEX

B

C

D

E

F

G

H

I

L

M

N

O

P

Q

IMPRIMÉ EN ESPAGNE

Imprimé par **GraphyCems**
31132 Villatuerta (Espagne)

Suivant sa politique de développement,
amélioration continue, qualité et gestion de l'environnement,
GraphyCems possède les certifications **ISO 9001**,
ISO 14001 et **FSC** (Forecast Stewardship Council).